Wolfgang Bellmer

Elise

Bibliografische Information der Deutschen Nationalbibliothek
Die Deutsche Nationalbibliothek verzeichnet diese Publikation in der Deutschen Nationalbibliografie; detaillierte bibliografische Daten sind im Internet über http://dnb.ddb.de abrufbar.

ISBN 978-3-95954-008-7

www.mitzkat.de

Wolfgang Bellmer

Elise

und ihre Schwäche für den aufrechten Gang

Band 1 der Elise-Trilogie

Verlag Jörg Mitzkat

Holzminden 2016

Editorischer Hinweis:

Die Handlung dieses Buches ist nicht ganz frei erfunden und die Ähnlichkeit mit tatsächlichen Personen ist nicht immer zufällig. Allerdings wurden alle Namen verändert und ein Großteil der Handlung wurde durch die Fantasie des Autors ergänzt.
Der Autor bezieht sich in seinem Roman auf tatsächliche historische Ereignisse, allerdings wurden diese Geschehnisse der schriftstellerischen Absicht untergeordnet. Das hat historische Ungenauigkeiten zur Folge, für die Autor und Verlag um Nachsicht bitten.

1913

1

Als Elise die hastigen Schritte draußen auf dem Flur hörte, ahnte sie, dass etwas passiert sein musste. Sie setzte sich im Bett auf.

Die Schritte verhielten vor der Tür. Dann klopfte es.

„Gnädiges Fräulein?", rief eine Frauenstimme.

Doris. Das neue Zimmermädchen.

Gnädiges Fräulein! Wie sich das anhörte! Elise hatte sich noch nicht daran gewöhnt. „Du bist jetzt sechzehn", hatte ihr Vater an ihrem Geburtstag gesagt und die Spitzen seines Schnurrbarts zwischen Zeigefinger und Daumen gezwirbelt. „Jeder soll wissen, dass du kein Kind mehr bist. Ab heute bist du das *gnädige Fräulein*. Ab heute beginnt ein neues Leben ..."

Elise hatte eher den Eindruck, dass ein Leben zu Ende ging. Sie blickte zur Decke. Die war hellblau und mit weißen Wolken bemalt, ein friedvolles Bild, das Elise durch ihre Kindheit begleitet hatte. Eine wunderschöne Kindheit: Reifenschlagen durch die winkligen Straßen von Holzminden, Raufen mit den Jungen von der Weser, Räuber und Gendarm, der Wald im Solling, das Baden in dessen tiefen grünen Teichen ... Sie war traurig, und doch spürte sie, dass etwas Neues, prickelnd Unbekanntes auf sie wartete. Wenn sie nun kein Kind mehr war, was war sie dann? Erwachsen? Mit sechzehn?

War sie schon eine Frau? Träumen Frauen nicht von blonden Leutnants? Und was bedeutete es, eine Frau zu sein? Ihre Mutter hatte ihr ein Buch gegeben, blau gebunden mit geprägter Goldschrift: *„Wunder des Lebens"*.

„Lies es, dein Vater sagt, es steht alles drin ..."

Hatte Elise sich getäuscht oder klang da Zweifel in den Worten ihrer Mama mit?

Das Buch handelte von Tieren, die miteinander schmusten. Sie hatte es gleich zur Seite gelegt.

„Gnädiges Fräulein." Die Stimme von Doris war nun laut und voller Unbehagen. „Ich muss Ihnen was sagen!"

Doris kam aus Holenberg, einem Dorf vor dem Wald. Sie hatte rote Wangen und flachsblonde Haare, die in einem Zopf um den Kopf gelegt waren, was ihr rundes Gesicht noch runder aussehen ließ.

Sie knickste vorschriftsmäßig, als sie hereinkam, aber Elise sah, dass sie das Kinn anzog, um ein Kichern zu unterdrücken. Sie nimmt mich nicht ernst, dachte Elise, und für einen Augenblick flammte Zorn in ihr auf. Hatte ihr Vater nicht gesagt, dass sie zur Herrschaft gehöre? Und die Herrschaft stand nun mal über den Dienstboten, und die sollten sich gefälligst ...

Sie fühlte, dass sie rot wurde und sich schämte. Und dass sie nicht wusste, warum sie sich schämte.

Doris ging zum Fenster, schob die schweren Vorhänge zur Seite und stieß die Fensterflügel auf. Frühlingssonne strömte herein. Und frische Morgenluft. Elise zog das bestickte Plumeau ans Kinn und blickte über das weiße Satingebirge zu Doris hinüber. „Was war es, was du mir sagen wolltest?"

Doris blieb vor dem Bett stehen, zog den Träger ihrer weißen Schürze zurecht, der auf den Arm geglitten war, und sah unentschlossen auf Elise hinunter, als befürchtete sie, etwas Falsches zu sagen. „Es ist so ...", begann sie zögernd, um dann mit entschlossener Stimme fortzufahren: „Ich soll Ihnen sagen, Ihr Archibald ist verschwunden. Und, sagt Gustav, Sie sollen sich nicht aufregen ..."

Archibald war Elises Hund.

Eigentlich, ganz eigentlich, war Archibald der Hund ihres Vaters. Uneigentlich war er jedoch allein Elises Freund, Vertrauter all ihrer Gedanken, ihr stets mitfühlender Leidensgenosse. Ihr Beschützer.

Dass er weg war, war eine Katastrophe.

„Was heißt das, er ist verschwunden?“, fuhr sie Doris an.

„Ich weiß nicht. Er war heute Nacht noch auf dem Hof, sagt Gustav, aber dann, ganz in der Frühe, kam dieser Scherenschleifer, und seitdem ist er weg.“

„Und der Scherenschleifer?“

„Der ist auch weg.“

Gott im Himmel!

Elise konnte sich nicht erinnern, sich jemals so schnell angezogen zu haben; das kratzende weiße Unterzeug mit seinen Haken und Ösen, die grässlichen wollenen Kniestrümpfe und schließlich das lange hellbraune Kleid mit den rosa Bändern und der Schleife, die den Kragen eng um den Hals zog. Elise schnappte sich ihren Strohhut, stellte sich vor den Spiegel, blickte in ihre großen blauen Augen und fragte sich trotz der Eile wie immer, wer ihr wohl diese kleine Einbuchtung in der Mitte der Unterlippe vererbt hatte, die ihrem Gesicht „etwas Geheimnisvolles“ gab, wie Mama behauptete. Sie streckte sich die Zunge heraus, strich die braunen Haare nach hinten, setzte den Hut auf und lief auf den Flur. Für einen Augenblick verspürte sie den Wunsch, wie früher das geschwungene Treppengeländer herunterzurutschen, dachte dann aber an ihre Mutter, die sie im Erdgeschoss womöglich mit gerümpfter Nase erwarten würde. Sie raffte ihren Rock und rannte die Stufen hinunter.

Sie hätte genauso gut rutschen können. Unten angekommen lag der Flur verlassen vor ihr. Es war still. Nur das Ticken der Pendule in der Diele. Die Tür zu Mamas Zimmer stand offen. Elise hörte einen Schrei. Und noch einen, einen Schmerzensschrei. Ihre Mutter.

Elise stürzte in den Raum. Sophie Rennefeld saß vor dem Empire-Spiegel am Frisiertisch, ein hellblaues Tuch über ihrem blütenweißen Morgenkleid aus luftigem Batist. Wasserdampf hing warm in der Luft, ebenso der Geruch von Essigwasser, Milch, Honig und Kamille. Ingredienzen, mit denen Elises Mutter ihr Haar behandelte, damit es glänzte. Vollendet wurde die Prozedur mit einer Kur aus Eigelb, von dem schon eine volle Tasse auf dem Vertiko wartete. Sophies rote Haare hingen nass herunter. Auf ihrem Kopf steckten mit Haarsträhnen umwickelte Stäbe. In der Hand hielt sie ein Instrument, das einer breiten Zange glich. Aus dem Griff der Zange kam ein Kabel, das zu einer dieser neumodischen Steckdosen führte, aus denen seit ein paar Jahren diese schrecklich gefährliche Elektrizität floss und aus denen Funken sprühten, wenn man etwas hineinsteckte.

Elises Mutter packte mit der Zange einen der Stäbe und drückte zu. Es dampfte und zischte. Dann qualmten die Haare, und es sah kurz so aus, als würden sie anfangen zu brennen. Sophie Rennefeld ließ die Zange fallen, griff nach einem nassen Schwamm und kühlte damit die Kopfhaut. Sie stöhnte vor Schmerz.

„Soll ich dir helfen?" Elise beugte sich über den Kopf ihrer Mutter. „Die Haut ist verbrannt", sagte sie angewidert.

„Das rieche ich selbst", schnaubte ihre Mutter. Sie bemühte sich sichtlich, die Contenance wiederzufinden, für die sie in der Stadt bekannt war. Sie war sichtlich nicht begeistert, dass ihre Tochter hinter ihr stand wie die Lehrerin hinter einer unartigen Schülerin.

„Was machst du?", fragte Elise.

„Das siehst du doch!"

„Das sehe ich nicht."

„Ich mache Wellen in mein Haar."

„Diese Zange sieht gefährlich aus."

„Sie ist aus England."

Elise nickte skeptisch. „Der Kaiser sagt, dass alles, was aus England kommt, gefährlich ist. Außerdem ist die englische Flotte größer als unsere." Elise lächelte, um ihrer Mutter zu zeigen, dass sie einen Scherz machen wollte, war aber nicht sicher, ob ihre Mutter dies auch so verstand. Über den Kaiser machte man keine Witze. Die Erwachsenen, insbesondere die Männer und allen voran ihr Vater, waren geradezu versessen darauf, immer und überall die Ehre des Kaisers zu verteidigen, als wäre es ihre eigene.

Einmal hatte Elise gefragt, warum der Kaiser einen zu kurzen linken Arm habe. Ihr Vater war regelrecht explodiert und hatte sie sofort auf ihr Zimmer geschickt. „Lass dich erst wieder blicken, wenn du dich entschuldigst." Sie hatte sich gefragt, wofür sie sich entschuldigen sollte. Und bei wem. Ihr Vater hatte sie schließlich in das Herrenzimmer geführt, wo seine Majestät streng, aber gütig von einem Ölgemälde auf sie herabblickte.

„Entschuldige dich bei IHM!", hatte ihr Vater befohlen, aber Elise hatte sich geweigert. Sich bei einem Bild zu entschuldigen! Noch dazu wegen eines zu kurzen Armes! Wo er doch wirklich einen zu kurzen Arm hatte!

Ludwig Rennefeld wiederum hatte ihre Weigerung persönlich genommen. Er hatte sie in ihr Zimmer zurückgeschickt, das sie ab sofort nicht mehr verlassen durfte, auch zum Essen nicht. Sie könne jederzeit wieder herunterkommen und am normalen Familienleben teilnehmen. Wenn sie sich bei seiner Majestät entschuldigte.

Elise dachte nicht daran.

Erst eineinhalb Monate später, an ihrem neunten Geburtstag, gewährte der Vater ihr Pardon. Um sich mit seiner Tochter auszusprechen, wanderte er mit ihr auf den Kapellenberg, wo sie sich auf eine Bank vor der Kapelle setzten und auf die Stadt hinunterblickten. Hinter ihnen standen Zypressen, die in vier Doppelreihen ein Kreuz bildeten. Unter ihnen Holzminden in einem weiten Tal, durch das sich die silbrig schimmernde Weser ihren Weg bahnte. Wiesen und Felder, jetzt saftig grün und dunkelbraun, im Sommer gelb, so weit das Auge reichte. In der Ferne der langgezogene Bergrücken des Sollings mit seinen dunklen Wäldern, davor die Dörfer, rote Dächer, weiße Wände mit schwarzem Fachwerk. Über ihnen der Himmel, veilchenblau, höher ging es nicht. Hier war nicht vorstellbar, dass man sich streiten konnte da unten, in dieser friedvollen Welt, Gottes scheinbar so gelungenem Werk.

Sie saßen stumm und schämten sich wegen ihrer kleinlichen Streitereien. Elise sah, wie ihr Vater um Worte rang. Nun, da er mit ihr hier oben allein war, außerhalb der Mauern seines Hauses, in dem seine Worte Gesetz waren, verließ ihn seine Souveränität. Er wollte streng sein und doch wieder nicht, wollte, dass seine bockige Tochter ihm gehorchte. Und ihn doch auch liebte, weil er es gut meinte.

Elise sah seine Augen, die um ihre Liebe bettelten, und plötzlich tat er ihr leid. Zum ersten Mal in ihrem Leben tat ihr ein Mann leid, der ihr Unrecht getan hatte. Es sollte nicht das letzte Mal sein.

Schließlich war es ein schmutziger grauer Spatz, der ihnen half. Er hüpfte vor der Bank auf der Wiese herum. Elise zerkrümelte einen Keks. Der kleine Vogel kam näher geflogen, hielt inne, piepste und flatterte schließlich auf Elises Knie. Dort saß er nun, atmete hastig und blickte sie an, als würde er überlegen, ob er ihr trauen konnte. Sie saßen stocksteif da und hielten den Atem an. Nach einer endlosen Sekunde beruhigte sich das Tier, pickte ein Stück Keks auf und flog davon.

Dieser kurze Moment genügte, um Vater und Tochter zusammenzubringen. Sie sahen sich an und lachten. Sie lachten und lachten, bis sie sich schließlich in den Armen lagen. Vater Ludwig hielt die kleine Elise so fest, dass es ihr fast die Luft nahm.

„Seltsam, dieser kleine Vogel, nicht wahr?“, sagte Elise.

„Was soll an ihm seltsam sein?“

„Dass er ausgerechnet zu uns gekommen ist.“

Ihr Vater zog die dichten Augenbrauen zusammen, wie er es immer tat, wenn er etwas nicht verstand, und die Falte auf seiner Stirn kam zum Vorschein.

„Die Lehrerin sagt, dass man einen Vogel fangen kann, wenn man ihm Salz auf den Schwanz streut, weil er dann sitzen bleibt.“

„Warum willst du ihn fangen?"

Elise strich zärtlich mit einem Finger über die Falte. „Ich frage mich, ob der Vogel mir etwas sagen wollte ..."

„Dass er in Wirklichkeit ein Prinz ist?"

Sie stupste ihm auf die Stirn. „Du nimmst mich nicht ernst, Papa, niemals nimmt mich jemand ernst!"

„Du bist mein Liebling. Reicht das nicht?"

Sie wollte antworten, dass seine Liebe nicht reichte, wenn er über sie lachte. Und wenn sie ihm nur wichtig war, solange sie allein auf diesem Berg saßen. Doch sie sagte stattdessen: „Vielleicht war der Vogel ja ein Bote des Schicksals ... so etwas gibt es doch ... denk an all die Märchen und Sagen. Vielleicht wollte er mir sagen: *Bleib nicht hocken, Elise! Sei frei wie ein Vogel! Und wenn du wegfliegen willst, dann flieg, niemand kann dich daran hindern.*"

Ihr Vater zog sie gerührt an sich. „Aber das ist doch nicht nötig, mein Kleines. Es geht uns hier gut, alles ist geregelt, wir haben Geld, unserer Familie gehört die halbe Stadt, eine große Schule. Eine Fabrik, die weltweit Geschäfte macht. Wir haben Steinbrüche. Sogar einen Dampfer, der die Steine nach Bremen bringt. Was willst du mehr?"

Sie wusste es nicht. Aber sie wusste in diesem Moment, dass sie herausfinden würde, ob sie ein Mensch war, der fliegen konnte.

Ihr Vater stand auf und drehte sich mit ausgebreiteten Armen im Kreis. „Schau her, schau dort hinunter, ist es nicht schön hier? Du wirst heiraten und Kinder kriegen und so sein wie ..."

„... Mama?"

Ein Lächeln überzog das Gesicht ihres Vaters. „Natürlich, so wie Mama, und genauso glücklich."

Elise sah ihre Mutter vor sich, wie sie sich um das Haus kümmerte und das Personal. Morgens besprach sie mit der Köchin den Speiseplan, überprüfte die Ausgaben, rügte den Staub auf den Möbelstücken und machte anschließend selbst kleine Besorgungen in den „besseren" Geschäften der Stadt. Jetzt, da sie daran dachte, fiel Elise auf, wie anspruchslos ihre Mutter war, von ihrer Garderobe einmal abgesehen. War sie wirklich glücklich?

Der Streit zwischen Vater und Tochter war jedenfalls beendet. Wenig später brachte er ihr einen gelben Kanarienvogel in einem Käfig. Er erzählte, dass er den Vogel auf einem Baum gefangen habe. Elise war beeindruckt, und für eine kurze Zeit wurde ihr Vater wieder zu ihrem Helden.

Ludwig Rennefeld wiederum hatte begriffen, dass seine Tochter einen eigenen Willen besaß und dass sie diesen durchsetzen wollte. Er hatte auch gelernt, dass das kleine Mädchen die Dinge verstehen wollte. Aber war das wirklich notwendig? Sie war eine Frau. Für sie würde gesorgt werden. Sie würde vorübergehend einen Beruf ausüben, der sich für ein Mädchen aus gutem Hause ziemte, Lehrerin etwa in einem Lyzeum, bis er einen gestandenen, nicht zu jungen Ehemann für sie finden würde. Einen, der sich bereits die Hörner abgestoßen hatte. Ehe und Kinder würden ihr die Flausen schon austreiben. So war es schließlich immer gewesen, auch bei seiner Sophie, und so würde es immer sein. Also machte er sich um die Zukunft seiner Tochter keine Sorgen mehr. Sie war eine Frau, und sie war eine echte Rennefeld.

Dein Vater ist stolz auf dich, flüsterte ihre Mutter ihr ins Ohr, als sie Elise an jenem Abend zu Bett brachte, was sie sonst nie tat.

Als wollte sie den magischen Moment für immer bewahren, wünschte Elise sich fortan zu jedem Geburtstag, dass ihr Vater mit ihr auf den Kapellenberg stieg, sich mit ihr in die Sonne setzte und ins Tal hinunterblickte. Sie hatte immer einen Keks bei sich, aber ein Spatz erschien nicht mehr. So sehr sie sich auch danach sehnte, denn die Zeiten änderten sich, und ein positives Zeichen des Schicksals wäre bitter nötig gewesen. Erst sehr viel später erfuhr sie, dass ihr Vater ebenso Jahr für Jahr darauf hoffte. Aber da war es bald zu spät ...

Elise zog den Stecker aus der Dose. „Dieses Ding ist gefährlich, Mama ...", sagte sie.

„Tante Helene hat mir die Zange geschickt", antwortete Sophie, als würde das alles erklären. Es erklärte auch einiges, denn Helene war Mamas ältere Schwester. Sie war Malerin, unverheiratet und lebte mit einem zwanzig Jahre jüngeren Maurer zusammen.

Sie macht die Familie unmöglich, brummte Elises Vater, sobald die Rede auf Maler im Allgemeinen oder auf Helene und Maurer im Besonderen kam.

„Dauerwellen", sagte Sophie. „Die Stäbe werden erhitzt durch die Elektrizität und dann machen sie Dauerwellen. In Berlin sind sie der letzte Schrei. Dein Vater mag sie allerdings nicht, er sieht die Dinge immer so, wie er es will. Und alles Neue, erst recht, wenn es von Helene kommt, ist ihm suspekt."

„Vielleicht gefallen ihm Dauerwellen einfach nicht."

„Deinem Vater gefällt vieles nicht." Sophie blickte ihre Tochter direkt an, und Elise fragte sich, ob ihre Mutter einen Kommentar erwartete. Ihre Worte klangen ungewohnt kritisch, und Elise rätselte noch an ihnen herum, als sie die Treppe zum Untergeschoss hinunterging. Sie spürte, dass die plötzliche Vertrautheit ihrer Mutter sie irritierte.

Ach, sollten die Alten doch sehen, wie sie mit ihrem Leben fertig wurden! Sie interessierten sich ja doch nicht wirklich für ihre, Elises, Meinung ...

Doris und ein anderes Mädchen wischten den schwarzweiß gekachelten Küchenboden. Der große Tisch mit seinem karierten Wachstuch stand in der Mitte des Raumes. Neun Stühle, einer davon am Kopfende. Gustavs Stuhl. Der weiße emaillierte Herd mit den schönen Chromverzierungen verströmte Wärme und den Duft von Milch und Zucker. Die blank gescheuerte Herdplatte war riesig. Sechs Kochstellen über dem Feuer. Jede einzelne war zusammengesetzt aus zwölf Ringen, die herausgenommen werden konnten, wenn die Hitze der Glut direkt an die Töpfe gelangen sollte. Ein mit Silberfarbe gestrichenes Rohr führte nach oben in den Schornstein. Elise öffnete die Klappe des Ofens, hinter der die Warmhaltetöpfe standen. Sie hob einen Deckel an. Milchreis mit Zimt. Nicht schlecht.

Ein Glöckchen läutete am Klingelbrett. Eine kleine weiße Scheibe klappte herunter und zeigte an, dass Elises Mutter Hilfe brauchte.

Der Herd stand neben dem Fenster, durch das man die gepflasterte Hoffläche entlangblicken konnte, bis sie weiter hinten an die Kutschenremise stieß, wo Gustav gerade das neue Automobil mit der Anlasserkurbel traktierte.

Gustav.

Ihr Hund! Archibald!

Erschrocken fiel Elise ein, dass sie über all dem Gerede wegen der Dauerwellen ihren Hund vergessen hatte.

Sie raffte den Rock und rannte durch den Dienstboteneingang nach draußen.

Gustav Viebrock war ein großer, magerer Mann in den Fünfzigern, unendlich alt in Elises Augen. Sie kannte ihn, solange sie denken konnte, und schon immer hatte er so alt ausgesehen. Und schon oft so missmutig, wenn ihm etwas nicht passte. In ihrer ersten Erinnerung an ihn trug er seine schwarze Kniehose und die glänzenden Lederstiefel, in denen er aussah wie ein prächtiger Husar. Und bereits damals den weißen Backenbart, der seinem Gesicht etwas Ungefüges gab. Der Bart kratzte, wenn Gustav ihr einen Kuss aufdrückte. Und so sehr Elise ihren alten Freund mochte, so sehr ekelte sie sich vor den gelblich braunen Zähnen, die ab und zu hinter den zotteligen Barthaaren hervorschimmerten. Gustav rauchte Pfeife. Der Geruch der Pfeife jedoch war himmlisch, so vertraut, und Elise fühlte sich unendlich geborgen, sobald sie in den Dunstkreis des süßlichherben Rauches geriet. Sie wusste, dass Gustav sie gegen alles Schlimme in der Welt verteidigen würde. Nach ihrer Geburt hatte er sie vom Krankenhaus bis in ihr Haus in der Böntalstraße getragen, weil er seine kostbare Last nicht einmal seinen geliebten Kutschpferden anvertrauen wollte.

Seitdem hatte sich ein unsichtbares Band zwischen ihm und Elise gespannt, und wenn sie ihn und seine Frau Hermine in der Ackerstraße besuchte, durfte sie, den warmen Kakaobecher in der Hand, auf der Holzkiste am Fenster thronen, aber erst, nachdem Gustav das Kopfkissen aus seinem Bett geholt und auf den Kistendeckel gelegt hatte.

Ein Leben in der Böntalstraße ohne Gustav war für Elise nicht denkbar.

Gustav fluchte. Er fluchte praktisch immer, seitdem Ludwig Rennefeld ihm das neue Automobil auf den Hof hatte stellen lassen, genau vor den Stall von Inga und Trude, den beiden braunen Stuten, die die alte schwarze Kutsche zogen. Diese stand nun schon seit einiger Zeit unter einer Plane hinter der Remise und wurde „dadurch auch nicht besser".

Ausgerechnet Gustav, der sein ganzes Leben lang Pferde gestriegelt hatte, war nun Herr über ein Automobil, das keinen Hafer fraß und nach Benzin stank. Ein hochbeiniges schmales Gefährt mit einem sogenannten Motor, der – wenn er denn lief – tuckerte, zischte und brummte und schwarzen Qualm ausstieß. „Immerhin", so Gustav im Originalton, „das Ding scheißt wenigstens nicht."

Des Öfteren stand er ratlos vor dem ölig schimmernden Motor und fragte sich, wo die zweiunddreißig Pferdestärken stecken mochten, von denen der Herr Direktor immer sprach. Nicht dass er, Gustav, dem Herrn Direktor misstraute, gewiss nicht, aber Pferde unter einer schmalen Blechhaube ...

Der Motor weigerte sich das eine oder andere Mal, zum Leben zu erwachen, und so stand Gustav auch jetzt grollend vor ihm und schwang die Kurbel, die er in das Loch unter dem Kühler gesteckt hatte, immer in Angst, dass die Teufelsmaschine sich plötzlich selbstständig machen und ihn überrollen würde. Ein Automobil war mindestens so unberechenbar wir ein Pferd.

Elise lief über den Hof und tippte Gustav auf die Schulter. Er fuhr grimmig herum. Sein Kehlkopf sprang aufgeregt auf und ab.

„Mäken“, stöhnte Gustav vorwurfsvoll, „hast du mir erschreckt.“

Mäken war Holzmindener Plattdeutsch, hieß so viel wie *Mädchen* und war der höchste Ausdruck von Zärtlichkeit, den Gustav mit Billigung seiner Hermine zu vergeben hatte.

„Obwohl ...“, sagte Gustav grinsend, und sein Bart zog sich in die Breite und entblößte zwei seiner gelbbraunen Zähne, „obwohl ... dein Vater sagt ja, ich soll jetzt *gnädiges Frollein* zu dir sagen.“

Elise antwortete nicht. Solange ihr Vater nicht dabei war, würde Gustav sie sowieso *mein Mäken* nennen. Das würde sich auch nicht ändern, wenn sie schon Enkelkinder hätte.

„Archibald ist weg“, sagte sie hastig. „Und Doris sagt, du wüsstest, wo er hin ist.“

Gustav ließ die Kurbel fahren und richtete sich auf. „Diese neue Doris ist ja ganz nett“, seufzte er, „aber sie sagt immer ein bisschen mehr, als ihr zusteht. Die Leute in ihrem Dorf sind alle so. Ich kann ein Lied davon singen, ich kenne da den Schäfer ...“

Elise, die seinen Drang kannte, endlose Geschichten ohne Pointe zu erzählen, sprang ungeduldig von einem Bein auf das andere. „Nun sag schon! Was ist mit Archibald?“

Gustav lehnte sich mit dem Rücken an einen der hohen Kotflügel. „Heute Morgen, ganz früh, so um fünfe, war er noch da, hat mich freundlich begrüßt wie immer. Dann bin ich rein zu den Frauen“, er zeigte auf das Küchenfenster, „und als ich wieder rauskam, war er weg.“

„Und?“

„Da war ein Scherenschleifer, so einer mit einem Fahrrad und einem Schleifstein unter dem Lenker. Er hatte plötzlich vorm Dienstboteneingang gestanden und mit dem Küchenmädchen geschäkert, wohl gehofft, dass es ihm die

Messer zum Schleifen bringen würde. Dass Hausierer sich genehm machen wollen, passiert ja immer mal, sie sind ja auch meistens harmlos, so habe ich mir nichts dabei gedacht, Mäken, ehrlich ..."

„Wie sah er aus?"

„Ach je, ich habe ja nicht darauf geachtet, wo ich doch nicht wusste, dass du mal fragen würdest ..."

„Jung oder alt?"

„Eher alt. Mittelalt sozusagen. Er hatte eine gelbe Mütze auf, jetzt erinnere ich mich ..."

„Gustav! Lass dir doch nicht jedes Wort einzeln aus der Nase ziehen!"

Gustav schniefte vor geistiger Anstrengung. „Er ist dort runter zu Stadt ... weit kann er nicht sein ... du weißt ja, sie gehen von Haus zu Haus und schleifen die Messer und das braucht seine Zeit, obwohl ich mich frage, ob sie nicht auch dafür noch Motoren erfinden werden ... man weiß ja nie heutzutage ..."

Elise hörte ihn noch reden, als sie schon längst auf dem Teichweg war. Holzminden hatte drei Teiche, die sich vom Wald bis zur Vanillefabrik und von da hinunter bis zur Weser zogen. Sie waren durch die Holzminde verbunden. Das Wasser der Teiche staute sich an Wehren, an denen sich die Schöpfräder der Mühlen drehten. Die *Rennefeldsche Villa* lag am unteren Teich gleich gegenüber einer kleinen Insel, die der Herr Direktor an schönen Sommertagen schwimmend zu umrunden pflegte, angetan mit einem zu Ehren des Großherzogtums Braunschweig blau-gelb gestreiften Trikot, aus dem die Waden weiß und stachlig herausstaken. Seine Frau Sophie pflegte ihn am Ufer mit ausgebreitetem Handtuch zu erwarten, das er sich nach fünf wärmenden, mit ausgestreckten Armen akkurat ausgeführten Kniebeugen umlegen ließ, stolz wie ein römischer Gladiator, der soeben einen nubischen Löwen erlegt hatte. Elise und ihre ältere Schwester Hildegard waren stets beeindruckt von so viel Kraft und Energie. Und es schien ihnen nur logisch und gerecht, dass ihr Vater neben seinem Onkel Wilhelm, der die künstliche Vanille erfunden hatte und die Vanillefabrik leitete, der einflussreichste Mann in der Stadt war und dass alle, die Zeuge des Schauspiels wurden, ihm mit ehrerbietig gezogenem Hut ihre Reverenz erwiesen.

Aber daran dachte Elise nicht, als sie jetzt zur Stadt hinunterlief, an dem gurgelnden, nach Vanille duftenden Bach entlang, bis hin zu dem wuchtigen Backsteingebäude der Baugewerkschule. Sie ging außen herum zu deren Vorderseite mit dem hohen, dem Platz zugekehrten Portal, das von zwei mächtigen steinernen germanischen Kriegern bewacht wurde, die sich, nach Westen dem Erzfeind entgegen blickend, auf ihre Schwerter stützten. Unter ihnen, im Erdgeschoss, gleich neben der Säulenhalle, hatte ihr Vater sein mit schwarzem Ebenholz getäfeltes Büro.

Die Vorlesungen begannen gerade, und die letzten Studenten hasteten die breite Treppe hinauf in das Gebäude. Elise überquerte den Platz, bis sie das Denkmal ihres Urgroßvaters erreichte. Er stand riesig und überaus würdig in grün angelaufener Bronze auf einem Sandsteinsockel und blickte sinnend zu seiner Baugewerkschule hinüber, die er vor gut achtzig Jahren als erste ihrer Art in Deutschland gegründet hatte. Elise war stolz auf ihn. Wer hatte schon einen Urgroßvater als Denkmal?

Sie schickte wie immer ein Küsschen zu ihm hinauf und ging an der HARNACK-BANK vorbei zum Tünnekenhagen, von wo sie zur Oberen Straße hinüber wollte, die die Oberstadt schnurgerade mit der Unterstadt und die wiederum mit dem Weserhafen verband.

Über der Stadt wölbte sich ein irisblauer Himmel, aber trotz des schönen Wetters waren nicht viele Menschen auf der Straße. Elise reckte den Hals und hielt nach Archibald Ausschau. Und nach einem Scherenschleifer mit einer gelben Mütze.

Hunde gab es genug, typische Straßenköter, die sich um Knochen balgten, die die Witwe Hevekamp für sie auf die Straße geworfen hatte, gleich an der Ecke, an der ihr Geschäft stand:

HEVEKAMP Wwe.
BUTTER, FEINE FLEISCHWAREN,
REX-WEINE, LIQUEURE

Die Witwe Hevekamp stand auf dem Trottoir. Eine stattliche Frau in grauem langen Rock und roter Seidenbluse mit weißer, gestickter Bordüre um den großzügigen Ausschnitt. Sie trug noch das französische Korsett. Es drückte den Busen heraus, zwängte den Bauch und die Hüften nach hinten und förderte ein ungesundes Hohlkreuz. Elise beneidete sie nicht, denn sie wusste von ihrer Mutter, dass diese Haltung Schmerzen verursachte und man sich fragen musste, ob der Zweck die Mittel noch heiligte. Korsetts kamen sowieso aus der Mode, jedenfalls in den großen Städten. Elise würde Tante Helene dazu befragen, wenn sie das nächste Mal in Holzminden war. Hoffentlich brachte sie ihren Maurer mit.

Für eine Witwe war die Hevekamp noch jung. Sie war etwa vierzig, vielleicht sogar ein, zwei Jahre jünger. Ihr Mann, Erwin Hevekamp selig, war tief in der Nacht, leicht schwankend und einen Gassenhauer auf den Lippen, von der Kegelbahn im *FELSENKELLER* kommend unter die Eisenbahn geraten. Aber das war schon viele Jahre her, und man hatte dort längst eine Schranke gebaut. Auch die Witwe hatte sich entsprechend arrangiert. Man munkelte, dass sie sich mit dem ein oder anderen Lokomotivführer tröstete, für die die Bahngesellschaft zur Überbrückung der nächtlichen Reisepause eine Wohnung in ihrem Haus angemietet hatte. Die Damen der Gesellschaft sparten nicht mit Anzüglichkeiten. Die Herren stimmten ihnen natürlich zu, schnalzten aber insgeheim mit der Zunge, wenn sie an Witwe Hevekamps korsettgestützte Gestalt dachten.

Das Gesicht der Witwe leuchtete auf, als sie das Mädchen bemerkte. Elise sprach sie an. Nein, Frau Hevekamp hatte Archibald nicht gesehen.

„Gnädiges Fräulein“, sagte sie mit ihrer tiefen Stimme, „ich weiß doch, wie sehr Sie Ihren Hund lieben. Glauben Sie mir, ich hätte mich gemeldet, wenn ich ihn gesehen hätte. Vielleicht hätte ich sogar das Telefon genommen, obwohl man ja nie weiß, ob die Fräuleins vom Amt unsereins auch wirklich durchstellen ...“ Sie beugte sich vertrauensvoll zu Elise hinunter: „Wussten Sie, dass wir jetzt auch Telefon haben, gnädiges Fräulein? Genauso wie der Herr Direktor, Ihr Herr Vater. Oder wie der Herr Fabrikbesitzer Rennefeld, Ihr Herr Großonkel.“ Sie hob den Zeigefinger, um die Bedeutung der nächsten Worte anzukündigen: „Wir haben die Nummer 14. Können Sie sich das merken, gnädiges Fräulein? Sagen Sie es Ihrem Vater, oder besser noch Ihrer Frau Mama. Wir sind jetzt immer erreichbar, verstehen Sie?“

Elise nickte, um zu zeigen, dass sie verstand, und setzte ihre Suche fort. Sie rätselte, warum ihr Pudel sich aus dem Staub gemacht hatte. Gab es bei Tieren so etwas wie Dankbarkeit? Natürlich, ihr Archibald war treu, da war sich Elise sicher, so treu wie zum Beispiel Gustav, und das wollte etwas heißen. Warum war er dann abgehauen?

Die „besseren“ Geschäfte öffneten gerade, die Ladenjungen ließen die Jalousien herunter. Elise kannte sie alle, die *Weserlunjer.* Sie lebten in den kleinen, sandsteinbehangenen Häusern am Fluss, dort, wo die Tagelöhner wohnten und wo man als Mädchen nicht hinging. Eine Tatsache, die Elises Mutter oft genug betonte, wusste sie doch genau, dass ihre jüngste Tochter sich trotz aller Warnungen dort unten herumtrieb. Die Jungen hießen Wolf oder Karl und waren mit allen Wassern gewaschen. Aber auch von ihnen hatte keiner ihren Archibald gesehen. Und den Scherenschleifer? Ja, der war in der Stadt gewesen, aber wo er abgeblieben war, wussten sie auch nicht.

„Geh zum Hafen, Lieschen", sagten sie, „da landen sie am Ende alle."

Also ging Elise zum Hafen, der gleich rechts von der Weserbrücke lag. Ein langer, gerader Kai aus Sandsteinen, die in den Steinbrüchen ihres Vaters gebrochen und von Architekten verbaut wurden, die wiederum das Bauen mit Sandstein an der Hochschule ihres Vaters gelernt hatten. „Der Herr Direktor weiß, was er tut", pflegte Gustav zu sagen, aber Elise stimmte ihm nicht zu. Wenn das alles dazu führte, dass ihr Vater keine Zeit für sie hatte, konnten ihr die Hochschule und die Steinbrüche gestohlen bleiben!

„Das ist die Zeit, überall wird gebaut", hatte Gustav geantwortet, „der Kaiser will, dass wir was schaffen." Der Kaiser, immer der Kaiser ... Elise ging die Treppe hinunter, die von der Brücke auf den Kai führte.

Auf der Mauer, die den Pausenhof der Höheren Mädchenschule vom Hafen abtrennte, saß ein junger Mann. Er hatte die Beine wie ein Schneider untergeschlagen und blickte auf Elise hinunter. Sie tat so, als würde sie ihn nicht sehen, aber sie merkte doch, dass er sie anlachte. Soweit sie aus den Augenwinkeln sah, war er blond und hatte ein schmales Gesicht. Sie hatte erwartet, dass er etwas sagen würde, aber er tat ihr nicht den Gefallen, und irgendwie war sie auch froh, dass er es nicht tat, denn sie hätte nicht gewusst, was sie hätte antworten sollen. Also ging sie langsam weiter und versuchte, nicht zu zeigen, wie nervös sie war.

Der Kai lag leer vor ihr. Von Archibald keine Spur. Ganz hinten ankerte ein Schiff unter einem Kran. Daneben stand ein Zug mit Pritschenwagen für die Sandsteine. Elise war ratlos. Sie blickte nun doch zurück zu dem jungen Mann auf der Mauer.

„Ich suche meinen Hund", sagte sie. „Hast du ihn gesehen? Es ist ein Pudel, ein schwarzer Pudel."

Zunächst antwortete der junge Mann nicht, und sie befürchtete schon, dass er sie nicht gehört hatte, dass er vielleicht sogar taub war. Dann aber sah sie seine fröhlichen blauen Augen und begriff, dass er sie sehr wohl gehört hatte. Langsam, sehr langsam lehnte er sich nach hinten, sodass seine Beine freikamen. Er ließ sie herunterhängen, und Elise sah seine Schuhsohlen von unten. Sie waren schräg abgelaufen, und in einer von ihnen war ein Loch.

Seine Hose war blau, ziemlich zerwaschen. Darüber trug er einen weißen Kittel, in dessen Brusttasche eine Schere steckte.

„Du bist Friseur", sagte sie erstaunt.

Er schüttelte ernst den Kopf. „Ich bin nur der Lehrling eines Friseurs. Meister Micus, kennst du ihn?"

Nein, sie kannte Friseur Micus nicht, jedenfalls nicht persönlich. Man ging nicht zu Micus.

„Du bist nicht von hier", hakte sie nach.

„Ich bin nicht von hier", bestätigte er lakonisch. Mehr sagte er nicht, und sie durchschaute langsam, dass er sich über sie lustig machte.

„Du kannst ruhig antworten, wenn ich dich frage", sagte sie trotzig. „Das gehört sich so!"

Das machte ihn lebendig. Er drehte sich auf den Bauch und ließ sich zu ihr hinabgleiten. „Ich bin ich", stieß er hervor, „ich *muss* gar nichts." Betont langsam blickte er an ihr herunter bis zu den vornehmen Spangenschuhen, die unter dem langen Rock hervorschauten. „Und eingebildete höhere Töchter wie du haben mir schon gar nichts zu sagen!"

Sie wollte antworten, ihn zurechtweisen, aber die Worte blieben irgendwo in ihrem Hals stecken.

Er war ohnehin noch nicht fertig. „Es sieht zwar nicht so aus, dass die Zeiten sich ändern", schnauzte er, „aber sie ändern sich gewaltig, so wahr, wie ich hier stehe."

„Die Zeiten denken gar nicht daran, sich zu ändern", schnappte sie zurück. „Bloß weil du Löcher in den Schuhen hast, hast du noch lange nicht die Weisheit gepachtet. Und brauchst auch nicht so zu tun, als wüsstest du Dinge, die selbst der Kaiser nicht weiß."

„Der Kaiser! Ihr immer mit eurem Kaiser! Dem geht es doch nur darum, seine Flotte zu bauen, damit er es seinem englischen Cousin zeigen kann. Seht ihr nicht, dass die uns nur ausnutzen? Dass wir vor der ganzen adligen Bagage buckeln? Und dass die sich totlachen, weil wir uns so schön und einfach veräppeln lassen?"

Elise dachte an den hübschen Leutnant de Maizière, der mittags den Wachwechsel vor der Kaserne kommandierte und der so ausgesucht höflich war.

„Bist du ein Revolutionär?", fragte sie und spürte, wie es ihr den Rücken entlangkribbelte.

Sein Kopf schnellte hoch. „Ein Revoluzzer? Du meinst, ich nehme mir, was ich will? Ist es das?" Seine rechte Hand schnellte vor, griff sich die rosa Schleife, die ihren Kragen zusammenhielt, und zog Elise zu sich heran, sodass ihre Gesichter nur Zentimeter voneinander entfernt waren. Sie sah seine Lippen und roch seinen warmen Atem, der unerwarteterweise nach Honig duftete. Sie schloss die Augen.

„Hör zu", zischte er. „Du bist ein ganz niedlich anzusehendes Mädchen. Aber du machst dich nicht über mich lustig! Niemand macht sich über mich lustig. Ich bin ich, und der Kaiser ist ein Kaiser, irgendwo da oben, viel zu weit entfernt, als dass er etwas für mich tun könnte."

„Du tust mir weh."

Diese vier Worte beruhigten ihn schlagartig. Für einen Moment lehnte er seine Stirn gegen ihren Kopf, und sie spürte irritiert, wie viel Energie er ausstrahlte. Seine Hand ließ das Band los, und sie machte sich frei. Für eine Weile standen sie verstört nebeneinander. Sie schauten sich nicht an.

„Es tut mir leid", sagte er schließlich mit belegter Stimme. „Ich bin ein Blödmann."

„Das bist du wohl", sagte sie.

Er zischte durch die Zähne, und sie sah, dass er seine Hände zu Fäusten ballte. „Das hat noch keiner zu mir gesagt. Erst recht kein Mädchen wie du."

Sie sagte nichts, denn nun wollte sie, dass er sich ärgerte. Und fragte sich gleich darauf, ob sie wirklich wollte, dass er sich ärgerte. Er sagte das, was er dachte. Was war schlimm daran, wenn jemand seine Meinung sagte? War es nicht toll, dass er überhaupt eine Meinung hatte?

Er lehnte sich mit dem Rücken an die Mauer und blickte in den Himmel. „Ich will es zu etwas bringen“, sagte er langsam. „Sie werden alle sehen, dass ich es zu etwas bringe.“

„Das klingt wie eine Drohung“, warf sie ein.

Er schüttelte den Kopf. „Was ich sagen will, ist, dass ich ganz allein mein Leben in der Hand habe und dass niemand mir helfen wird. Schon gar nicht deinesgleichen.“

„Papa hilft allen, die tüchtig sind.“

„Du bist die kleine Rennefeld, nicht wahr? So was wie die Prinzessin von Holzminden. Du hast doch keine Ahnung davon, wie es im Leben wirklich zugeht! Dein Alter, der weiß es bestimmt, und gerade deswegen lässt er nur die hochkommen, die ihm und dem System genehm sind. Männer wie ich, die ihre eigenen Pläne haben, gehören sicher nicht dazu.“

Männer! Männer wie ich! Elise schüttelte widerwillig den Kopf, aber insgeheim musste sie zugeben, dass er recht hatte. Irgendwie.

Sie fühlte, dass ihr Herz schnell schlug. „Ich muss jetzt gehen“, sagte sie.

„Ja, geh nur! Ihr besseren Leute geht sowieso immer, sobald es unangenehm wird.“ Seine Stimme klang wütend und zugleich resigniert.

Elise überlegte, ob sie bleiben sollte, aber entschied sich dagegen, obwohl sie vielleicht doch gern geblieben wäre. „Ich heiße Elise. Und wie heißt du?“

„Ich bin Rüdiger. Aus Brake bei Lemgo.“

„Dann mach es gut, Rüdiger aus Brake bei Lemgo.“

Sie drehte sich um und trat auf den sonnenbeschienenen Kai. Sie schwor, sich nicht umzusehen. Sollte er doch bleiben, wie und wo es ihm gefiel. Sie war erst wenige Schritte gegangen, als sie ihn ein Lied pfeifen hörte. Sie kannte die Melodie nicht, aber sie hörte sich ziemlich frech an. Dann riss das Lied abrupt ab. War er weg? Sollte er doch. Als sie das Schiff und die Pritschenwagen schon fast erreicht hatte, vergaß sie alle Vorsätze und drehte sich um.

Er war noch da.

Er saß wieder auf der Mauer und winkte ihr zu. Sie schüttelte ungläubig den Kopf und ging weiter. Als sie um den letzten Eisenbahnwagen bog, sah sie den Scherenschleifer.

2

Der Scherenschleifer saß auf der obersten Stufe einer in die Kaimauer eingelassenen Treppe und hielt ein Brot in der Hand, von dem er Scheiben abschnitt. Er musste es sein, denn er hatte eine gelbe Mütze auf dem Kopf, und am Geländer lehnte ein Fahrrad, unter dessen Lenker ein runder Schleifstein angebracht war.

Archibald saß mit dem Rücken zu Elise auf der Kaimauer und fraß aus einem Blechnapf.

Sie juchzte vor Freude. „Archibald!"

Der Hund spitzte die Ohren und wandte den Kopf. Dann erkannte er sie. Er lief auf Elise zu und sprang an ihr hoch. Sie kniete nieder und drückte ihr Gesicht in sein Fell.

Der Scherenschleifer war ein alter Mann. Sein Gesicht war mit Pockennarben überzogen.

„Sie haben meinen Hund geklaut", fuhr Elise ihn an.

„Ich habe gar nichts", protestierte er. „Was weiß denn ich, was in den Köter gefahren ist, er hängt sich an mich und lässt mich nicht aus den Augen."

„Sie lügen."

„Ich lüge nicht, woher hätte ich wissen sollen, wem er gehört?"

Sie stampfte wütend mit dem Fuß auf. „Weil Sie ihn von unserem Hof mitgenommen haben. Warum tun Sie so etwas?"

Der alte Mann verzog das Gesicht. „Der Hund hat sich gefreut, mich zu sehen. Es gibt nicht viele, die sich freuen, wenn sie mich sehen. Schauen sich mich an, Fräulein, möchten Sie mit mir befreundet sein? Einem alten, dreckigen, pockennarbigen Kerl? Natürlich wollen Sie das nicht. Niemand will es. Nur dieser Hund hier. Er kam auf mich zugelaufen, sprang an mir hoch und leckte mir die Hand. Und dann folgte er mir. Während ich arbeitete, legte er sich hin und wartete, bis ich fertig war. Dann zogen wir weiter. Da habe ich mir gedacht, die da in ihrer herrschaftlichen Villa, die haben alles, was sie brauchen. Die merken gar nicht, wenn der Hund nicht mehr da ist. Und vielleicht gehört er ja gar nicht dort hin, ist herrenlos, so wie ich. Und dann dachte ich, wenn wir beiden Herrenlosen uns zusammentun, dann ist keiner mehr herrenlos. Ist das so schlimm?"

Elise fühlte sich schlecht. Vielleicht sollte sie einfach den Hund entscheiden lassen. Wenn er mitgehen wollte, warum sollte er nicht mitgehen?

Bei dem Gedanken wurde sie von Selbstmitleid überschwemmt. Warum hatte der dumme Hund sie verlassen? Ein ganzer Haushalt hatte sich um ihn gekümmert. Wie viele Bedienstete waren im Haus? Neun? Zehn? Zehn Leute, die für ihn sorgten. Von ihr selbst einmal ganz abgesehen. Das müsste doch wirklich genügen!

Müsste. Tat es aber nicht.

Elise blickte auf den alten Mann. Er saß zusammengekauert auf der Stufe und sah zu ihr hoch. Sie versuchte zu verstehen, was aus seinen Augen sprach. Angst? Hoffnung? Vielleicht beides. Er ließ ihren Blick nicht los, fast so, als ob er zu müde war, um sich abzuwenden.

Macht mit mir, was ihr wollt.

Dieser Blick. Niemand soll so blicken müssen, dachte sie. Sie schob den Hund von sich. „Geh", sagte Elise, „geh zu ihm."

Der Pudel blickte sie an, dann stand er auf und trottete langsam zu dem Blechnapf zurück. Der Scherenschleifer hob die Hand als Dank, sonst rührte er sich nicht.

Elise drehte sich um und ging. Der alte Mann sollte nicht mitbekommen, dass sie weinte. Dicke Tränen liefen ihre Wangen hinunter.

Vielleicht übersah sie deshalb den dicken Tampen, der auf dem Kai lag. Ihr Schuh verhakte sich, sie knickte ein, versuchte sich zu halten, trat zur Seite und fühlte, dass sie den Boden unter den Füßen verlor. Dann fiel sie. An dieser Stelle war die Kaimauer gute zwei Meter hoch. Und das schnell und strudelig strömende Wasser mindestens drei Meter tief.

Elise mochte nicht glauben, dass sie fiel. Sie hörte sich schreien und dann spürte sie, wie sie an der Kaimauer entlang schrammte. Sie schlug rücklings auf das Wasser. Ihr erster Gedanke war ihr Kleid und dass es sich schnell vollsaugen und sie nach unten ziehen würde. Ein Hund bellte. Bestimmt Archibald, dachte sie noch, dann schluckte sie Wasser. Es war kalt, wirbelte um sie herum und zerrte an ihrem langen Rock. Sie spürte die Mauer an ihrem Arm und versuchte, etwas zu greifen, was auch immer. Aber die Mauer war glitschig.

Das Schiff!

Sie durfte nicht zwischen Schiff und Kaimauer geraten! Elise strampelte, erwischte die Mauer jetzt mit dem Fuß, stieß sich ab – und prallte auf ein Hindernis.

Das Schiff. Das musste der Bug sein. Für einen Moment tauchte sie auf. Die Strömung hatte sie schon weit mitgerissen.

Nach links, drück dich nach links!

Aber ihre Kleider zogen sie nach unten. Faulige Schwärze. Etwas Schleimiges verfing sich in ihren Haaren. Verzweifelt ruderte sie mit den Händen. Sie sah eine helle Fläche über sich, weit entfernt, wie sollte sie dorthinkommen? Ihre Lungen begannen zu brennen, und ihre Arme wurden schwer. Sie fühlte sich, als ob sie in Gelee schwebte. Plötzlich wusste sie, dass sie nicht mehr lebend auftauchen würde. Seltsamerweise erschreckte sie das nicht. Ein Tanzorchester spielte im Hintergrund. Trompeten! Elise mochte Trompeten, sie mochte es, wenn es ordentlich laut wurde. Sie trieb im Wasser, und es war schön, so schwerelos. Hier wollte sie bleiben ... für immer ...

Und dann zerrte diese Hand an ihr, an ihren Haaren. *Lass mich zufrieden, Hand, ich will das nicht!* Aber die Hand hielt sie fest, ihre schönen Haare, was würde ihre Mama sagen?

Lass daaaas!

Sie fühlte, dass sie bäuchlings im Gras lag. Jemand schlug mit der Hand auf ihren Rücken. Kalte Luft schoss in ihre Lungen. Ihr Magen verkrampfte sich und presste bitteres Wasser in ihren Mund. Sie spie es aus und fürchtete, dass der Schwall nie versiegen würde. Jemand murmelte Beruhigendes an ihrem Ohr, aber sie verstand nicht, was die Stimme sagte.

Dann war es vorbei. Der Jemand drehte sie auf den Rücken. Sie spürte, wie das Wasser an ihr hinunter lief. Sonnenstrahlen. Ein Windhauch. Ein Horn tutete in der Ferne. Eine Hand legte sich auf ihre Stirn.

„Wach auf, Prinzessin", sagte eine männliche Stimme.

„Bin ich tot?", fragte sie.

Die Stimme lachte. „Na ja, wenn du noch mehr Wasser von dir gibst, wirst du vielleicht noch hier auf der Wiese ertrinken."

Jetzt wusste sie, woher sie die Stimme kannte. Sie öffnete langsam ihre Augen. „Rüdiger ...", keuchte sie, „aus ..."

„... Brake bei Lemgo", ergänzte er. „Richtig."

Sie versuchte sich aufzusetzen, aber er hielt sie fest. „Was machst du denn hier?", fragte sie und hustete den letzten Rest Wasser aus.

Eigentlich hätten sie sofort nach Hause gehen müssen. Nass bis auf die Haut saßen sie im halbhohen Gras vor einem Fliederbusch. Elise stellte überrascht fest, dass Rüdiger ihr die Jacke ausgezogen hatte und sie in der Bluse dasaß, die vollgesogen an ihr klebte. Ihr Hut war auch weg. Es ging aber kein Wind, und da die Mittagssonne warm auf sie herunter schien, blieb sie im Gras liegen, noch immer nach Luft japsend, aber wunderbarerweise von tiefer Zufriedenheit erfüllt.

Im Liegen blickte Elise sich um. War die Welt vorher auch so farbig gewesen? Der rote Sandstein, die grüne Wiese, der blaue Himmel. Und dieser Duft, dieser betörend frische Duft von Flieder.

„Du wirst es nicht glauben", sagte sie, „aber es war gar nicht so schlimm da unten im Wasser, es spielte sogar Musik."

„Geigen?", fragte er.

Elise hörte den ironischen Unterton. „Trompeten. Und du brauchst dich nicht über mich lustig zu machen!"

Wenn sie geglaubt hatte, sie könnte ihn aus der Reserve locken, dann hatte sie sich getäuscht. „Dann eben Trompeten", antwortete er. „Trompeten sind mir auch recht."

Sie hätte ihn ohrfeigen mögen, aber dann dachte sie daran, dass er sie ja schließlich gerettet hatte. „Danke", sagte sie deshalb. „Danke, dass du mich aus dem Wasser geholt hast."

„Gern geschehen." Er wedelte gleichmütig mit der Hand, als wolle er unbedingt zeigen, wie sehr er über den Dingen stand. Und sofort war ihr Unmut wieder da. Sie blickte zum Himmel. Ganz oben kreiste ein Vogel, und Elise fragte sich, ob er auf sie heruntersah. Schließlich durfte es nicht sein, dass sie hier allein mit einem fremden jungen Mann im Gras lag. Was ihr Papa wohl dazu sagen würde?

Apropos Papa: „Mein Vater wird dir danken wollen."

„Dein Vater kann mich mal!"

„Du bist ungerecht!", protestierte sie.

Aber Rüdiger blieb stur. „Das ist, wie es ist. Er wird mich zum Dienstboteneingang hereinlassen, mir einen Schein in die Hand drücken, etwas von dem deutschen Mann faseln, der Tod und Teufel nicht fürchtet, und dann darf ich wieder gehen. Durch den Dienstboteneingang, versteht sich."

Das Schlimme war, dass er recht hatte. Er will also nicht zu denen gehören, die den Dienstboteneingang benutzen, dachte sie nachdenklich. Dabei ist er ein Dienstbote. Was war schlecht daran, den Dienstboteneingang zu benutzen? Und was war schlecht daran, ihn nicht benutzen zu wollen? War etwas gut daran, ihn nicht benutzen zu wollen?

Elise seufzte. Sie wusste nicht mehr, was sie denken sollte. Rüdiger kaute an einem Grashalm. „War es schwer, mich rauszuziehen?" fragte sie. Sie wollte nicht, dass er an etwas anderes dachte.

„Sehr schwer", sagte er. „Du bist ein richtiger Brocken, Prinzessin. Und dann diese vollgesogenen Kleider ..."

„Kein Grund, mich auszuziehen!"

„Die verdammte Jacke hing fest, was hätte ich tun sollen?

Und außerdem, was ist schon dabei. Was ihr Frauen alles anhabt, da kommt es auf die Jacke wirklich nicht an."

„Sagst du, weil du ein Modefachmann bist."

„Sage ich, weil ich ein Mann bin."

Warum sagte er das jetzt?

„Du sollst dich nicht über mich lustig machen."

„Ich mache mich nicht über dich lustig. Das würde ich nie wagen. Nachher sagst du es deinem Herrn Papa, und der jagt mich aus der Stadt."

Er sagte es ganz ernsthaft, und für einen Augenblick glaubte sie ihm, dann aber sah sie ihn lächeln. Dieses süffisante Lächeln! Rüdiger lag auf den Ellenbogen gestützt, schob sich einen frischen Grashalm in den Mund und sah auf sie herunter. Ziemlich nah war er, viel zu nah, sie berührten sich fast. Ich kann ihn aber doch schlecht wegschicken, sagte etwas in ihr, wo er gerade mein Leben gerettet hat.

„Vielleicht wäre es nicht schlecht, wenn Papa dich aus der Stadt jagte. Friseurlehrlinge gibt es schließlich genug." Sie sagte es neckend, jedenfalls war es nicht ernst gemeint. Umso erstaunter war sie, dass er aufgebracht aufsprang.

„Woher weißt du, ob ich Friseurlehrling bleiben werde? Aus mir wird etwas, das verspreche ich dir, ich jedenfalls werde mich nicht ausnutzen lassen, das steht schon mal fest. Ich werde was machen aus meinem ..."

„Und was? Hast du Geld, dass du ein Geschäft aufmachen kannst?"

„Natürlich nicht!", brauste er auf. „Heiße ich etwa Rennefeld? Gehört mir eine ganze Stadt? Aber ich kann von euch Rennefelds lernen, von deinem Großonkel zum Beispiel."

„Er macht Parfums. Sachen, die riechen." Elise überlegte. „Sag nicht, dass du bei ihm arbeiten willst."

Er schüttelte den Kopf. „Ich will selber Seife parfümieren. Ich weiß noch nicht genau, wie es geht, aber ich weiß, dass es geht. Und die Versuche kann ich auch zu Hause machen." Er sah sie triumphierend an.

„Seife“, sagt sie abfällig, „ausgerechnet ordinäre Seife. Das ist alles?“

„Sie ist nicht ordinär, sie wird nicht mehr ordinär sein, wenn sie meine Düfte trägt“, blaffte er sie an.

„Es war nicht so gemeint“, sagte sie kleinlaut. „Setz dich.“ Sie war froh, dass er es tat.

Das nasse Hemd klebte auf seinen Rippen, und Elise sah, dass er ziemlich dünn war. Und mit den nass am Kopf anliegenden Haaren wirkte sein Gesicht noch schmaler. Aber seine Augen waren immer noch groß und blau, und sie hätte es lieber gehabt, wenn er sie nicht so unverschämt direkt angesehen hätte.

Es dauerte eine Weile, aber dann kam sein Lächeln zurück. „Du hast ganz schön lange durchgehalten im Wasser“, sagte er mit ruhiger Stimme, so als hätten sie sich nie gestritten.

„Wieso bist du überhaupt ...?“

„Ich habe dich schreien hören und sah dich fallen, und da bin ich gerannt. Erst dachte ich, dass du zwischen Kaimauer und Schiff geraten bist, aber dann sah ich dein Kleid in dem Wasserwirbel auftauchen. Es war nur ein kurzer Moment, dann warst du wieder weg. Komisch, man kann gar nicht nachdenken in so einer Situation. Ich bin weiter zum Heck gelaufen. Du kamst vorbeigeschossen in der Strömung, aber an der Buhne da drüben hast du es ein bisschen langsamer angehen lassen, und ich hatte eine Chance, dich zu packen.“

„Eine Frau packt man nicht.“

„Bist du schon eine Frau, Prinzessin? Wenn ich dich so ansehe ...“

„Pah. Normalerweise dürfte ich mich gar nicht mit dir unterhalten, so ganz allein.“

„Da oben ist ein Vogel. Dahinten ist eine Kuh. Wir sind nicht allein.“

Elise fiel darauf keine Antwort ein. Sie hätte gern gewusst, was Tante Helene jetzt gesagt hätte. Sie blickte an sich herunter. „Wie ich aussehe! Überall Dreck und Gräser und anderes schmieriges Zeug!“

„Soll ich dir was sagen?“, fragte er. Seine Stimme klang nachdenklich.

Elise hob abwehrend die Hand.

„Dreck oder glitschiges Zeug hin und her – du bist ein wirklich hübsches Mädchen.“

„Und du bist unverschämt!“, fuhr sie ihn an, obwohl sie ihn eigentlich hätte umarmen mögen für seine Worte.

Ein wirklich hübsches Mädchen!

„Ein bisschen mager vielleicht“, fuhr er ungerührt fort, „aber andererseits, die schönen braunen Haare und dieser Mund ...“

„Was ist mit meinem Mund?“, fragte sie.

„Ja, was ist mit deinem Mund?“, überlegte er laut. „Da ist eine Einbuchtung auf der Unterlippe ...“ Plötzlich tauchte sein Finger vor ihrem Gesicht auf und fuhr die Lippe entlang. „Ein schöner Mund“, sagte er, „irgendwie ...“

„Irgendwie ...?“

„Lass mal sehen“. Er rückte näher.

Elise erschrak. Sie hatte schon mal einen Kuss gesehen, von dieser Asta Nielsen, als man auf dem Festplatz ein Zelt aufgestellt hatte und ein nach Karbid stinkender Projektor die aufregenden Filmbilder über die Köpfe der Zuschauer hinweg auf ein aufgespanntes weißes Tuch geworfen hatte.

Asta Nielsen hatte kurz nach dem Kuss ein Kind bekommen ... Gedanken wirbelten durch Elises Kopf. Sollte sie fliehen?

Rüdigers Gesicht kam näher.

Und dann war es geschehen. Sie fühlte seine Lippen auf ihrem Mund. Sie waren erstaunlich weich.

Schön weich.

Gerade als sie Rüdigers Hand in ihrem Nacken spürte, hörte sie das Getrappel von Füßen und das scheppernde Geräusch eines klapprigen Fahrrades. Sie öffnete die Augen und sah den Scherenschleifer mit seinem Fahrrad, Archibald, der auf dem Gepäckträger hockte, sie aber nicht beachtete, und hinter ihnen, im Schweinsgalopp, Gustav.

Sie kamen den Treidelweg entlang auf sie zu. Der Scherenschleifer erreichte sie als Erster. Archibald sprang vom Gepäckträger und stellte sich dicht neben sein neues Herrchen.

Verräter!

Dann kam Gustav. Er blickte vorwurfsvoll auf Elise hinunter. „Mäken, Mäken! Was machst du? Erst ertrinkst du und dann liegste hier im Gras mit einem jungen Mann. Ganz ohne Jacke und Hut!"

Muss Rüdiger jetzt um meine Hand anhalten?, dachte Elise. War sie sonst *kompromittiert*, wie ihre Mutter sagen würde? Aber was war schon passiert? Sie war ein bisschen enttäuscht. Aus den Augenwinkeln blickte sie zu Rüdiger, aber der stand nur auf, klopfte sich das Gras von den nassen Hosen und lachte sie an.

„Dann will ich mal wieder", sagte er. „Mein Chef wird sich sowieso schon fragen, wo ich stecke." Beim Aufstehen streifte er leicht Elises Schulter, dann lief er den Treidelpfad hinunter.

„Mäken", sagte Gustav verzweifelt, „Mäken, was denkst du dir dabei?"

„Lass mich in Frieden, Gustav!", fauchte sie ihn an. „Ich bin beinahe ertrunken, und keiner war da, der mich retten wollte, außer Rüdiger, auch du nicht. Also verschon mich mit deinen Vorwürfen."

„Ist ja schon gut", brummte er resigniert. „Sehen wir zu, dass wir ungesehen ins Haus kommen, dann ziehst du dich schnell um, und wir brauchen niemandem was zu vertellen."

Aber Elise hörte ihm nur mit halbem Ohr zu. Sie blickte Rüdiger nach, der schon fast an der Brücke angekommen war. Dreh dich noch einmal um, befahl sie in Gedanken. Dreh dich noch einmal um!

Aber er drehte sich nicht um.

3

Drei Wochen später kam die Malerin Helene Pockels, Elises Tante, zu Besuch. Mit ihrem Maurer. Elises Eltern machten sich auf allerlei Ungemach gefasst.

Elise freute sich auf Helenes Besuch. Sie musste unbedingt mit jemandem über Rüdiger und die verwirrende Angelegenheit mit dem Kuss sprechen. Und über die Folgen. Gab es überhaupt welche? Und wenn ja, wäre sie nicht zu jung für ein Kind? Fragen über Fragen.

Bisher hatte sie mit niemandem darüber sprechen können, und die Ungewissheit und die Sorgen wuchsen täglich in ihr. Zwar hatte sie sich Gustav anvertraut, aber der hatte nur gutmütig gelächelt und jede Gefahr, wie auch immer, verneint. Da machte er es sich doch zu einfach, fand sie, und überhaupt, woher sollte er als Mann, noch dazu als alter Mann, etwas über diese Dinge wissen? Bei seiner Frau hatte er sich keinen Rat holen können, denn Elise hatte ihn schwören lassen, mit niemandem, auch nicht mit seiner Hermine, darüber zu sprechen.

So gesehen war sie froh, dass sie Rüdiger nicht wiedergesehen hatte. Zweimal war sie am Friseurgeschäft Micus, das in der neuen Bahnhofstraße lag, vorbeigegangen, zunächst auf der gegenüberliegenden Straßenseite und auch nur schnellen Schrittes.

Niemand, den sie kannte, ging zu Friseurmeister Micus, seine Kunden kamen eher von der Weserseite der Stadt. Elise hatte das Haus und das Ladenlokal als etwas heruntergekommen in Erinnerung. Umso erstaunter war sie, als sie das Geschäft in frischem malerischen Glanz vorfand. Neue Fenster, viel größer als vorher, eine weite Auslage. In ihr wurden Nivea Creme, Dralles Birkenhaarwasser und Mouson Lavendelseife angeboten.

Ein großes, rosafarbenes Schild prangte auf der Tür:

WIR GEBEN UNSERER
VEREHRTEN KUNDSCHAFT ZU WISSEN,
DASS WIR IN KÜRZE
AUCH FEINE PARFÜMIRTE SEIFEN – PARISER ART –
AUS EIGENER PRODUKTION ANBIETEN
Sachverständige Beratung
aus der großen Modewelt inclusive

Eigene Produktion, sachverständige Beratung. Aus der großen Modewelt!

Und das von Rüdiger aus Brake bei Lemgo, dem genauen Gegenteil der großen Modewelt! Wo nahm er den Mut her, sich so großsprecherisch zu präsentieren? Was sie aber am meisten erstaunte, war die Tatsache, dass Rüdigers Worte kein leeres Gerede gewesen waren. Die Erkenntnis, dass er es ernst meinte, selbst wenn er total durchnässt in den Weserwiesen lag und auf einem Grashalm kaute, überraschte und begeisterte sie. Was für ein Kerl! Sie fühlte sogar so etwas wie Stolz, dass sie es gewesen war, der er seine Pläne offenbart hatte. Und schämte sich im Nachhinein etwas, dass sie ihn nicht ernst genommen hatte.

Am nächsten Tag ging sie auf der richtigen Seite am Geschäft vorbei und blieb lange vor dem Plakat stehen. An ihm vorbei konnte sie in das Geschäft blicken, aber sie sah nur den alten Micus, der jemandem die Haare schnitt. Von Rüdiger keine Spur. Vielleicht machte er gerade Seife.

Es wäre schön gewesen, ihn wieder zu sehen. Sie hatten ja jetzt etwas miteinander. Was er hoffentlich nicht publik machen würde. Auch deswegen, wegen der Diskretion, hätte sie gern mit ihm gesprochen. Noch hatte niemand sie auf die Sache in den Weserwiesen angesprochen. Er war wohl trotz allem ein Ehrenmann, dieser Rüdiger. Oder war es ihm einfach nur egal? Wenn sie abends einschlief, sah sie ihn landauf, landab nach hübschen Mädchen Ausschau halten, Parfumflakons und Küsse austeilend.

Es wurde wirklich Zeit, dass Helene kam.

Tante Helene kam mit der Bahn und, das hatte sie telegrafiert, sie würde Hugo, „meinen Adonis“, mitbringen. Ludwig Rennefeld hatte die Depesche persönlich entgegengenommen, sie aber nicht sofort geöffnet, sondern sie noch eine Zeit lang in der hohlen Hand gehalten, als habe er etwas Explosives geborgen, das er irgendwie wieder loswerden wollte, ohne dass die Familie Schaden nahm. Er sah Stadtbriefträger Kumlehn, der in seiner blauen Uniform mit würdevollem Schritt die Auffahrt hinunterging, noch eine Zeit lang nach, bevor er den Mut fand, das Papier aufzufalten. Er ließ seinen Arm ausgestreckt, als er es las, und sein Mund verzog sich zu einem bitteren Lächeln. „Deine Schwester bringt Schande über unsere Familie, meine liebe Sophie“, sagte er schließlich dünnlippig.

Seine Frau tat, als hätte sie den Vorwurf nicht gehört. „Aber sie ist eine liebenswerte Person, das weißt du doch, Ludwig, und sie hat es nicht leicht, wo sie nicht verheiratet ist und keine Kinder hat. Das macht sie eben ein wenig wunderlich. Aber sie ist und bleibt meine Schwester.“

Elise hätte gern etwas gesagt, aber sie durfte nicht ungefragt reden, wenn Erwachsene, und erst recht ihre Eltern, sich unterhielten.

„Welches Zimmer hast du für sie vorbereitet?“, fragte Ludwig Rennefeld. Elise wusste, dass er die Antwort schon kannte. Helene bekam immer das Turmzimmer.

„Das große Turmzimmer. Sie braucht ja gutes Licht, sie will ja malen.“

„Sie wird ihren ... *Adonis* ... nackend auf dem Balkon platzieren ... wie das letzte Mal. Und die Leute auf dem Teichweg werden sich die Augen verrenken, um möglichst viel von ihrem sündigen Getue zu sehen.“

„Sie malt doch nur, mein Lieber."

Elise wusste, wenn ihre Mutter „mein Lieber" sagte, waren ihre Nerven strapaziert und Gefahr war im Verzug.

Ihr Vater schluckte. „Sie kann Blumen malen", sagte er störrisch, „wir haben so viele Blumen."

Das waren seine letzten Worte zu diesem Thema – ein einigermaßen ehrenvoller und geordneter Rückzug für den Herrn Direktor, der ja auch Oberleutnant der Reserve war.

Es war also wie immer. Das Chaos würde Einzug halten und die wohlvertraute Ordnung auf den Kopf stellen. Elise freute sich, und sie wusste, dass ihre so steife Frau Mama es gar nicht abwarten konnte, bis ihre Schwester Einzug hielt und alles durcheinanderbrachte. Fast hatte Elise den Eindruck, dass ihre Mutter dann ein anderer Mensch wurde, so viel freier, so viel weicher, so fröhlich. So anders, so, wie der steife Herr Direktor seine Frau so gar nicht mochte.

Ludwig Rennefeld blickte aus dem Fenster. Keine Wolke am Himmel. Und doch wurde er das Gefühl nicht los, dass ein Gewitter im Anzug war.

Er ahnte nicht, wie recht er hatte.

Holzminden lag ganz im Westen des Großherzogtums Braunschweig, das sich als zusammengestückelter Landstreifen bis an die Weser zog. Der Regent hatte Wert darauf gelegt, dass die neue Bahn, die von Osten in den Westen führte, Braunschweigisches Gebiet nicht verließ. Dies bedeutete, dass die Ingenieure nicht in die norddeutsche Tiefebene ausweichen konnten, sondern die Gleise quer über Täler und Berge führen mussten. So kämpfte sich die Bahn tapfer durch lange dunkle Tunnel und über waghalsig hohe Viadukte, bis sie schließlich in weiten Kurven zur Weser hinunterrollte, wo der Bahnhof von Holzminden auf die Reisenden wartete.

Direktor Rennefeld und seine Damen warteten auf Perron eins auf Helenes Zug. Hinter ihnen standen Gustav mit einer Handkarre und drei Hausmädchen in schwarzen, langen

Kleidern mit bestickten Schürzen. Auf den Köpfen trugen sie weiße, gestärkte Hauben. Unter ihnen Doris aus Holenberg, die in sich hineinkicherte wegen der verrückten Malerin, die mit ihrem Freund, der aussehen sollte wie ein griechischer Gott, bei ihnen wohnen würde.

Ludwig reckte den Hals. Er konnte die Bahnstrecke weit einsehen, bis sie oben am Berg hinter einer Baumgruppe verschwand. Dahinter konnte man zumindest den weißen Qualm sehen, wenn er sich über die Wipfel wälzte.

Noch tat sich nichts, und für einen glücklichen Moment hoffte Rennefeld, dass ein Unfall passiert war.

Er hatte versucht, seinen Frieden mit der Situation zu machen, sich sozusagen in ein geistiges Exil begeben und geschworen, sich von der Schwägerin, die bekanntermaßen auf nichts außer auf sich selbst Rücksicht nahm, nicht provozieren zu lassen.

„Ludwig, da ist der Rauch!" Sophie nahm aufgeregt seinen Arm und drückte ihn. Mit dem Unfall war es also nichts.

Die weiße Wolke quoll um die Waldecke, verflüchtigte sich und gab allmählich die schwarze Lokomotive frei, hinter ihr fünf dunkelgrüne Waggons. Der Zug kam die lange Anhöhe heruntergefahren, passierte die Schranke unterhalb des Felsenkellers und dann das Stellwerk, aus dessen oberem Fenster sich Schrankenwärter Schrader beugte. Dampf schoss zwischen den mannshohen roten Rädern der Lokomotive hervor, Bremsen quietschten und Stahl rumpelte auf Stahl. Dann kam der Zug ruckend zum Stillstand.

Tante Helene war angekommen.

Sie hatte das Halbcoupé in der ersten Klasse genommen. „Achtzig Groschen pro Person, mein Gott, musste das sein?", stöhnte Rennefeld halblaut in seinen Bart. Er spürte die missbilligenden Blicke seiner Frau, aber sie änderten nichts daran, dass er mal wieder die Kosten für seine in die Bohème abgedriftete Schwägerin würde übernehmen müssen.

Die Tür des Coupés sprang auf, und Helene erschien.

Sie stand einen Augenblick unschlüssig da, entdeckte schließlich ihre Schwester und winkte aufgeregt herüber. Sie trug keinen Hut, ihr Haar war kurz und gekräuselt.

Typisch, nur nicht machen, was alle machen, brummte Rennefeld innerlich, und ausgerechnet eine Frisur, wie sie sonst nur die Neger haben, wenn sie nackt tanzen. Obszön! Ein kobaltblauer Mantel saß prall über Helenes stämmiger Figur. Um ihren Hals und um die Schultern schlang sich eine quietschgelbe Federboa. Rennefeld schloss die Augen.

Elises Tante war eine kleine Frau. Sie hatte Mühe, die hohen Stufen auf den Perron herabzusteigen. Kaum dass sie unten war, folgte ihr Gepäck. Zuerst fünf Hutschachteln, dann drei Schrankkoffer. Wahre Ungetüme. Gustav war schon unterwegs, sie entgegenzunehmen.

Die Schwestern fielen sich in die Arme. Sophie war größer und schlanker als Helene, aber irgendwie merkte man sofort, dass die Kleinere die Ältere war und das Sagen hatte. Und dass die Jüngere immer noch bemüht war, es der großen Schwester recht zu machen.

Dann sah Rennefeld, dass seine Schwägerin auf ihn zukam. Nimm dich zusammen, befahl er sich. Mit ausgebreiteten Armen blieb Helene vor ihm stehen und strahlte ihn an. Es war einer ihrer herausragenden Charakterzüge, dass sie Unangenehmes unangemessen schnell verdrängen konnte.

„Herzlich willkommen, liebe Schwägerin“, sagte er gehorsam, um Haltung bemüht.

Sie lächelte huldvoll. „Danke, dass ihr uns eingeladen habt. Es wird eine schöne Zeit werden, da bin ich sicher. Ihr seid bestimmt gespannt, all die Neuigkeiten aus der Hauptstadt zu hören. Es tut sich ja so viel!“

Elise war begeistert. Während ihr Vater sich mehr oder minder höflich wegdrehte, drängte sie sich vor und hakte sich bei ihrer Tante ein. Ihre Mutter schaute sie erstaunt an, und Elise fragte sich, ob sie so etwas wie Eifersucht in ihren Augen sah.

Doch all das spielte keine Rolle mehr, weil Bruno in der Waggontür erschien. Doris und ihre Kolleginnen waren nahe dran, in Ohnmacht zu fallen. Bruno war groß, dunkelhaarig und hatte ein Gesicht wie ein griechischer Gott. Ein griechischer Gott, der einen schwarzen Schlapphut mit breiter Krempe trug, einen roten Schal und einen schwarzen Mantel. Und Stulpenstiefel. Er trug wirklich Stulpenstiefel!

„Er sieht fantastisch aus", flüsterte Sophie in Helenes Ohr. „Noch besser als letztes Jahr." Sie seufzte. „Langsam beginne ich, dich zu verstehen. Es muss dir viel geben, mit ihm zusammen zu sein, körperlich ... und doch auch geistig, irgendwie inspirierend ..."

Helene nahm eine der Hutschachteln und sagte wie beiläufig: „Inspirierend? Geistig? Dass ich nicht lache. Er sieht toll aus. Aber sein Gehirn ist nicht größer als eine Kaffeebohne." Elise, die mitgehört hatte, hielt den Atem an, da fügte ihre Tante noch in sich hineinlächelnd hinzu: „Das macht die Sache ja so spannend."

Und dann passierte etwas, was Elise nie für möglich gehalten hatte. Ihre Mutter, dieses Denkmal für Anstand, Sitte und Zurückhaltung, warf den Arm um Helenes Schulter und begann hilflos zu lachen, während sie ihr Gesicht in der ordinären Federboa ihrer Schwester versenkte. Auch Helene lachte, und gemeinsam von Anfällen geschüttelt torkelten die Schwestern dem Bahnhofsgebäude entgegen. Noch einmal brachen sie in eine Lachsalve aus, als Elises Vater sich ihnen mit verdatterter Miene entgegenstellte, aber dann verschwanden sie kichernd im Bahnhof, um zum Automobil zu gelangen, das sie in die Böntalstraße bringen sollte.

Gustav schleppte Helenes Koffer und die Hutschachteln in das Turmzimmer. Eine Stunde später lud die Spedition Bohnert drei Staffeleien, zehn mannshohe Leinwände und zwei Kisten mit Pinseln und Farben im Hof ab. Helene stand wie eine Feldherrin inmitten des Trubels und dirigierte das

Chaos. Bruno saß in der Badewanne, und man hörte ihn Gassenhauer pfeifen. Doris und die anderen Mädchen packten die Koffer aus, stapelten die Wäsche in den Schränken und hielten ein Auge auf die Badezimmertür, in der Hoffnung, dass Adonis zum Vorschein kommen würde.

Schließlich waren sie fertig und ließen Elise und ihre Tante endlich allein. Elise saß auf dem Klavierschemel und beobachtete Helene. Sie war älter, als Elise sie vom letzten Jahr in Erinnerung hatte. Auch etwas dicker.

„Trägst du kein Korsett?", fragte sie.

Tante Helene blickte an sich herunter. „Du meinst, weil ich fülliger geworden bin? Ich bin nicht fülliger geworden!"

„Obwohl du kein Korsett trägst?"

Helene ließ sich auf das Bett fallen, als würde ihr erst bei der Frage bewusst, wie sehr die Hitze sie geschafft hatte. Sie blickte in die unverwandt auf sie gerichteten Augen und seufzte. „Du bist anstrengend, weißt du das? In Berlin trägt kein Mensch mehr Korsetts."

„Was trägt man dann?"

„Hüfthalter. Man trägt jetzt Hüfthalter." Helene klatschte sich mit beiden Händen auf die Schenkel. „Korsetts sind ungesund, schnüren unsere Körper ein, nur weil *sie* es so wollen."

„Sie?"

Helene lachte. „Sie, die Männer natürlich. Ist dir noch nicht aufgefallen, dass wir Frauen immer tun sollen, was die Männer sagen?"

„Aber ich ... aber Papa ..."

„Nicht du, Dummchen." Helene hob hilflos die Hände. „Oder vielleicht doch, auch du, natürlich auch du. Es ist egal, ob Vater oder Ehemann, sie wollen immer, dass wir funktionieren, das macht die Sache so schön einfach für sie."

„Ich habe kein Korsett, Mama sagt, erst mit achtzehn, wegen der Figur."

„Wir Frauen sollen funktionieren, verstehst du? Die Taille wollen die Kerle mit einer Hand umfassen, dafür schnüren sie uns ein. Brust vor, Hintern raus. Sieh dir ein Korsett an, überall Stangen. Es ist wie ein Gefängnis. Sie binden uns zu und reden uns ein, dass wir anständig sein sollen." Helene hielt inne.

Elise nickte eifrig, um ihrer Tante zu zeigen, dass sie alles verstand. Obwohl sie nichts verstand.

„Ist schon gut, mein Kind", sagte Helene, „ist schon gut. Werd du nur erst groß und mach dir keine Sorgen."

„Ich brauche nicht mehr groß zu werden", brach es aus Elise heraus. Sie hatte sich fest vorgenommen, erst später, wenn ihre Tante sich eingerichtet hatte, von Rüdiger zu sprechen. Aber nun konnte sie es nicht mehr zurückhalten. Tränen schossen ihr in die Augen, und sie drehte sich ab, damit die Tante nichts sah.

Helene kam um das Bett herum, kniete sich vor sie und nahm Elises Kopf zwischen ihre Hände. Mit den Fingerspitzen tupfte sie die Tränen ab. „Erzähl es mir", sagte sie sanft.

Elise schüttelte heftig den Kopf. „Es ist wegen diesem Rüdiger."

„Welcher Rüdiger? Kenne ich ihn?"

Elise schüttelte den Kopf. Sollte sie sagen, dass er nur ein Friseurlehrling war? „Er ist aus Brake. Brake bei Lemgo."

Helene kannte weder Brake noch Lemgo. „Du liebst ihn, diesen Rüdiger?", fragte sie leise.

Elise protestierte: „Nie im Leben! Aber es ist eben passiert. Er hat mir gar keine Zeit gelassen, dieser ... dieser ..."

Und nun erzählte sie die ganze Geschichte, zuerst stockend, dann immer schneller. Sie ließ sich vom Hocker auf den Boden gleiten, setzte sich neben ihre Tante und beichtete alles, bis zu diesem Kuss, den sie eigentlich nicht hatte haben wollen, aber dann doch, und dann sei Rüdiger einfach gegangen und hatte sie sitzen lassen. Und jetzt ...

„Und jetzt", führte Helene ihre Worte zu Ende, „jetzt denkst du, dass du vielleicht ein Kind von ihm hast?"

Elise schniefte und sah Helene stumm an. „Du musst mir helfen", sagte sie. „Bitte, hilf mir. Ich kann doch nicht zu Mama gehen. Und zu Papa erst recht nicht."

Bruno kam in einem wallenden orientalischen Morgenmantel aus dem Bad, sah Helene und ihre Nichte eng umschlungen auf dem Fußboden sitzen, sagte etwas von „Weiberkram" und verschwand auf dem Balkon. Hoffentlich sieht Papa ihn nicht dort in diesem Aufzug, dachte Elise, aber das war jetzt nicht ihr Problem.

Es wurde ein langes Gespräch und ziemlich direkt, jedenfalls vonseiten der Tante.

„Hat dich denn niemand aufgeklärt, Kind?"

„Ich habe ein Buch von Mama bekommen, *Wunder des Lebens.*"

Helene winkte ab. „Das kenn ich. So ein blaues, nicht wahr? Es ist schlimm, dass niemand den Mut findet, euch jungen Leuten die Dinge zu erklären, wie sie sind. Und dann bleibt es an der Tante hängen ..." Helene seufzte, aber sie wusste selbst, dass sie sich eigentlich in dieser Rolle als Freigeist gefiel.

Elise lauschte mit großen Augen, mochte nicht glauben, was ihre Tante da sagte, aber es musste ja wohl wahr sein, zumal Helene anbot, ihren Bruno hereinzurufen, damit er Elise zeigen konnte, wie ein Mann in Wirklichkeit aussah. Aber als Elise, die ihren Schrecken inzwischen überwunden hatte, sich interessiert zeigte, wiegelte Helene doch lieber ab. Man könne das auch später machen, sagte sie, sie und Bruno blieben ja noch eine ganze Weile.

Elise war erleichtert. Sie hatte zwar immer noch nicht alles verstanden, aber sie wusste zumindest, dass man durch einen Kuss kein Kind bekam. Sie war frei, die Welt war schön. Und Rüdiger? Er hatte natürlich gewusst, dass ein Kuss eben nur ein Kuss war. Sicherlich hatte er sich nichts dabei gedacht, als er einfach aufgestanden und gegangen war. Sie bemerkte, dass sie ihn schon wieder verteidigte. Eben schienen die Dinge einfacher geworden zu sein, und schon wurden sie wieder kompliziert. War das so, wenn man erwachsen wurde?

„Kannst du mir mal einen zeigen?", fragte Elise.

Ihre Tante lachte. „Komm, zieh mich alte Frau mal hoch!"

Als sie stand, raffte sie ihre Röcke und schlug sie sich über den Arm. „Da ist er", sagte sie kokett, „mein Hüfthalter, sieht nicht schlecht aus, was?"

Er sieht eher aus wie eine Wurstpelle, dachte Elise. Das straff sitzende Ungetüm aus fleischfarbenem geripptem Stoff presste Helenes runden Körper von der Taille bis zu den Schenkeln zusammen.

Helene griff in den Stoff und schnippte mit spitzen Fingern an ihm. „Siehst du? Er ist elastisch." Sie zeigte auf die kleinen herabhängenden Stoffstreifen, an denen Ösen saßen. „Das sind Strapse", sagte sie, „sie halten die Strümpfe."

„Dazwischen sieht man ja die Haut", rief Elise.

„Toll, nicht wahr? Mein Bruno liebt das. Alle Männer lieben das. Normalerweise zieht man Unterwäsche darunter, aber warum sollte man? Es ist so unpraktisch. Und sieh her, unten ist das Ding offen, man kann es anbehalten, wenn ..."

Elise war froh, dass ihre Tante sich die Hand vor den Mund schlug. Was für eine Welt tat sich da auf? War das normal? Sie fragte sich, ob ihre Eltern eine Ahnung von alledem hatten.

Als Bruno ins Zimmer zurückkam, sah er die beiden Frauen einträchtig auf dem roten Sofa sitzen. Sie kicherten, sobald sie ihn sahen.

„Setz dich mal zu uns", sagte Helene zu ihm. Sie legte den Zeigefinger unter Brunos Kinn und hob es an. „Sieht er nicht toll aus, mein Perikles? Schau mal, dieses Profil! Zweieinhalbtausend Jahre früher hätte Phidias vielleicht eine Statue aus ihm gemacht. Und nun sitzt mein Bruno Modell für eine abgetakelte Malerin wie mich." Sie strich zärtlich über dessen griechische Nase, zog ihn zu sich heran und gab ihm einen Kuss. Bruno blinzelte Elise über Helenes Schulter hinweg zu. Elise fühlte, dass sie rot wurde, und ärgerte sich darüber.

4

Mehr als 1000 Städte hatten sich im Rahmen der Aufrüstung des deutschen Heeres als Standort für eine Garnison beworben. Auch das 4. Hannoversche Infanterieregiment Nr. 164 in Hameln sollte um ein Bataillon erweitert werden. Ausgerechnet dem abgelegenen, in altem Welfenland gelegenen Holzminden wurde diese Garnison zugesprochen, was nicht selbstverständlich war, hatten sich doch die Welfen im Deutschen Krieg 1866 auf die falsche Seite, nämlich die österreichische, geschlagen. Nach dem Sieg in Königgrätz annektierten die Preußen postwendend neben Kurhessen und Nassau auch das Königreich Hannover und verjagten dessen Monarchen ins Londoner Exil. Holzminden wurde preußisch. Aber Berlin war weit. Bismarck wollte sein Land bis zum Rhein ausdehnen, Holzminden war ihm egal.

Bis die Liebe dazwischenkam.

Viktoria Luise, die einzige Tochter Kaiser Wilhelms, verliebte sich in den heimatlosen Welfenfürsten Ernst August III., der nun zur Hochzeit als neuer Herzog von Braunschweig und Lüneburg aus dem Exil zurückkam und mit politischem, insbesondere militärischem Gewicht ausgestattet werden sollte. So geriet das Herzogtum Braunschweig in das Fadenkreuz der Hinterzimmerstrategen. Da die neuen Garnisonen möglichst nah an der Westgrenze des Deutschen Reiches liegen sollten, wurde Holzminden als westlichste Stadt des Herzogtums Garnisonsstadt. So einfach, so banal kann Geschichte sein.

Und nun war es so weit, die ersten Soldaten rückten ein und sollten begrüßt werden. Sie würden von Hameln aus mit dem Schiff kommen und im Hafen mit Tschingderassabum an Land gehen. Die Woche über war es außergewöhnlich warm und trocken gewesen. An diesem Nachmittag jedoch war es schwül, der Himmel hing grau wie Zinn über dem Tal, und es sah ganz danach aus, als ob ein Gewitter ihm Anzug war.

Dies hatte die Holzmindener aber nicht abgehalten. Sie drängten sich auf dem Kai und schwenkten ihre Strohhüte, als die über die Toppen beflaggte KRONPRINZ WILHELM, ein Raddampfer, unter dem Kapellenberg erschien. Das Wasser rauschte auf, gepeitscht von den großen Schaufelrädern, die das schlanke, weiße Schiff an den Kai manövrierten. An der Reling aufgereiht standen die Soldaten, Kommandos ertönten, die Männer nahmen Haltung an und grüßten.

„Welch erhabenes Bild", sagte die Ebersbächer, Elises neue Gouvernante, ergriffen. Die beiden Frauen standen auf der Mauer der Mädchenschule und blickten auf das Schauspiel hinunter.

Die Preußenflagge wehte am Mast. Als sie zur Begrüßung gedippt wurde, gab es Pfiffe, denn das hier war das Land Heinrichs des Löwen, Welfenland seit achthundert Jahren, da hatten die Preußen noch in ihrer Sandkiste gebuddelt.

Die Regimentskapelle spielte den Hohenfriedberger Marsch. Die Soldaten gingen winkend von Bord. Nun wurden auch Hochrufe laut, und die extra aus Braunschweig entsandten Polizisten entspannten sich.

„Sie sind so jung", sagte Elise, „ich habe immer gedacht, Soldaten sind älter, weil sie sich doch gegenseitig totschießen."

„Das Vaterland braucht junge, kräftige Soldaten", antwortete die Ebersbächer mit grimmiger Miene. Sie war, wie ihr Vater das nannte, ein „weiblicher Dragoner". Mit den breiten Schultern, ihrem wie aus Stein gehauenen Gesicht und Händen wie Schraubstöcken war sie furchterregend, und vielleicht war es genau das, was Vater Rennefeld wollte. Elise hatte jedenfalls nicht vor, Freundschaft mit ihr zu schließen.

Rüdiger war nicht zu sehen.

Rüdiger war auch in den Wochen seit Helenes Ankunft nicht zu sehen gewesen, und Elise fragte sich schon, ob er krank oder sogar wieder fortgezogen war. Beides war nicht der Fall, denn Tante Helene hatte Bruno zu Micus geschickt mit der Weisung, sich rasieren zu lassen und diskret Fragen zu stellen. Die Damen hegten zwar Zweifel, was Brunos Fähigkeit zur Diskretion anging, aber der Zweck heiligt bekanntlich die Mittel.

Bruno berichtete, dass „dieser Rüdiger" noch am Ort sei, aber dermaßen in Forschungsarbeiten mit seinen Seifen vertieft, dass er kaum mehr an die Luft ging. Denn die Forschungen liefen nicht gut. Die Parfums, die Rüdiger in die Seife mische, hielten ihren Duft bestenfalls eine Nacht, und dann röche alles wieder nach ordinärer Kernseife. Und die Seife würde scheckig, als habe sie die Masern bekommen.

„Dieser Micus ist sauer und überlegt, ob er ihm kündigen soll", fügte Bruno hinzu. „Aber ich glaube, der Alte hat Angst vor dem jungen Kerl, weil dieser ziemlich aufbrausend sein soll. Und weil ja schließlich doch noch alles gut werden könnte mit den parfümierten Seifen. Und dann will der Micus seinen Anteil daran haben."

Das war also die Situation. Rüdiger war noch da und hatte keine Zeit für sie. Musste sie das akzeptieren? Immerhin hatte er sie geküsst. Ein Kuss war ein Kuss, das ließ sich nicht wegdiskutieren. Und wenn Rüdiger ein unangenehmer Kerl gewesen wäre, hätte sie ihn bestimmt nicht geküsst. Außerdem wollte sie zeigen, dass nicht alle Rennefelds auf arme Lehrlinge vom Land herunterblickten. Trotzdem.

„Lass uns gehen", sagte sie missmutig. „Die Offiziere des Regiments sehen wir sowieso am Sonnabend, wenn Papa den Ball zu ihrem Empfang gibt."

„Die Soldaten sollen sich gleich heimisch fühlen", knarzte die Ebersbächer. „Ihr Papa ist eben ein großer Mann und ein großer Patriot noch dazu."

Es war ein lauer Frühsommerabend. Die Flügeltüren zum großen Salon im Hause Rennefeld waren weit geöffnet. Die Stufen der Terrasse führten hinunter in den Rosengarten, wo sich grünes Wasser über die Figuren von Neptun und Europa in einen Brunnen aus Carrara-Marmor ergoss. Hinter einer Backsteinmauer, die von einer helllila leuchtenden Klematis überwuchert war, lag der Küchengarten mit dem Gewächshaus und den akkurat angelegten Gemüsebeeten.

Die Dämmerung senkte sich herab, und das warme Licht der neuen elektrischen Kronleuchter fiel in den Garten und zeichnete Muster auf den Rasen. Die Quadrille war gerade zu Ende gegangen, und die Herren brachten die Damen zu ihren Plätzen. Elise wusste aus der Tanzkarte ihrer Tante, dass nun die Polka kommen würde, dann Lancier und zum Schluss die Schnell-Polka, der Höhepunkt. Das Ganze hatte mit einem gesetzten Essen begonnen. Major Beckhaus, der neue Kommandeur der 164er, hatte den Ehrenplatz neben der Dame des Hauses. An Reden hatte es nicht gemangelt, und Elise, die es sich draußen im Gartenpavillon gemütlich gemacht hatte, war schon unruhig geworden und hatte sich ein ums andere Mal gefragt, wann das Orchester denn endlich richtig loslegen würde.

Der Pavillon stand oberhalb der Mauer zum Teichweg. Der Teich wurde langsam von der Dunkelheit verschluckt. Am Ufer standen alte Korbweiden, verkrüppelt, menschenähnlich mit ihren knolligen Köpfen, dazwischen Birken, hoch, schlank und schmal. Und fast ein wenig unheimlich. Elise hörte das leise Dröhnen eines Zuges, der über den Bahnübergang unterhalb des Felsenkellers fuhr.

Vielleicht war es doch kein guter Gedanke gewesen, sich aus dem Haus fortzustehlen. Offiziell lag sie im Bett, und die Ebersbächer hätte Stein und Bein geschworen, dass dem auch so war. Undenkbar, dass ihre Schutzbefohlene den Mut und die Impertinenz haben könnte, an dem Spaliergerüst für den Wein hinunter in den Garten zu klettern.

Elise schlich zur Eiche. Sie liebte den Garten und kannte jeden Winkel. Und jede Pflanze. Die Bäume besonders. Als Kind hatte Elise mit den Bäumen geredet, so, wie sie mit ihrer

Familie sprach. Oder wie sie gern mit ihrer Familie gesprochen hätte.

Ihr Vater war natürlich die Eiche. Sie mochte den knorrigen Stamm, den hundert Männer nicht verrücken konnten. Und die Krone, die ihre Äste weit ausstreckte und allen, die darunter standen, Schutz bot. Ein starker Baum. So stark wie ihr Vater. Niemand und nichts würden ihrem Vater etwas anhaben können. Elise legte ihre Hand auf die borkige Rinde. Es war nichts Weiches an ihr. Aber anders als ihr Vater ließ der Baum mit sich reden und hörte geduldig zu. Dann glaubte sich Elise ihrem Vater so nah, wie sie es immer sein wollte.

Ihre Mutter war die Trauerweide. Nicht, weil sie trauerte, sondern weil sie alles an sich abtropfen ließ. Sie bog sich und zog sich und machte alles mit sich selber aus. Manchmal, wenn ihr Vater sich unbeobachtet wähnte, sah Elise an seinem ratlosen Gesicht, dass auch er sich Gedanken machte über seine charmant, aber nichtssagend in sich hineinlächelnde Frau.

So standen sie sich gegenüber, die starre grüne Eiche auf dem Hügel und die schöne, sich im Winde wiegende Weide unten neben dem Carrara-Brunnen.

Am Haus sah Elise die Kiefer, mittlerweile fast so groß wie die Weide, sehr schmal wegen des beengten Platzes, sehr aufrecht, sehr symmetrisch, auf Ordnung bedacht. Und stachlig mit ihren dunklen Nadeln. Wenig Platz für Fantasie. Kein Ahnen von Weichheit, darauf bedacht, dass niemand ihr zu nahe kam.

Ihre Schwester Hildegard.

Blieb Tante Helene. Blieb die Kastanie am Zaun zum unteren Mühlenteich. Sie war die erste, die nach dem Winter ihre neuen Blätter bekam, die sich neugierig umblickten und sich nicht bange machen ließen von späten Frösten und frühen Stürmen. Und dann die weißen und rosa Kerzen, die sie sich aufsteckte. Wie Tante Helene mit all ihren Ideen. Es konnten gar nicht genug sein, um ihren ruhelosen, unangepassten Geist zufriedenzustellen. Im Herbst hingen die dunkelbraun glänzenden Kastanien, in den Klauen der dicken, piksigen Schalen, hoch über dem Rasen, und niemand wusste, wann sie wie kleine Bomben herunterrasselten, ohne Rücksicht darauf, ob jemand im Weg stand oder nicht. Das war Tante Helene, wie sie leibte und lebte, wie sie ihre sarkastischen Kommentare in die gesetzten Vorträge des Herrn Direktors fallen ließ.

Es war diese wilde Sehnsucht ihrer Tante nach Kampf und Sturm, die Elise faszinierte und gleichzeitig abstieß, spürte sie doch in all den beißenden Reden ihrer Tante einen beunruhigenden Wunsch nach etwas Unfassbarem, das Elise nicht verstand. Eine Sehnsucht nach dem Abgrund, nach einer großen Flut, die alles und alle unter sich begraben würde.

Elise nahm die Hand vom Stamm der Eiche. Ihre Finger kribbelten von der Berührung mit der rauen Borke. Sie blickte von einem Baum zum anderen. Hört mir zu, wollte sie rufen, ich kenne euch, und ihr kennt mich. Ich verlasse mich auf euch. Bleibt so stehen, wie ihr steht, dann wird alles gut werden. Ich will glücklich mit euch leben. Und wenn ich später mit meiner Familie hier wohne und meine Kinder in eurem Schatten spielen, dann passe ich auf, dass euch nichts passiert. Aber jetzt müsst ihr noch für mich da sein. Haltet zu mir! Ich bitte euch!

Die Bäume schwiegen, aber Elise war sicher, dass sie sie verstanden hatten.

Sie schrak auf, als im Ballsaal die Musik wieder einsetzte. Sie ärgerte sich, dass sie nicht dabei sein konnte. Dabei hätte sie das weiße Kleid ihrer Schwester Hildegard anziehen können, die sich weit weg in Hamburg im Krankenhaus wahrscheinlich zu Tode arbeitete, aus lauter Pflichtgefühl den Patienten gegenüber.

Elise liebte das Kleid. Es war ein Traum, das Kleid einer Prinzessin, einfach, aber elegant, englischer Voile. Sie hätte es mit einem winzigen Sträußchen wilder Rosen an der Achsel und mit zwei Schnüren blasser Korallen um den Hals tragen können. Die Zöpfe hätte sie bis unten zusammengesteckt. Und sie hätte getanzt. Ob Mama wusste, dass Tante Helene ihr das Tanzen beigebracht hatte? Sogar Walzer, den Mama so mochte und den Papa ziemlich unanständig fand. Dabei war Walzer himmlisch, und Elise sah sich in den Armen eines Leutnants über das Parkett wirbeln, rechts herum natürlich, links war nicht erlaubt, weil dann die Beine dazu neigten, sich zu berühren. Meinetwegen auch nur rechts herum, dachte sie und schloss die Augen.

Gerade als die ersten Takte der Polka heraufklangen, legte sich von hinten eine Hand über ihren Mund.

Elises Herz setzte aus.

„Nicht erschrecken, Prinzessin", flüsterte eine Stimme.

Rüdiger!

Die Hand gab sie frei, und sie atmete erbost durch.

„Du hast mich erschreckt", fauchte sie. „Und was ist, wenn ich jetzt schreie? Sie werden dich verhaften und werfen dich in den neuen Karzer hinter dem Rathaus!"

Rüdiger grinste. „Und was ist mit dir, Prinzessin? Müsstest du nicht im Bett liegen um diese Zeit?"

Verdammter Kerl!

„Kletterst du öfter über Mauern, um bei fremden Leuten in die Fenster zu sehen?", fragte sie, aber es klang zickiger, als sie es wirklich meinte.

Rüdiger zeigte hinüber zum Ballsaal. „Ich muss lernen, wie man sich benimmt, wenn ich es zu etwas bringen will im Leben."

„Na, dann kannst du gleich wieder gehen, daraus wird doch wohl eh nichts. Ich habe gehört, dass deine Seife immer nur nach Seife, nicht aber nach Parfüm riecht."

„Du spionierst mir nach", blaffte er sie an.

„Das ist gar nicht nötig, die Spatzen singen es von den Dächern."

„Und einer dieser Spatzen heißt nicht zufällig Bruno?"

Darauf sagte sie nichts, und er sagte auch nichts. Beide sahen wieder zum Haus hinüber.

„Ziemliche Lackaffen, diese Leutnants“, brach Rüdiger schließlich das Schweigen.

„Sie können sich wenigstens benehmen“, schnippte sie.

Die Polka endete mit einem Tusch, und Elise beobachtete, wie ihre Mutter mit dem Major plauderte, der mit durchgedrücktem Kreuz aufmerksam neben ihr stand.

„Wie ein Gockel“, kommentierte Rüdiger. „Ich würde was geben, wenn ich in seinen Kopf blicken könnte, aber wahrscheinlich wäre das bisschen Hirn nicht der Rede wert. Viel Leere. Höchstens ein großes Bild des Kaisers hinter der Stirn.“

In Elises Kopf tobte ein Sturm. Was dieser Kerl sich einbildete! Kletterte über die Mauer und stänkerte über die Gäste ihrer Eltern! Sie wollte ihm gerade richtig die Meinung sagen, als er sich vorbeugte und ihre Wange mit seinen Lippen berührte.

Nicht schon wieder!

Sie spürte seinen warmen Atem auf ihrer Haut.

„Lass uns nicht mehr streiten“, sagte er sanft, „die Nacht ist so schön.“

5

Bei dem Festakt zum vierzigjährigen Jubiläum der VANILLEFABRIK RENNEFELD & SCHREIBER war die ganze Familie anwesend, die Rennefelds von der Baugewerkschule und die von der Fabrik. Die Feier fand in der Produktionshalle statt. Sie war entlang der Fertigungsmaschinen bis hoch unter das Glasdach mit Fahnen geschmückt. Hinter dem Rednerpult hing, von frischem Eichenlaub umrahmt, ein Bild seiner Majestät, die huldvoll auf die Festgesellschaft hinunterblickte. Elises Eltern saßen natürlich vorn in der ersten Reihe, gemeinsam mit dem Minister, der extra aus Berlin angereist war. Elise hatte ihren Platz in der letzten Reihe. Die Mischmaschinen und Autoklaven glänzten blankgeputzt. Auf ihren stählernen Gestellen erinnerten sie Elise an das Geschoss, in dem Jules Verne seine Helden auf den Mond fliegen ließ. Dabei produzierten sie nur Vanille, künstliche Vanille, die ihr Großonkel erfunden hatte.

Elise reckte den Hals und konzentrierte ihren Blick über die riesigen Hüte der Damen mit ihren Schleifen und Blumengebinden hinweg auf Wilhelm Rennefeld, der vorn auf dem Rednerpult die Festansprache hielt.

„… die britische Handelsmarine ist die mächtigste der Welt, das lässt sich nicht wegdiskutieren. Aber es geht nicht nur um den Handel, sondern vor allem auch um die Produktion. Man kann nur handeln, wenn man Produkte hat. Vielleicht können wir auf dem Meer – noch – nicht ganz mit unseren englischen Vettern mithalten, aber in der Stahl- und der Chemikalienproduktion sind wir weit voraus. Das ist eine ebenso unleugbare Tatsache. Wir verdanken das den Maschinen und Geräten, wie Sie sie hier aufgereiht sehen.“

Beifall. Der Minister nickte huldvoll.

„Aber leider“, fuhr Elises Großonkel fort, „sind wir auf Rohstoffe angewiesen, die wir von weither importieren müssen, wie beispielsweise Nitrate aus Südamerika. Das wird die deutsche Wirtschaft immer verwundbar machen, etwa wenn die englischen Schiffe uns eines Tages den Seeweg abschnitten. Deshalb sind wir in Deutschland dabei, Ersatzstoffe zu erfinden, wie etwa das Anilin, das aus Teer gewonnen wird. Oder eben unser Vanillin, das die Einfuhr von Vanille entbehrlich macht."

Wilhelm Rennefeld hob die Arme und wandte sich an den Gast aus Berlin: „Sie sehen, verehrter Herr Minister, wir kämpfen einen friedlichen Kampf für unser Vaterland, und das an vorderster Front, ein Kampf, das möchte ich betonen, der Frieden braucht, um so erfolgreich zu sein, wie wir es sind. Ich danke Ihnen."

Tosender Beifall. So hatte Elise es noch nicht gesehen. Dass ihre Familie einen friedlichen Kampf kämpfte, ohne Soldaten.

Was hatte Rüdiger an jenem Abend im Gartenpavillon noch gesagt? „Es ist alles so fürchterlich kompliziert mit diesen Parfümölen. Du löst ein Problem, und schon taucht das nächste auf. Und was habe ich? Eine Badewanne habe ich, in der ich alles zusammenmixe. Dein Großonkel hat in Berlin studiert, bei Professoren, die ihr ganzes Leben nichts anderes gemacht haben, als zu forschen."

Sie mochte ihn wegen seines Eifers und seiner Pläne, aber eigentlich war sie enttäuscht, dass er nach seinem ersten verheißungsvollen Kuss nur noch ununterbrochen von seiner Arbeit redete. Sie hatte sich ihr Wiedersehen irgendwie romantischer vorgestellt. Zumal der Mond herauskam, eine silbern strahlende Scheibe, von der Elise sich vorstellte, dass es ein Gesicht war, ein gütiges Gesicht, das zufrieden auf die Liebenden in aller Welt hinunterblickte. Und als sie zu ihm aufschaute, sah sie, dass der Mond ihr zublinzelte.

Nur Mut, fass dir ein Herz!

Sie stand auf und setzte sich auf Rüdigers Schoß. Er sah verdattert zu ihr auf. Sie nahm seinen Arm und legte ihn um ihre Schultern. „Du darfst mich küssen", befahl sie und staunte über sich selbst. „Jetzt aber richtig", fügte sie hinzu.

Was ist bloß in mich gefahren?

Sie spürte Rüdigers Hände, die warm auf ihrem Rücken lagen.

Danke, lieber Mond!

Die Welt ist voller Zärtlichkeit, man muss nur wollen, dachte sie. Sie saßen eng aneinander geschmiegt. Der Mond, die Küsse, die Musik. Was für ein Abend! Viel später, mit dem Wissen einer erwachsenen Frau, fragte sie sich manchmal, warum es bei den zärtlichen Küssen geblieben war. Hatte es an Rüdiger gelegen? Oder an ihr? Vielleicht hatte ihr diese selbstverständliche Zärtlichkeit, die sie nicht gekannt hatte, genügt. Und das beglückende Gefühl, dass das Leben nicht nur Drill und Ordnung war und dass jenseits all dieser Dinge eine Welt des Zutrauens und der Wärme lag. Sie hatte noch nicht gewusst, dass sie ihr ganzes Leben danach suchen würde.

Es war Rüdiger, der als Erster wieder sprach, und es klang, als sei es das Resultat langer Überlegungen. „Wie soll ich jemals eine Familie ernähren, wenn ich noch nicht einmal duftende Seife zustande bringe?"

Wie soll ich jemals eine Familie ernähren ...

Dieser Satz begleitete Elise noch, als sie schon längst selig lächelnd im Bett lag.

Eigentlich war es ja eindeutig, was er gemeint hatte. Oder doch nicht? Meinte er im Ernst, dass er und sie ... heiraten ... meinte er das? Nicht Seifen mit Duft zu versehen war kompliziert, dachte Elise resigniert, das Leben ist kompliziert. Die Liebe ist kompliziert.

Ein paar Tage später hatte sie versucht, ihren Großonkel auf Rüdiger anzusprechen, aber der war wie immer mit seinen Formeln beschäftigt gewesen und hatte ihr nicht zugehört.

Elise dachte an die Rezeptbücher, die in Wilhelm Rennefelds Büro lagen. Sie würden Rüdiger helfen. Und nun war das Jubiläum, und alle, alle waren hier, in dieser Halle ...

Sie sah sich um. Inzwischen hatte der Minister das Wort ergriffen, und es sah nicht so aus, als würde er es bald wieder hergeben.

Jetzt oder nie!

Elise erhob sich leise. Dicht an dicht standen die Arbeiter hinter den Stuhlreihen. Sie schob sich durch sie hindurch, die Tür stand offen, und dann war sie im Hof. Niemand war zu sehen. Das dreistöckige, gelb geklinkerte Fabrikgebäude erstreckte sich entlang des Bachs: zweiflüglig, ein Teil für die Fabrikation, einer für die Büros, zur Straße das Tor mit der Pförtnerei.

Vor den Büros standen die zwei GRÄF & STIFT-Limousinen der Familie. Gustav lehnte am Kühler und sah ihr neugierig entgegen.

„Ich suche die Toiletten, die Gästetoiletten", sagte sie. Elise wusste, wo die Toiletten lagen, aber sie wollte deutlich machen, dass sie einen Grund hatte, hier zu sein.

Gustav deutete auf die Tür zu den Büros. „Die besseren sind da drin, Mäken. Den Gang durch bis zum Empfang, dann sind sie gleich links, kurz vor dem Saal, wo die Frolleins mit ihren Schreibmaschinen sitzen."

Als sie die breite Eingangstür öffnete, trat sie in eine andere Welt. Die Wände des Ganges waren mit Marmor ausgekleidet. Auf dem Boden schwere Perserbrücken. Hier sollte Eindruck auf die Kunden gemacht werden. Regale, in denen dunkelgrüne Glasflaschen und hellrosa Flakons standen. Und, umgeben von lederbezogenen Stühlen, ein Empiretisch mit hellen Intarsien. Auf der matt glänzenden Platte lag ein in Leder gebundenes Gästebuch mit goldgeprägten Pergamentseiten. Elise wusste, dass sich hier schon der Kronprinz und sogar der Kaiser von Abessinien eingetragen hatten.

RENNEFELD & SCHREIBER war eine der führenden Adressen im Reich. Dabei hatte alles in einem Wald bei Braunschweig begonnen, wo ein Wissenschaftler in Fichtensaft den Geruch von Vanille zu erkennen glaubte. Er ließ die

Innenseite von Nadelholzrinden mit Glasscherben abschaben. Beim Erhitzen des trüben Saftes gerann das Eiweiß. Als Filtrat erhielt man einen klaren Saft. Dampfte man ihn mit Wasser und Alkohol über Knochenkohle ein, bildeten sich weiße, seidig glänzende, äußerst zarte Nadeln. Wilhelm Rennefeld bekam acht Gramm dieser Kristalle vom Marktapotheker Kubel geschenkt. Er malträtierte sie mit Bleioxid, Bleiessig, Natriumlauge und Eisenchlorid, kochte sie mit verdünnter Salzsäure und fand das Coniferin, besser bekannt als Vanillin.

Ein Gewürz aus den Tropen, hergestellt im kalten Deutschland!

Bei Herstellungskosten von 6000 Mark pro Kilo Vanillin hielt sich der wirtschaftliche Erfolg in Grenzen. Der Knoten platzte erst, nachdem es Wilhelm Rennefeld und seinem Freund Ferdinand Kruse gelungen war, Vanillin aus billigem Gewürznelkenöl herzustellen. Waldmeisteraroma, Veilchen, Lavendel – der Bann war gebrochen. Plötzlich war das idyllische Holzminden der Nabel der duftenden Welt. Vor Kurzem erst hatte RENNEFELD & SCHREIBER Niederlassungen in Paris und New York errichtet.

Elise blickte stolz auf das Ölbildnis ihres Großonkels, das an der Stirnseite des Empfangsraumes hing. Es zeigte einen schnauzbärtigen Mann in den besten Jahren, der, mit den Händen in den Anzugtaschen, selbstbewusst in die Welt blickte.

Elise ließ die Toiletten links liegen und öffnete die gläserne Schwingtür, die in das große Büro führte. An beiden Seiten des Raumes standen, sauber ausgerichtet, je zwölf Schreibtische mit schwarzen Maschinen, aus denen in vier übereinanderliegenden Reihen mit Buchstaben beschriftete Tasten herausragten. Quer darüber saß eine Gummiwalze, auf die der Papierbogen gespannt wurde. Das war die neue Wundermaschine, eine „Underwood No. 5“. Elises Großonkel hatte sie direkt aus Amerika kommen lassen. Mit ihnen konnte man, wie Elise wusste, tatsächlich Buchstaben auf das Papier schlagen lassen. Elise hatte einmal versucht, einen Brief damit zu schreiben. Es war gar nicht mal so schlecht gewesen, und ihr Großonkel hatte über ihre Geschicklichkeit gestaunt.

„Sie ist eben jung", hatte er zu ihrem Vater gesagt. „Wir sind schon zu alt für diesen modernen Kram. Überall Technik, jeden Tag neue Erfindungen. Wo soll das hinführen? Die Kinder, ja die Kinder, die verstehen diese modernen Maschinen sofort. Bald müssen wir sie fragen, wenn wir in der neuen Welt zurechtkommen wollen."

Sie hatten herzhaft darüber gelacht, denn sie wussten, so lange sie lebten, würde alles so bleiben, wie es war. Und ganz nebenbei würde man es den Engländern und Franzosen, vor allem den Engländern, zeigen. Das war *in Eisen gegossen.* Dieses Wort des alten Reichskanzlers Bismarck galt noch immer.

Eine Uhr schlug zwölf. Elise schrak auf. Sie musste sich beeilen.

Ganz vorn, auf einem Pult, stand eine Maschine, die Elise kannte. Eine Maschine, mit der man Bleistifte spitzen konnte. Sie hatte an der Seite eine Kurbel. Als Kind hatte Elise es geliebt, an ihr zu drehen, und zu beobachten, wie sich dünne Holzspäne herausschälten, sich umeinander drehten und schließlich wie kleine Blüten herunterfielen.

Das Büro ihres Großonkels lag jenseits des Mittelganges.

Vorsichtig drückte Elise die schwere Eichentür auf. Der Duft von Sandelholz strömte ihr entgegen. Die Holzvertäfelung glänzte matt. Die Vitrine, die Elise suchte, stand gleich hinter der Tür. Sie blickte durch die Glasscheiben, und da lagen sie.

Die Rezeptbücher.

Sie lagen auf Samt, etwas erhöht. Jedermann sollte sehen, dass bei RENNEFELD & SCHREIBER alles wissenschaftlich fundiert war, kein Hokuspokus.

Elise hatte befürchtet, dass die Vitrine verschlossen war, doch sie ließ sich leicht öffnen. Sie nahm ein Büchlein heraus:

Bibliothek der gesamten Technik, 59. Band
PARFÜMERIEN
von M. Larcher
Piererische Hofdruckerei, Altenburg

Das musste es sein, das würde Rüdiger zeigen, dass sie ihm helfen konnte.

Elise nahm es und wollte schon gehen, als ihr auffiel, dass der Platz, an dem das Büchlein gelegen hatte, nun leer war. Ihr Großonkel würde sofort bemerken, dass sich jemand an der Vitrine zu schaffen gemacht hatte.

Sie zog die Schublade heraus. Da lagen tatsächlich weitere Hefte, säuberlich mit Bändern zusammengehalten. Elise war erleichtert, handelte es sich doch um Bücher, die man ganz offiziell kaufen konnte. Wenn man das Geld hatte. Rüdiger hatte es nicht, und dafür konnte er nichts. Sie musste sich also nicht schämen, weil sie etwas Unrechtes tat. Das Buch gehörte ihrer Familie. Und sie war Teil der Familie. Trotzdem war es gut, wenn sie sich gar nicht erst erklären musste.

Sie zog ein Büchlein aus dem Stapel, schloss die Schublade – und erstarrte.

Eine Tür quietschte.

Elise fühlte, wie ihr Herz stehen blieb. Sie duckte sich hinter die Vitrine. Die Tür quietschte erneut. Schritte entfernten sich.

Sie wartete, bis sie sich wieder beruhigt hatte, dann schlich sie auf Zehenspitzen hinaus.

Gustav lächelte, als sie in den Hof zurückkehrte, wie er immer lächelte, wenn er sie sah. Sie atmete auf. Ihr kleines Abenteuer war gut zu Ende gegangen. Als sie die Halle betrat, bekam sie gerade noch mit, wie der Minister ihrem Großonkel einen Orden überreichte.

Noch am selben Nachmittag machte sie sich auf den Weg, um Rüdiger das Buch zu bringen. Sie war stolz und freute sich auf sein dankbares Lachen.

Doch es kam anders.

Der alte Micus hatte wortlos mit dem Daumen auf den Vorhang gezeigt, der das Geschäft von der Wohnung abtrennte. Rüdiger stand am Küchentisch. Vor ihm lag eine Form, die Elise an die Bleche erinnerte, auf denen die Mädchen den Zuckerkuchen zum Bäcker brachten. In dieser Form war kein Kuchen, sondern eine grünliche, durchsichtige Masse. Elise nahm an, dass es Seife war. Rüdiger beugte sich darüber und schnitt die Masse in quadratische Stücke. Er richtete sich unwillig auf, als Elise hereinkam.

Sie hatte gehofft, dass er sie in den Arm nehmen würde. Er aber starrte sie nur ärgerlich an. Sie spürte, wie Zorn in ihr aufstieg.

„Hier", sagte sie, „hier ist ein Rezeptbuch, wie du es haben möchtest." Sie warf es auf den Tisch.

Er ließ es dort liegen, sah nicht einmal hin. „Wo hast du es her?", knurrte er. „Etwa aus der Fabrik?"

Elise setzte sich auf einen Hocker. „Du brauchst einen Siedekessel", sagte sie. „Du musst kalzinierte Soda mit Wasser mischen und aufkochen. Steht alles auf Seite 115. Die Rezepte sind weiter vorn."

Sie hatte sich vorgenommen, dies eher beiläufig zu sagen, damit er nicht merkte, wie stolz sie war, dass sie ihm helfen konnte.

Mit spitzen Fingern nahm er das Buch auf. „Du hast es gestohlen", sagte er kalt. „Das ist nicht, was ich wollte." Er sah an sich herunter. „Ich mag zwar arm sein, aber das bedeutet noch lange nicht, dass ich krumme Sachen mache. Mein Vater würde sich im Grabe rumdrehen! Und ich hatte gedacht, du würdest das verstehen. Nimm das Buch und geh!" Er machte Anstalten, es ihr zuzuwerfen.

„Es ist nicht gestohlen“, rief sie. „Mein Großonkel hat es mir für dich gegeben. Es ist alles in Ordnung.“ Sie fragte sich, warum sie log.

Rüdiger legte das Messer aus der Hand, schüttete Wasser aus der Kanne in die geblümte Schale auf dem Waschtisch und wusch sich die Hände. „Ich habe mir das alles durch den Kopf gehen lassen“, sagte er mit ausdrucksloser Stimme.

„Was meinst du mit *das alles*?“

„Alles eben, was uns betrifft. Es war schön, versteh mich nicht falsch, aber du lebst in einer anderen Welt. Und wenn ich mir vorstelle, dass ich im Smoking herumtanzen soll wie ein Gockel ... und den Frauen die Hand küssen ... und die ganze Zeit sehen mich deine Eltern prüfend an, ob ich auch bloß alles richtig mache. Und ich würde den Ärger sehen in ihren Augen. Wenn sie nicht sowieso schon vorher jemanden bezahlt hätten, der mich aus der Stadt jagt. Ich würde mich schämen. Ich würde immer denken, dass du über mich lachst. Wie sollte ich damit fertig werden? Es wäre so demütigend, so ... so ...“ Als ihm die Worte ausgingen, riss er das Handtuch vom Haken und bearbeitete wütend seine Hände, als wären sie schuld an ihrem Streit.

„Ich wollte dir doch nur helfen“, murmelte sie.

„Das ist es ja, du willst nur helfen. In Wirklichkeit aber wirst du uns beide unglücklich machen.“

„So ein Quatsch. Nicht, wenn wir uns lieben.“

„Du bist erst sechzehn, hast du das vergessen? Die Einwilligung deiner Eltern wäre erforderlich. Und die wird uns dein Vater nicht geben, ihr würdet euch streiten ... und alles wegen ein paar Küssen.“

Ein paar Küssen!

„So siehst du das also“, zischte sie.

Er ballte das Handtuch zu einem Klumpen. „Jawohl, so sehe ich das. Ich bin so jung, du bist noch jünger. Die Welt liegt vor uns. Wollen wir uns jetzt schon festlegen und uns alles verbauen?“

Elise sagte nichts.

Er redete sich in Fahrt. „Wenn nicht heute, wann denn dann? Die Welt ist voller Chancen. Lokomotiven, Telefone, Ozeanriesen, Automobile ...“

„... und Seife“, warf sie verächtlich ein.

„Jawohl, und Seife, du hast ganz recht. Ich will erst was werden, aus eigener Kraft was werden.“ Er zeigte auf das Buch. „Aber nicht durch krumme Touren.“ Sie hob hilflos die Hand, aber er sprach gleich weiter: „Und wenn ich meine eigene Fabrik habe, dann komme ich mit erhobenem Kopf. Dein Vater soll froh sein, wenn ich um deine Hand anhalte.“

Er redet es sich hin, dachte sie fassungslos, er redet es sich tatsächlich genauso hin, wie es ihm passt.

„Sag es doch gleich“, stieß sie hervor, „du liebst mich nicht.“

Er versuchte, ihr über die Haare zu streichen, aber sie wich zurück.

„Ich weiß es nicht, Elise“, flüsterte er, „ich weiß es wirklich nicht. Woher sollen wir wissen, was Liebe ist?“

Sie griff sich das Rezeptbuch, stand auf, strich sich das Kleid glatt, lächelte ihm schief zu und ging. Der alte Micus öffnete ihr eilfertig die Tür.

Sie lief das Trottoir hinunter bis zur Gärtnerei Schmelzkopf. Dort bog sie in den Toreingang, warf das Buch zu den alten Blumen in den Abfalleimer, lehnte sich an die Hauswand und weinte hemmungslos.

Als wäre all das noch nicht genug, entlud sich wenig später ein familiäres Gewitter über Elise.

Es begann mit einer Frage, die der Direktor beim Abendessen stellte: „Liebe Helene, was macht eigentlich Berlin, künstlerisch gesehen, meine ich?“

Ludwig Rennefeld präsidierte am Kopfende der Tafel, links neben ihm saß seine Frau, ihr gegenüber Helene. Bruno saß neben seiner Malerin. Nach den Regeln hätte er Sophies Tischherr sein müssen, aber der Herr Direktor hatte Einspruch dagegen erhoben. Elise hockte still zwischen ihrer Mutter und der Ebersbächer. Sie hatte sich innerlich aus der Unterhaltung ausgeklinkt, denn reden durfte sie nur, wenn sie gefragt wurde, und das war nicht zu erwarten. Außerdem konnte sie sowieso an nichts anderes denken als an Rüdiger. Jetzt horchte sie auf.

„Was macht eigentlich das künstlerische Berlin, liebe Helene?", wiederholte Direktor Rennefeld seine Frage deutlich lauter, als er sah, dass seine Schwägerin ungerührt mit ihrem Maurer weiterplauderte.

Nun reagierte Helene, die nicht zu Unrecht einen Angriff befürchtete. „Das künstlerische Berlin macht sich von den Zwängen dieser Gesellschaft frei. Alles ist in Zucht und Ordnung erstarrt. Wir leben in einer Stillstandswelt, einer gelähmten Zeit. Grässlich. Es muss etwas anderes kommen, etwas, das alles auf null stellt, Einfallsreichtum, Fantasie, ein Aufbruch ist nötig." Helene lächelte ihrem Schwager süffisant zu.

Elise sah ihr die Freude darüber an, wie ein Großwildjäger die Fallgrube für den Löwen gegraben zu haben. Fragte sich nur, ob der Löwe auch hineinfiel. Ihre Tante lehnte sich erwartungsvoll zurück und beobachtete ihn in aller Ruhe.

Der Löwe, dem seit Jahr und Tag alle und jeder nach dem Mund redeten, hatte längst das Gespür für Ironie und subtilen Humor verloren. Im Gegenteil, er witterte keinerlei Gefahr.

Ludwig Rennefeld knurrte unwillig. „Ordnung und Zucht sind keine Zwänge." Seine Stimme hob sich drohend, und die sorgfältig gehütete friedliche Stimmung war mit einem Schlag dahin. Nicht nur Elise erschrak.

Helene zog die Schlinge zu. „Es sei denn, Ordnung und Zucht sind nur ein Vorwand, um den Machtanspruch der Männer zu sichern, und legen sich erstickend über alles, was lebenswert ist."

Sophie hüstelte warnend, aber ihr Mann schluckte den Köder, den Helene ihm hinhielt, bereitwillig. „Als da wäre?"

„Die Frauen", begann Helene, „stellen naturgemäß die Hälfte der Bevölkerung."

„Und?"

„Sie haben kein Wahlrecht, weder aktiv noch passiv. Irgendwann bekommt jede einen Ehemann zugeteilt, der ihr Vater sein könnte. Der regelt dann alle ihre Angelegenheiten. Dafür bekommt sie Kinder, schöne Kleider und einen noch schöneren Hut. Findest du das gerecht?"

Rennefeld hob gebieterisch die Hand. „Das ist Sozialismus", polterte er, „purer Sozialismus. Bismarck hatte recht. Sozialistengesetze sind das Einzige, das hilft."

„Denken ist das Einzige, das hilft. Freiheit im Kopf", fauchte Helene bissig. „Wir, die Künstler, insbesondere die Maler, haben das klar erkannt."

„Wie dieser *sogenannte* Maler aus Wien, dieser Schiele, der diese nackten Frauen malt?"

„Mich wundert, dass du ihn kennst."

„Er verschandelt die Frauen in seinen Bildern."

„Er malt sie so, wie sie sich fühlen."

„Du kennst ihn näher? Würdest du ihm Modell sitzen?"

Helene zog sich die Salatschüssel heran, dann ließ sie die Bombe platzen. „Warum nicht, wo ich doch schon mit ihm geschlafen habe."

In diesem Moment brachte Doris den Pudding, und das Gespräch verstummte. Als die Tür sich wieder hinter ihr schloss, hatte Ludwig Rennefeld seine Haltung wiedergefunden. Er holte seinerseits zum Schlag aus.

„Dann meinst du also auch, dass nichts dabei ist, wenn Elise sich im Dunkel der Nacht mit einem jungen Mann, der dem Vernehmen nach Friseurlehrling ist, zum Stelldichein trifft."

Elise fühlte, wie ihr das Blut in den Kopf schoss. „Wir haben nichts Unrechtes getan", entfuhr es ihr.

„Du bist still!", herrschte Rennefeld sie an. „Wenn ich etwas von dir wissen will, werde ich dich schon fragen."

Elise blickte zu ihrer Mutter, die ihre Serviette in den

Händen knetete. Sie fühlte sich wie erschlagen. Wer hatte sie verraten? Was war schlimm an dem, was sie getan hatten? Das mangelnde Vertrauen ihres Vaters verursachte ihr Übelkeit. Elise wünschte, dass ihre Mutter etwas sagen würde. Aber die sagte nie etwas. Der Mann hat immer recht.

Hilf mir, Mama.

Der Kaffee kam. Kleine Schokoladen wurden gereicht. Elise aß und trank nicht mehr. Nach ein paar Minuten bleierner Stille stützte Rennefeld seine Hände auf die Tischplatte und stemmte sich in die Höhe. „Ich hebe die Tafel auf. Unser Tischgespräch, das ja eigentlich der gegenseitigen Erbauung dienen soll, war wirklich *decouvrierend*, gut, dass wir *entre nous* waren." Er stand kerzengrade aufgerichtet und zog sich mit entschlossenem Ruck den Gehrock gerade. Dann sagte er: „Ich habe beschlossen, dass unserer Tochter eine Luftveränderung gut tun wird. Und ihr ein wenig mehr Zucht und Ordnung vermittelt ...", sein finsterer Blick strich über seine Schwägerin hinweg, „... ohne dass verderbliches Gedankengut ihr die Sinne vergiftet. Ich habe Elise für die Höhere Töchterschule in Wolfenbüttel angemeldet."

6

Es war, als hätte man Elise den Boden unter den Füßen weggezogen. Und so sehr sie auch nachdachte, sie sah ihren Vater im Unrecht. Das verwirrte sie. Ganz abgesehen davon, dass es sie erschütterte, dass ihr Vater so handeln konnte. Liebte er sie nicht? Oder war gerade seine Strenge ein Beweis seiner Liebe?

Noch mehr aber verzweifelte Elise an ihrer Mutter. Sie war eine Frau. Sie war eine Mutter. Sie musste doch wissen, wie sehr Elise vom Zorn ihres Vaters getroffen sein würde. War eine Mutter nicht vor allem anderen für ihr Kind da? War es nicht ihre allererste Aufgabe, ihr Kind zu schützen?

Es war Tante Helene gewesen, die die vom Weinen geschüttelte Elise in den Arm genommen hatte. Zusammen waren sie nach oben ins Turmzimmer gegangen, und da saßen sie nun, Bruno ratlos auf dem Sessel und die beiden Frauen zusammengekauert auf dem Sofa.

„Deine Mama liebt dich", sagte Helene eindringlich, „trotz allem."

„Ich bin ihr völlig egal", protestierte Elise. „Das hast du doch gesehen. Sie ist wie ein Fels, wie ein glatter Fels, alles rutscht an ihr ab. Woher nimmt sie diese Sicherheit? Zweifelt sie nie? Zweifelt sie denn nie an dem, was Papa sagt?"

Helene nahm sich eine Zigarre und zündete sie an. Qualm umhüllte sie. „Deine Mutter", sagte sie und pustete den Rauch zur Seite, „deine Mutter ist nicht so, wie sie zu sein scheint."

Elise starrte sie verblüfft an. „Was willst du damit sagen?"

„Viele Menschen sind anders, als sie sich geben", antwortete Helene nachdenklich. „Sie sind unsicher. Sie wollen sich schützen, verstehst du?"

„Willst du damit sagen, dass Mama unsicher ist? Wovor muss sie sich denn schützen? Sie hat alles, was sie will. Einen

Mann, der etwas darstellt, ein großes Haus, um das sie alle beneiden, zwei Töchter ..."

„Und wenn das nicht alles ist, was sie wollte?"

„Was meinst du damit?"

„Ich meine damit, dass es auch andere Dinge im Leben gibt als einen perfekten Haushalt." Helene lehnte sich zurück und schloss die Augen. „Viele Dinge sind komplizierter, als sie scheinen, und gerade die scheinbar einfachen Dinge sind oft furchtbar kompliziert."

„Entschuldige, Tante Helene, aber das klingt so ... so ..."

„... allgemein, so oberlehrerhaft?"

„Was hat es mit Mama zu tun?"

Helene spuckte ein Stück Tabak in die hohle Hand. „Auch deine Mutter hat ihr Päckchen zu tragen, wie man so sagt. Aber niemand soll davon wissen ..."

„Bitte ...!"

Helene starrte auf den Tabakkrümel in ihrer Hand. „Ist dir schon einmal aufgefallen, dass sie an jedem ersten Montag im Monat nach Höxter fährt? Sie nimmt, wenn ich mich recht erinnere, den Nachmittagszug. Dann ist dein Vater in der Schule."

„Was ist geheim daran? Sie fährt zur Hutmacherin. Das weiß doch jeder."

Helene antwortete nicht.

Elise spürte, dass sie blass wurde. „Du meinst, das ist, was jeder glaubt zu wissen? Du meinst ... ich sollte ihr mal folgen? Ist es das?"

„Ich meine gar nichts", sagte ihre Tante und stupste die Zigarre so vehement in den Aschenbecher, dass sie auseinander brach.

Eine gute Woche später, am ersten Montag im Juli, kaufte Elise eine Fahrkarte dritter Klasse nach Höxter. Sie war schon früh am Bahnhof und fühlte sich unwohl. Bis zuletzt hatte sie gezögert. Die eigene Mutter zu bespitzeln, das lag so außerhalb allen Vorstellungsvermögens, dass sie noch immer nicht recht glauben mochte, dass sie tatsächlich dazu fähig war. Aber dann hatte sich auch noch ihre sonst so handfeste Gouvernante mit Sommergrippe ins Bett gelegt, und damit war die letzte Entschuldigung dahin.

Nun stand Elise also am Ende des Bahnsteiges im Schatten einer Litfaßsäule und wartete. Wenn sie sich auf die Zehenspitzen stellte, konnte sie über die Begrenzungsmauer hinweg die Straße überblicken. Um kurz vor zwei fuhr Gustav mit dem Automobil vor. Sophie Rennefeld stieg aus. Sie trug ein helles langes Kleid mit einer blauen Jacke. Und einen wagenradgroßen Strohhut gegen die Sonne. Sie winkte Gustav kurz zu und ging über den Bahnhofsvorplatz. Elise verlor sie aus dem Blick, als sie in der Wartehalle verschwand.

Als ihre Mutter auf dem Bahnsteig erschien und sich auf die Bank neben das Stationshäuschen setzte, hatte sich Elise wieder in den Schatten der Säule zurückgezogen.

Die Sonne stand hoch am Himmel und tauchte den Bahnhof in glühende Hitze. Sophie Rennefeld saß regungslos. Elise hätte, wie schon so oft, viel darum gegeben, ihre Gedanken erraten zu können.

Elise hatte ihre Mutter während der letzten Tage beobachtet und war sich inzwischen sicher, dass unter der glatten, gefälligen Oberfläche mehr sein musste als eine gefügig freundliche Frau, die sich um ihren Haushalt kümmerte und ihrem Mann ein vorzeigbares Heim schuf. Dass ihre Mutter einen messerscharfen Verstand besaß, aber ebenso klug war, ihn nicht zur Geltung zu bringen. Sie war eine Frau ihrer Zeit und hatte wohl begriffen, dass ihre Talente nicht nur nicht anerkannt, sondern sogar als unangebracht empfunden würden. Die Liebe ihres Mannes, die gesellschaftliche Reputation, die Führung eines großen Hauswesens mussten ihr genügen.

Bahnhofsvorsteher Müller trat aus dem Wartesaal in die Hitze hinaus. In seiner dicken blauen Uniform mit dem roten Koppel stand er missmutig und schwitzend auf dem Perron. Er hatte gedient, war sogar Reserveunteroffizier und wusste, Pflicht war Pflicht, wenn man nicht wollte, dass die Welt unterging. Er zog ein riesiges weißes Taschentuch heraus, nahm die Schirmmütze ab, wischte das lederne Schweißband trocken und fuhr sich über die Glatze. Das alles geschah mit langsamen, gemessenen Bewegungen. Der gewichtige Repräsentant der Staatsbahn machte nicht den Eindruck, als ob Eile geboten sei. Elise sah zu der Schranke zu Füßen des Felsenkellers hinüber. Sie war noch geöffnet.

Wenn nicht die Spatzen gewesen wären, die sich erbittert um den besten Platz auf dem Papierkorb stritten, hätte man denken können, dass jemand die Zeit anhielt. Eine Mücke summte um Elises Kopf.

Es war ein eigenartiges Gefühl, etwas vor der Mutter zu verheimlichen, und Elise hasste sich für das, was sie tat. Sie hasste sich auch dafür, dass wenige Andeutungen genügt hatten, sie die Redlichkeit ihrer Mutter anzweifeln zu lassen. Ihre Mutter fuhr nach Höxter. Na und? Alles andere lag im Nebel der Fantasie. Sie würde sich bei ihrer Mutter entschuldigen, wenn sich alles als großer Bluff ihrer Tante herausstellte. Diese Andeutungen! Vielleicht stifteten sie mehr Unfrieden als offene Worte. Sonst war Helene doch immer eine solche Verfechterin von Offenheit.

Trotzdem, ich will Bescheid wissen, dachte Elise.

Die Tage nach dem Eklat waren schlimm gewesen. Elises Vater sprach nicht mit ihr, und wenn, dann tat er es in der dritten Person, so, als ob sie nicht anwesend war. Auch Elises Mutter blieb unzugänglich. Wäre alles anders gekommen, wenn sie sich für ihre Tochter eingesetzt hätte? Ein kleines Zeichen der Zärtlichkeit, und Elise hätte eingelenkt. So aber vergrub sie sich in sich selbst, ging, die schwitzende und keuchende Ebersbächer hinter sich, an der Weser spazieren, kam sogar einmal am Kai vorbei. Kein Schiff im Hafen, alles sah trostlos aus. Sie beobachtete den Kran, der Baumstämme von einem Fuhrwerk auf eine Rampe lud.

An der Stelle, an der sie mit Rüdiger gelegen hatte, blieb sie eine Weile stehen und versuchte sich zu erinnern. Aber der alte Zauber wollte sich nicht wieder einstellen. Sie fragte sich, wo Rüdiger war. Wahrscheinlich kochte er Seife. Würde er seinen Weg machen? Rüdiger war nicht wie andere. Er hatte diese verrückte Energie in sich. Und einen Plan. Einen eigentlich nicht erfüllbaren Plan.

Eigentlich. Elise seufzte.

Die Schrankenglocke schellte. Die rot-weißen Balken senkten sich. Der dicke Müller erwachte zum Leben. Er blickte zur Frau Direktor hinüber. Sophie Rennefeld nickte unmerklich und mit leichtem Lächeln. Dann fuhr der Zug ein.

„Eingelaufener Zug nach Aachen", brüllte Müller. „Einsteigen, bitte!"

Sophie erhob sich und bestieg den ersten Waggon. Der dicke Müller schlug eilfertig die Tür hinter ihr zu, blickte am Zug entlang, hob die Hand mit der rot-weißen Kelle, blickte nach vorn zur Lokomotive, zückte die Trillerpfeife und pfiff.

Auf diesen Moment hatte Elise gewartet. Sie lief die drei, vier Meter zum Zug hinüber, riss die letzte Tür auf und sprang hinein. Jetzt gab es kein Zurück mehr.

In Höxter ging Sophie Rennefeld zunächst in das Geschäft der Hutmacherin gegenüber der Kirche. Sie blieb eine gute Stunde. Elise saß halb verborgen hinter einem Brunnen und langweilte sich. Als ihre Mutter schließlich wieder erschien, folgte sie ihr auf ihrem ziellosen Weg durch die Stadt. Ein paar Pralinen hier, eine Tasse Schokolade im Café, ein Schwätzchen mit einer Marktfrau, der sie eine rote Rose abkaufte. Als alles so aussah, als würde die Frau Direktorin zum Bahnhof zurückkehren, bog sie plötzlich schnellen und entschlossenen Schrittes in die Westerbachstraße rechts ab, erreichte die Stadtmauer, ging durch das Tor und hielt sich links. Einige Meter weiter trat sie unvermittelt durch einen aus Sandsteinen gefügten Bogen und war Elises Blicken entschwunden. Erst als Elise das Tor erreichte, erkannte sie, wo sie war.

Der Friedhof!

Ein gerader Weg führte unter Ulmen zu einer Kapelle. Auf halbem Weg ein Brunnen. Dunkelgrünes, plätscherndes Wasser. Eine andere Welt. Fast hätte Elise ihre Mutter übersehen. Sie stand, keine zwanzig Meter entfernt, vor einem Grab. Sie bewegte die Lippen.

Sehr langsam trat Elise hinter ein erhöht liegendes Grab, das von einem steinernen Engel bewacht wurde. Sie nahm die Hand des Engels, zog sich auf das Podest und ließ sich auf der anderen Seite hinuntergleiten. Ein schmaler Pfad führte zwischen Büschen hindurch zu einer Buchsbaumhecke. Als sie deren Zweige auseinanderbog, sah Elise ihre Mutter.

Sophie Rennefeld war allein.

Sie kniete vor einem Sammelgrab. Es war einfach und schmucklos, eine Steinplatte, an den Rändern mit Moos überzogen. Vier Namen, kein Text, keine Daten. Sophie schob eine Vase auf den Stein und stellte die Rose hinein.

Elise hielt den Atem an. Wessen Grab war das? Und warum die Rose?

Ihre Mutter ging zurück auf den Weg und setzte sich auf eine Bank. Die Sonnenstrahlen, die durch das Geflecht des Hutes auf ihr Gesicht fielen, zauberten dort ein zartes Muster, so, als mühten sie sich, Sophies Traurigkeit zu überdecken. Elise sah, dass ihre Mutter weinte.

In diesem Moment wurde sie von ihrer Rührung überwältigt. Sie bog die Zweige der Hecke auseinander, sprang über die Grabplatte, lief zu ihrer Mutter hinüber und umarmte sie.

Seltsamerweise war Sophie nicht überrascht. Sie drückte den Kopf ihrer Tochter an sich, und so saßen sie eine Weile beieinander und versuchten, die Situation zu verstehen.

Elise war verwirrt. Sie war erleichtert. Insgeheim hatte sie befürchtet, dass ihre Mutter eine Affäre hatte und dass ihr Leben in Holzminden nur Schauspiel war, mit Papa und den Kindern als Statisten. Doch es ging nur um einen Toten. Aber rote Rosen für einen Toten?

„Wer ist es?“, fragte Elise leise.

Sophie Rennefeld versuchte zu antworten, aber bekam kein Wort heraus. Sie legte die Hände mit verschränkten Fingern ineinander, stand auf, ging ein paar Schritte, sah Elise an, setzte sich wieder, zögerte und sagte schließlich: „Helene hat es dir also gesagt.“

Elise schüttelte den Kopf. „Nein. Ja. Sie wollte nicht, dass ich dachte, du seist so herzlos, wie es den Anschein hatte.“

Sophie lächelte, ein Lächeln, das schnell hinter den gekräuselten Lippen abbrach. „So ist Helene. Sie will immer, dass alles gut wird, aber sie bringt viel durcheinander.“ Sie seufzte. „Sie hat eben keine eigene Familie, um die sie sich sorgen muss. Die Welt ist leider nicht so einfach, wie sie denkt.“

„Wer ist es?“, wiederholte Elise und zeigte auf die Rose. „Ein Mann?“

„Er hieß Johann, Johann Freitag.“

„Hast du ihn geliebt?“

Sophie antwortete nicht. Sie blickte auf ihre Schuhe, die Muster in den losen Sand zeichneten. Ihr Gesicht schien schmaler als sonst, fast ein bisschen zu klein für die großen haselnussbraunen Augen, den ausdrucksvollen Mund und die geschwungenen Augenbrauen.

Ein Friedhofswärter schob eine Karre mit trockenen Kränzen und zerknüllten Schleifen in schwarz-weiß-rot vorbei. Er tippte mit dem Finger an seine Mütze und verschwand hinter einer Hecke.

Sophie zeigte auf das Grab. „Er war drei Jahre älter als ich“, sagte sie leise. „Ich war sechzehn, so alt wie du jetzt. Ein schöner Mann. Das würde ich auch heute noch sagen. Lange schwarze Haare. Fast wie ein Zigeuner. Aber vor allem erinnere ich mich an seine Hände. Sie waren so ... zuverlässig ... weich ... und trotzdem so energisch. Wenn er mich anfasste, dachte ich, dass mir nichts passieren konnte. Dabei war er eher klein und schmal.“ Sie nestelte an der Innentasche ihrer Jacke. „Ich habe ein Bild von ihm." Sie gab Elise ein Medaillon, das man aufklappen konnte.

Elise öffnete es erst, als ihre Mutter aufmunternd nickte. Es waren zwei winzige Fotografien darin, sepiabraun angelaufen. Sie zeigten einen jungen Mann und eine ernst blickende ältere Frau. Der junge Mann trug einen Strohhut mit blauem Band. Eine schwarze Fliege saß vor dem hochgestellten weißen Hemdkragen. Elise gefielen seine Augen, fröhliche Augen, die sie zuversichtlich anblickten. Ein junger Mann, der das Leben vor sich hatte und sich dessen bewusst war.

„Sympathisch", sagte Elise.

„Nicht wahr?" Ihre Mutter blickte sie dankbar an. „Er kam aus Braunschweig, ein einfacher Tischlergeselle. Ich war die Tochter des Kreisdirektors. Ich wusste, Johann und mich trennten Welten. Und dass ich meine Eltern gar nicht erst zu fragen brauchte."

„Er hätte in Holzminden studieren können, Architekt werden. Da hätte niemand etwas sagen können."

„Er wollte nicht studieren", sagte Sophie. „Er wollte die Revolution."

„Aber du hast ihn geliebt."

„Wie kommst du darauf, dass ich ihn geliebt habe?", giftete Sophie.

„Weil du hier bist", antwortete Elise trocken. „Und rote Rosen für ihn kaufst. Ist doch logisch."

„Bei euch jungen Leuten ist alles logisch. Die Technik ist logisch, die neuen Lokomotiven sind logisch, das Telefon ist logisch. Und die Menschen sind natürlich auch logisch. Das ist doch logisch, oder?"

Es war nicht nur dieser plötzliche Gefühlsausbruch ihrer Mutter, der Elise überraschte. Es war vielmehr die Verzweiflung, die aus ihren Worten sprach, das Gefühl der Ausweglosigkeit, als gäbe es Dinge, die man einfach nicht lösen konnte, und als sei dieses Grab eines dieser Dinge.

Sophie zuckte mit den Schultern. „Ich weiß bis heute nicht, ob ich ihn geliebt habe“, sagte sie zaghaft. „In diesem Alter verliebt man sich in jeden, der gut aussieht und ein bisschen romantisch ist.“ Sophie sah das rot werdende Gesicht ihrer Tochter und legte die Hand auf ihr Knie. „Entschuldige“, fügte sie beschwichtigend hinzu, „ich meinte nicht dich. Ich wollte nur sagen, dass wir ja nicht lange zusammen waren. Was konnte ich da schon herausfinden über unsere wirklichen Gefühle, über Gefühle, die Jahre überdauern, meine ich.“

Elise nahm die Hand ihrer Mutter und hielt sie fest. Sie wartete geduldig, bis ihre Mutter fortfuhr.

„Es gastierte ein Zirkus in der Stadt. Wir waren mit der ganzen Familie da, saßen vorn in einer der Logen. Und als der Zauberer kam und eine Assistentin suchte, nahm er gleich mich, ich saß ja in Reichweite, sozusagen. Ich wollte nicht, ich wollte partout nicht, aber mein Vater hat mich nach vorn geschoben, und dann stand ich plötzlich in der Manege, vor all diesen Leuten. Sie lachten und klatschten. Der Zauberer stank nach Schweiß und hatte feuchte Hände. Er hatte einen Schrank mit mehreren Türen dabei. Er ging durch die eine Tür, ich sollte sie hinter ihm schließen, dann wieder öffnen. Er war natürlich verschwunden, obwohl jedermann sah, dass er nirgendwo hin konnte. Ich war verdattert und hilflos, schließlich öffnete ich eine andere Tür, aus der er großspurig grinsend heraustrat. Und ich stand da wie eine dumme Pute. Das Zelt jauchzte vor Vergnügen. Das Schlimmste war, dass der widerliche Kerl sich einen Spaß daraus machte. Ich empfand es als entwürdigend. Ich sah zu meiner Familie hinüber, und sie alle bogen sich vor Lachen. Ich hatte gehofft, dass sie mich da rausholen würden, aber sie dachten nicht daran. Ich war den Tränen nah. Vielleicht war es nicht so dramatisch, wie ich es empfand, aber in diesem Moment war es die Hölle.“

Sophie nahm das Medaillon und zeigte auf das Bild des jungen Mannes. „Und dann kam *er*. Er saß ganz oben in der letzten Reihe, auf dem *Hahnebalken*, wie sie hier sagen. Ich sah ihn nicht kommen, er muss den Gang geradezu heruntergesprintet sein, und plötzlich war er da. Er packte sich den Zauberer und schlug ihn zu Boden. Mit einem Treffer. Ich sehe es noch immer vor mir. Dann packte er mich und trug mich nach draußen. An der Loge meiner Eltern vorbei, das musst du dir mal vorstellen. Sie dachten, das gehört alles zur Schau. Ich weiß nicht mehr, was ich gedacht habe. Ich weiß nicht mehr, ob ich überhaupt etwas gedacht habe. Als ich in seinen Armen lag und er mich nach draußen trug, war alles so selbstverständlich, ich hätte mich wer weiß wohin von ihm tragen lassen."

Sie bereut es, dass sie ihn nicht genommen hat, dachte Elise, sie bereut es wirklich!

Aber da fuhr ihre Mutter schon fort. „Natürlich wollte er nicht weglaufen mit mir. Er setzte mich draußen ab, da standen wir im feuchten Gras, und ich überlegte, ob das jetzt eine Entführung war. Er machte nicht viele Worte. Er könne nicht ausstehen, stieß er hastig hervor, wenn Leute lächerlich gemacht werden. Und überhaupt solle sich niemand in der Gewalt anderer befinden. Ich hasse das, sagte er. Schon da hätte ich sehen müssen, dass er ein Verrückter war, ein sympathischer politisch Verrückter, ein Revolutionär eben. Aber für mich war er einfach nur der einzige im ganzen Zelt, der gefühlt hatte, dass ich litt. Er hatte für mich vor aller Augen einen Mann zu Boden geschlagen und mich gerettet, es war, als ob dieser englische Rebell ... wie hieß er doch ..."

„Robin Hood."

„... ja, Robin Hood ... als ob dieser Robin Hood nach Höxter gekommen war, extra für mich."

„Und wie ging es weiter?"

„Es war von Anfang an ein großes Missverständnis. Als mein Vater begriff, dass meine Entführung nicht zum Programm gehörte, verlor er die Fassung. Er rief sofort die Polizei, und die riss Johann fort."

„War das schon das Ende zwischen euch?“, fragte Elise erschrocken.

Sophie zwinkerte ihrer Tochter zu. „Natürlich nicht, aber dass wir uns wieder trafen, war reiner Zufall. Vielleicht hatte er nach mir gesucht, aber das hätte er nie zugegeben. Für Männer ist so etwas wichtig, verstehst du. Niemand soll denken, dass sie Schwäche zeigen. Da ist es egal, ob einer Schuldirektor ist oder Tischler ...“ Sophie stand auf. „Komm, lass uns ein paar Schritte gehen. Ich habe ja nie mehr richtig darüber gesprochen, und es regt mich doch auf.“

Der Friedhof war nicht groß. Die beiden Frauen standen eine Weile in der Ulmenallee und genossen den kühlen Luftzug, der im Schatten der Bäume wehte.

Sophie erzählte, wie sie Johann wieder getroffen hatte. Sie fuhr mit dem Fahrrad durch die Corveyer Allee, wo er mit seinen Kollegen den Dachstuhl des neuen Bahnhofsgebäudes errichtete. Er schleppte gerade einen Balken über die Straße. Als er sie sah, zuckte er vor Freude zusammen und ließ den Balken fallen. Sie fuhr in ihn hinein, er fing sie auf.

„Es sah so aus, als sollte es eine Gewohnheit werden, dass er mich in den Arm nahm“, sagte Sophie lachend.

„Die *GARTENLAUBE* wäre froh, wenn sie eine so romantische Geschichte angeboten bekäme.“

„Kitschig, nicht wahr? Damals habe ich geglaubt, dass das Schicksal seine Hand im Spiel hatte. Zu allem Überfluss tutete in diesem Moment ein Horn die Mittagspause ein. Wir gingen hinunter zur Weser, setzten uns auf eine Buhne und unterhielten uns über Gott und die Welt. Er war nur zur Bürgerschule gegangen, aber er interessierte sich für alles. Und ich merkte schnell, dass seine Götter Marx und Engels waren. Damals fand ich das lustig. Ich hatte zwar meinen Vater auf die Sozialisten schimpfen hören, aber es hatte mich nicht wirklich interessiert. Hier war nun einer von diesem *vaterlandslosen Pack* und sah überhaupt nicht so aus, als würde er Frauen belästigen oder Häuser anzünden. Wenn man ihm zuhörte, dann wollte er eigentlich nur, dass alle Menschen gleich sind und dass sie genug verdienen, um ihre Kinder zu ernähren. Das leuchtete mir ein. Und er war stolz, dass er so eine wie mich überzeugen konnte. Dass seine Idee von Gleichheit auch bedeutete, dass man den Kaiser und sein ganzes Machtgefüge abschaffen wollte, wurde mir erst später klar. Damals dachte ich nicht an die Konsequenzen, auch nicht daran, dass er an der Welt meines Vaters und damit auch an meiner Welt rüttelte. Für mich war es Romantik pur. Ein Freiheitskämpfer, der sich für mich in aller Öffentlichkeit schlug, was wollte ich mehr?"

Sophie legte den Kopf leicht zur Seite und berührte ihren Mund mit den Fingerspitzen, als verwunderte es sie, dort ein kleines Lächeln zu finden. Als sie den Kopf drehte, um Elise anzuschauen, vertiefte sich das Dunkel in ihren Augen. „Wir trafen uns dann öfter", fuhr sie fort, „natürlich immer heimlich. Mir war klar, dass man mir den Umgang mit Johann streng verbieten würde, also war ich zu Hause lieb und nett und freute mich auf Samstagnachmittag, wenn er frei hatte. Wir trafen uns in Holzminden, wo man mich nicht kannte. Wir trafen uns in der *Bohnertschen Badeanstalt*. Hinter ihr, dort, wo jetzt die neuen Schrebergärten sind, lagen Wiesen und überall standen Büsche, und wenn man will, dass man hinter ihnen nicht gesehen wird, wird man auch nicht gesehen." Sophie kicherte wie ein junges Mädchen.

„Ihr habt doch nicht etwa ...?", fiel Elise entsetzt ein, wobei sie an die Dinge dachte, die Tante Helene ihr erklärt hatte.

„Nein, Liebes, haben wir nicht", beruhigte ihre Mutter sie lächelnd, „aber, um der Wahrheit die Ehre zu geben, es lag nicht eigentlich an mir. Heute denke ich, dass Johann niemals daran gedacht hat, etwas so Verbotenes zu tun, wie mir die Unschuld zu nehmen. Jedenfalls nicht, solange wir nicht verlobt waren, und er hat tatsächlich einmal von Verlobung gesprochen. Meistens aber hat er über Politik geredet, dass die Sozialistengesetze nicht mehr gelten würden und dass der

Angriff auf die Kapitalisten nun erfolgen müsse, und zwar international."

„Und du?"

„Ich lag mit ihm auf der Wiese, blickte in den blauen Himmel, sah die Wolken, die so unschuldig weiß dahintrieben, und fand es toll, einen Mann zu haben, der voller Ideale ist und dessen Augen vor Begeisterung leuchten, wenn sie mich anblicken." Sophie lehnte sich an einen Baum, zog den rechten Schuh aus und klopfte ihn gegen den Stamm, bis das Steinchen, das sie gestört hatte, herausfiel. „Aber nach und nach verschwand des Gefühl, in einem Abenteuer zu leben. Mir wurde klar, dass unsere Liebe keine Zukunft haben würde. Vielleicht hätte ich zu Hause meinen Willen durchsetzen können, aber erst nach langem Kampf, an dessen Ende ich mit Johann allein gewesen wäre, ohne meine Familie. Und plötzlich überfiel mich Panik. Ich beschloss, die Sache zu beenden. Er wollte es nicht wahrhaben. Ich erinnere mich noch genau, es war wieder ein Samstag, und er schlug vor, dass wir an diesem Abend zusammenblieben. Aber ich wollte nicht mehr." Sophie fuhr sich mit der Zunge durch den trockenen Mund und suchte nach einem Rest Feuchtigkeit, bevor sie fortfuhr: „Johann rannte davon. Aus Trotz und Wut schloss er sich drei Kameraden an, die eine Draisine organisiert hatten. Mit ihr wollten sie die Gleise entlang von Höxter nach Holzminden rollen, wo an diesem Abend eine Demonstration stattfand. Ein Riesenspaß sollte es werden. Sie hissten eine rote Fahne und fuhren los. Es war Alkohol im Spiel, und wahrscheinlich sahen sie deshalb nicht die Lokomotive, die ihnen entgegenkam. Sie waren alle sofort tot. Die Obrigkeit hat nicht viel Aufhebens gemacht mit Revolutionären. Bei Nacht und Nebel hat man sie hier eingebuddelt, und da liegen sie nun unter diesem tristen Stein."

Sophie Rennefeld schwieg erschöpft. Sie waren wieder am Brunnen angekommen, und sie tauchte ihre Hände ins Wasser und rieb sich damit das Gesicht.

Elise sagte nichts. Was für eine Geschichte! Sie fragte sich, wie es möglich war, dass jemand solche Dinge durchmachte und dann so leben konnte, als sei nichts geschehen. Aber dann dachte sie an die rote Rose und daran, dass ihre Mutter Jahr für Jahr, Monat für Monat hierherfuhr. Um an diesen Johann zu denken? Das konnte nicht alles sein.

Und dann verstand sie. „Du gibst dir die Schuld an seinem Tod?"

„Er würde noch leben, wenn ich an diesem Abend bei ihm geblieben wäre. Ob mit mir oder ohne mich, aber er würde noch leben."

„Das konntest du doch nicht wissen!"

„Ich bin vor dem System eingeknickt. Es gehörte sich nicht, etwas mit ihm zu haben, also habe ich resigniert. Ich hätte uns wenigstens eine Chance geben sollen."

„Und was ist mit mir?", stieß Elise hervor. „Ihr schickt mich nach Wolfenbüttel. Haben Rüdiger und ich nicht auch eine Chance verdient? Warum tust du nichts für mich?"

„Weil ich weiß, dass es nutzlos ist. Was hat sich denn geändert? Gewiss, in Zürich dürfen jetzt Frauen auf die Universität, und in England gehen sie zu Zehntausenden für ihre Rechte auf die Straße, aber hier in der Provinz? Du bist einfach noch zu jung. Und ich gehöre zu den Alten. Die Dinge bleiben gleich, aber die Perspektive ändert sich, und plötzlich sieht alles anders aus. Warte nur, bis du Töchter hast. Revolution und Romantik war einmal. Jetzt möchte ich, dass meine Familie zusammenbleibt. Und ich weiß jetzt erst recht, dass es diese Chance für dich nicht gibt." Sie zögerte einen Moment, dann fügte sie hinzu: „Es sei denn, du willst so werden wie Tante Helene."

Darüber kann man streiten, dachte Elise, aber ihr Bedarf an Geständnissen war gedeckt. „Lass uns gehen, Mama. Es war schön, dass wir miteinander gesprochen haben. Bitte sei nicht böse, dass ich dir nachgefahren bin."

„Es war schön, das einmal loszuwerden, auch wenn man dabei feststellt, wie sehr alles beim Alten geblieben ist. Ich bin immer noch eine schwache Frau, nicht dafür geschaffen, gegen den Strom zu schwimmen, und dein Vater hat das ganz gut erkannt. Ich weiß, dass es falsch ist, zurückzustecken, wenn man überzeugt ist, im Recht zu sein. Aber leider bin ich nicht stark genug, mich daran zu halten."

„Vergangenheit ist Vergangenheit, Mama, wenn du jeden Monat hierherläufst, machst du deinen Robin Hood nicht wieder lebendig. Ich finde es ehrenwert, dass du dich so lange verantwortlich gefühlt hast. Aber nun ist es gut. Vielleicht solltest du auch das Medaillon zurückgeben. Kam dein Johann nicht aus Braunschweig? Und jetzt schickt ihr mich dorthin, jedenfalls ganz in die Nähe. Was für ein Zufall. Vielleicht lebt seine Mutter ja noch. Ich könnte mich nach ihr umhören."

Als sie im Zug saßen, nun beide erster Klasse, griff Sophie in die Tasche, holte das Medaillon heraus und legte es ihrer Tochter in die Hand. Ohne es noch einmal anzusehen.

Draußen zog das Wesertal vorbei. Weiße Häuser mit schwarzem Fachwerk, rote Dächer, hellgrün gemähte Heuwiesen und ockergelbe Felder in der warmen Sonne des Nachmittags.

Der Schaffner kam durch den Wagen und machte die Fenster auf.

7

Dieses Automobil ist ein GRÄF & STIFT, ein Wunderwerk der Technik, mit dem fährt sogar der alte Kaiser Franz-Joseph. Es gibt nicht viele, die sich so einen Wagen leisten können", sagte Gustav stolz und wechselte in einen höheren Gang. „Er wird uns sicher nach Braunschweig bringen, da brauchst du keine Angst haben, Mäken."

Sie fuhren auf Kreiensen zu. Der Motor summte, als sie den Bergrücken hinunterfuhren.

„In einem Zug sitzt man bequemer."

Gustav patschte mit dem Handschuh beruhigend auf Elises Arm. „Dieser GRÄF fährt praktisch von selbst, Mäken. Durch den großen Motor, der vorn unter der Haube ist. Er hat vier Zylinder, das sind vier Töpfe, die so groß sind, dass ich fast sechs Liter Bier hineinschütten könnte. In diese Töpfe wird das Benzin gespritzt, es explodiert und treibt große Kolben nach oben, die ihre Kraft an eine Kurbelwelle abgeben, die wiederum die Kraft zu den Rädern transportiert." Er klopfte auf eine Erhebung unter seinen Füßen. „Dieses Ungetüm dreht sich bis zu 1400-mal in der Minute, das muss man sich mal vorstellen! Auf richtig guten Straßen könnten wir 115 Kilometer in der Stunde schaffen. Ich weiß, ich schimpfe ja manchmal über diese ganze Technik, aber irgendwie ist man doch auch stolz. Der Motor ist so stark wie zweiunddreißig Pferde, sagt der Herr Direktor. Was soll uns da schon passieren? Und die Fuhrwerke machen uns sowieso alle Platz ..."

Er spitzte die Lippen, als er sich konzentrierte und einen Leiterwagen überholte. Gustav steuerte das Automobil weniger, als dass er es niederrang, wenn er knurrend das widerspenstige Lenkrad drehte. Scharfes Abbremsen würgte den Motor fast jedes Mal ab, deshalb versuchte Gustav, das nach Möglichkeit zu vermeiden. Er hupte lieber. Staub wirbelte auf, und die Pferde scheuten, als der schwere Wagen vorbeidröhnte. Der Kutscher schimpfte und schwang die Peitsche nach ihnen.

„... auch wenn sie uns nicht immer mögen", vollendete Gustav seinen Satz und griente Elise an, die sich an ihrem Sitz festhielt.

Elise kannte das Auto von Stadtfahrten, aber in der Stadt durfte man nur fünfzehn Stundenkilometer schnell fahren. Nun brausten sie seit zwei Stunden wie im Rausch durch die Landschaft, und ganz in der Ferne sah Elise im blauen Dunst schon hohe Berge liegen, von denen Gustav sagte, dass es der Harz sei.

Sie waren am Morgen abgefahren. Der Direktor hatte darauf bestanden, dass Gustav seine Tochter begleiten sollte, und sich trotz der Bedenken seiner Frau für das Automobil als Transportmittel entschieden. Gustav war vor Stolz beinahe geplatzt und hatte tagelang mit wichtiger Miene an dem schwarzen Lack herumgewienert, als gelte es, eine Ausfahrt zu Kaisers Geburtstag zu machen. Allein dreimal hatte er das Benzin nachgemessen und den Luftdruck in den Reifen überprüft.

„Wir sind vorbereitet", hatte er dem Herrn Direktor gemeldet und Haltung angenommen, als dieser ihm seine Hand auf die Schulter gelegt und ihm mit ernster Miene in die Augen geschaut hatte. „Du hast eine wertvolle Fracht, Gustav", hatte er bedeutungsvoll gesagt. „Du bist der wichtigste Mann bei dieser Aktion, und ich setze alles Vertrauen in dich, dass dem Mädchen nichts passiert."

Es war das erste Mal, dass der alte Rennefeld ihn so privat ansprach, und Gustav war entsprechend beeindruckt. Er stand aufrecht da in seinem grauen Staubmantel aus gewachster Baumwolle und hatte eine Schiebermütze tief in die Stirn geschoben. „Der GRÄF & STIFT wird uns nicht im Stich lassen. Ich bin zwar nicht der Graf Harrach, der damit Rennen fahren lässt, aber dafür liebe ich dat Mäken, Herr Direktor, und dem soll nichts passieren, Hand drauf ..."

Rennefeld lächelte schief. Er fand es nicht angemessen, dass ein Kutscher sich derartige Gefühlsduseleien über die Tochter der Herrschaft herausnahm. Er würde Gustav zur Seite nehmen, sobald der zurück war.

Gustav prüfte das *Kracherl,* eine Klappe im Auspuff, die die Leistung des Motors bei Fahrten über Land noch einmal komprimieren sollte.

Als dann die vier Reisekoffer und die Hutschachteln verstaut waren, drückte Elise die beiden Klappsessel in der zweiten Reihe zurück und nahm im Fond Platz. Gustav zwängte sich durch die rechte Vordertür zum Fahrersitz durch, denn die linke Seite war eine durchgehende Wand, voll belegt mit Handbremse, Schaltung und zwei Reservereifen. Im Fußraum warteten fünf aufrecht stehende Pedale auf ihn: ganz rechts das Gaspedal, daneben zwei Pedale für Kardan- und Hinterradbremse sowie das Kupplungspedal und schließlich, leicht schräg nach links hinten versetzt, der Tritt für das *Kracherl.*

Elises Eltern standen am Torhäuschen. Sophie Rennefeld winkte mit einem seidenen Tüchlein, und schließlich, kurz bevor das Auto ihren Blicken in der Ernst-August-Straße entschwand, hob auch ihr Mann den Arm und stieß seinen Spazierstock in die Höhe, als wolle er jedem drohen, der seiner Tochter übelwollte.

Er blieb auch dort stehen, der Herr Direktor, als seine Frau schon wieder ins Haus gegangen war, steif in seinem schwarzen Gehrock und ohne eine Miene zu verziehen. Dann griff er in seine Jackentasche und zog einen zerknitterten Zettel hervor. Er faltete ihn auseinander und las:

Wenn ich ein Spatz wäre, dann flöge ich zu einem Regenbogen. Und wenn es sonnig wäre, würde ich meinen Tornister aufmachen und rosarotes Licht einpacken und es nach Hause bringen, wo Papa sich freuen würde. Und wenn man mich fragte, antwortete ich, dass ich Sternchen hieße, weil ich gerade von den Sternen gekommen sei.

Der Zettel war sieben Jahre alt. Eine Übung Elises in der Bürgerschule über den Konjunktiv. Sie musste es geschrieben haben, nachdem sie gemeinsam den Spatz auf dem Kapellenberg beobachtet hatten. Trockene Grammatik und doch typisch Elise. Sie nahm den Konjunktiv mit zu den Sternen. Die Erde genügte nicht. Der Regenbogen und rosarotes Licht. Das wollte sie ihrem Papa bringen. Hätte sie das geschrieben, wenn sie ihn nicht liebte?

Er hatte den Zettel auf seinem Schreibtisch gefunden. Die Vorstellung, dass seine Tochter ihre Hausaufgaben an seinem Schreibtisch gemacht hatte, hatte ihn gerührt. Er hatte den Zettel eingesteckt und trug ihn seitdem bei sich. Als Talisman. Rosarotes Licht für den Papa!

Es wird schon alles gut werden, kleines, großes Mädchen, schwor er sich. Auch wenn der Weg über Wolfenbüttel führte.

Dass die Liebe eines Vaters so kompliziert sein konnte. Er hatte noch das blasse Gesicht seiner Tochter vor Augen und fragte sich, ob es richtig gewesen war, das Mädchen bloß wegen eines Kusses in die Verbannung zu schicken. Er war ein Mann von scharfem Verstand und zäher Willensstärke. In seiner Jugend war er freundlich und einfühlsam gewesen, mit der Übernahme der Verantwortung in der Hochschule war das Spielerische und Fantasievolle aber schnell verblasst. Die vorgegebene Ordnung zu bewahren, war eine Aufgabe, die ihn erfüllte, und er mochte sich nicht vorstellen, dass sie jemals zerbrach.

Er machte auf dem Hacken kehrt und ging mit entschlossenen Schritten ins Haus zurück. Die Welt war so, wie sie eben war, und, wie auch immer, als Familienvater und guter Deutscher war es seine heilige Pflicht, Sittlichkeit und Anstand zu verteidigen. Und die eigene Familie vor schlechter Nachrede zu bewahren. Auch wenn es manchmal wehtat.

Nun fuhr der GRÄF die schmalen Landstraßen entlang. Elise blickte beklommen auf die runden Armaturen mit ihren zitternden Zeigern. Sie konnte in deren Bewegungen kaum einen Sinn erkennen. Ihre Unruhe wurde dadurch nicht gerade besänftigt. Gustav hantierte mit dem klappernden Schaltgestänge. Dann ruckte der Wagen vor und der Motor heulte auf und pustete dicke Qualmwolken in die Luft.

In Bad Gandersheim gab es eine Tankstelle. Sie lag im Ort neben dem Gasthaus *Weißes Ross*. Gustav legte die Hand auf die Reifen und drehte an einem Ventil. Luft zischte heraus, Gustav lauschte konzentriert.

„Wir sind so schnell", bemerkte er beiläufig und nicht ohne Stolz. „Durch die Fahrt erhitzen sich die Reifen, die Luft darin dehnt sich aus, und wenn wir nicht aufpassen, platzen sie uns weg. Verstanden?"

Elise verstand nicht, aber sie nickte trotzdem. Sie verstand, dass Gustav ihr zeigen wollte, dass er die Dinge im Griff hatte und sie in guten Händen war. Sie legte ihm gerührt die Hand auf die Schulter. Er verhielt einen Moment, als ob er die Berührung genießen wollte. „Schon gut, Mäken", brummte er, während er sich aufrichtete, „Onkel Gustav wird dich nie im Stich lassen, das weißt du doch."

Das wusste sie spätestens seit zwei Wochen, als sie an einem lauen Sommerabend in Gustav Viebrocks Garten unter dem Apfelbaum gesessen hatten. Seine Frau Hermine hatte extra einen Kuchen von dessen Äpfeln gebacken. Die Schwalben flogen tief und jagten Fliegen. „Das Wetter wird schlechter", sagte Gustav und schenkte Elise Apfelmost ein.

„Die Äste des Baumes sind morsch", sagte sie, „wenn ihr Enkel hättet, wäre das gefährlich, wenn sie hinaufkletterten."

Gustav und Hermine sahen sich an.

„Warum habt ihr keine Kinder?", fragte Elise, „es ist so schön hier."

Hermine stand auf, nahm die Kanne und ging ins Haus zurück. Elise und Gustav sahen ihr nach. Eine kleine, runde Frau in einem blau gemusterten Wickelkittel. Sie schloss die Tür hinter sich, ohne sich umzusehen.

„Wir hatten ein Kind", sagte Gustav mit ausdrucksloser Stimme, „auch eine Tochter, wir haben sie Irmgard genannt. Es war eine Frühgeburt, Hermine war bei ihrer damaligen Herrschaft auf dem Feld gewesen. Sie stand auf dem Leiterwagen, als das Kind kam. Es war nichts Ungewöhnliches, dass die Frauen ihr Kind in freier Natur bekamen. Jedenfalls dann, wenn sie von niederem Stand waren wie wir, Mäken." Er räusperte sich. „Normalerweise waren auch immer genug erfahrene Frauen dabei." Gustav nahm einen Schluck, und Elise beobachtete seinen Adamsapfel, der auf und ab hüpfte. „Na ja, diesmal nutzte das nichts. Das Baby war krank, so schön, so blass ... Sie haben Doktor Küster geholt, aber das Kind war schon tot, als er endlich ankam."

„Und Hermine?"

„Du siehst ja, sie hat es immer noch nicht verwunden. Der Arzt hat gesagt, dass sie keine Kinder mehr bekommen darf, und seitdem gibt sie sich die Schuld an allem."

Elise überlegte, was sie sagen sollte, aber ihr fiel nichts ein. So saßen sie und beobachteten die Sonnenstrahlen, die durch den Apfelbaum fielen und langsam über das Beet mit den Kartoffeln wanderten.

„Wir sind froh, dass es dich gibt", sagte Gustav schließlich.

„Wie meinst du das?", fragte sie unsicher.

„Du bist unser Sonnenschein", sagte Gustav, „und du wirst es immer bleiben."

Ja, dieser Mann würde immer für sie da sein. Und jetzt, während sie hinter Gustav stand und auf seinen Rücken hinunterblickte, fragte Elise sich, unschuldig und unerfahren wie sie war, ob Zeiten kommen würden, in denen sie seine Hilfe brauchen würde.

Sie kreuzten die Straße, die von Kassel nach Hannover führte, und fuhren ins Tal hinunter. Gustav zog an einem Hebel, der das Ventil einer Kupferleitung öffnete, sodass Wasser über die Bremsen floss und sie kühlte. Rechts von ihnen tauchten das eine oder andere Mal die Gleise der Bahn auf, was Elise bestätigte, dass sie auf dem richtigen Weg waren.

Hinter Seesen machten sie Mittagspause. Sie hielten auf einer Anhöhe im Schatten einiger Kastanienbäume. Gustav breitete eine Decke aus und holte einen Bastkorb aus der hinteren Gepäckklappe, der mit allerlei Proviant gefüllt war. Sie waren allein, nur in der Ferne graste eine Schafherde vor dem Bahndamm.

„Die Welt ist so friedlich", seufzte Elise zufrieden. Sie fühlte, wie die Anspannung des Morgens von ihr wich.

„Die Welt sieht oft friedlich aus, auch wenn sie es in Wirklichkeit nicht ist", sagte Gustav. Seine Stimme klang skeptisch. Er nahm sich Tee aus der Thermoskanne und trank einen Schluck. Dabei verzog er den Mund, als widere ihn der Geschmack an.

Elise lehnte sich an den warmen Stamm einer Kastanie und legte die Hände über den Kopf, während sie nachdachte.

„Wie meinst du das?", fragte sie schließlich.

„Die Welt ist nicht friedlich, die Welt ist niemals friedlich." Gustav spuckte die Worte geradezu aus.

„Wieso sagst du das?" fragte Elise. Sie wunderte sich, dass ein einfacher Kutscher über Dinge sprach, über die nicht einmal ihre Eltern miteinander redeten. „Papa sagt, auf unseren Zeiten kann man aufbauen. Auf Deutschland kann man aufbauen. Wir wohnen in einem Land, in dem jeder zufrieden leben kann."

Gustav sah sie an. „Sagt er das, der Herr Direktor?" Er grinste. „Na, wenn der Herr Direktor das sagt, dann wird es schon seine Richtigkeit haben."

„Ordnung und Sicherheit ist alles, sagt Papa, und jeder muss wissen, wo sein Platz ist, um dem Vaterland zu dienen."

„Hört sich gut an ..."

„Aber?"

In Gustav Gesicht arbeitete es. „Ist schon gut, Mäken", beschwichtigte er schließlich, „lass man, ist schon alles gut."

Elise warf die Reste des Hähnchenbeins in das Weizenfeld vor ihr. „Du hast Angst vor mir, Gustav, ist es das?"

„Nicht vor dir, Mäken, nicht vor dir, aber du bist Teil der Herrschaft, und es geziemt sich nicht, mit der Herrschaft zu diskutieren."

„Und wenn ich mit dir diskutieren will?"

„Dann ist da immer noch dein Vater, der ganz schön ärgerlich werden würde, wenn er erfährt, dass ich mit dir über diese Dinge rede."

Elise beugte sich empört vor. „Mein Vater hat mich rausgeschmissen, hast du das vergessen?"

Auf der anderen Seite des Tales erschien ein Zug. Er fuhr schnell, und als er den Bahndamm erreichte, spritzte die Schafherde auseinander. Die Schäferhunde bellten und sprangen um sie herum.

„Für die Schäferhunde ist Ordnung gut", sagte Gustav. „Aber für die Schafe ..."

Elise verstand. „Fühlst du dich, fühlt ihr euch, als Schafe?"

Gustav seufzte, als ob er deutlich machen wollte, dass alles, was er jetzt sagte, auf ihr Konto zu buchen sei. Er zeigte auf den GRÄF & STIFT. „Dieses Automobil kostet 30.000 Mark", sagte er. „Dazu kommen Betriebskosten in etwa der gleichen Höhe."

Elise verstand nicht. „Na und?"

„Ein Arbeiter verdient tausendfünfhundert *im Jahr*, wenn er Glück hat. Auf dem Land noch weniger." Er sah Elise verlegen an und fügte beschwichtigend hinzu: „Dafür haben wir Kost und Logis."

„Du willst sagen, dass das nicht gerecht ist."

„Es ist gerecht. Und es ist nicht gerecht. Was weiß ich? Ich habe nur Kutscher gelernt, und jetzt darf ich sogar dieses Wunderwerk der Technik fahren und ganz in eigener Verantwortung das Mädchen, das wir lieben, nach Wolfenbüttel bringen. Da sage ich mir, das Leben ist schön. Aber ist es friedlich?" Jetzt redete er sich in Rage. „Hinter Holzminden kommt Braunschweig, und hinter Braunschweig kommt Berlin, und um uns herum liegen Russland, Frankreich, England und die ganze Welt, und unser Kaiser sagt, dass er es ihnen allen zeigen will."

„Der englische König und der Zar sind seine Cousins, was soll da schon passieren?"

„Der Herr Direktor ist dein Vater, und er schickt dich trotzdem weg."

Elise wusste nicht, was sie darauf sagen sollte. Zumal sie nicht geglaubt hatte, dass Kutscher sich derartige Gedanken machen könnten. Dass sie sich überhaupt über etwas anderes Gedanken machen könnten als über Pferde und neuerdings auch über Automobile. Und vielleicht noch über die morschen Äste ihres Apfelbaums.

„Du hast Angst, Onkel Gustav", sagte sie schließlich. Es war das erste Mal, dass sie Onkel zu ihm sagte. Sie sah, dass sein Gesicht sich vor Freude rötete, und schämte sich, dass ein solch kleines Zeichen der Zuneigung ihm so viel bedeuten konnte. Er legte den Arm um sie, und sie lehnte sich an ihn.

„Es ist immer gut, Angst zu haben, Mäken. Dann ist man im Leben auf alles vorbereitet."

Gustav und Elise fuhren von Südwesten auf Wolfenbüttel zu, folgten dem Okertal und fanden sich recht unvermittelt in der Innenstadt wieder. Schmale Straßen mit Fachwerkhäusern und Sandsteingehwegen, die von einem Platz zum anderen führten. Schließlich standen sie vor dem Schloss, einem dreistöckigen roten Gebäude mit grauen Lisenen um die Fenster, die dicht an dicht nebeneinandersaßen. Aus dem gewaltigen Dach ragte ein viereckiger Turm heraus. Er saß ganz auf der Seite, dort, wo das Dach schon wieder abfiel, sodass es den Anschein hatte, als sei er im Begriff, die Schräge herabzurutschen.

Eine Brücke, die mit weißen Steinfiguren – anmutige, teilweise in weite Kleider gehüllte kokette Damen – besetzt war, führte zu einem barocken Portal, über dem, wiederum von sich hingebungsvoll verbeugenden Frauen- und Kinderskulpturen bewacht, ein riesiges rotgoldenes Wappen in Form einer Krone prangte. Elise sah staunend empor. Halb nackte Frauenfiguren mit teils entblößten Brüsten, das gab es nicht in ihrer prüden Heimatstadt. Aber man hatte ja auch keinen Herzog und kein dazugehöriges Schloss.

„Sind auch nur Menschen", brummte Gustav, „müssen auch auf das stille Örtchen und sich abputzen. Tun nur so, als ob sie über allem schweben würden." Er lenkte den GRÄF über den Schlossplatz.

Von der goldenen Uhr auf dem rutschenden Turm schlug es sechs. Sie hatten es in acht Stunden von Holzminden nach Wolfenbüttel geschafft. Gustav war müde, aber stolz. Er blickte zu Elise hinüber.

Elise war blass. Die Fahrt war schön gewesen, viele herrliche Täler entlang. Und wenn sie Berge überquert und von oben in die weite grüne Landschaft hinuntergesehen hatten, hatte sie einen Hauch von Freiheit gespürt, der so gar nicht zu ihrer Traurigkeit passen wollte. Jetzt waren sie in Wolfenbüttel angekommen, und die Freiheit würde bald vorbei sein. Elise blickte zu Gustav hinüber, auf seine Hände, die das Lenkrad hielten, sah sein beruhigendes Lächeln und versuchte das Gefühl von Geborgenheit in sich aufzusaugen.

Die Straße zum Johanna-Reinwein-Haus, der Neue Weg, führte von der Okerbrücke aus schnurgerade bergan, an älteren Villen, großen Gärten und sogar an der breiten Front einer erst in jüngster Zeit errichteten Schule vorbei, bis er schließlich in das Lechlumer Holz mündete. Elise blickte sich unruhig um. Die Stadt lag unter ihnen. Hatten sie sich verfahren? Auch Gustav schien zu zweifeln, denn er hielt kurz an, vertiefte sich in eine Karte, murmelte zufrieden etwas Unverständliches und fuhr weiter. Die Straße führte nun durch den immer dichter werdenden Wald. Gleichzeitig wurde sie schmaler und schlechter. Der GRÄF rumpelte durch Schlaglöcher. Elise wollte schon anregen, umzukehren, als sie zu ihrer Erleichterung einen Ausflugsgasthof entdeckte, auf dessen Giebel in großen Lettern STERNHAUS geschrieben stand. Noch waren sie also unter Menschen. Hinter dem lang gestreckten Haus zweigte ein Weg nach rechts ab. Gustav folgte ihm. Holunderbüsche und stachlig wildes Brombeergestrüpp ragten in den Weg hinein und kratzten am Lack des Automobils. Unter den dichten Tannen war es düster. Der Weg war geschottert, aber von Moos überzogen. Nur eine Fahrspur war frei. Gustav umfuhr einen Steinbruch. Der Wagen schlitterte einen Hohlweg hinunter.

Elise verkrampfte sich. Es war, als verließen sie die alte bekannte Welt, und es war nicht sicher, ob sie jemals in einer neuen ankommen würden.

Plötzlich ein Teich mit dunkelgrünem Wasser, auf dem helle Wasserpflanzen trieben.

Dann ein Damm.

Dann waren sie da.

Ein schwarzes Gittertor, ein geschotterter Platz, eine Art Pförtnerhaus mit grünen Fensterläden. Aus dem Dach ragte eine Kuppel aus grün angelaufenem Kupfer. Elise hatte noch nie ein Observatorium gesehen, aber sie wusste sofort, dass dies eines war. Vor dem Haus saß ein Mann auf einer Bank und las ein Buch. Er hatte einen weißen Bart und trug einen Tropenhelm. Er sah nicht auf, obwohl sie nah an ihm vorbei fuhren.

Die Auffahrt führte, von Findlingen gesäumt, zwischen gepflegten Rasenflächen hindurch. Kies knirschte unter den Reifen. Hinter einer Buschgruppe ein Geviert, auf dem Kreuze unter dunklen Ulmen standen.

„Sie haben sogar ihren eigenen Friedhof“, sagte Gustav, als könnte sie diese Tatsache trösten. Elise wusste nicht, ob sie lachen oder weinen sollte.

„Da ist es wohl“, fügte Gustav hinzu und zeigte nach links.

Das Haus lag am Waldrand. Ein langes graues Gebäude mit Schieferdach und braunen Fachwerkgiebeln an der Längsseite. An den Flügeln wurde es von riesigen Bäumen umfasst. Elise zählte die Fenster ... eins, zwei drei ... zehn, elf, zwölf. Sie hatte sich die Schule größer vorgestellt. Der Weg mündete auf einen runden Platz, von dem aus eine Treppe zu einer halbrunden Terrasse emporführte. Von vier Säulen getragen spannte sich darüber ein Balkon, an dessen Brüstungen Kästen mit Geranien hingen.

Zwischen zwei der Säulen stand eine Frau. Unbeweglich sah sie auf die Ankömmlinge hinunter. Dann hob sie den Arm, und sofort erschienen zwei junge Mädchen in hellblauen Kleidern, die die Stufen hinunterliefen und kichernd neben dem GRÄF stehenblieben, bis Gustav den großen Schlüssel drehte und der Motor mit knallendem Auspuff zum Stillstand kam.

Die Frau schritt langsam zu ihnen herunter. Sie mochte um die sechzig sein. Sie trug ein langes, hochgeschlossenes schwarzes Kleid, keinen Hut. Ihr weißes Haar war straff zurückgekämmt. Auf ihrer Brust hing ein Lorgnon mit Perlmuttgriff. Die weiße Paspel oben am Kragen gab ihrer Erscheinung etwas Priesterhaftes. Das Erste jedoch, was Elise an ihr auffiel, war ihr finsterer Blick.

Elise lag im Bett und starrte an die Decke. Im Zimmer roch es nach Möbelpolitur und Ammoniak. Das, was man in der ersten Nacht an einem neuen Ort träumt, wird wahr, hatte ihre Mutter gesagt. Und nun lag sie hier in Wolfenbüttel in einem weißen Stahlrohrbett und hatte Angst, einzuschlafen und schlecht zu träumen. So spannend die Fahrt gewesen war, so deprimierend waren die letzten Stunden dieses Tages verlaufen.

„Mein Name ist Kieckbusch, Herta Kieckbusch", hatte die Direktorin mit einer harten, schneidenden Stimme gesagt. Es hatte geklungen, als ob sie ihnen drohen wollte. Noch jetzt lief es Elise kalt den Rücken hinunter.

Sie sah sich im Zimmer um. Das Licht der Nachttischlampe hatte sie ausgedreht. Durch die französischen Fenster, die in das schräge Dach eingelassen waren, sah sie die schmale Sichel des abnehmenden Mondes. Die Möbel waren nur schemenhaft erkennbar. An der gegenüberliegenden Wand stand noch ein Bett. Es war leer, man hatte ihr gesagt, dass ihre Zimmergenossin erst morgen kommen werde. Soweit sie gehört hatte, kam das Mädchen von irgendwo weit weg und war in Hannover hängengeblieben. Die Lokomotive hatte gestreikt, obwohl es eine Borsig war, die bekanntermaßen die zuverlässigsten waren, zuverlässiger als selbst die englischen Maschinen. Am Fußende der Betten stand jeweils eine Kommode. An der Wand dazwischen erhoben sich zwei Schränke, vor dem einen lagen Elises schon geleerte Koffer. Neben dem Fenster ein Waschtisch mit einer Schüssel aus geblümtem Porzellan und einer Kanne mit Wasser. Ein in einen Holzrahmen gefasster Spiegel. In der Mitte des Raumes ein runder Tisch mit zwei Stühlen. An den Wänden oberhalb der weiß lackierten Paneele dunkelblaue Tapeten mit goldenen Sternchen. Kein Bild.

Hier also haben sie mich für die nächsten drei Jahre eingesperrt.

Elise fühlte sich verlassen, wie ein Bergsteiger, der sich mit den Fingerspitzen an einer Klippe festhält.

Sie hatte die Stimmung, die im Haus herrschte, als äußerst unfreundlich empfunden. „Sie kommen zu spät, die anderen sind schon längst da!", hatte Frau Kieckbusch Gustav bei ihrer Ankunft angefahren, aber der hatte sich nicht einschüchtern lassen.

„Ein Automobil ist ein Automobil und kein Mensch, auf den man sich verlassen kann, gnädige Frau", hatte er geantwortet und hinzugefügt: „Ganz davon abgesehen, dass Direktor Rennefeld alles wohlbedacht hat." Seine abweisende Haltung hatte keinen Zweifel gelassen, dass er nicht daran dachte, sich von dieser Frau herunterputzen zu lassen. Er hatte, wenn auch ziemlich beiläufig, darauf hingewiesen, dass es seine Herrschaft war, die viel Geld bezahlte. „Damit der Laden läuft“, wie Gustav sich später ausdrückte, als er die Tür zur Kutscherstube hinter sich abschloss, um in der Stadt nach überstandenem Abenteuer noch einen Krug Bier zu trinken. Oder auch zwei. Je nachdem, ob sie hier in Wolfenbüttel so gutes Bier brauen konnten wie in Allersheim.

Dann war Gustav gegangen, und zum ersten Mal in ihrem Leben war Elise auf sich allein gestellt gewesen. Der Gedanke hatte sie getroffen wie ein Schock.

Reiß dich zusammen!

Elise hatte auf die Uhr geblickt. Sie musste in den Speisesaal, wo sie all die anderen Mädchen treffen würde.

Sie hatte nicht einmal mehr Zeit, „sich frisch zu machen“, wie Mama das nannte.

Mama.

Elise war sicher, Tränen in ihren Augen gesehen zu haben, als sie ihr nachgewinkt hatte. Was sie wohl denken würde. Ahnte sie, wie verloren sich ihre Tochter fühlte? Warum war sie nicht mitgekommen, wie andere Mütter das taten? Für einen Moment versank Elise in Selbstmitleid, bevor sie Antwort auf ihre Frage fand: Weil sie mir zutraut, dass ich es allein schaffe. Ich werde sie nicht enttäuschen.

Entschlossen öffnete Elise die Tür zum Speisesaal. Es war ein Raum mit drei langen Tischen mit je zehn Holzstühlen, zwei Tische parallel zueinander, einer quer am Kopfende, an dem fünf ältere Frauen, offensichtlich Lehrerinnen und Erzieherinnen, saßen. Neben den anderen Tischen standen Schülerinnen. Einige in hellblauer Schuluniform, andere in Straßenkleidern. Das waren offensichtlich die Neuankömmlinge. Anscheinend war Elise die Letzte und man hatte auf sie gewartet, denn in dem Moment, als sie den Raum betrat, fiel Schweigen über die Versammlung.

Alle Augen richteten sich auf sie. Elise spürte alles an sich bleischwer werden und schloss mit Mühe die Tür hinter sich. Eine Hand noch auf der Türklinke und den Kopf halb gesenkt, empfand sie die Situation als ihre erste große Prüfung, und sie wusste, sie würde dem Druck standhalten müssen, wenn sie sich nicht von vornherein lächerlich machen wollte. Sie hörte einige Mädchen kichern. Elise hob den Kopf, zwang sich zu lächeln und machte sich auf den langen Weg über die gebohnerten Dielen hinweg zum Lehrertisch.

Wortlos wies ihr die Kieckbusch ihren Platz bei den Neuankömmlingen zu, und auf ein weiteres Zeichen hin durften sich alle Mädchen setzen.

Die Türen an der Stirnseite des Saales öffneten sich, und drei Frauen rollten das Essen herein. Mit dem Essen hob sich die Stimmung, auch Elises, und als nach dem Kompott die Direktorin aufstand und mit erhobenen Armen um Aufmerksamkeit bat, hatte sie sogar etwas Mühe, die fröhliche Atmosphäre zu beruhigen.

„Liebe Mädchen", begann sie, „das zweite Halbjahr beginnt, zehn Schülerinnen haben uns vor einem Monat verlassen, und ...", sie blickte zu Elises Tisch herüber, „... zehn andere sind gekommen, um mit uns in unserem kleinen Paradies zu leben."

Eine helle Stimme lachte kurz auf, und Herta Kieckbuschs Augen glitten missbilligend über die Versammlung.

„Die Gesundheit unseres Volkes steht und fällt mit der Gesundheit seines Familienlebens. Und so versuchen wir, das Bild der deutschen Hausfrau und Mutter so zu gestalten, wie wir es als besonders wertvolles Stück unseres deutschen Wesens kennen und lieben. Dass eine solche Bildung nur auf einer christlichen und zugleich deutschen Grundlage möglich ist, muss ich nicht extra betonen. Die wahre Meisterschaft der Frau zeigt sich in der Beherrschung der alltäglichen Anforderungen des Lebens. Unser Haushaltsunterricht verbindet das Studium der Grundlagen des hauswirtschaftlichen Regiments mit gründlicher praktischer Übung, wie zum Beispiel den verschiedenen Techniken des Reinigens und der gesamten Wohnungspflege. Der Kochunterricht wird durch

Nahrungsmittellehre und theoretische Kochbesprechungen vertieft." Die Direktorin blickte in die Runde. „Sind dazu Fragen?"

Elise hatte unendlich viele Fragen, aber die Unterbrechung war so unvermittelt gekommen, dass sie so schnell nicht wusste, welche sie zuerst stellen sollte.

Die Kieckbusch nickte zufrieden und fuhr, die Stimme hebend, fort: „Hinzu kommt die Mutterschulung, um die mütterlichen Kräfte in euch jungen Mädchen herauszubilden und zu stärken. Gesundheitslehre und ein Samariterkurs führen in die häusliche Kranken- und die Säuglingspflege ein. Der allgemeine Fortbildungsunterricht sieht seine Freude darin, Lehrstoffe wie die inzwischen allgemein zur Geltung gekommene Bürgerkunde zu vermitteln. Religion, Ethik sowie die Geschichte und Literaturgeschichte der Gegenwart runden unseren Schulalltag ab. Dem heute so stark in den Vordergrund tretenden Interesse an körperlicher Ausbildung tragen wir durch Gymnastikunterricht Rechnung. Ihr seht, meine jungen Damen", schloss sie befriedigt, „es ist für jede etwas dabei, und schon morgen machen wir uns an unser gottgefälliges Werk. Einen Stundenplan findet ihr in euren Zimmern. In zehn Minuten will ich niemanden mehr hier sehen."

Die Direktorin setzte sich, blickte zufrieden in die Runde und nahm das zustimmende Nicken ihrer Kolleginnen gnädig zur Kenntnis.

Elise war am Boden zerstört. Zu Hause hatte man ihr erklärt, dass die Schule im Wesentlichen eine Art beruflicher Fortbildung, insbesondere in kaufmännischen Disziplinen bieten würde. Nun sah es so aus, als wären die nächsten drei Jahre mit Kochen und Putzen ausgefüllt.

Elise hatte das Gefühl, in eine Falle geraten zu sein, die gnadenlos zugeschnappt war.

Als sie jetzt, im Bett, über die Dinge nachdachte, spürte sie ihren Ärger auf ihre Eltern noch viel mehr. Und eine neue Gewissheit. Diesmal würde sie nicht den alten Fehler begehen, die Schuld bei sich zu suchen und bei anderen alles zu entschuldigen.

Sie knipste die Nachttischlampe an, nahm den Stundenplan und las noch einmal die abschließenden Sätze:

Der Vormittagsunterricht wird durch eine größere Frühstückspause unterbrochen. Nach dem Mittagessen herrscht eine einstündige Mittagsruhe. Daran schließt sich noch vor dem Kaffee der gemeinsame Spaziergang an.

Die Abende bleiben frei zu Chorgesang, zu Vorträgen und Erörterungen, zum gemütlichen Zusammensein, zur Lektüre, zur Wiederholung und Übung und zur Selbstbeschäftigung (Flicken, Briefschreiben usw).

Wie es schien, geschah alles gemeinschaftlich und unter ständiger Aufsicht. Ob sie jemals etwas anderes als das Schulgelände zu Gesicht bekommen würde?

Bei diesen Überlegungen kam ihr Johann Freitag in den Sinn. Und das Versprechen, das sie ihrer Mutter gegeben hatte. Sie zog die Schublade auf und nahm das Medaillon heraus. Der fesche junge Mann sah sie an. Der Gedanke, dass er tot war, ließ sie erschaudern. „Ich werde deine Mama finden", sagte sie leise, „so viele Kieckbuschs, die nötig wären, mich davon abzuhalten, gibt es nicht."

Elises Zimmergenossin hieß Hedwig Neumann. Sie war eher klein und von drallem Körperbau. Sie hätte die Schwester von Doris, dem Hausmädchen in Holzminden, sein können. Sie kam am nächsten Nachmittag mit einer Droschke an, als die Mädchen gerade Freiluftübungen auf dem Rasen neben der Auffahrt machten.

Elise wurde davon befreit, um Hedwig ihr Zimmer zu zeigen.

„Ich denke, wir werden gut miteinander auskommen", sagte Hedwig, „ich lebe mich überall schnell ein. Mein Vater ist Kapitän bei der Marine, musst du wissen. Er hat mich überallhin mitgeschleppt, von Hafenstadt zu Hafenstadt, wo auch immer er stationiert war. Da herrschte manchmal ein rauer Ton, ich habe so ziemlich alles schon erlebt, von mir hast du nichts zu befürchten. Die von der Marine sind nicht zimperlich."

„Und deine Mutter, was sagt die dazu?"

„Mama ist tot. Kindbettfieber", sagte Hedwig ungerührt. „Und die anderen Frauen, mit denen Papa sich abgab, waren nicht an mir interessiert. Und ich nicht an ihnen."

„Das tut mir leid", antwortete Elise. Sie wusste nicht, was man in solchen Fällen sagt. Sie dachte an ihre Mutter. Was, wenn sie bei ihrer Geburt gestorben wäre?

Dann schon lieber mit ihr streiten ...

„Mein Vater hat ein neues Kommando, die Seydlitz. Vielleicht hast du davon gelesen. Ein Schlachtkreuzer. Papa kommandiert die Probefahrten. Deshalb bin ich hier. Damit ich ihn nicht störe."

„Da kannst du stolz sein."

„Ja, das Vaterland ist wichtiger ..." Sie sagte es mit erstem Ton, aber da sie mit den Augen zwinkerte, war Elise sich nicht sicher, was sie wirklich meinte, erst recht nicht, als Hedwig hinzufügte: „Schiffe sind Schiffe, und Kanonen sind Kano nen. Ich mag es nicht, dass sie mir meinen Papa wegnehmen."

Elise war erleichtert. Mit Hedwig würde es sich leben lassen. Aber sie wollte sich nicht zu sehr mit ihr verbünden. Sie wollte sich ihren eigenen Weg suchen.

8

Elise war schon zwei Monate im Internat – die ihr wie zwei Jahre vorgekommen waren –, als sie den Mann aus dem Torhaus wiedersah.

Sie und Hedwig waren eingeteilt worden, Unkraut zwischen den Rhododendronbüschen neben der Einfahrt zu jäten. „Praktische Gartenarbeit, meine Damen, ist der Grundstein jeden Gedeihens."

Haha.

Elise richtete sich auf, um ihren schmerzenden Rücken zu strecken, als sie eine Bewegung beim Haus wahrnahm. Der alte Mann kam mit einem Buch unter dem Arm heraus und ging zum Waldrand hinüber, wo er sich auf einen Baumstumpf setzte, der noch in der Sonne lag. Irgendetwas irritierte Elise an ihm. War es sein schleppender Gang? Seine nachlässige Kleidung? Oder diese Traurigkeit, die ihn wie eine unsichtbare Hülle umgab? Wie eine sichtbar gewordene Aufforderung: Lasst mich bloß zufrieden, ich will von euch und der Welt nichts wissen!

Warum?

Ihre Neugier war geweckt. Im Laufe des Nachmittags arbeitete sie sich Busch für Busch zu dem Mann vor, der die ganze Zeit fast regungslos dasaß. Das Buch lag aufgeschlagen auf seinen Knien. Bisweilen blickte er auf und sah hinunter ins Tal, bevor er sich wieder in die Lektüre vertiefte. Es war eigentlich ein stimmiges Bild, doch etwas ließ Elise schließlich stutzen: Solange der Mann dort saß, hatte sie ihn nicht einmal eine Seite umschlagen sehen! Las er wirklich oder tat er nur so? Aber warum sollte er das tun? War vielleicht gerade diese Seite von großem Interesse für ihn? Aber was konnte das für ein Buch sein, von dem zwei Seiten den Leser einen Nachmittag lang fesselten? Die Bibel? Eine philosophische Schrift?

Je länger sie den Mann beobachtete, umso nachdenklicher wurde sie. Er hatte etwas von einer beschädigten und fleckigen Fotografie, die zu lange in einer Brieftasche gelegen hatte. Dieser Mann war nicht glücklich, dessen war sie sich sicher.

Lange Schatten schoben sich schon über die Wiese, als Elise bis zum Waldrand vorgedrungen war. Der Alte sah nicht auf, auch nicht, als sie direkt vor ihm stand.

„Wir machen die Rhododendren sauber", sagte sie, „wenn Sie wollen, jäten wir auch bei Ihren Büschen am Torhaus."

„Danke, nicht nötig", erwiderte er kurz.

Er war nicht so alt, wie sie auf den ersten Blick gedacht hatte. Sechzig, fünfundsechzig vielleicht. Seine weißen Haare waren fettig und kringelten sich über dem stumpfen Hemdkragen. Die Militärhose mit roten Biesen in den Nähten war an den Knien abgewetzt.

„Sind Sie Soldat gewesen?", fragte Elise. Sie hatte nicht vor, sich so einfach abspeisen zu lassen.

„In grauer Vorzeit", brummte er unwirsch. „Und nun lassen Sie mich bitte allein."

„Sind Sie der Bruder von Frau Kieckbusch?"

Er antwortete nicht.

„Ich dachte, weil Sie im Torhaus wohnen dürfen", fügte sie hinzu, für den Fall, dass er den Sinn der Frage nicht verstanden hatte.

Der Mann stöhnte unterdrückt, klappte das Buch zu, stand auf und ging wortlos zum Torhaus hinüber, ohne sie auch nur ein einziges Mal angesehen zu haben.

Wochen vergingen, mit Nadelarbeit, Küchendienst und Hauswirtschaftslehre. Ab und zu telefonierte Elise mit ihren Eltern. Gleich im ersten Gespräch hatte sie ihnen vorgeworfen, nicht ehrlich gewesen zu sein. „Ich will einen konkreten Beruf lernen", beschwerte sie sich wieder und wieder, „und diesen Wunsch habt ihr gekannt. Ich mag Zahlen und kann mit ihnen umgehen. Wer etwas kann, hat Chancen im Leben."

„Du brauchst keine Chancen, du brauchst nicht zu arbeiten", hatte ihr Vater von Mal zu Mal grimmiger geantwortet.

„Ihr sperrt mich ein mit Nadel und Zwirn bei dieser verrückten Kieckbusch, die denkt, dass es Besseres als ihre Schule im Leben nicht geben kann", hatte Elise schließlich in die Sprechmuschel geschrien. Und dann, als ihre Mutter nicht antwortete, trotzig hinzugefügt: „Ich werde mir selbst etwas suchen, ihr werdet schon sehen!"

Sie schwor sich, erst wieder mit ihren Eltern zu reden, wenn sie tatsächlich etwas gefunden hatte, auch wenn sie noch keine Vorstellung hatte, was das sein könnte. Mit dem, was sie fand, rechnete sie in diesem Moment jedenfalls nicht.

Zunächst einmal fand Elise auf einer Bank im Park das Buch des Alten. Sie erkannte es sofort wieder. Es lag aufgeschlagen mit dem Buchdeckel nach oben da, ein dicker Band, rot mit goldener Schrift.

Elise blickte sich um. Der Mann war nicht zu sehen. Vielleicht war er nur kurz ausgetreten, deshalb setzte sie sich eine Weile neben das Buch, ohne es anzurühren. Aber sie las den Titel:

DOSTOJEWSKIJ
SCHULD UND SÜHNE

Da der Mann nicht wieder auftauchte, nahm Elise schließlich das Buch und blätterte darin. Sie hatte gelernt, Bücher respektvoll zu behandeln. Dieses aber war regelrecht zerlesen worden. Von jemandem, dem es offenbar nicht auf das Buch als solches ankam, sondern auf den Inhalt. Unzählige Eselsohren, mal klein, mal eine halbe Seite verdeckend. Kaffeeflecken. Reste von Zigarrenasche im Falz. Und überall handschriftliche Anmerkungen neben dem Text.

Die Seiten, die aufgeschlagen gelegen hatten, waren übersät mit Ausrufezeichen, dicken, fast wütenden Bleistiftstrichen und -punkten. Es waren die Seiten 668 und 669. Elise hatte eigentlich nicht vorgehabt, den ganzen angestrichenen Text zu lesen, aber als sie einmal begonnen hatte, ihn zu verstehen, ließen sie die Worte des Dichters nicht mehr los.

Es ging um ein Gespräch zwischen zwei Männern, Raskolnikow und Porfiri. Elise hatte von dem Buch gehört, kannte es jedoch nicht. Raskolnikow, das sah sie schnell beim Durchblättern, hatte einen Mord begangen, und Porfiri, ein Ermittler, wollte ihn überreden, seine Tat zu gestehen, um innerlich wieder frei zu werden. „Was kann mir die Zukunft noch bringen?", fragte Raskolnikow. Worauf Porfiri zu einer langen Rede ansetzte:

> *„Sie sind trotzdem nicht ein Schurke, an dem man verzweifeln müsste ... Wenigstens haben Sie zu ihrem Selbstbetrug nicht lange Zeit gebraucht, sondern sind schnell zum Äußersten gegangen ... Nun finden Sie Gott und werden leben ... leiden Sie ... aber lassen Sie sich nicht auf philosophische Grübeleien ein; überlassen Sie sich ohne viel Kopfzerbrechen dem Leben; seien Sie ohne Sorge, das Leben wird Sie schon ans Ufer tragen und wieder auf die Beine stellen ... Vielleicht spart Gott Sie noch zu einem guten Zweck auf. Beweisen Sie eine hohe Gesinnung, bekämpfen Sie all Ihre Furcht. Sie sind bange vor der Größe der Ihnen bevorstehenden Strafe? Nein, dieser Bangigkeit muss man sich schämen ... Erfüllen Sie, was die Gerechtigkeit verlangt ...*

Leicht gesagt, schwer getan, hatte der Mann danebengeschrieben.

Wie mochte es in einem Mann aussehen, der solch einen Text so intensiv las? Der Titel lautete *Schuld und Sühne*, und in dem Absatz war von Strafe die Rede. Von Gerechtigkeit, die erfüllt werden musste. Was hatte das mit dem alten Mann zu tun? Hatte auch er eine Untat begangen? Wohnte im Torhaus, das den Eingang zur Schule bewachte, ein Verbrecher? Ein Mörder? Elise schloss die Augen und fragte sich, was das bedeuten würde.

Schließlich atmete sie aus. Wie ein Verbrecher sah der alte Mann nicht aus.

Offenbar hatte er diese Stellen immer und immer wieder gelesen, sich geradezu an ihnen abgearbeitet. Um eine Lösung zu finden? Sie spürte Mitleid. Und einen Hauch von Angst.

Leicht gesagt, schwer getan.

Elise las Verzweiflung aus diesen Worten. Mit den Ausrufezeichen daneben kamen sie ihr fast wie ein Hilferuf vor.

Sie fragte sich, ob ein höherer Sinn darin lag, dass ausgerechnet sie das Buch gefunden hatte. Der Mann war alt, und sie war eine junge Frau, der nicht einmal ihre Eltern zutrauten, eigene Gedanken zu haben, geschweige denn, anderen Leuten zu helfen. So gesehen, war es wohl reiner Zufall.

Und wenn nicht?

Unentschlossen fuhr sie mit den Fingerkuppen über die Riefen, die der harte Bleistift im Papier hinterlassen hatte. Ein von Gedanken und Ängsten geschundenes Buch. Sie konnte es nicht einfach auf der Bank liegen lassen. Ein Regenschauer, und es würde sich in seine Bestandteile auflösen. Und mit ihm sein Geheimnis.

Spätestens jetzt gestand Elise sich ein, dass sie vor allem eines war: neugierig. Dass sie es mehr als schade fände, nicht zu wissen, was es mit dem Buch auf sich hatte. Und mit dem alten Mann. Sie wollte sein Haus sehen, wollte wissen, wie er lebte. Und ob er wirklich ein Geheimnis hatte.

Sie würde ihren Mut zusammennehmen und ihm das Buch zurückbringen. Eigentlich war es die natürlichste Sache der Welt. Kein Grund sich aufzuregen, beruhigte sie sich und spürte trotzdem, wie ihr Herz schneller schlug, als sie aufstand.

Von dieser Seite aus lag das Torhaus hinter einer Buchenhecke. Elise sah nur das obere Stockwerk und das rote Ziegeldach, aus dem der runde Turm ragte. Durch die Hecke führte eine eiserne Pforte. Sie quietschte, als Elise sie öffnete. Elise trat hindurch und befand sich in einer anderen Welt.

Sie stand in einem schmalen Vorgarten, der vom Haus her von einem Glasdach geschützt war. An der Wand darunter hingen Speere und Schilder, mit schwarz-weißen, meist abstrakten Figuren und Mustern bemalt. Elise hatte so etwas noch nie gesehen, aber sie hatte von den deutschen Kolonien in Afrika gehört. Dies mussten Waffen sein, wie sie die Eingeborenen auf dem schwarzen Kontinent verwendeten. Oder besser: verwendet hatten, bevor die Deutschen ihnen Feuerwaffen gegeben hatten, mit denen sie nun auf eben diese Deutschen schossen, die doch gekommen waren, um ihnen die Zivilisation zu bringen. Die Geschichte ist ungerecht, hatte ihr Vater voller Entrüstung gesagt, als der Kaiser wieder einmal gezwungen gewesen war, Soldaten an den fernen Äquator zu senden, damit das Morden aufhörte.

Die Speere standen kerzengerade ausgerichtet neben den Schilden, und fast kam es Elise vor, als ob jemand sie aufgestellt hatte, um unliebsame Besucher abzuschrecken. Unwillkürlich blickte sie sich um, ob nicht vielleicht doch die schwarzen Besitzer der Waffen in den Büschen auf sie lauerten. Sie beschimpfte sich wegen ihrer Hasenfüßigkeit, ging, einen leichten Bogen um die Speere schlagend, zur Haustür und zog an der Glocke. Keine Reaktion. Sie klingelte noch einmal.

Es war eine alte Tür aus weichem, feuchtem Holz mit verwitterten Beschlägen. Ganz links war eine vergilbte Visitenkarte in einen Spalt gezwängt.

TRAUGOTT ACHENBACH.

Was für ein Name! Traugott. Nomen est omen. Oder gerade nicht? Elise dachte an den unterstrichenen Abschnitt in dem Buch, das sie in der Hand hielt.

Die Tür war angelehnt. Das konnte eigentlich nur bedeuten, dass der Alte zu Hause sein musste. Sonst hätte er doch wohl abgeschlossen. Aber warum machte er nicht auf? Weil er nicht wollte, antwortete sie sich selbst, schließlich hatte er auch nicht mit ihr reden wollen. Vielleicht wollte er auch niemanden empfangen. Was sein gutes Recht war.

Was aber, wenn er nicht aufmachen *konnte*, wenn er gestürzt oder schwer krank war? Dann würde sie sich ihr Leben lang Vorwürfe machen, weil sie nicht geholfen hatte. Sie wusste, dass dies eine ziemlich weit hergeholte Entschuldigung war, aber es war immerhin eine, noch dazu eine, der man den guten Willen nicht absprechen konnte.

Mit den Fingerspitzen tippte sie gegen die Tür. Die schwang langsam auf.

Elise schlüpfte nach innen, stand im Halbdunkel und hielt den Atem an. „Hallo? Haaalloohhooo!!!"

Sie ging zur Tür am Ende des Flurs. Dahinter lag ein Raum, der fast das ganze Erdgeschoss einnahm. Zwei große Fenster, die zum Garten hinausgingen. Ein riesiger Tisch in der Mitte des Zimmers, vollgepackt mit Stößen beschriebenen Papiers. In der Ecke zwei Sessel mit einem Beistelltisch, auf dem Pfeifen und Tabaksdosen lagen. Zahlreiche Landkarten und Pläne waren mit Reißzwecken an die Wände geheftet worden. Elise erkannte die Umrisse Europas. In den Karten steckten Fähnchen, besonders viele in Holland und Belgien, manche sogar in der Nordsee.

Als Elise mit dem Finger über die Mahagoniplatte des Tisches fuhr, hinterließ der eine breite Spur in der Staubschicht.

Seltsam.

Vom Flur aus führte eine Treppe nach oben. Das verlassene Haus begann, Elise einzuschüchtern. Sie musste sich zwingen, die Treppe hinaufzugehen. Oben standen alle Zimmertüren offen. Elise sah ein zerwühltes Bett, roch den typischen säuerlichen Geruch eines lange nicht gelüfteten Schlafzimmers. Das Bad daneben war riesengroß, Wände und Decken mit winzigen weißen Vierecken gefliest. Eine emaillierte gusseiserne Badewanne, deren Boden gelblich angelaufen war. Sie hörte, wie das Wasser mit lautem Rasseln durch die Rohre lief. Das WC war nicht größer als ein Kleiderschrank, ein dunkler, stinkender Ort.

Auch hier war niemand.

Blieb nur das Dachgeschoss. Sie erinnerte sich an den Turm mit der runden Kuppel, von dem die Kieckbusch gesagt hatte, dass es sich um ein privates Observatorium handelte. Und daran, dass die Direktorin sie ermahnt hatte, den „Mann im Pförtnerhaus gefälligst in Frieden zu lassen."

Doch dazu war es nun zu spät.

Eine Wendeltreppe führte hinauf, die oben an eine weiß gestrichene Eisentür stieß. Als Elise sie öffnete und den Kopf hindurchsteckte, sah sie den Mann, der Achenbach hieß. Traugott. Er hing bewusstlos auf einem Sessel.

Vor ihm auf dem Tisch stand eine Kristallflasche, die nur noch einen Fingerbreit mit hellbrauner Flüssigkeit gefüllt war. Elise kannte diese Flaschen aus dem Eckschrank im Herrenzimmer ihres Elternhauses. Cognac. Zwei leere Weinflaschen lagen auf dem Teppich, neben ihnen ein Stück bräunlichen alten Käses, in dem Bissspuren zu sehen waren.

War der Mann vielleicht sogar tot? Sie hatte noch nie einen Toten gesehen, nur auf Bildern, Jesus am Kreuz in der Lutherkirche oder auf den Werken der spätromantischen Maler, die Helene ihr gezeigt hatte. Da lagen zarte blasse Frauen in fahlem Licht inmitten rankender Pflanzen oder in grünlichem Wasser. Dieser Mann war auch blass, fast weiß im Gesicht, aber es war nichts Romantisches an ihm und der schmierigen Unordnung um ihn herum. Er lag mehr im Sessel, als dass er saß, den Kopf auf der Rückenlehne nach hinten geneigt. Die Arme hingen seitlich herunter, sein Mund stand offen, Speichel rann heraus.

Mitten im Raum ruhte ein etwa zwei Meter langes schwarz lackiertes Teleskop auf einer konisch zulaufenden Metallsäule. Es zeigte nach oben in die Kuppel. Diese war noch geöffnet.

Kümmere dich um den Mann!

Elise bückte sich widerwillig, legte ein Ohr an seinen Mund und hoffte inständig, seinen Atem zu spüren. Nichts. Sie spürte nichts.

In diesem Moment schlug der Mann die Augen auf.

Sie hätte erleichtert sein sollen, aber sie erstarrte vor Schreck.

„Ich kenne Sie doch", sagte der Mann mit heiserer, kratziger Stimme. „Sie sind in meinem Haus, wissen Sie das?"

„Ich dachte, Sie sind tot", stammelte sie.

Sein Mund verzog sich zu einem schiefen Lächeln. „Wenn es so einfach wäre ..." Er rülpste, und Elise roch seinen fauligen Atem. Sie trat zurück und sah angewidert auf ihn hinunter. Er versuchte sich aufzusetzen, verlor den Halt und rutschte der Länge nach auf den Teppich. Unbeholfen robbte er auf Elise zu. Sie wich weiter zurück. Er bäumte sich auf, griff nach ihren Schuhen. Dann übergab er sich auf den Teppich.

Elise schrie und rannte die Treppe hinunter.

Drei Tage wagte Elise sich nicht einmal in die Nähe des Torhauses. Gleichwohl trieb sie die Frage um, wie es Achenbach ging, und als er ihr schließlich begegnete, war sie erleichtert, ihn unversehrt zu sehen.

Sie saß allein auf der Terrasse unter den Säulen, als sie ihn die Treppe heraufsteigen sah. Er war ordentlich gekleidet, trug sogar einen Schlips zu seinem Jackett. Er erkannte Elise sofort, blieb einen Moment stehen und kam dann zu ihr. Er roch nach Kölnisch Wasser.

„Ich war bei der Kieckbusch" sagte er. Seine Stimme klang kräftig, aber noch immer heiser. „Danke, dass Sie mich nicht verpetzt haben. Es macht keinen guten Eindruck, wenn der Eigentümer von all dem hier ...", er wies mit weiter Geste auf Haus und Garten, „... also wenn herauskäme, dass ich stockbesoffen vor jungen Damen auf den Teppich ... Ich hoffe, ich habe Sie nicht zu sehr erschreckt ... obwohl es ja mein Haus ist, und ich dort machen kann, was ich will, und ..." Er wusste nicht weiter, aber sie hatte nicht vor, ihm zu helfen.

„Sie werden Ihre Gründe gehabt haben", sagte sie höflich, aber kühl.

Er nickte. „Ein ganzes Bündel von Gründen. Aber die gehen junge hübsche Damen wie Sie nichts an." Er musterte sie herausfordernd. Hatte sie eine Spur von Trotz in seiner Stimme gehört?

Elise hätte gern gewusst, um was für Gründe es sich handelte, aber sie fragte stattdessen: „Was macht Ihr Haus?"

„Was soll die Frage?"

„Es sah schlimm aus."

„Und wenn?"

„Wer in solchem Dreck und solcher Unordnung lebt, dem kann es nicht gut gehen."

Sein Gesicht verschloss sich. „Typisch Frau", murrte er und spuckte etwas Braunes auf den Boden. „Es ist nur Schnupftabak", fügte er hinzu, als er ihren angeekelten Blick sah, „nichts Gefährliches, man gewöhnt sich daran." Er wandte sich zum Gehen.

„Wenn Sie wollen", sagte sie schnell, „wenn Sie wollen, dann helfe ich Ihnen, das Haus sauber zu machen. Ich bin das gewohnt. Wir machen das hier den ganzen Tag lang."

„Lassen Sie sich bloß nicht blicken", gab er über die Schulter zurück.

Sie begriff, dass er nicht in der Lage war, ja zu sagen. „Ich kann erst ab vier Uhr nachmittags. Aber wenn wir beide anfassen ..."

„Ich bin nicht da!", raunzte er.

Sie lachte. „Abgemacht, dann also morgen um vier."

Er ging unbeeindruckt weiter, aber sie hörte, dass er vor sich hin pfiff.

Warum gab sie sich solche Mühe mit dem Mann? Er war ein Säufer, ein Chaot, und er tat alles, damit sie ihn in Ruhe ließ. Warum also?

Vielleicht, überlegte sie, weil ich jemanden suche, mit dem ich reden kann? Sie dachte an das unwirtliche Haus, die Speere, die furchterregenden Masken. An den Tisch mit all den Papieren und Akten. Und die Karten an der Wand. Er schien nicht gerade jemand zu sein, der gern mit anderen redete.

Sie dachte an das Buch, die zerlesenen Seiten, die unterstrichenen Worte über Strafe und Gerechtigkeit, die Ausrufezeichen.

Und dann wusste sie plötzlich, warum der Mann sie so faszinierte. Es war diese geheimnisvolle Wolke, die über ihm schwebte, und dieses Gefühl der Haltlosigkeit, das ihn umgab. Das alles zog sie an wie ein Magnet. Und die vielen Fragen. Vielleicht würden ihr manche der Antworten nicht gefallen, dachte Elise. Aber das schreckte sie nicht. Im Gegenteil. Sie wollte das ganze Bündel Gründe wissen.

Als sie mit ihren Gedanken so weit gekommen war, spürte sie eine große Erleichterung, und ihr momentanes Leben erschien ihr plötzlich nicht mehr ganz so sinnlos. Sie würde für jemanden Verantwortung übernehmen. Hoffentlich Neues, vielleicht auch Unangenehmes erfahren, aber das war die Sache wert.

Wie hatte Tante Helene gesagt? *Wenn man kein Ziel hat, muss man sich eben eins machen ...*

Sie war pünktlich. Sie hatte überlegt, ob sie Hedwig einweihen sollte, entschied sich aber dagegen. Sie hätte zu viel erklären müssen. Außerdem war absehbar, dass Hedwig sie für verrückt erklären würde, womit sie einerseits vielleicht recht hatte, andererseits aber alles infrage stellen und Elise wieder ins Wanken bringen würde. Und sie musste ihm schließlich zumindest das Buch zurückgeben. Also ohne Hedwig.

Elise zog an der Glocke. Sie war erleichtert, als Achenbach die Tür öffnete. Er ließ sie offen und stapfte einfach zurück ins Haus. Sie folgte ihm. Er ging in die Küche, und sie sah, dass er Tee gekocht hatte. Zwei Tassen standen auf dem Tisch. Sie legte das Buch daneben. Er kniff irritiert die Augen zusammen, nickte dann kurz und zeigte auf einen Stuhl. Sie setzte sich.

„Ich bin es nicht gewohnt, Gäste zu haben“, grummelte er, während er einschenkte. Er deutete auf eine Zuckerschale, in der ein Löffel steckte, und sie bediente sich. Die Sonne fiel durch das Fenster, und sie sah die Schlieren auf den Scheiben.

„Wann haben Sie das letzte Mal geputzt?“, fragte sie. Ihr Ton war sachlich, sie wollte ihn nicht verletzen.

„Ich hatte keine Zeit“, knurrte er.

„Sie sollten weniger Alkohol trinken“, sagte sie.

„Was geht Sie das an?“

„Warum schmeißen Sie Ihr Leben weg?“

„Was geht Sie das an?“

„Weiß ich nicht.“

Er verzog den Mund zu dem schiefen Lächeln, das sie schon kannte. Offenbar gefiel ihm die Antwort. Oder die Tatsache, dass er nicht der Einzige war, der keine Antworten wusste.

„Ich will nicht unhöflich sein“, sagte er, „aber Sie müssen gehen, wenn Sie ausgetrunken haben. Dann sind wir quitt. Wegen des Buches. Und Sie lassen mich machen, was ich will.“

Elise nahm die Tasse und versuchte zu trinken. Der Tee war noch zu heiß, und sie verzog das Gesicht. „Ich habe in dem Buch gelesen. Ich habe nichts verstanden.“

„Sie sind noch jung. Was verstehen Sie schon von Büchern. Oder vom Leben.“

„Und Sie sind ein gestandener Mann, aber es hat nicht den Anschein, als ob Sie alles vom Leben verstünden. Oder von Büchern. Warum hätten Sie sonst so sehr im Text herumgekritzelt?“

Er goss sich langsam nach, überlegte. „Bücher sind Theorie. Und das Leben ist eben das Leben.“ Er blickte sie herausfordernd an, und als sie nicht antwortete, sprach er weiter: „Darf man fragen, woher Sie kommen? Und warum Sie hier sind? Sie sehen auch nicht gerade glücklich aus.“

Jedenfalls glücklicher als Sie, wollte sie entgegnen, aber dann dachte sie daran, dass er zum ersten Mal Interesse an etwas zeigte, und wenn sie es war, dann sollte es ihr recht sein.

Sie begann zu erzählen. Er sah aus dem Fenster, sodass sie sein Gesicht nicht sehen konnte. Sie erzählte von Holzminden und ihrer Familie. Von Rüdiger und den Missverständnissen. Dem Streit mit ihrem Vater. „Ich liebe ihn, aber er jagt mich aus dem Haus." Sie wollte nicht traurig klingen, aber plötzlich spürte sie, wie die Tränen kamen. Sie schloss die Augen. Deshalb merkte sie nicht, dass er aufgestanden war. Sie spürte nur, dass er eine Hand auf ihre Schulter legte.

„Ich bin so dumm und weinerlich", schniefte sie. „Meinen Sie, dass das mein ganzes Leben so bleibt?"

Achenbach schüttelte den Kopf. „Das ist das Schöne an Ihrem Alter, die schlimmen Dinge sind halb so schlimm und gehen schneller vorbei."

„Sie nehmen mich nicht ernst", schniefte sie.

Er setzte sich wieder, ohne zu antworten. Als Elise die Stille, die sich zwischen ihnen auftat, nicht mehr aushielt, fuhr sie fort zu erzählen. Es tat ihr gut. Schließlich kam sie auch zu ihrer Mutter und Johann Freitag. Sie grub in der Tasche ihres Kleides, zog das Medaillon heraus und reichte es ihm.

Er betrachtete es. „Ein ehrlicher Mann", sagte er. „Ehrlichkeit ist die Grundlage für alles."

„Man muss auch ehrlich zu sich selbst sein", entfuhr es Elise. Was rede ich für aufgeblasenen Mist, dachte sie.

„Da haben wir es", grummelte er in gespielter Empörung, „kaum sagt man etwas, wird es gleich gegen einen verwendet."

Es war das erste Mal, dass sie zusammen lachten.

Elise nahm sich zunächst die kleine Küche vor, die von dreckigem Geschirr überquoll. Sie machte Feuer im Herd, nahm die Ringe aus der Heizplatte heraus und stellte einen großen Topf Wasser auf. Die stinkenden und schimmelnden Essensreste schabte sie in den Abfalleimer.

Der Alte stand in der Tür und beäugte sie argwöhnisch. „Sie machen tatsächlich ernst", sagte er missmutig.

Sie wischte mit einem alten Lappen die Wachstuchdecke ab. „Glauben Sie mir, ich bin nicht gern in der Küche, aber wenn ich diese Sauerei sehe ..."

„Es ist meine Sauerei, die geht Sie überhaupt nichts an."

„Die Kieckbusch hat gesagt, dass Ihnen das ganze Anwesen gehört."

„Die Kieckbusch redet zu viel."

„Und warum wohnen Sie dann nicht im großen Haus oder leisten sich wenigstens eine Haushaltshilfe?"

„Weil ich Menschen nicht mag", knurrte er. „Genügt Ihnen das als Antwort?"

Das Wasser kochte. Sie schüttete es in das Abwaschbecken, fügte Seifenspäne hinzu und schrubbte Teller für Teller.

Er kämpfte mit sich. „Ich könnte abtrocknen", sagte er schließlich. Elise warf ihm ein rotkariertes Geschirrtuch zu. Er machte sich ungelenk an die Arbeit.

„Ich hatte immer Ordonanzen und jede Menge *Mamas*, die alles für mich gemacht haben", sagte er.

„Sie brauchen sich nicht zu entschuldigen", antwortete sie. Es klang ironisch, aber sie meinte es nicht so. Sie sah, dass es in ihm arbeitete. Mehrmals setzte er an, um etwas zu sagen. Er erinnerte sie an einen Frosch, der auf dem Trockenen sitzt und auf Fliegen wartet.

„Wo war das, wo sie ihre Mamas hatten?", fragte sie, um ihn zu besänftigen.

„Afrika", antwortete er und setzte sich an den Küchentisch.

„Afrika?"

„Südwestafrika. *Unser* Südwestafrika. Ich war als Soldat dort. Hauptmann. Wir sollten für Ordnung sorgen unter den Eingeborenen."

„Hottentotten?"

„Hereros."

„Und?", setzte sie nach, obwohl er offensichtlich nicht antworten wollte. „Haben Sie für Ordnung gesorgt?"

„Am Anfang schon."

„Ich habe die Speere da draußen gesehen."

„Die sind von Samuel. Er war erst mein Bursche, dann

mein Freund, und dann ist er gegangen und wurde mein Feind."

Sie zeigte auf die gestapelten Teller. „Ist er gegangen, weil ihm die Hausarbeit zu viel wurde?"

Er blickte sie ungläubig an, dann griente er. „Sie haben ein ziemliches Mundwerk, wissen Sie das? Vielleicht ist es doch ganz gut, dass ich Sie gefunden habe."

„Ich habe *Sie* gefunden", antwortete sie zickig, „so wird doch wohl ein Schuh draus." Die Redensart mit dem Schuh stammte von Gustav.

Gustav, der treue Gustav.

Sie fragte sich, was er wohl sagen würde, wenn er sie jetzt sehen könnte. Oder ihre Eltern ... Es erstaunte sie, wie erschreckend wenig sie darauf gab, wie diese sich aufregen würden, wenn sie wüssten, dass sie einem Mann das schimmlige Geschirr abwusch. Plötzlich keimte so etwas wie Stolz in ihr auf, Stolz darauf, dass sie zum ersten Mal etwas tat, weil sie allein es wollte. Sie schwor sich, dass das ab sofort so bleiben würde. So gesehen, hatte ihre Verbannung ziemlich genau das Gegenteil von dem bewirkt, was ihre Eltern bezweckt hatten. Auch wenn es anfangs überhaupt nicht danach ausgesehen hatte, so eröffnete sich ihr hier doch eine neue Welt, und sie war entschlossen, sich ihren Teil davon zu erobern.

Sie stellte den letzten Teller auf den Stapel und setzte sich zu Achenbach. „Afrika und das Buch, hängt das irgendwie zusammen?"

Er stand auf und ging zum Küchenschrank, nahm eine Flasche Cognac heraus und betrachtete andächtig das Etikett. Er zögerte eine Weile, dann stellte er die Flasche wieder zurück. „Alles hängt irgendwie zusammen", sagte er, „aber man sieht erst sehr viel später, dass es zusammenhängt und wie es zusammenhängt. Und wenn man es dann sieht, macht man sich Gedanken, ob man es hätte ändern können und wie und um welchen Preis. Ehrlich gesagt, es bringt einen jeden Morgen zum Würgen, wenn man daran denkt ..." Er schlug sich die

Hand vor den Mund. „Entschuldigen Sie ... das ist wohl nicht die richtige Wortwahl, wenn man mit einer jungen Dame spricht ...“ Er zog die Lippen zusammen.

Wenn er jetzt draußen wäre, würde er ausspucken, dachte Elise und beobachtete, wie er den Ekel, der ihn erfüllte, buchstäblich hinunterschluckte.

Wenn er gehofft hatte, Elises Neugier befriedigt zu haben, hatte er sich getäuscht. „Darf ich dennoch fragen, wie es mit Afrika und dem Buch ...?“

Er schlug mit der flachen Hand auf das Wachstuch. „Und darf ich fragen, wann Sie endlich Ihre Nase aus meinen Angelegenheiten nehmen? Dass es mit Ihrem Vater nicht gut steht, gibt Ihnen noch lange nicht das Recht, sich nun an meinen Rock zu klammern.“

So hatte sie es noch nicht gesehen, und sie brauchte einige Zeit, um diese Abfuhr zu verdauen. Ein Gespräch mit ihm war wie ein Spaziergang im Dunkeln über eine Straße voller Schlaglöcher.

„Und Sie müssen nicht mir die Schuld geben, wenn Sie mit dem Leben nicht zurechtkommen“, blaffte sie trotzig zurück.

„Ich möchte noch einen Tee“, knurrte er. Und als sie sich nicht rührte und ihn nur ansah, fügte er hinzu: „Bitte.“

Sie schenkte ihm nach. Er nahm die Tasse zum Mund, aber er trank nicht, denn nun flossen die Worte förmlich aus ihm heraus, so, als hätten sie sich jahrelang hinter einem Damm gestaunt, in dem sich nun das Wehr öffnete.

„Meine Eltern hatten eine Farm bei Windhuk“, begann er. „Die Leute da unten sind deutscher als deutsch, wenn Sie verstehen, was ich damit meine. Man braucht einen Halt, wenn man weit weg ist von zu Hause. Ich habe mit den schwarzen Kindern unserer Arbeiter gespielt, und als wir älter wurden, waren wir Freunde, wie das eben so ist. Meinen Eltern gefiel das nicht. Es ist da unten nicht anders als bei Ihnen – sie haben mich zurück nach Deutschland geschickt. Natürlich zum Militär. Als blutjunger Kadett. Da waren sie sicher, dass ich hart rangenommen wurde. Der ständige Drill und die Enge des Kasernenhofs waren schlimm. Ich war die Weite des Landes gewöhnt. Um die Grenzen unserer Farm abzureiten, brauchte man einen ganzen Tag.

Dann kam der Krieg mit Frankreich. Ich kämpfte an vorderster Front bei den Aufklärern, sie brauchten jemanden, der sich auskannte in der Natur. Der Zufall wollte es, dass ich mit meinem Trupp sehr erfolgreich war. Tief im französischen Hinterland überfielen wir eine Kutsche, in der ein General saß. Ich hielt ihm meine Pistole unter die Nase, wir setzten ihn auf eines unserer Pferde und nahmen ihn mit. Ein Glücksfang, denn der Mann hatte die französischen Auftmarschpläne bei sich."

Achenbach nahm einen Schluck. „Von da an lief meine Karriere wie am Schnürchen. Ich war der Leutnant, der den Franzmännern den General geklaut hatte."

„Ein Held", warf sie ein. „Das ist doch toll!"

„Ich wollte kein Held sein, ich wollte nach Hause. Diese gezierte Herumtuerei, diese eingebildeten adligen Schnösel, die am Ende des Tages doch nur auf einen herabblickten, all das war mir zuwider. Was ich nicht wusste, war, dass sie von Anfang an vorgehabt hatten, mich wieder nach Afrika zu schicken, was ja auch irgendwie logisch war. Ich wurde Hauptmann, und ehe ich mich versah, war ich wieder in Windhuk und befehligte dort als Kommandeur die Schutztruppe. Das hört sich nach was an, es waren aber nur knapp achthundert Soldaten. Bei achttausend einheimischen Kriegern ist das nicht gerade viel. Immerhin hatten wir die neuen Maxim-Maschinengewehre."

„Vor denen hatten die Afrikaner Respekt?"

„Die Nama nicht."

„Wer sind die Nama?"

„Ein Hirtenvolk, das sich seit Jahrzehnten mit den Hereros, einem Nomadenvolk, einen brutalen Kampf wegen des Weidelandes lieferte. Der Führer der Herero war Samuel Maherero ..."

„Der Freund, von dem Sie sprachen?"

Achenbach lächelte. „Er kam zu mir, als die Nama seine Familie angegriffen und seine Mutter schwer verletzt hatten. Das Krankenhaus in Windhuk war voll belegt und hatte ihn abgewiesen. Es war vor fünfzehn Jahren noch nicht so groß, wie es heute, nach dem Aufstand, ist. Da erinnerte Samuel sich an mich, weil wir früher mal darüber verhandelt hatten, wie die Deutschen die Hereros gegen die Nama schützen konnten. Ich habe in meinem Haus, das neben dem Krankenhaus lag, einen Raum freigemacht, wo wir die Mutter unterbrachten. Sie wurde operiert, die Kugeln wurden herausgeholt. Sie brauchte mehrere Wochen, um wieder zu Kräften zu kommen. Samuel hat die ganze Zeit vor der Tür Wache gehalten. Erst haben seine Leute ihm Essen gebracht, dann meine Köchin. Er hatte einen alten Vorderlader bei sich, der immer in Griffweite lag."

„Und als die Mutter wieder gesund war?"

„Kam der halbe Stamm und hat gefeiert. Es gab ein Riesengetöse mit Rasseln, Trommeln und Pfeifen. Sie tanzten, und ich musste mittanzen, was dem Gouverneur Leutwein gar nicht gefiel, wegen Verbrüderung und so ... Als sie schließlich gingen, nahm Samuels Mama mich in den Arm, er hingegen verabschiedete sich nicht einmal von mir, was ich ziemlich ungewöhnlich fand, denn die Hereros legen großen Wert auf gegenseitigen Respekt. Aber nach fünf Tagen war er plötzlich wieder da. Er wolle nun mein Bursche sein und mir dienen, sagte er. Das war sein Dank. Was sollte ich tun? Er hatte ja nicht viel, mit dem er seinen Dank ausdrücken konnte, also bot er sich selbst an. Das hat mich gerührt. Und beschämt. Also habe ich eine Kammer zurechtmachen lassen, und da lebte er dann."

„Und hat Ihre Schuhe geputzt."

„Das war ja gerade der Sinn, er musste sich gewissermaßen opfern, damit der Dank auch Gewicht hatte."

„Musste er als Führer nicht sein Volk regieren?"

„Ab und zu erschienen Krieger seines Stammes und holten seinen Rat ein. Manchmal kam auch eine ganze Gruppe, mit Frauen und Kindern, dann saßen sie unter dem Baum im Garten und palaverten miteinander. Jeder, auch der Geringste unter ihnen, darf seine Meinung sagen, egal ob Mann oder Frau, Führer oder Diener." Achenbach sah Elises ungläubiges Gesicht. „Doch, es ist wahr, jede Meinung ist gleich viel wert und wird respektvoll behandelt."

„Die der Frauen auch? Das muss ich meinem Vater sagen."

„Wenn wir nur nicht so verdammt hochnäsig wären und glaubten, wir hätten die Welt erfunden."

„Sie sagten, dass Sie Freunde wurden."

„Es ergab sich so. Es wäre ungehörig gewesen, ihn von oben herab zu behandeln. Er war ein Mann mit sehr viel ... Herzensbildung. Aber dann verschlimmerte sich die Lage seines Volkes. Einem Ausbruch der Rinderpest folgte auch noch eine Heuschreckenplage. Für die meisten Hereros brach die Existenzgrundlage zusammen. Einige Dürrejahre, und sie mussten Land verkaufen, um zu überleben. Sie empfanden das als Demütigung. Die Wut der Hereros wuchs, auch auf die Deutschen, und das machte es natürlich schwierig für ihn und mich. Dann war er eines Tages weg, und ich wusste, dass es Ärger geben würde. Er ließ seine Speere da ..."

„... die da draußen?"

„Er wollte mir zeigen, dass ich sein Freund bleiben würde und dass ich gewissermaßen unter seinem Schutz stand." Achenbach schluckte. „Der Aufstand begann sechs Wochen später. Samuel war der Anführer. Er gab den Befehl aus, Frauen und Kinder zu verschonen."

„Weil Sie das Leben seiner Mutter gerettet hatten?"

„Er war kein Mörder. Er wollte ehrenhafte Bedingungen für sein Volk und sah nur einen Ausweg: Krieg. Aber das ist ja auch in unseren Breiten nichts Ungewöhnliches. Irgendwann wird es auch hier so weit sein, obwohl alle gut leben können, es ist nur eine Frage der Zeit ..."

Sie schüttelte ungläubig den Kopf. Sie hätte gern gewusst, wie er auf solche Ideen kam, aber er fuhr schon mit seiner Geschichte fort.

„Im Januar umzingelten sie unter Samuels Oberbefehl den Ort Okahandja, zerstörten die Eisenbahnbrücke bei Osana und kappten die wichtige Telegrafenverbindung in die Landeshauptstadt Windhuk. Sie steckten die Farmhäuser der Siedler in Brand. Auch meine Eltern waren bedroht. Sie verkauften, so schnell sie konnten, und nahmen den Dampfer nach Hause. In der Biskaya gerieten sie in einen Sturm, das Schiff sank und sie mit ..."

„Oh, mein Gott, wie fürchterlich für Sie!"

Er schüttelte den Kopf. „Damals, als sich die Ereignisse in der Kolonie überschlugen, erfuhr ich zunächst gar nichts davon. Der Kaiser schickte uns Truppenverstärkung. Und Adrian Dietrich von Trotha. Einen General, der schon bei der blutigen Niederschlagung der Wahehe-Rebellion in Deutsch-Ostafrika zweifelhaften Ruhm erlangt hatte. In Wahrheit war es der Teufel in Gestalt eines deutschen Generals. Er besiegte die Hereros tatsächlich. Sie flohen in die Omaheke-Wüste. Trotha befahl uns, diese abzuriegeln, den Flüchtenden nachzusetzen und sie immer wieder von den wenigen vorhandenen Wasserstellen zu vertreiben. Er befahl, auch auf Frauen und Kinder zu schießen. Wieder und wieder das gleiche schreckliche Schauspiel. Die Hereros flohen vor uns von einem Brunnen zum anderen und verloren fast alles Vieh. Es überlebte nur jeder Zehnte. Und der deutsche Generalstab rühmte sich noch dafür. Hier, ich trage den offiziellen Bericht immer bei mir."

Achenbach stocherte in seiner Hosentasche und zog ein mehrmals gefaltetes Papier heraus. Es widerstrebte ihr, das Papier zu lesen, aber sie konnte und wollte seine Bitte nicht abschlagen. Vor allem die letzten Sätze erschütterten sie.

Der Herero wurde wie ein halb zu Tode gehetztes Wild von Wasserstelle zu Wasserstelle gescheucht, bis er schließlich willenlos ein Opfer der Natur des eigenen Landes wurde. Die wasserlose Omaheke sollte vollenden, was die deutschen Waffen begonnen hatten: die Vernichtung des Hererovolkes.

„Wohlgemerkt", fügte er hinzu, „das ist die offizielle Erklärung des deutschen Generalstabs."

So etwas Schreckliches hatte Elise noch nie gehört, und sie fragte sich, ob ihr Vater von alledem wusste, aber wahrscheinlich war er informiert. Und unternahm trotzdem nichts. „Und Sie waren dabei?", fragte sie tonlos.

„Was sollte ich tun? Ich hatte einen Eid geschworen. Der Vernichtungsbefehl war vom Kaiser selbst genehmigt. Es wäre fast zur Meuterei gekommen, aber eben nur fast. Die Leute wollten keine Frauen und Kinder töten. Und auch nicht mit ansehen, wie Menschen elendig verdursten. Aber Deserteure wurden erschossen, und so ging die Metzelei weiter. Ich wusste, es war ein Verbrechen, und ich war ein Teil davon. Und dann kam der Tag, an dem wir Samuels Familie fanden. Sie lagen tot und mit aufgedunsenen Bäuchen in der Wüste, mittendrin Samuels Mutter. Sie lebte noch. Als Einzige. Einer von Trothas Schergen wollte sie töten, da habe ich ihn erschossen. Meine Kameraden standen um mich herum. Von Rechts wegen hätten sie nun mich erschießen müssen oder zumindest festnehmen, damit ich standrechtlich zum Tod verurteilt würde. Aber niemand sagte etwas, und da wusste ich, dass sie mich nicht verraten würden. Ich meldete mich krank und bat um meinen Abschied. Bis heute haben sie alle den Mund gehalten. Wenn nur einer redet, werden sie mich auch jetzt noch holen." Er blickte auf. „Manchmal wäre ich froh, wenn sie es täten. Dann könnte ich ihnen ins Gesicht sagen, was ich von ihnen und ihrer Armee halte. Vielleicht würde dies die Geister der Toten vertreiben, und ich könnte wieder alleine schlafen." Er holte tief Luft. „Ich bin ein elender Feigling. Es reicht gerade noch, um Dostojewski zu lesen."

Es war das erste Mal, dass sie einen erwachsenen Mann weinen sah. Es war ein stoßweises, trockenes Schluchzen. Sie ließ ihn.

Langsam wurde er ruhiger. Das Weinen hatte Achenbachs Gesicht verändert. Trotz und Bitterkeit waren verschwunden. Er fuhr sich mit dem Jackenärmel über das Gesicht.

Er ekelt sich vor sich selbst, dachte Elise und fragte sich, ob das Schicksal sie dazu bestimmt hatte, dem alten Mann Frieden zu bringen.

1914

9

Sie saßen im Observatorium. Nach ihrem ersten, unerfreulichen Besuch hatte Elise diesmal Zeit, den engen, kreisrunden Raum ausgiebig zu betrachten. Unter dem Teleskop, das auch jetzt schräg nach oben in die Kuppel zeigte, ratterte eine Uhr, die über Zahnräder mit der Achse des Gestells verbunden war und das Gerät gegen die Erddrehung auf Position hielt. Die Seitenwand der Beobachtungsstation war etwa einen Meter hoch und rundum mit dunkelblauen Fliesen bedeckt. Oberhalb davon verlief eine Schiene, auf der Räder saßen, die die Kuppel drehten.

Der Raum lag im Dunkeln, nur aus einer gläsernen Wandlampe fiel schwaches rotes Licht. Es spiegelte sich matt in den Fliesen. Achenbach saß auf einem hochbeinigen Hocker vor dem Teleskop und betätigte eine Kurbel. Die Räder quietschten, als sich die Kuppel in Bewegung setzte. Achenbach arretierte sie an einer Markierung und zog an einer Leine. Das Dach öffnete sich und gab nach und nach den Blick auf den sternenübersäten schwarzblauen Himmel frei. Es war, als ob sich ein glitzerndes Tuch über die Kuppel legte. Kühle Frühlingsluft zog herein.

Elise beobachtete das Schauspiel gespannt. Natürlich hatte sie schon oft einen Sternenhimmel gesehen, aber jetzt, in ein paar Minuten, würde sie mitten hineintauchen. Das Weltall! Eine Reise in eine unbekannte Welt, die sich allem Irdischen entzog. Und in der andere Regeln galten als auf der Erde. Sie fragte sich, ob das auch ein Grund war, warum Achenbach die Zwiesprache mit den Sternen suchte. Vielleicht war es das Gefühl, dass sein eigenes Schicksal so winzig, so völlig unbedeutend war im Angesicht der unendlichen Weiten.

Es war das erste Mal, dass Elise dabei sein durfte, wenn Achenbach „seinen“ Himmel beobachtete. Es war sein unausgesprochener Dank dafür, dass sie sich in den letzten Monaten um ihn gekümmert hatte. Dabei konnte sie nicht sagen, dass er sich in dieser Zeit nennenswert verändert hatte, wenn man einmal davon absah, dass seine Hosen und Hemden nun meistens sauber waren. Er war immer noch der übellaunige Eigenbrötler. Elise hatte zwar inzwischen den Eindruck, dass es ihm hin und wieder geradezu Spaß bereitete, den sturen Griesgram zu spielen, aber sie machte sich nichts vor: Die schwere Last, die auf seinen Schultern ruhte, drückte ihn nach wie vor zu Boden, und ein Ausweg war nicht erkennbar.

Er hatte es selbst gesagt: „Ich weiß nicht, was mit mir ist. Nirgends finde ich etwas, an dem ich mich festhalten kann.“

Elise hatte versucht, ihn aus der Reserve zu locken. „Die Wahrheit ist, dass du dich nirgendwo festhalten *willst.* Es ist so schön bequem, sich leidzutun.“

Er blickte sie ungläubig an. Da sprach diese junge Frau, fast noch ein Mädchen, mit ihm, als ob sie seine Mutter sei. Sie war ziemlich freimütig geworden, fand er. Erst recht, seit sie beschlossen hatten, sich zu duzen, nachdem sie ihn wieder einmal besoffen auf dem Teppich vorgefunden hatte. Man kann nicht einem Mann das Erbrochene von den Beinen waschen und ihn dabei siezen, als sei er der Papst persönlich, hatte sie ihn angefahren. Vor Schreck war er ins Du gewechselt, und sie hatte es ihm nachgemacht. Nur wenn die Kieckbusch ins Spiel kam – häufiger als ihnen lieb war – verhielten sie sich mustergültig steif und höflich, damit die Direktorin alles guthieß, was Achenbach ihr in Bezug auf Elise vorschlug. Elise durfte sogar im Pförtnerhaus schlafen, wenn es ihm nicht gut ging. „Aber Sie, lieber Achenbach, haften mir für sie als der Gentleman, der Sie sind“, hatte die Direktorin, um Konzilianz bemüht, hinzugefügt.

Achenbach hatte die neue Rollenverteilung gleich zu spüren bekommen. „Um ehrlich zu sein, deine ständige jämmerliche Stimmung nervt mich. So geht es jedenfalls nicht weiter", hatte Elise ihn angefahren, als wolle sie sicher sein, dass er sie auch wirklich ernst nahm. „Ich wünschte mir, etwas würde passieren. Deine weinerliche Gleichgültigkeit sollte explodieren, dass die Fetzen meilenweit fliegen. Vielleicht wird dann etwas Neues in dir entstehen. So etwas wie Vertrauen oder Hoffnung, meinetwegen auch Verzweiflung oder Wut. Wut wäre gut. Doch du kannst ja noch nicht einmal richtig wütend auf mich sein."

Sie hatte sich in Rage geredet, aber gleichzeitig gemerkt, dass sie ihn immer noch nicht erreichte.

„Wie kommt es, dass Frauen einen immer erziehen wollen?", hatte er gestöhnt.

Aber jetzt saßen sie friedlich gestimmt im Observatorium. „Ich kann dir den Jupiter zeigen", sagte Achenbach mit einem Anflug von Stolz, als ob ihm die Planeten da oben persönlich gehörten. „Auch drei seiner Monde, Europa, Ganymed und Callisto. Mit ihrer Hilfe hat ein Wissenschaftler namens Olaf Römer die Lichtgeschwindigkeit berechnet." Er presste ein Auge an das kleine Suchfernrohr und bewegte mit zwei Einstellrädchen das große Teleskop. „Moment ... ja, da ist er!"

Er rutschte vom Hocker und winkte sie heran. Sie kletterte hinauf. „Hier musst du drehen, bis das Bild für deine Augen scharf ist. Es ist wie ein Fernrohr, nur ein bisschen größer."

Aber Elise hörte nicht zu. Sie war wie angesogen von der faszinierenden gestreiften Jupiterscheibe und den in einer Linie stehenden Monden.

„Siehst du den roten Fleck?", fragte er.

Sie nickte.

„Es ist ein riesiger Wirbelsturm. Und es gibt noch einen anderen berühmten roten Fleck", fügte er hinzu, „im Sternbild Stier. Ich zeige ihn dir, wenn du mich noch mal ranlässt." Er hantierte am Teleskop.

Als sie wieder auf den Hocker durfte, sagte er: „Der rötliche Stern dort, siehst du ihn? Aldebaran. Er ist das Auge des Stiers."

„Er sieht so klein aus!"

„Dabei ist er fünfundvierzigmal größer als unsere Sonne und hundertfünfzigmal so hell, ein richtiger Koloss, aber eben weit weg, achtundsechzig Lichtjahre, was noch nicht einmal viel ist, wenn man die Plejaden nimmt, links neben dem Kopf des Stiers ..."

„... sieht aus wie ein Haufen Sterne ..."

„Etwa zweihundertfünfzig Stück, und sie sind für das Weltall ganz jung, sozusagen dessen Kindergarten, gerade mal fünfzig Millionen Jahre alt, aber weit, weit weg, 425 Lichtjahre."

„Lichtjahre. Das heißt, wir sehen jetzt, was dort vor 425 Jahren gewesen ist, richtig?"

„Ja. Und umgekehrt würde man dort im Moment die Erde im Jahre 1489 sehen, vielleicht den jungen Michelangelo, wie er gerade in die Malschule geht."

„Dem würde ich auch gern mal zuschauen", überlegte sie. „Aber wir haben nur unsere Wirklichkeit. Komische Vorstellung", fügte sie nachdenklich hinzu. „Nehmen wir mal deinen Hauptmann von Trotha und diese Hereros. Da oben, bei den Plejaden, wissen sie noch nichts von der Geschichte. Es ist quasi noch nichts passiert."

„Was eben ein Trugschluss ist. Weil sich nichts mehr umkehren lässt."

Elise legte die Hände auf die Okulare, als wollte sie verhindern, dass die Zeit sich verschob. „Irgendwie tröstlich ist es doch. Das ist alles so groß. Selbst wenn jemand überall zur gleichen Zeit sein könnte und ständig herumschauen würde, er hätte gar nicht die Möglichkeit, alles zu sehen. Erst recht nicht unsere kleine Erde und schon gar nicht irgendwelche Dinge am Rande der afrikanischen Wüste. So gesehen, sind die Dinge auf der Erde völlig unwichtig."

„Willst du sagen, dass schlimme Dinge nicht so schlimm sind, wenn man sie – noch nicht – sehen kann? Ehrlich gesagt, das wäre mir doch ein wenig zu billig", knurrte der Alte.

„Ich will damit sagen, dass du dich nicht so wichtig nehmen sollst. Selbst wenn das Licht immer irgendwo ankommt, so verschwindet es doch in dieser grauenhaft aufgeblasenen dunklen Leere. Es ist einfach weg, es ist zu Ende, das sollte dich trösten."

Achenbach verdrehte die Augen. „Du bist eben ein junges Mädchen, Gott erhalte dir deine Einfalt."

„Besser einfältig als verbohrt."

„Besser verbohrt als Unrecht haben. Nichts ist zu Ende, das ist es ja gerade. Nichts ist einfach weg. Das Licht, unser Bild von den Dingen, braucht 425 Jahre, um dort anzukommen. Wenn man es genau nimmt, werden Teile davon von den Monden reflektiert und auf uns zurückgeworfen, sodass, in weiteren 425 Jahren, unsere Kindeskinder sie – wieder – sehen könnten. Rein theoretisch natürlich, denn solch sensible Maschinen wird man nie bauen können."

„Du willst damit sagen, dass die Dinge, auch die Dinge, mit denen du dich schuldig gemacht hast, nicht auf Nimmerwiedersehen verschwinden, sondern ..."

„... sondern auf uns zurückfallen. Natürlich ist es eher symbolisch zu verstehen, aber so ist es nun mal."

„Trotzdem würde es dir besser gehen, wenn du nicht so tätest, als ob das Universum sich nur um dich dreht."

Sie wartete darauf, dass er sie zurechtweisen würde. Hatte sie das Recht, ihm so nah auf die Pelle zu rücken? Ausgerechnet sie, die außer Holzminden nur noch Wolfenbüttel kannte, und davon auch nur dieses Heim am Rande des Waldes. Was bildete sie sich eigentlich ein, wenn sie so erwachsen tat? Dann wiederum dachte sie, dass es vielleicht ein Vorteil war, wenig zu wissen. Ihr Vater fiel ihr ein. Der wusste so viel, und trotzdem konnte er unterscheiden, was falsch und was richtig war.

Aber Achenbach tat ihr nicht den Gefallen, sie in ihre Schranken zu weisen. „Was macht es für einen Unterschied, ob ich etwas tue oder lasse. Meine Schuld wird sich dadurch nicht um ein Jota verändern."

„Aber die Welt wird sich verändern. Wenn du nichts tust, bleibt sie so, wie sie ist. Wenn du etwas Schlechtes tust, werden sich Dinge zum Schlechten wenden. Und ...", sie hob die Stimme, „... wenn du etwas Gutes tust, veränderst du die Welt zum Guten ... jedenfalls ein bisschen ... das sieht doch jeder", fügte sie trotzig hinzu.

„Gibt es so etwas wie eine Waage, mit der die Dinge aufgewogen werden? Gibt es nämlich nicht", blaffte er. „Abgesehen davon bräuchte es jemanden, der die Waage bedient. Aber wer soll das sein? Die einen beten Ameisen an und die anderen die Sonne. Ich habe noch nicht gehört, dass diejenigen, die die Ameisen anbeten, früher sterben als die anderen."

Er spürte, dass sie antworten wollte, deshalb fuhr er schnell fort: „Nimm zum Beispiel das Sternbild des Großen Bären, das du unterhalb des Polarsterns sehen kannst. Für die Ägypter war es kein Bär, sondern der Schenkel des Seth. Für die Griechen war es Kallisto, eine Nymphe, die von Zeus vergewaltigt worden war. Für die Römer sieben Ochsen, für die Araber ein Sarg mit drei Klageweibern und für die Chinesen einfach nur ein Suppenlöffel." Er schnäuzte sich. „Es ist wie mit dem Glauben. Wir projizieren nur das in die Dinge hinein, was wir uns gerade vorstellen. Das Schlimme – oder das Gute – ist, dass es im Grunde völlig Wurst ist ..."

„Am Ende ist der Glaube, sagt Pastor Schmidt."

Er stöhnte. „Das sagen alle, wenn sie nicht weiterkommen. Als ob man Schuld hat, wenn man nicht glaubt! Als ob man selbst schuld ist, wenn man nicht daran glaubt, dass da jemand sein wird, der einem schließlich vergibt."

„Wenn es keinen Himmel gibt, gibt es auch keine Hölle."

Achenbach winkte ab. „Weißt du, wie die Habsburger bestattet werden?"

„Wie bitte? Was soll das jetzt? Wie wer bestattet wird?"

„Die Habsburger, unsere Verbündeten, die östereichisch-ungarischen Monarchen."

„Was meinst du denn, in Gottes Namen?"

„Hör zu. Der Trauerzug mit dem Sarg kommt zur Kapuzinergruft in Wien, wo sie alle begraben werden. Der Haushofmeister schlägt mit dem Stab an die Tür. Von drinnen hört man die bebende Stimme eines Mönches, der fragt: ‚Wer ist da?‘ Und der Haushofmeister sagt: ‚Seine kaiserliche und königliche apostolische Majestät, Kaiser von Österreich, König von Ungarn‘, und zählt noch fünfhundert weitere Titel auf. Daraufhin bleibt es drinnen still, und der Haushofmeister schlägt noch einmal an die Tür und leiert die Liste der Titel herunter. Und nachdem er zum dritten Mal an die Tür klopft, und der Mönch wieder fragt, wer da ist, antwortet der Haushofmeister: ‚Ein armer Sünder.‘ Da erst öffnen sich langsam die Türen."

„Und, was willst du damit sagen?"

„Am Ende müssen wir allein mit unseren Sünden fertigwerden."

„Deshalb muss man aber kein Schlappschwanz sein."

Die Worte waren ihr herausgerutscht, und sie hätte viel dafür gegeben, wenn sie sie hätte zurücknehmen können.

Er schwieg. Sie wollte schon aufstehen, weil er sie sowieso rausschmeißen würde, als sie seine Hand auf ihrer Schulter spürte. „Bin ich das in deinen Augen?", fragte er ruhig, viel zu ruhig, „bin ich für dich ein ... ein Schlappschwanz?"

Sie überlegte. Was sollte sie antworten? „Manchmal schon", sagte sie schließlich. „Manchmal bist du ein ziemlicher Schlappschwanz."

10

Du siehst, es macht absolut keinen Sinn, mir helfen zu wollen", sagte Achenbach tags darauf, als Elise vor seiner Tür stand, als wäre nichts gewesen. Im Grunde seines Herzens war er froh, dass sie es ihm so leicht machte.

„Ich bin dankbar", bekannte er, „dass du so ehrlich zu mir bist. Du bist eine gescheite junge Frau, voller Gerechtigkeit und Mut, und ich wünschte, ich könnte zur Abwechslung mal etwas für dich tun."

„Es gibt etwas", sagte sie. „Erinnerst du dich an das Medaillon?"

„Das Medaillon, das dir deine Mutter gegeben hat?"

Sie nickte. „Ich habe ihr versprochen, mich nach Johann Freitags Mutter umzusehen, um ihr das Medaillon zurückzugeben. Und ich habe noch nicht einmal angefangen zu suchen." Achenbach blickte sie fragend an. „Das macht mir ein schlechtes Gewissen", fuhr sie fort.

„Ich könnte dir helfen, sie zu finden."

Elise hatte gehofft, dass er das sagen würde. Die Idee war ihr in der Nacht gekommen. Ihr war klar geworden, dass sie sich im Kreise drehten. Gespräche brachten sie nicht weiter. Was aber, wenn sie Achenbach eine Aufgabe gäbe, die ihn notgedrungen unter die Leute und damit ins Leben zurückführen würde? Wenn er sich am Schicksal anderer beteiligte? Es würde seine Schuldgefühle nicht vermindern, aber vielleicht würde er einen Sinn darin sehen, weiterzuleben. Und dann war ihr Blick auf das Medaillon gefallen, und sie hatte an das Versprechen gedacht, das sie ihrer Mutter gegeben hatte. Sie würde ihn in die Suche nach der Familie Freitag einbeziehen, sozusagen als Vertrauensbeweis. Es war gewissermaßen ein doppeltes Spiel – und hatte für sie beide einen Sinn. Es war einen Versuch wert.

Wie jede Woche mietete sich Traugott Achenbach am folgenden Dienstag eine Droschke und fuhr in die Stadt, um einzukaufen. Elise wäre gern mitgefahren, aber die Kieckbusch erlaubte es nicht.

Als sie den Alten am Abend besuchte, hatte er eine Überraschung für sie. Er verschränkte die Hände auf dem Rücken und hielt eine kleine Rede, um sie ein bisschen auf die Folter zu spannen: „Du hast von diesem jungen Mann gesprochen. Wie hieß er noch gleich ...?"

„Johann, Johann Freitag ... aber das weißt du doch. Hast du etwas über ihn herausgefunden? Sag schon!"

„Ich habe mir überlegt, wie man es wohl anstellen kann, die Adresse seiner Familie zu finden. Und da habe ich mich gefragt, ob es wohl ein Adressbuch gibt für Braunschweig. Und heute ...", er hob die Stimme, „heute bin ich einfach mal hingefahren, mit dem Zug. Ich habe mich zum ersten Mal wieder getraut, mit der Bahn zu fahren." Er holte tief Luft. „Wir haben damals die verdammten Maschinengewehre auf den Zug montiert und auf die Hereros geschossen, als seien sie Schießbudenfiguren ... Und nun, also ich bin stolz, dass ich mich überwunden habe, was allein dein Verdienst ist ..." Er räusperte sich. „Nun gut, ich bin also nach Braunschweig gefahren und in die Buchhandlung am Schlossplatz gegangen. Und siehe da, sie hatten ein Adressbuch. Hier ist es!"

Er nahm es aus seiner Tasche und hielt es ihr hin. Ein ziemlich dickes Buch in bräunlichem Karton, mit Lederrücken und Schutzdreiecken aus Leinen an den Ecken des Buchdeckels. Sie nahm es ehrfürchtig entgegen und war erstaunt, dass es leichter war, als sie bei der Größe angenommen hatte. Ob Johann Freitags Familie darin verzeichnet war? Und, wenn ja, was würde geschehen, wenn sie die Adresse kannte? Würde sie sich trauen hinzugehen? Auf wen würde sie dort treffen? Sie konnte nur hoffen, dass Johanns Mutter noch lebte.

Elise blickte auf das Buch, das sich im flackernden Schein der Kerze zu bewegen schien. Der Einband fühlte sich fest, gar nicht alt an, und sie spürte die Buchstaben, die in den Einband gestanzt waren. Irgendwie war es, als ob dieses Buch darüber entschied, ob jemand – noch – lebte oder nicht. Für einen Moment war ihr unheimlich zumute, aber dann lächelte sie.

Achenbach stand erwartungsvoll neben ihr und war sichtlich froh, dass er ihr eine Freude gemacht hatte.

Sie schlug das Buch auf und ließ die Blätter durch ihre Finger gleiten. 1064 Seiten! Kaum zu glauben. Verlag Gustav Meyer. 99. Ausgabe. Namen über Namen. Und viele Freitags. Sie zählte. Dreiundfünfzig Einträge! Abrupt schlug sie das Buch zu. Wie sollte sie darunter die richtigen finden?

Achenbach spürte ihre Enttäuschung. „Es ist eine große Stadt", sagte er tröstend. „Vielleicht sollten wir doch besser eine Annonce aufgeben."

„Man müsste ihren Vornamen haben. Schon das würde helfen." Aber wie? Sie hatten ja nur das Medaillon und die Bilder darin.

Die Bilder!

Sie konnte sich nicht erinnern, auf dem Schmuckstück Namen gesehen zu haben. Aber wenn innen etwas geschrieben war? Auf der Rückseite der Fotografien?

„Ich hole das Medaillon", sagte sie entschlossen.

„Es regnet in Strömen", wandte er ein. „Und wenn die Kieckbusch dich sieht, in nassen Kleidern ..."

„Ich nehme deinen Schirm."

Nach zehn Minuten war sie zurück. Ihr Rock war nass, aber sie achtete nicht darauf. Sie legte das Medaillon auf den Tisch unter die Lampe. Es bestand aus zwei ovalen, etwa einen halben Zentimeter tiefen Messingschalen, auf die vorn ein mit Schleifen verzierter Doppelrahmen aufgesetzt war. In der Machart doch recht billig und ungefüge, fast rührend in seiner Unbeholfenheit. Johann Freitag war ein einfacher Zimmermann gewesen, was hatte sie erwartet? Der Charme des Behältnisses lag in seinem Inhalt und in der Liebe, mit der es einmal ausgesucht worden war.

Achenbach nahm das Medaillon und hielt es noch näher an die Lampe. „Hier, man kann den Rahmen abziehen."

Die Fotografien wurden durch vier Metallzungen gehalten. Beide waren auf der Rückseite beschriftet. Zwei Namen in Sütterlinschrift.

Johann auf dem einen, *Amalie* auf dem anderen.

Amalie also. Amalie Freitag.

Amalie, der Name einer Prinzessin. Nicht gerade der Name von Frauen aus dem Arbeitermilieu. Nicht gerade üblich in Verbindung mit einem einfachen „Freitag".

Und tatsächlich, es gab nur eine Amalie Freitag. Ihr Name stand allein, augenscheinlich war sie Witwe. Oder ledig.

Sie wohnte in der Borsigstraße 11, Hinterhaus. Das klang nicht nach einem herrschaftlichen Anwesen.

Sie fuhren eine Woche darauf an einem Samstag. Achenbach hatte der Kieckbusch etwas von einem Platzkonzert der Gardekürassiere vor der Hauptwache erzählt, und Elise hatte darum gebeten, ihn begleiten zu dürfen. Wegen der vaterländischen Erbauung. Vaterländische Erbauung war etwas, das die Kieckbusch bisher bei Elise vermisst hatte. Sie stimmte also zu.

„Es ist hilfreich, als Offizier gedient zu haben", sagte Achenbach, schloss die goldenen Manschettenknöpfe, streifte die Jacke des Leinenanzuges über und setzte sich den runden Panamahut mit den geflochtenen Palmenblättern auf. „Das verschafft Anerkennung und Würde. Und Würde schafft Vertrauen. Und Vertrauen ist wichtig, damit einem junge hübsche Damen anvertraut werden."

Seine Stimme klang aufgeräumt, fast fröhlich, und Elise sah ihn erstaunt an. Vielleicht war sie wirklich auf dem richtigen Weg, und dieses Abenteuer, mochte es auch noch so bescheiden sein, war tatsächlich geeignet, Achenbach aus seiner Mutlosigkeit zu reißen.

Sie fuhren mit der Droschke zum Bahnhof. Von dort folgten sie den roten Schildern, die zur elektrischen Kleinbahn führten. Diese fuhr alle sechs Minuten, zwölf Kilometer über Melverode nach Braunschweig, für fünfunddreißig Pfennige.

In Braunschweig standen die Droschken am Altstadtmarkt vor dem Laubengang mit seinen neun Pfeilern und den Standbildern sächsischer Fürsten, die hochmütig und desinteressiert auf Achenbach und Elise herunterschauten.

Die Borsigstraße lag im Südosten der Stadt. Das war zu vermuten gewesen. Im Westen lagen meist die besseren Viertel, unbehelligt vom Rauch der Schlote, den der Wind nach Osten trieb.

Der Droschkenkutscher war nicht begeistert, als er die Adresse hörte, und war nur zu froh, dass sie dann bereits am Wall ausstiegen.

Das Vorderhaus in der Borsigstraße 11 war ein gerade gebautes dreistöckiges, aus rötlichen Klinkern gefügtes Gebäude. Im Erdgeschoss ein Schuster und eine Fleischerei. Schmale Balkone, die mit Hausrat vollgestellt waren. Offene Fenster, ein Baby weinte, ein Mann brüllte.

Ein Durchgang führte auf den Hof. Eine Frau kam ihnen entgegen. Sie trug einen Bauchladen, in dem Milchflaschen mit roten Gumminuckeln standen. „Milchflaschen", rief sie, „Niemand muss mehr hungern! Ersatz für Muttermilch!" Neben der Treppe hing ein Mitteilungskasten aus gebeiztem Holz. Hinter einer Glasscheibe steckten Namen in Schiebeleisten. Vorderhaus-Seitenflügel-Hinterhaus. Keine Amalie Freitag. Aber einige Felder waren frei.

Quer über den Hof hing Wäsche. Elise und Achenbach bahnten sich ihren Weg zwischen Hemden, langen Unterhosen und Betttüchern, die ihnen im Wind entgegenflatterten. Die Tür zum Hinterhaus stand offen. Sie stiegen die Treppe hinauf. Es roch nach Braunkohle, Wirsing und schwarzem Schimmel. Die Namen der Mieter steckten in Messinghaltern. Kein Freitag. Im Obergeschoss links hustete jemand. Elise klingelte. Das Husten verebbte. Niemand öffnete.

„Nicht gerade eine gastliche Gegend", sagte der Alte.

„Komm, wir fragen vorn in der Fleischerei, die wissen ja meistens Bescheid."

Die Glöckchen über der Tür bimmelten, als sie eintraten. An der Wand hinter der weißen Ladentheke hingen zu Ringen gebundene Würste. Eine Frau in Kittelschürze erschien und sah sie misstrauisch an.

„Eine Mettwurst, bitte", sagte Elise.

„Gekocht? Nicht gekocht?" Die Stimme der alten Frau war erstaunlich energisch.

„Frisch, bitte. Sie sehen gut aus, Ihre Würste."

Die Frau nickte, nahm eine Stange mit einem Haken und angelte eine Wurst aus der oberen Reihe. „Achtzig Pfennige, bitte schön. Einwickeln?"

Elise nickte. „Wir suchen eine Frau Freitag. Amalie Freitag. Sie soll hier wohnen. Im Hinterhaus."

Die Hände der Frau verharrten. „Suchen sie ihr wegen die Miete?"

„Sie hat geerbt, gute Frau", warf Achenbach ein.

Die Fleischersfrau antwortete nicht. Der gut gekleidete Mann mit dem hochmütigen Benehmen missfiel ihr offensichtlich.

„Ich weiß nichts", sagte sie mürrisch und schob Elise die Wurst über die Marmorplatte zu. Dann eben nicht, dachte Elise. Sie zahlte und sie gingen. In der Tür drehte sie sich noch einmal um. „Nichts für ungut", sagte sie zu der Frau, die ihnen nachstarrte, „es ist nur schade für die Frau Freitag, wo sie doch das Geld gut gebrauchen könnte." Sie lächelte. Wahrscheinlich war es dieses Lächeln, das das Herz der Fleischersfrau erweichte. Vielleicht aber auch die Aussicht auf nicht mehr erwartete Mietzahlungen.

„Wir haben sie kündigen müssen", sagte sie zögernd, „sie is ne Witwe und bekommt ne Rente, aber das hat wohl nich gereicht, sie is mit die Revoluzzer, wissen Sie, und das is nich jut. Sacht mein Mann."

„Und wo ist sie jetzt?"

„Keine Ahnung. Sie ist auch in der SPD, eine ganz Stramme, vielleicht können die Sie was sagen." Sie zeigte nach rechts die Straße hinunter. „Die ham ein Büro, dahinten, an der Ecke, gleich hinter die Destille."

Das Büro der SPD war eher ein Verschlag und sah nicht gerade einladend aus. In einem kleinen Schaufenster hing ein Plakat mit einem Frauenkopf. Eine schlanke Frau, deren Gesicht mit einer markanten Nase halb im Schatten lag. Die großen Augen blickten den Betrachter forschend an. Darunter ein Name: ROSA LUXEMBURG. Achenbach verzog das Gesicht, Elise hatte noch nie etwas von dieser Frau gehört.

In der Tür war ein Briefkastenschlitz.

Darüber ein Schild: SPD

Achenbach spuckte aus. „Vaterlandslose Verräter. Nicht mit mir." Er drehte sich ab.

Elise hielt ihn zurück. „Lass uns erst hören, was sie zu sagen haben." Als er nicht reagierte, fügte sie hinzu: „BITTE!!!"

„Du wirst es bereuen", knurrte er.

Elise klopfte und fasste nach dem Türgriff. Zu ihrem Erstaunen ließ sich die Tür öffnen. Ein kleiner, fast kahler Raum lag vor ihnen. Nur ein wackliger Schreibtisch und acht Stühle, die im Kreis um ihn herum standen. Ein Mädchen, nicht älter als zwölf, kniete auf dem Boden und wischte die Fliesen. Es ließ den Scheuerlappen in den Eimer fallen und blickte auf.

„Nicht erschrecken", sagte Elise schnell. „Wir möchten nur eine Auskunft."

Es stellte sich heraus, dass das Mädchen nicht viel wusste – aber Wesentliches. „Sie sin net da. Sie tun feiern, und ich darf net mit. Im Schrebergarten. Tante Freitag ist auch da."

Die Schrebergärten lagen nur drei Häuserblocks entfernt neben dem *Französischen Feld,* gleich vor dem Bahndamm. In regelmäßigen Abständen zogen sich schmale Wege durch das Gelände. Akkordeonmusik schallte herüber.

„Auch so eine neue Mode, diese Gärten", schimpfte

Achenbach. „Jetzt rotten sich die Terroristen schon in Gottes freier Natur zusammen."

Die Bretterpforte am Eingang war nur angelehnt. Elise stieß sie auf und blickte den Alten auffordernd an. Er blieb einfach stehen. Es war, als ob sein guter Wille erschöpft war.

„Du musst mich beschützen", sagte Elise. Achenbach sah sie vorwurfsvoll an. Der Appell an seine Pflichten als Mann und als Offizier setzte ihn matt. Sie nahm seine Hand und zog ihn hinein. Ein Weg führte zwischen säuberlich abgegrenzten Parzellen auf ein Waldstück zu. Sie hatten es kaum erreicht, als zwei Männer vor ihnen auftauchten und sich ihnen in den Weg stellten.

Sie waren noch jung, um die Zwanzig. Rote Halstücher. Die Hemden unter den Hosenträgern verwaschen, mehrfach geflickt, ohne Kragen. Auf den Köpfen trugen sie flache Schirmmützen. Die Hände waren zu Fäusten geballt. Sie blickten grimmig. Dass Elise sie anlächelte, machte keinen Eindruck auf sie.

„Dat hier is privat", sagte der Ältere.

„Dat hier is mehr als privat", echote der andere. „Zugang verboten." Er schob den Kautabak im Mund hin und her.

„Das Tor war offen", sagte Elise forsch. Die Männer erinnerten sie an ihre alten Freunde von der Weser. Solchen Jungs gegenüber musste man Stärke zeigen, sonst machten sie mit einem, was sie wollten. „Wir suchen Amalie Freitag, um ihr etwas zu bringen."

Die Männer blickten ratlos.

„Nun lassen Sie uns schon durch", bellte Achenbach und schob sich an ihnen vorbei.

„Wenn Sie uns anlügen", schnappte der Ältere, „wenn Sie uns anlügen, kommen Sie hier nich mehr heil raus!"

Achenbach zuckte die Schultern.

Das Waldstück umschloss eine Lichtung. Seitlich darauf eine kleine Hütte mit Feuerstelle, daneben ein paar Holztische und -stühle. Mehrere Bänke reihten sich vor einer improvisierten Bühne, auf der ein korpulenter Mann Akkordeon spielte.

Hoch auf dem gelben Wa-ha-gen ...

Die Bänke waren alle besetzt. Deftige Typen mit Bierflaschen in den groben Händen und qualmenden Pfeifen zwischen den Zähnen. Der Dicke ließ das Akkordeon sinken, als Achenbach und Elise auf den Platz traten. Die Menschen auf den Bänken sahen sie ungläubig an, als wären sie Wesen aus einer anderen Welt – was sie, wenn man so wollte, ja auch tatsächlich waren. Knisternde, drohende Stille legte sich über die Versammlung. Ein Mann, der ganz vorn an der Bühne saß, stand auf und trat ihnen entgegen. Er war eher klein, hatte dunkle Haare, Stirnglatze, Spitzbart. Durch eine Nickelbrille blickten seine Augen mit großer Wachsamkeit auf die Eindringlinge.

Achenbach stellte Elise und sich vor. „Wir suchen Amalie Freitag, wir haben etwas für sie, von ihrem Sohn ..."

Eine Frau schrie auf. Sie hatte ganz hinten gesessen und drängte sich nun durch die Reihe. Heftig atmend blieb sie vor ihnen stehen.

„Was ist ... mit meinem ... Johann?", keuchte sie.

Elise sah die Verwirrung in dem runden Gesicht, und Mitgefühl überschwemmte sie. Sie zog das Medaillon heraus und gab es ihr. „Dies hatte Ihr Sohn meiner Mutter in Verwahrung gegeben", sagte sie, „und jetzt haben wir Sie endlich gefunden, um es Ihnen zurückzubringen."

Die Frau blickte auf die Bilder, ihr Gesicht wurde blass, dann sackte sie in sich zusammen. Der kleine Mann fing sie auf.

Eine halbe Stunde später saßen Elise und Achenbach mit Amalie Freitag an einem der Holztische. Sie hielt Elises Hand und drückte sie von Zeit zu Zeit. „Es ist, als ob mein Sohn mich besucht nach all den Jahren."

Amalie Freitag war allein zu der Versammlung gekommen. Sie war Witwe, und ihr Sohn war tot. „Die Menschen hier", sie zeigte in die Runde, „das ist meine Familie. Wir halten zusammen, was immer sie uns antun." Sie stupste Elise an. „Aber heute ist kein Tag, um traurig zu sein. Und ich danke Ihnen sehr."

Es wurde ein harmonischer, wenn nicht gar fröhlicher Nachmittag, zumal Achenbach nach und nach seine unduldsame Nervosität ablegte und sich am allgemeinen Gespräch beteiligte. „Hätte ich nicht geglaubt", raunte er ihr zu, „alles ganz nette Leute." Als sei er erstaunt, in diesem Milieu auf Leute zu treffen, die sich wie Menschen benahmen. Seine Einstellung verwunderte Elise. In Afrika hatte er sich doch gerade den armen Leuten gegenüber sehr menschlich verhalten.

Amalie war offenbar so etwas wie die gute Fee der Gruppe, liebevoll geachtet, jeder der Anwesenden war bemüht, es ihr recht zu machen. Ihre Freunde freuten sich mit ihr über das unerwartete Vorkommnis und übertrugen ihre Freude ohne große Umschweife auf die Besucher. Jemand drückte Achenbach einen Krug Bier in die Hand, und Flaschen mit Hochprozentigem machten die Runde. Ein Feuer brannte, es gab Gebratenes und in der Asche angekohlte Kartoffeln. Während sie die schwarze Kruste abbröselte, erzählte Amalie Freitag aus ihrem Leben. Sie war nie aus Braunschweig herausgekommen, bedauerte das jedoch nicht. Immer wenn jemand aus ihrer Familie in die Fremde gegangen war, war er nicht mehr zurückgekehrt. Das war bei ihrem Mann so gewesen, der im Krieg gegen die „Franzmänner" gefallen war, als auch bei Johann, ihrem Sohn. Ihr Leben war ein einziger Kampf gewesen, und doch hatte das ihrer Lebensfreude keinen Abbruch getan. „Man muss demütig sein", sagte sie kauend, „darf nicht zu viel verlangen, dann wird man auch nicht zu sehr enttäuscht."

Das kann man so oder so sehen, dachte Elise. Ist es nicht vielleicht sogar besser, die Erwartungen hochzuhängen, weil das Schicksal sich sowieso seinen Teil nimmt?

Als hätte Amalie ihre Gedanken erraten, fügte sie hinzu: „Wichtig ist aber, dass es einigermaßen gerecht zugeht im Leben. Deswegen sind wir ja hier." Sie holte eine weitere Kartoffel aus der Glut und legte sie Achenbach auf den Teller. Ihr Busen lag dabei scheinbar achtlos auf seiner Schulter. Achenbach schloss die Augen. Dass ihm eine Frau fehlen könnte, auf diesen Gedanken war Elise noch nicht gekommen. Als er die Augen wieder öffnete, hatte seine Apathie jedenfalls ein Ende. „Na, dann", warf er in die Runde, „ich denke, ich trinke noch einen Schnaps. Auf einem Bein lässt sich schlecht stehen."

Amalie, die ihre Position beibehielt, zwinkerte Elise zu. „Er kennt sich aus, Ihr Herr Großonkel."

„Er ist ein netter Kerl", sagte Elise fröhlich, „im Prinzip. Nur hin und wieder merkt man noch, dass er mal Offizier war."

Amalie hob alarmiert den Kopf. „Dann soll er lieber schnell gehen. Damit ihm nichts passiert. Wir sind hier gegen die Soldaten. Und wir sind gegen den Krieg. Und gegen den Kaiser. Weil der in den Krieg will. Sogar die SPD will das, sie unterstützt, dass Gelder für den Krieg freigegeben werden. Rosa Luxemburg sagt, das ist der Anfang vom Ende. An der könnten sich viele ein Beispiel nehmen." Sie hob den Zeigefinger. „Ich bin ja nur eine einfache Frau, aber ich weiß, wir müssen was tun, nicht einfach nur dasitzen." Sie zerlegte Achenbachs Kartoffel in dampfende Stücke. „Die Obrigkeit hat schon ein Auge auf uns geworfen. Aber hier finden sie uns nicht." Sie blickte auf Achenbach hinunter und stupste ihn an. „Wenn er uns nicht verrät ... weil er doch Offizier ist, meine ich."

Achenbach schüttelte den Kopf. „Der Krieg wird kommen, so oder so", sagte er, und es klang hilflos. Er drehte sich zu Amalie um. „Sie müssen sich nicht beunruhigen, liebe Frau Amalie, glauben Sie mir, ich will den Krieg auch nicht."

Elise und Achenbach hatten begriffen, dass sie in ein Geheimtreffen der Linken geraten waren. Die Musik war nur Tarnung. Als die Schatten länger wurden, packte der Dicke sein Akkordeon ein, und der kleine Mann betrat die Bühne.

„Genossinnen und Genossen“, begann er und wartete, bis sich die Unruhe legte. „Ich überbringe euch die herzlichen Grüße von Rosa. Sie ist in Zürich, wo sie darüber verhandeln, dass die Sozialistische Internationale wieder erstehen soll, jetzt, da es wirklich ernst wird. Die Kapitalisten wollen den Krieg. Und die Kaiser und Könige, die unsere Länder in den Untergang steuern, auch. Sie sind sich alle einig. Aber ohne uns! Das ist gefährlich. Wir müssen unsere Reihen schließen. Wir wollen nie wieder Kanonenfutter sein!“

Zustimmende Zurufe erklangen. Hier und da flog eine Faust in die Höhe.

„Unsere Freunde von der SPD sind dabei, uns zu verraten. Sie werden ihre Zustimmung zur Kriegs- und Burgfriedenspolitik geben. Sie sind auf den vaterländischen Leim gekrochen und geben unsere Ziele preis, den proletarischen Internationalismus, die Ablehnung des Militarismus und den Klassenkampf als Ganzes. Die Zustimmung der SPD zu den Kriegskrediten ist ein Verrat an unserer Sache! Wir müssen den Kampf gegen den Krieg in die SPD tragen und die internationale Solidarität mit den anderen europäischen Arbeiterparteien sobald wie möglich wiederherstellen.“

Der kleine Redner nahm den Beifall lächelnd entgegen und reckte die Arme siegesgewiss in den Himmel. „Wer dafür ist, soll aufstehen!“

Alle Anwesenden außer Elise und Achenbach standen auf, schrien durcheinander und reckten die Fäuste. Elise wäre um ein Haar mit aufgestanden, denn natürlich war sie auch gegen den Krieg. Aber Achenbach hielt sie fest.

Der kleine Mann wurde ermächtigt, die Unterstützung der Versammlung weiterzugeben, und jedermann schien froh und stolz darüber, zur Weltpolitik beigetragen zu haben. Eine ausgelassene Stimmung machte sich breit. Der Akkordeonspieler erschien wieder und stimmte eine Polka an. Frauen zerrten ihre widerstrebenden Männer zur Tanzfläche auf der Bühne. Amalie zögerte einen Moment, dann zog sie den überrumpelten Achenbach mit sich zur Musik. Und plötzlich stand auch ein junger Kavalier mit hochrotem Kopf vor Elise und verbeugte sich linkisch.

So kam es, dass Elise ihren ersten offiziellen Tanz nicht unter den Augen ihrer Eltern absolvierte, sondern bei einem hochgeheimen konspirativen Treffen von ziemlich sympathischen „vaterlandslosen Gesellen".

Achenbachs Erstarrung legte sich schnell. Amalie hielt ihn an sich gepresst, wobei sie die Handkante fest gegen seinen Rücken drückte. Achenbach wiederum führte seine Partnerin formvollendet mit erhobenem Kopf und an ausgestrecktem Arm über die schwankenden Bretter der Bühne.

Es war schon dunkel, als der Akkordeonspieler eine Pause machte. Elise mahnte zum Aufbruch. Mit der Großmut der Kieckbusch war nicht zu spaßen.

Achenbach hatte ganz offensichtlich noch keine Lust zu gehen, fügte sich aber letztlich in sein Schicksal. Er und Amalie tanzten noch einmal, wobei Achenbach wie ein kleiner Junge auf sie einredete. Nachdem er sich schließlich zum Abschluss kurz vor ihr verbeugt hatte, stellte Amalie sich auf die Zehenspitzen und drückte dem unsicher dastehenden Mann ein Küsschen auf die Wange.

Danach verabschiedeten sich Elise und Achenbach von allen unter großem Hallo.

Auf dem schmalen Weg, der zum Eingangstor führte, war es stockfinster und fast ein wenig unheimlich zwischen den hohen Büschen und Hecken. Elise atmete auf, als sie die Straße erreichten.

In dem Moment brach die Hölle los.

11

Schwarze Lastwagen brausten um die Ecke und kamen mit quietschenden Reifen zum Stehen. Mit schmucklosen grünen Uniformen bekleidete Männer sprangen von den Ladeflächen. Einer hielt eine Pistole in die Höhe und schrie: „Alles folgt meinem Befehl!“. Er war groß, fast einen Kopf größer als die anderen, und dicker. Sein Stiernacken quoll über die rote Paspel seines Uniformkragens. Sein rundes Gesicht war gerötet. Der Mann genoss seinen Auftritt sichtlich. Er riss die Hacken zusammen und scheuchte seine Männer durch das Tor.

Elise war bei dem Anblick in die Anlage zurückgewichen und rannte jetzt blindlings in einen der schmalen Wege hinein. Achenbach versuchte vergeblich, sie zurückzuhalten, und folgte ihr fluchend.

Nur Augenblicke später hatte die Truppe den Platz im Wäldchen offensichtlich erreicht, denn man hörte die Frauen schreien und die Männer brüllen.

Schüsse fielen.

Im Sichtschatten der Büsche schlich Elise in die Richtung. An einer großen Eiche blieb sie stehen. Sie lehnte sich gegen den Stamm und schob sich vor, bis sie freien Blick auf den Platz hatte. Achenbachs Hand legte sich auf ihre Schulter.

Die Uniformierten hatten die Lichtung umstellt. Sie zielten mit Gewehren auf die Männer, die neben den Bänken im Gras knieten. Drei Frauen trugen einen Verletzten auf die Bühne. Er hing schlaff zwischen ihnen und blutete. Die Frauen heulten und weinten. Der Mann mit dem roten Gesicht trat dazu und grinste. Er beugte sich über den Mann und spuckte ihm ins Gesicht. Eine der Frauen schrie auf. In der Hand hielt sie ein Kartoffelmesser. Der Rotgesichtige trat ihr in den Unterleib. Sie brach wimmernd zusammen. Während der Mann sich dann breitbeinig über sie stellte, nutzte einer der Genossen den Moment der Ablenkung und floh in das hohe Gras hinter der Bühne. Als die Uniformierten seine Flucht bemerkten, verschwand er gerade im Unterholz. Jemand pfiff auf einer Trillerpfeife. Ein Trupp organisierte sich, um das Wäldchen zu durchkämmen.

Elise sah den Flüchtenden erst, als er keuchend und nach Luft ringend nicht weit von ihnen entfernt auftauchte. Er hielt etwas Schwarzes in der Hand. In dem Augenblick entdeckten ihn seine Verfolger. Kugeln pfiffen durch die Büsche. Der Mann stöhnte auf und taumelte vorwärts, dann brach er zusammen. Noch während er fiel, schleuderte er das schwarze Ding von sich. Elise warf sich nach vorn. Ihre Hände bekamen es zu fassen.

Achenbach riss sie zurück auf den Weg. „Lauf! Lauf um dein Leben!", keuchte er.

Am nächsten Tag konnte sich Elise kaum erinnern, wie sie nach Wolfenbüttel zurückgekommen waren. Das Knallen der Schüsse, das Zirpen der Kugeln, die schreienden Frauen, der Anblick des in seinem Blut liegenden Verwundeten. Waren die Menschen verhaftet worden? Wie ging es Amalie? Sie war nicht unter den Leuten bei der Bühne gewesen. In Elises Kopf wirbelten Bilder und Gedanken durcheinander. Sie wusste nur, dass Achenbach ruhig und überlegt gehandelt hatte. Ohne ihn wären sie wohl kaum heil aus dem *Schlamassel*, wie er es nannte, herausgekommen.

Es hatte sich herausgestellt, dass das schwarze Ding ein Heft mit schwarzem Einband war. Es lag vor ihnen auf dem Küchentisch. Linierte Seiten. Auf den Linien standen Namen, Namen mit Adresse, penibel handgeschrieben mit Kopierstift. Hier und da hatte Feuchtigkeit die Buchstaben bläulich-violett verlaufen lassen.

Einundfünfzig Namen.

„Eine Mitgliederliste", sagte Achenbach mit rauer Stimme. „Die Mitgliederliste dieser Leute. Jeder Name ein Verbrecher ..."

„... in den Augen des Staates!"

„Natürlich in den Augen des Staates. Was denn sonst? Jeder, dessen Name dort steht, ist ein Kandidat für das Zuchthaus, wenn nicht für das Standgericht. Kein Wunder, dass der Mann das Heft loswerden wollte, bevor sie ihn erwischten. Tapferer Kerl, das muss man ihm lassen."

„Der Staat hat kein Recht darauf!"

„Der Staat mag keine Geheimbünde."

„Deshalb haben sie trotzdem nicht das Recht, wehrlose Menschen zu erschießen. Das müsstest du doch am besten wissen."

Achenbach schüttelte hilflos den Kopf. „Eigentlich ist es nur logisch ..."

„Was ist logisch?"

„Es ist das System. Wenn sie in Afrika Menschen zum Schutz des Systems umbringen, warum sollten sie das nicht auch in Deutschland tun?"

„Weil wir ein zivilisiertes Volk sind. Goethe, Schiller, Beethoven. Hegel und Kant ..."

Achenbach seufzte. „Na ja, dann weißt du ja nun Bescheid. Wenn es um die Macht geht, hat es sich schnell mit Goethe und Schiller." Er wandte ihr den Rücken zu und starrte aus dem Fenster.

Elise hatte nicht geglaubt, dass er das Thema so schnell abhaken würde. Offenbar wollte er nicht weiter darüber nachdenken.

„Ob der Mann tot ist?", fragte sie nach einer Weile.

„Sah jedenfalls böse aus", brummte er widerwillig.

Elise packte ihn am Revers seiner Jacke. „Es war illegal! Macht dir das gar nichts aus? Bist du schon so abgestumpft?"

„Ich bin auch nur ein Mensch."

„Was soll das denn bedeuten?

„Keiner kann aus seiner Haut."

„Billige Ausrede!" Sie hatte es leiser sagen wollen, aber es kam laut und schroff aus ihr heraus, was ihr sofort leid tat.

„Wenn es illegal war", fügte sie ruhiger hinzu, „müssen wir es melden. Der normalen Polizei. Oder der Regierung. Oder einer Zeitung. Man kann doch nicht einfach Leute umbringen!" Sie blickte ihn auffordernd an. „Oder meinst du, dass die alle unter einer Decke stecken?"

Achenbach blieb stumm.

Plötzlich verstand Elise. Sie hatte ihn in seinem Stolz getroffen. Und er hatte Angst.

Er hatte Angst, dass er in die Behördenmühle geraten würde. Nachforschungen würden angestellt werden, und am Ende würden sie auch ihn erschießen.

Das musste sie respektieren. Er war ein geschundener Mensch, und eine Meldung an die Behörden würde die Toten auch nicht wieder lebendig machen. Was aber war mit ihren Familien? Benötigten sie Hilfe? Und die anderen? Sie würden alle Angst haben, Angst um ihr Leben. Irgendetwas musste man tun. Es widerstrebte Elise im Innersten, tatenlos zuzuschauen. Sie stieß Achenbach an, als wollte sie ihn aufwecken. „Wir müssen die Liste zurückbringen", sagte sie.

„Hier ist sie sicher."

„Ja, da hast du recht. Aber die Leute müssen wissen, wo sie ist. Und ich muss wissen, was mit den Leuten geschehen ist. Wir suchen Amalie Freitags Adresse aus der Liste heraus und fahren hin."

„Leles Adresse in der Liste ist falsch ... Aber sie hat mir die richtige gegeben."

„Lele?" Elise pfiff durch die Zähne. „Donnerwetter. Drei, vier Tänze, und schon weißt du ihren Kosenamen und duzt sie sogar. Und ihre neue Adresse hast du auch. Jetzt verstehe ich, warum du bei den Aufklärern warst und wieso der französische General keine Chance hatte."

„Sie ist nett", verteidigte er sich.

„Ach so ist das." Elise lächelte.

Aber er blieb ernst. „Du musst dir darüber im Klaren sein, dass dies ein entscheidender Moment ist. Wenn wir jetzt weiter machen, gibt es kein Zurück mehr. Dann stecken wir mittendrin und ..."

„Diese Menschen stecken auch schon *mittendrin*", fuhr sie ihn an. „Sollen wir sie so einfach ihrem Schicksal überlassen, obwohl wir Möglichkeiten hätten, ihnen zu helfen?"

„Man könnte ihnen Geld zukommen lassen."

„Und selbst schön warm am Ofen sitzen bleiben?" Elise sprang auf. „Ich denke", fügte sie dann mit spröder Stimme hinzu, „ich denke, du solltest nicht schon wieder klein beigeben. Das überlebst du nicht. Was würdest du denn machen, wenn du morgen in der Zeitung liest, dass die Leute erschossen worden sind? Wieder mit den Sternen reden? Und dich endgültig zu Tode saufen?"

„Jetzt verstehe ich, warum deine Eltern dich weggeschickt haben", knurrte er.

Elise hatte es insgeheim befürchtet, aber sie musste zugeben, dass Achenbach recht hatte: Sie waren Helfer der Kommunisten geworden, ob sie dies nun wollten oder nicht. Dass sie das schwarze Heft an sich genommen hatten, während die Kugeln über sie hinwegpfiffen, war eine Sache. Sie hatten schließlich nicht einmal gewusst, um was es sich handelte. Dass sie die Adressliste bewahrten, machte sie jedoch zu Unterstützern der Bewegung. Aber Elise wollte sich keine Ausflüchte, seien sie noch so wahr, erlauben. Sie war zutiefst geschockt von der Brutalität der Polizei, und sie fühlte instinktiv, dass vernünftige Menschen etwas dagegen unternehmen mussten.

Umso mehr verwunderte es sie, dass die Öffentlichkeit die Nachricht über die Zerschlagung der Versammlung und den Tod zweier Männer einfach so hinnahm. Sie hätte einen Sturm der Entrüstung erwartet. Aber nichts dergleichen geschah. Und auch der Zeitungsartikel, der dazu erschien, enthielt keinerlei Kritik am Vorgehen der Uniformierten oder ihres Anführers. Achenbach, der dergleichen schon aus den deutschen Kolonien kannte, erstaunte dies nicht. Die Welt war eben so. Was die Obrigkeit tat, war sakrosankt, ebenso wie das ganze System, das nicht darauf ausgelegt war, Fehler zuzugeben, geschweige denn zu ahnden.

Amalie Freitag war zu Elises Erleichterung relativ gefasst. Sie und ihre Freunde hatten nichts anderes erwartet. So visionär und zum Teil utopisch ihre Gedanken und Ziele waren, so klar und nüchtern sahen sie die jetzige Situation. Trotzdem würden sie weiterkämpfen. Auch trotz oder gerade wegen der Toten. Dann würde die Revolution eben blutig werden müssen. Die Rettung der Mitgliederliste sahen sie dabei wie einen Wink des Schicksals.

Elise allerdings wurde von den gestelzten Slogans der Gruppe über die Gerechtigkeit einer blutigen Revolution verunsichert. Sie fragte sich, ob sie nicht den Teufel mit dem Beelzebub auszutreiben versuchten.

„Wollt ihr denn den Krieg?“, hatte Amalie sie gefragt.

Dumme Frage. Natürlich wollten sie keinen Krieg. Wer wollte schon Krieg? Oder doch? Waren Amalies Freunde wirklich die Einzigen, die den Wahnwitz eines Krieges sahen? Und sahen sie ihn wirklich?

Elise erinnerte sich an ein Gespräch, das sie vor einer Weile mit Achenbach geführt hatte. Sie hatte ihn nach den Fähnchen gefragt, die in seinen Wandkarten steckten, auch dort, wo Wasser war.

„Das da in der Nordsee, das ist die deutsche Flotte. Die kleinen blauen Fahnen sind die U-Boote, die gelben die Zerstörer, die roten die Schlachtschiffe – der Stolz seiner Majestät. Und alle mit einer weißen statt einer schwarzen Stange sind jünger als fünf Jahre.“

„Es sind viele jünger als fünf Jahre.“

„Und was sagt uns das? Wenn man davon ausgeht, dass die alten Schiffe im Dienst bleiben?“

Seine Art zu fragen, ärgerte sie. „Ich bin nicht mehr zwölf“, protestierte sie.

„Ich möchte, dass du selbst darauf kommst.“

„Worauf?"

„Dass die Flotte wächst. Sie hat sich in fünf Jahren fast verdoppelt!"

„Aber warum?"

Er blickte sie nachsichtig an. „Ja, warum wohl?"

„Nein, das glaube ich nicht. Der Kaiser ist doch mit allen verwandt. Der Zar und der englische König, sie waren doch gerade in Berlin, als Prinzessin Viktoria-Luise den Braunschweiger Herzog geheiratet hat!"

Achenbach ließ sich in einen Sessel sinken. „Es ist, als ob du einen großen Kuchen backst", begann er, „und du hast zu viel Hefe in den Teig getan. Du wolltest, dass der Kuchen so groß wird wie andere Kuchen auch, aber dann siehst du, dass der Teig nicht aufhört zu quellen, und du stehst hilflos davor. Und dann ist es, als ob in jedem Land so ein Topf mit Teig steht. Und plötzlich sind alle stolz, dass ihr Teig so schön quillt, dass er sogar schöner quillt als der Kuchen im Land nebenan."

„Das würde ja bedeuten, dass alle den Krieg wollen, alle in Europa."

„Das Schlimme ist, dass alle denken, dass der Krieg kein richtiger Krieg sein wird, weil sie ruck-zuck gesiegt haben werden. Nur ein kleiner Kriegsspaziergang, eine Spritztour, sozusagen. Die Franzosen sehen sich schon am Brandenburger Tor, und die Deutschen träumen von den Mademoisellchen unter dem Eiffelturm."

„Ich kenne keinen, der vom Eiffelturm träumt."

„Dafür kennst du mich, und ich sage es dir. Und ich sage dir auch, dass wir in der Falle sitzen. Wir sitzen mit den Österreichern zusammen in der Falle. Auf die Italiener im Süden ist kein Verlass." Sein Zeigefinger tippte auf die Karte. „Hier im Osten, das ist das riesige Russland. Da ist schon Napoleon gescheitert. Und auf der anderen Seite, im Westen?"

„Frankreich."

„Und England."

„Und wir dazwischen“

„Unser Heer soll um 136.000 Mann vergrößert werden. Frankreich hat die Dienstzeit seiner Soldaten auf drei Jahre erhöht. England baut noch mehr Schlachtschiffe. Selbst die Kleinen, Belgien und Holland und Schweden, beteiligen sich am Wettrüsten. Ich habe einen alten Freund im Generalstab. 1916 spätestens wird es knallen, sagt er. Und bis dahin fahren wir mit Kanonenbooten in der Welt herum und erschrecken Marokko und wen sonst noch. Und unsere alten Freunde, die Österreicher, verlegen Serbien den Zugang zum Mittelmeer. Wohin man auch blickt, überall sprühen die Funken. Und die warten nur darauf, in etwas Brennbares zu fallen.“ Achenbach hatte sich in Rage geredet.

„Und woher weißt du das alles? Du bist doch schon lange nicht mehr beim Militär und du ...“

„... schließt dich hier ein, mit deinen Weinflaschen ... Meinst du das?“

„Na ja ...“

„Ich war lange genug dabei, viel zu lange. Und ich habe gelernt, dass der Krieg eine viel zu komplizierte Angelegenheit ist, als dass ein Mensch sie begreifen kann. Erst recht, wenn er Ludendorff oder Tirpitz heißt. Für diese Männer gibt es nur das Militär. Und die Macht, die man damit ausüben kann. Und alles unter dem Deckmantel, das Vaterland zu schützen. Das Fatale ist: Sie glauben es wirklich. Es widert mich an, dieses bigotte Getue.“

Doch zunächst vergaß Elise seine deprimierenden Worte. Der Frühsommer des Jahres 1914 war so schön, üppig und warm, der Duft der Blumen schwebte in der Nacht, und die Sterne funkelten in reinem Glanz.

Die Gewitterwolken wollte niemand sehen.

12

Es ist durchaus möglich, dass die Dinge im Kleinen hervorragend laufen, während die große Welt aus den Fugen gerät. Am 28. Juni 1914 gingen in Europa die Lichter aus. Ausgerechnet an diesem Tag begann für Traugott Achenbach ein neues Leben: Amalie Freitag zog bei ihm ein. Nicht, dass das eine mit dem anderen etwas zu tun gehabt hätte. Es war einfach der starrköpfige, liebevolle Wille einer Frau, die einen verunsicherten Mann überrumpelte und ihn so aus einer Wolke aus Zagen und Zaudern ins Leben zurückholte.

Alles hatte mit Achenbachs Entscheidung begonnen, Amalie Freitag als Haushaltshilfe einzustellen, die zweimal in der Woche zu ihm kam. „Ich kann ja nicht auf ewig deine Hilfsbereitschaft ausnutzen", hatte er zu Elise gesagt, „und dein Hauswirtschaftspensum in der Schule reicht ohnehin schon für zwei. Ein kluges, junges Mädchen sollte sich mit anderen Dingen beschäftigen."

Amalie hatte die Hände über dem Kopf zusammengeschlagen, als sie seinen Junggesellenhaushalt kennenlernte. Und Elise spürte, dass sie litt, wenn sie Achenbachs Traurigkeit sah. Es machte die tatkräftige Frau hilflos, dass auch ihr gutes Essen nicht half, ihn fröhlich zu stimmen. Aber Elise wusste, dass der Alte es genoss, wenn Amalie ihn umsorgte, auch wenn er es nicht zeigen konnte. Morgens, wenn die Droschke kam und Amalie nach Braunschweig brachte, begannen seine Augen zu leuchten. Abends, wenn die Droschke sie wieder abholte, verschloss sich sein Gesicht. Elise war klar, dass die Zeit, in der sie und Achenbach die kleinen und großen Dinge der Welt miteinander besprachen, ein Stück weit vorbei war. Am Anfang hatte sie sogar das Gefühl gehabt, dass Amalie sie aufmerksam beäugte, wenn sie nachmittags zum Tee ins Torhaus kam, aber das hatte sich schnell gegeben. Und

Elise merkte jetzt, dass Achenbach ihr doch viel Kraft genommen hatte. Nun konnte sie sich wieder auf ihr eigenes Leben konzentrieren.

Elise war sicher, dass ihr Freund in guten, liebevollen Händen sein würde, und freute sich über das späte Glück der beiden. Dass Achenbach und Amalie so etwas wie warme Zuneigung, wenn nicht gar Liebe füreinander empfanden, war offensichtlich und zeigte sich in vielen kleinen Zärtlichkeiten, die sie austauschten, wenn sie sich unbeobachtet fühlten.

Und so hatte es – für Elise nicht verwunderlich – nicht lange gedauert, bis Amalies Hab und Gut mit einem Hanomag, einem kleinen schmalen Lastwagen, der am Tage auf der Ladefläche Briketts und in der Nacht unter dem Fahrersitz die Plakate der Sozialistischen Bewegung transportierte, am Torhaus vorfuhr.

Es war nicht viel, was sie mitbrachte. Ein Schrank mit Spiegeltür sowie allerlei Töpfe und Gerätschaften. Und ein majestätisches hochbordiges Doppelbett. Die Kleider passten mitsamt der Unterwäsche in einen Koffer. „Mehr habe ich nicht", sagte Amalie augenzwinkernd zu Elise und zupfte ein Haar von Achenbachs Jackett, „ich bin ja nur die Haushälterin, für alles andere muss die Herrschaft sorgen."

Als Elise sie am nächsten Morgen fragte, wie sie die erste Nacht im fremden Haus geschlafen habe, antwortete sie nur: „Er schnarcht", und stieß Elise in weiblicher Vertrautheit mit dem Ellbogen an.

In den folgenden Wochen und Monaten nahm der Krieg immer größere Ausmaße an. Achenbach widmete sich wieder verstärkt seinen Generalstabskarten und steckte die Fähnchen, auf denen nun die Regimenter verzeichnet waren, erst nach Belgien und dann nach Frankreich hinein, wo sie schließlich die nächsten vier Jahre verharren sollten. Dafür sollte es im Osten bald umso mehr für ihn hin und her und vor und zurück zu verlagern geben. Keine guten Zeiten sah der erfahrene ehemalige Offizier voraus.

„Er sagt, dass es eine Hungersnot geben wird", vertraute Amalie Elise an. „Wir sollen Kartoffeln anbauen. Und Steckrüben."

Und so kam es, dass Achenbach den Garten umgrub. Er grub langsam und hielt oft inne, um verwundert seine Hände zu betrachten, an denen sich ungewohnte Schwielen bildeten. Amalie saß dabei auf der Terrasse und strickte Strümpfe für die Soldaten an der Front. Manchmal allerdings, wenn der Alte zu sehr schnaufte, erhob sie sich seufzend und half ihm. Bald standen sie einträchtig auf dem frisch umgegrabenen Land. Amalie schaute zu, wie Achenbach ein Loch neben dem anderen stach. Dann nahm sie die Saatkartoffeln und zeigte ihm jede einzeln, bevor sie sie voller Sorgfalt in das ihr zugedachte Loch legte. Und erst wenn Amalie ihn anlächelte, füllte Achenbach das Loch wieder mit Erde auf, klatschte noch einmal mit dem Spaten darauf und lächelte zurück. Am Ende jeder Reihe bekam er einen Kuss. Wenn Elise zusah, zierte er sich ein bisschen, aber er begann keine neue Reihe, ohne belohnt worden zu sein.

Es war ein Idyll inmitten der großen Weltkatastrophe. Elise hätte nie geglaubt, dass es unter „alten" Leuten noch so viel Zärtlichkeit geben konnte, und sie fragte sich, wie ihre Eltern wohl miteinander umgingen, wenn sie allein waren.

Trotz des Umzugs hielt Amalie enge Verbindung zu ihren Genossen in Braunschweig. Und Achenbach und Elise fühlten sich umso mehr verpflichtet, etwas von der ungesühnten Bluttat, deren Zeuge sie geworden waren, wieder gutzumachen, wenn die Gesellschaft schon nicht daran dachte. Aber wie? Ein alter Mann und ein junges unerfahrenes Mädchen, das als Schülerin kaum Zeit und erst recht keine Erlaubnis hatte, die Schule zu verlassen. Hinzu kam, dass sie in einer anderen Welt lebten und manche Genossen sie deshalb ungeachtet der Verbindung zu Amalie misstrauisch beäugten und als Sicherheitsrisiko für die Bewegung empfanden. Je weniger sie wussten, desto besser.

Man einigte sich schließlich darauf, dass Elise hin und wieder in Wolfenbüttel Plakate kleben sollte. Verbotene Plakate. An wichtige öffentliche Gebäude, im Schutze der Nacht. Natürlich musste sie dafür heimlich aussteigen, aber das war nicht allzu schwierig, denn sie hatte inzwischen ein Einzelzimmer. Das lag zwar im ersten Stock, war aber gewissermaßen inoffiziell durch ein Spalier für Weinreben mit der Außenwelt verbunden. Eine Situation, die Elise von zu Hause kannte, und manchmal, während ihre Füße in der Dunkelheit die nächste Sprosse in dem wackligen Gerüst suchten, dachte sie mit Wehmut an Holzminden und die Zeit, als sie hinausgeklettert war, um den Erwachsenen beim Tanzen zuzusehen. Damals hatte sie gedacht, wenn sie so alt wäre, wie sie jetzt war, würde sie selbst tanzen. Daraus war nicht viel geworden, aber aus dem Fenster stieg sie noch immer ...

Das Plakatekleben in der Stadt, die sie nach einer Fahrt durch den dunklen Wald mit dem unbeleuchteten Fahrrad erreichen musste, entbehrte nicht einer gewissen Romantik, zumindest am Anfang, war aber, bei Wind und Wetter, nicht selten ebenso hart und prosaisch und erforderte ein gehöriges Maß an Disziplin. Elise war sich auch der ständigen Gefahr bewusst, schließlich war sie subversiv und im Untergrund tätig. Immer wieder musste sie sich klarmachen, dass alles, was sie tat, einen Sinn hatte.

Aber hatte es einen Sinn?

Ihre Mutter würde diese Frage verneinen.

„Du hast ein Helfersyndrom, das ist die einfache Erklärung für alles", sagte Sophie Rennefeld zu ihrer Tochter, als Elise während der Weihnachtstage zu Hause von ihren Begegnungen mit Amalies Gruppe berichtete und die Ungerechtigkeit anprangerte, die dieser widerfahren war.

„Das sind doch aber Menschen, Mama" hatte Elise geantwortet, „denen muss man doch helfen, denen muss man doch eine Stimme geben!" Doch ihre Mutter hatte das Lorgnon vor ihr rechtes Auge gehoben und sie mit dünnem Mund prüfend angeblickt, als habe ihre Tochter sich mit einer heimtückischen Krankheit infiziert.

Natürlich führte dieses gegenseitige Unverständnis dazu, dass sich das Verhältnis Elises zu ihren Eltern noch mehr abkühlte. Dass sie nicht in der Lage waren, Dinge wie Gerechtigkeit und Anteilnahme als allgemeingültige Prinzipien jenseits aller Klassenschranken zu sehen, enttäuschte sie sehr. Und nicht zuletzt diese starre Reaktion ihrer Eltern ließ Elise trotz aller Zweifel mit ihren Aktionen weitermachen. Sie wollte einfach nicht zulassen, dass Gleichgültigkeit ihr Leben bestimmte.

1916

13

Elises letztes Halbjahr an der Kieckbusch'schen Schule war angebrochen, sie konnte es kaum glauben. Draußen im Land hatte sich die Stimmung gewandelt, Gewalt war alltäglich geworden, die Post brachte unablässig blassblaue Briefe mit vorformulierten Todesnachrichten, und verhärmte Männer humpelten an Krücken durch die Straßen und bettelten um Groschen. Währenddessen war die Zeit innerhalb der Schulmauern seltsam gleichförmig und beinah unbehelligt vom Geschehen in der Welt vergangen.

Zum Glück hatte niemand je etwas von Elises zweitem, nächtlichen Leben mitbekommen. Das widersprach zwar jeder Lebenserfahrung, war aber so. Man wusste, dass Elise „speziell" war und ihren eigenen Kopf hatte, aber durch ihre offene und ehrliche Art war sie gleichzeitig ein stabilisierender Faktor für einen reibungslosen Ablauf des Schulalltags. Das war auch bitter nötig, denn das Schulpersonal war ausgedünnt worden, und der Betrieb schleppte sich inzwischen deutlich langsamer dahin als noch zu Anfang ihrer Schulzeit.

Zu Hause war Elise kaum gewesen. Wie gut, dass sie Achenbach und Amalie hatte, die für sie wie ein Familienersatz geworden waren. Als ob das Schicksal sie belohnen wollte, dass sie dem Alten damals wieder auf die Beine geholfen hatte. Was ihr seine ewige Dankbarkeit sicherte. Und die Tatsache, dass er und Amalie sich nun für sie verantwortlich fühlten.

Amalie war es dann auch, die schließlich darauf drängte, dass Elise mit dem Plakatekleben aufhören sollte. In dem Maße, in dem die Kriegsmüdigkeit ihre eigenen Aktivitäten für die Bewegung nachlassen ließ, wuchs ihre Sorge, dass Elise doch einmal entdeckt werden könnte. Hinzu kam, dass die Genossen der ersten Generation, mit denen sie zusammengearbeitet hatte, inzwischen an der Front waren und sie zu den neuen nicht so recht das nötige Vertrauen fassen konnte.

So begann Elises letzter Einsatz in einer kühlen Frühlingsnacht. Der Hanomag brachte wie üblich die Plakate, sobald es dunkel geworden war. Amalie deponierte sie zunächst hinter der Kartoffelkiste im Keller.

Elise nahm sich die Bogen um Mitternacht, faltete sie und verstaute sie unter ihrem Kleid. Wie bei allen Einsätzen gab Achenbach ihr seine goldene Uhr. In ihren Deckel war sein Name in englischer Schreibschrift eingraviert. Es war eine überaus kostbare Uhr, und Elise war überzeugt, dass sie ihr Glück brachte. Auf alle Fälle überkam sie jedes Mal eine große innere Ruhe, wenn der Alte sie ihr anvertraute.

Als Elise mit dem Fahrrad durch die Seitenpforte auf die Straße fuhr, gab Amalie ihr einen mütterlichen Klaps mit auf den Weg. Dann war sie allein in der Dunkelheit. Der Teich vor dem Torhaus lag schwarz, glatt und unheimlich zwischen den Bäumen. Der Hohlweg, der zur Straße führte, war glitschig. Im verlassenen Gasthaus glimmten zwei bläuliche Notlampen, selbst auf der Chaussee war niemand zu sehen.

Elise fuhr den Neuen Weg hinunter, ließ das Rad laufen, bis sie zum Herzogsdamm kam, bog nach rechts und dann wieder nach links und hielt sich Richtung Innenstadt. Sie hatte geplant, am Bankhaus Seeliger vorbei die Lange Herzogstraße hinunterzufahren, aber zum Glück sah sie rechtzeitig den Nachtwächter, der unter einer Laterne stand. Sein Gesicht schimmerte rot, als er sich seine Pfeife ansteckte.

Über den Umweg über die Karlstraße erreichte sie schließlich ihr Ziel, das Lessingtheater. Die Genossen in Braunschweig hatten darauf bestanden, dass sie Flugblätter auf dessen Schaukästen kleben sollte. Wegen der symbolischen Wirkung. Lessing, Aufklärung, Nathan der Weise, Toleranz Andersdenkenden gegenüber. Sie fand die Idee eher kindlich, aber sie hatte gelernt, dass Politiker – und solche, die es werden wollten – sich gern an Symbole hielten. Das letzte Mal war es das Bankhaus gewesen. Das hatte sie noch verstehen können. Der Kampf gegen den Kapitalismus. Lessing zu vereinnahmen, war da schon ein recht intellektueller Angriff auf das Establishment. Aber vielleicht sollte es gerade das sein.

Das Theater lag vor ihr. Elise erschrak, als ein Uhu krächzte. Sie lehnte das Rad an eine Mauer und ging zu den flachen Stufen vor den Eingangstüren hinüber. Erst jetzt bemerkte sie das Gerüst. Es war neben der rechten Tür aufgestellt und reichte bis zu dem Balkon, der sich quer über die Fassade zog.

Elise fühlte sich unwohl. Ich bin schon mal mutiger gewesen, dachte sie. Oft hatten ihr die nächtlichen Exkursionen gefallen. Es hatte ihr Spaß gemacht, mit der Gefahr zu spielen. Das eine oder andere Mal hatte sie sich ausgemalt, wie sie von pickelhaubigen Männern durch die Straßen gejagt wurde. Aber ihre Aktionen waren immer gutgegangen. Nur einmal hatte ein Polizist sie beiseite genommen und das *Fräuleinchen* freundlich aufgefordert, schnell nach Hause zu gehen, denn es triebe sich allerlei linkes Gesindel herum.

Noch einmal Lessing, nur zwei Schaukästen, und dann würde sie sich tatsächlich um die Schule kümmern und um die Vorbereitung für Kleckbuschs Diplom, was es auch immer wert sein mochte. Bei ihrer Ankunft hatte sie sich vor der schrecklichen Routine gegrault und auf Abwechslung gehofft. Nun, Abwechslung hatte sie mehr als genug bekommen. Was für ein unerfahrenes Mädchen sie doch gewesen war!

Sie zog die Plakate hervor und strich sie glatt. Hammer und Sichel im Kopfteil. Darunter:

NIEDER MIT DEN KRIEGSTREIBERN!

Wie immer hatte sie eine Flasche mit Kleister und einen Pinsel dabei. Sie polkte den Korken heraus, schüttete Kleister auf das Pflaster, tauchte den Pinsel hinein und strich die milchige Flüssigkeit auf die Scheibe. Der Uhu krächzte erneut, aber sie erschrak nicht mehr. Sie klebte den oberen Rand des Plakates auf die Scheibe, rollte das Papier nach unten und zog die Handballen über das Papier, bis der Kleister an den Seiten herausquoll. Routinierte Bewegungen. Sie war zufrieden mit sich.

Als Elise sich die Hände abwischte, hörte sie Schritte.

Die Schritte mehrerer Männer. Entschlossen, fast im Gleichschritt. Polizei.

Mist!

Es waren vier. Die Pickelhauben blinkten im Mondlicht.

Elise sprang unter das Gerüst. Sie fühlte die Leiter in ihrem Rücken, tastete nach den Sprossen und stieg hinauf.

Laaaangsam! Leiiiiiise!

Sie hörte das Rauschen und Pochen ihres Blutes, als hätte sie Brausepulver in den Adern. Sie zwang sich, durch den Ritz zwischen zwei Brettern nach unten zu sehen.

Die Männer waren noch etwa zehn Meter entfernt und kamen zügig näher. Unter dem Gerüst blieben sie stehen. Sie unterhielten sich. Einer von ihnen hatte seinen Sohn auf dem „Feld der Ehre" verloren. Seine Frau war außer sich vor Trauer, und es machte ihn fertig, dass sie bis in die Nacht hinein weinte. Die Männer sprachen ihm Mut zu.

Elise tastete nach den Fliesen des Balkons und zog sich auf die Brüstung. Langsam, ganz langsam ließ sie sich dahintergleiten. Hier konnte niemand sie sehen. Sie kauerte sich zusammen, die Beine an das Kinn gezogen, und wartete.

Entspann dich, alles ist gut.

Dann fiel ihr das Fahrrad ein, das unten an der Mauer lehnte. Und das frisch geklebte Plakat. Und die noch geöffnete Kleisterflasche. Ich bin und bleibe doch eine Dilettantin in diesen Sachen, dachte sie deprimiert.

Die Männer standen jetzt direkt unter ihr. Elise hätte viel darum gegeben, zu wissen, was sie gerade taten.

Auf jeden Fall hatten sie es nicht eilig. Zigarettenqualm zog zu Elise herauf. Einmal klang es, als ob sie sich an der Leiter zu schaffen machten, aber dann hörte sie die Männer vor dem Portal lachen und entspannte sich wieder. Eine Wolke zog vor den Mond. Sie war dunkel, nicht besonders groß, sodass ihre Ränder silbern leuchteten.

Auch Aufregung kann müde machen, und tatsächlich schlief Elise wohl ein, denn als sie die Augen wieder öffnete, waren die Wolken verschwunden und der Himmel sternenklar. Vorsichtig stand sie auf und beugte sich über die Brüstung.

Niemand zu sehen.

In der Ferne bellte ein Hund. Ganz hinten in der Langen Straße meinte sie winzige Silhouetten von Menschen zu sehen, die schließlich in einer Seitenstraße verschwanden.

Die Pickelhauben waren also gegangen.

Sie streckte sich und genoss das Reißen in ihren Gliedern wie eine Befreiung. Dann sah sie auf Achenbachs Uhr. Sie würde zur Schule fahren, sich in ihr Zimmer schleichen und noch ein paar Stunden schlafen. Sie würde gut schlafen. Es war, als ob diese letzte Nacht ihr noch einmal zeigen wollte, wie schwierig und gefährlich die Dinge waren, und wie leichtfertig sie mit ihrem Leben umging. Sie atmete tief ein. Die Nachtluft durchströmte sie. Das Leben war schön. Alles würde gut werden. Alles hatte letztlich einen Sinn.

Sie kletterte zur Leiter hinüber und stieg nach unten. Ihr Fahrrad stand da, wo sie es abgestellt hatte. Das Plakat hing noch.

Die Leimflasche war verschwunden.

Elise ging die Stufen hinunter und blickte um die Ecke.

„Wenn Sie die Flasche suchen, werden Sie kein Glück haben, Frollein“, sagte eine tiefe Stimme. Gleichzeitig fühlte sie eine Hand, die sich von hinten um ihren Hals legte und sie zu Boden riss.

14

Der Raum war so, wie Elise sich ein Gefängnis vorgestellt hatte. Eng, schmal, weiße Wände, kleines vergittertes Fenster, zwei Eisenbetten und, in der Ecke, ein Toiletteneimer. Daneben ein Wasserkrug und ein dreibeiniges Stahlgestell mit einer Waschschüssel. An einem Haken an der Wand zwei blau karierte Handtücher. Auf den Betten je eine braune Decke. Oben, über dem Fenster, eine Glühbirne, die den Raum in ein weißlich fahles Licht tauchte, sodass die Wächter, die jede Stunde die Klappe in der Tür öffneten, den ganzen Raum überblicken konnten.

Elise setzte sich auf ihr Bett und blickte zu dem kleinen Fenster in der schmalen Außenmauer der Gefängniszelle. Hinter den Gitterstäben war es stockdunkel. Dann sah sie zu ihrer Zellennachbarin hinüber. Die kleine Frau hockte gleichmütig auf ihrem Bett und kämmte ihre langen schwarzen Haare mit einem abgebrochenen Kamm. So hatte sie schon dort gesessen, als man Elise in den Raum gestoßen hatte und die schwere Eisentür hinter ihr ins Schloss gefallen war. Die Frau trug ein hellblaues Kleid. Ein grasgrüner Schal, der mit silbernen Bändern eingefasst war, lag um ihre Schultern. Sie war nicht viel älter als Elise. Ihr Mund war grellrot geschminkt. Sie saß da und sagte nichts. Aber sie lächelte. Elise lächelte vorsichtig zurück. Ihr war kalt. Sie war müde und fühlte sich klein und verloren.

Sie legte sich auf die Matratze und zog die Decke über sich. Der braune Wollstoff war kratzig und roch muffig. Elise wagte nicht daran zu denken, wer vorher in dem Bett gelegen hatte. Sie schloss die Augen und hoffte, dass diese trostlose Welt in einem gnädigen Schwarz versinken würde, dann aber tauchten die grimmigen Gesichter der Polizisten vor ihren Augen auf, und sie spürte wieder die Hände, die sie durch die Straßen schubsten, bis sie endlich das Revier erreichten.

Die Männer auf der Wache waren nicht feindselig gewesen, eher gleichgültig, fürchterlich gleichgültig. Sie hätte genauso gut ein entlaufener Schäferhund oder ein gefundenes Fahrrad sein können. Diese Gleichgültigkeit hatte sie gelähmt. Sie hatte sich seit Monaten gesetzlos verhalten und dies sogar für eine gute Sache, für eine Art gerechtfertigter Rache an dem System, gehalten. Und dann hatten sie sie gerade mal nach ihrem Namen gefragt. Aber jetzt, als sie da lag und an die Zellendecke starrte, wurde ihr klar, dass das nicht alles gewesen sein konnte. Am Morgen würde das Kommissariat wieder voll besetzt sein. Dann würde man sich fragen, welch bunten Vogel man da gefangen hatte.

Sie würde es ihnen nicht leicht machen. Vor allem würde sie keine Namen nennen. Erst recht nicht Achenbachs und Amalies. Das Gefühl, dass deren Schicksal von ihrem Mut abhing, machte sie unsicher, aber auch stolz. Sie würde ihr Bestes geben. Die Frage war nur, ob das genug war. Elise musste daran denken, wie alles angefangen hatte, an die gnadenlose Brutalität, mit der die Uniformierten die Versammlung in Braunschweig zerschlagen hatten. Und das war zu Friedenszeiten gewesen. Dann hatte sie hin und wieder Gerüchte gehört über die Verhörmethoden der politischen Polizei. Körperliche und auch psychische Folter seien an der Tagesordnung. Es sei schließlich Krieg, und im Krieg sei alles erlaubt, um das Vaterland zu verteidigen. Nun wurde ihr bewusst, wie schwammig diese Begriffe waren, und wie viel Spielraum für Fantasie sie boten.

Elise schrak auf, als die Klappe an der Tür geöffnet wurde. Sie konnte niemanden erkennen, aber sie spürte, dass man sie beobachtete. Dann schlug die Klappe scheppernd zu, und sie waren wieder allein. Fast schon ein tröstlicher Gedanke.

Elise blickte wieder zu ihrer Zellengenossin hinüber. Ihr Haar hing nun, durch einen Mittelscheitel geteilt, zu beiden Seiten ihres Gesichtes hinunter und ließ es schmal und verletzlich aussehen. Gleichzeitig gab der leuchtend rote Mund ihrem Gesicht etwas Ordinäres und Herausforderndes. Elise fragte sich, wie lange die junge Frau schon hier sein mochte. Sie hatte keine Verletzungen und schien nicht sonderlich deprimiert zu sein, was immerhin ein gutes Zeichen war.

„Ich bin Aishe", sagte die Frau mit einem merkwürdigen fremden Akzent, „und wer bist du?" Ihre Stimme war erstaunlich hoch, fast wie die eines Kindes.

„Ich bin Elise", antwortete sie artig. „Elise Rennefeld aus Holzminden."

„Kenne ich nicht, dein Holzminden." Elise wollte gerade erklären, dass Holzminden eine kleine Stadt war, die man nicht kennen musste, erst recht nicht, wenn man aus einem anderen Land kam, als die Frau schon weitersprach. „Ich komme aus der Türkei. Bulgurli, aber das kennst du sicher nicht. Kennst du die Türkei?"

Elise schüttelte den Kopf. „Bist du schon lange hier?", fragte sie stattdessen.

Aishe zuckte die Schultern. „Immer mal wieder. Wenn sie eine Frau brauchen."

Elise runzelte die Stirn. Was sollte das bedeuten? Die junge Frau musste den Zweifel in Elises Augen gesehen haben, denn sie fuhr mit gleichmütiger Stimme fort: „Ich bin eine Hure. Eine Prostituierte, verstehst du?"

Elise verstand. An solche Frauen hatte man in Holzminden nicht mal denken, geschweige denn über sie reden dürfen. Mit einer von ihnen zu sprechen, noch dazu in einer Gefängniszelle, von Bett zu Bett, war so unmöglich, dass Elise der Atem stockte. Aber da sie nicht unhöflich sein wollte und sogar einen Anflug von Humor hinter alldem spürte, antwortete sie heiser: „Bei uns in Holzminden gibt es keine ... Prostituierten."

Aishe lachte. „Es gibt überall Prostituierte. Überall, wo es Männer gibt. Männer sind so." Es war, als ob sie von Hunden sprach. Oder von Insekten.

Elise fragte sich, wie wohl ihr Vater oder Gustav oder Rüdiger in dieses Bild passten.

Rüdiger.

Sie lächelte unwillkürlich. Er hatte sie aus der Weser gerettet. War dies wirklich in diesem selben Leben gewesen? Plötzlich verspürte Elise ganz stark den Wunsch, die Decke über sich zu ziehen und sich einfach zurückzudenken nach Holzminden.

„Ich frage mich, was sie mit mir machen werden", sagte Elise schließlich.

„Du bist eine Neue. Für Neue ist es immer schwer", antwortete Aishe. „Was hast du denn gemacht?"

„Plakate geklebt. Gegen den Krieg."

„Das ist schlimm." Aishe verzog ihr Gesicht. „Es ist *ihr* Krieg, verstehst du?"

„Wessen Krieg?"

„Der Krieg der Männer. Das ist ihre Welt, da kennen sie kein Pardon, auch nicht mit den Frauen. Ich denke, sie werden dich so um acht holen. Dann musst du stark sein."

Elise hätte gern gefragt, was Aishe damit meinte, aber sie hatte Angst vor der Antwort.

„Mich holen sie früher, dann werde ich fragen", fuhr Aishe fort. „Vielleicht sagen sie mir, was sie mit dir vorhaben. Sie reden gern hinterher, diese Kerle. Sagt Max auch."

„Wer ist Max?"

„Max Moor, mein Geliebter. Er beschützt mich, verstehst du?"

Elise verstand nicht.

„Du darfst keine Angst zeigen. Ganz egal, was passiert, du darfst keine Angst zeigen. Es sind Männer, und Männer sind wie Raubtiere. Wenn du Angst zeigst, wollen sie dich fertigmachen ..."

Draußen auf dem Flur näherten sich Stimmen. Ein Schlüssel drehte sich im Schloss. „Jetzt ist es sechs. Sie sind immer pünktlich", sagte Aishe, und es klang, als ob ein Buchhalter zufrieden feststellte, dass sich seine Zahlenkolonnen am Ende des Tages auf Heller und Pfennig ausglichen.

Die Tür sprang auf, aber niemand sah herein. Aishe nickte Elise zu. „Halbe Stunde“, sagte sie im Vorbeigehen. „Dann bin ich wieder da.“

Elise war allein. Ihre Gedanken kreisten weiter. Würde man auch ihr etwas antun? Würde jemand auf sie warten? Achenbach? Wahrscheinlich nicht. Sicher nicht. Hoffentlich nicht. Er durfte hier nicht hineingezogen werden. Ihr Vater? Man würde ihn benachrichtigt haben. Wollte sie überhaupt, dass man ihn benachrichtigte? Sie hatte die Adresse der Schule angegeben, und die Kieckbusch würde bestimmt nichts Eiligeres zu tun haben, als sie bei Vater Rennefeld zu verpetzen.

Blieb die Frage, wie er reagieren würde. Würde er überhaupt reagieren? Er hatte seinen Stolz. Sie hatte ihren Stolz. Es fragte sich nur, was er wert war, dieser Stolz, hier, hinter zentimeterdicken Gittern.

Aishe würde ihr vielleicht helfen können. Wollte sie sich von ihr helfen lassen? Stolz hin, Stolz her, es war nun einmal so, dass Aishe sich hier auskannte und Elise nicht. Und dass sie eine warme Menschlichkeit ausstrahlte.

Draußen wurde es langsam hell und Elise bemerkte, dass die Wand neben ihrem Bett mit Wörtern und Zahlen übersät war. Und hinter ihrem Kopf war eine Zeichnung von Bergen, einer Bergkette, die sich scharf gegen einen rot schraffierten Himmel abhob. Ein dicker gezackter Strich über die gesamte Breite des Bettes. Elise kam er wie ein Grenzzaun vor. Und dahinter die Freiheit. Rot schraffiert. Achtung, Freiheit ist gefährlich.

Jemand hatte in diesem Bett gelegen, die Wand angestarrt und versucht, Hoffnung und Angst, Freiheit und Gefahr, irgendwie zusammenzubringen. Und nun bin ich dran, mit dieser Situation klarzukommen, dachte Elise deprimiert. War dieses Auf und Ab der dicken Linie auch eine Kurslinie ihres

Lebens? Auf und ab, auf und ab, nie zur Ruhe kommen. Ich muss mich zusammenreißen, befahl sie sich.

Ich bin keine Heulsuse, ich bin keine Heulsuse, ich bin keine Heulsuse! Ich bin stark, auch allein bin ich stark ...!

Der Schlüssel drehte sich wieder im Schloss. Die Tür öffnete sich, und Aishe zwängte sich herein. Sie setzte sich auf ihr Bett und zog sich als Erstes die Lippen mit einem Stift nach, den sie aus den Falten ihres Rockes zauberte.

Irgendwie hatte Elise erwartet, dass die Aishe, die zurückkam, nicht die Aishe sein würde, die gegangen war. Dass sie keinen Unterschied an ihr feststellen konnte, verunsicherte Elise. Sie hatte nicht gewagt, sich vorzustellen, was die Männer mit der jungen Frau machen würden.

„Geht es dir gut?" Das war das Einzige, was Elise zu fragen einfiel und was sie sich zu fragen traute.

„Man muss auf sich achten", sagte Aishe statt einer Antwort. „Man muss das Gefühl haben, dass man gesiegt hat."

Elise nickte. Sie ahnte, dass eine tiefe Weisheit hinter den Worten steckte. „Man muss sauber bleiben, sagt mein Max", fuhr Aishe fort, „auch innerlich sauber bleiben."

Dann stand sie auf, goss ein bisschen Wasser in die Schüssel, wickelte den Rock hoch, zog sich ihren giftgrünen Schlüpfer aus und hockte sich hin. Sie nahm die Kernseife und wusch sich zwischen den Beinen.

„Ich habe mit den Mistkerlen gesprochen", sagte sie ruhig. „Sie holen dich um acht. Dann kommt der Chef. Ich kenne den Chef." Sie warf einen Blick auf das Höschen, das sie in der Hand hielt. „Er ist nicht schlecht, im Prinzip. Er hat einen Fragebogen. Er hat viele Fragen. Wenn du ihm erklärst, warum du ..."

„Ich erkläre gar nichts", fuhr Elise auf. „Und einem, der so was mit dir macht ...", sie zeigte auf das Höschen, „... schon gar nicht."

„Ich sage dir, was du tun sollst. Du musst wissen, was du machst", sagte Aishe sachlich. „Jedenfalls ..."

„Jedenfalls?"

„Es wird ein ganz hohes Tier vom Präsidium kommen. Der Oberste von allen. Ein scharfer Hund. Sie haben alle Angst vor ihm."

Das klang nicht beruhigend, aber Elise wehrte sich dagegen, in Panik zu verfallen. Sie wechselte das Thema. „Erzähl mir, wie du nach Deutschland gekommen bist."

„Das ist eine lange Geschichte."

„Wir haben Zeit." Die Wahrheit ist, dass *ich* Zeit *brauche*, um mir über die Dinge klar zu werden, dachte sie.

„Schuld ist die Bagdadbahn" antwortete Aishe. „Euer Kaiser baut sie. Sie soll Istanbul mit Bagdad verbinden. Sie legen die Gleise quer durch das Land. Irgendwann waren sie auch bei uns. Meine Stadt liegt vor dem Taurusgebirge, im Süden der Türkei, Richtung Aleppo. Der Taurus ist dort 1500 Meter hoch. Bis zur anderen Seite sind es achtunddreißig Kilometer. Sie haben siebenunddreißig Tunnel gebaut. Unter den deutschen Arbeitern war auch Max. Sie haben gearbeitet wie die Pferde, sie drehten fast durch bei dieser Arbeit mitten im Berg. Mein Vater lieferte ihnen Gemüse an die Strecke. Er machte den Fehler, mich mitzunehmen."

Auf diese Weise trifft sie Max. Sie verliebt sich. Sie will heiraten. Er nicht. Er vergewaltigt sie. Sie wird von der Familie verstoßen. Ihre Brüder wollen sie umbringen, weil sie die Ehre der Familie verletzt hat. Also zieht sie mit Max. Er spielt, braucht Geld. Da verleiht er sie, erst an einen Freund, dann an andere, an die ganze Mannschaft. Als er einen Unfall hat und sich das Bein bricht, muss er nach Deutschland zurück.

„Da bin ich mit", schloss Aishe, „was sollte ich tun? Außerdem liebe ich ihn. Und Allah will es so. So ist das Leben."

So ist das Leben? Warum kommt irgendwann immer Gott ins Spiel?

Elise wollte schon antworten, dass Allah weit sei, wie jeder Gott, aber sie biss sich auf die Lippen. Warum sollte sie der Frau ihre Hoffnung auf ein besseres Leben nehmen. Stattdessen fragte sie: „Und dein Max, wo bleibt der? Was macht *er* für dich?"

Aishe war nicht im Mindesten irritiert. „Er liebt mich auch. Er hat nur wenig Zeit, er ist jetzt politisch aktiv, bei den Kommunisten. Sie mögen ihn, er ist ein Typ, auf den die Leute hören. Und deshalb kann er nicht kommen, er ist im Untergrund."

So ist das Leben auch, dachte Elise, es gibt immer genug Menschen, die gerade nicht genug Zeit haben, um einem zu helfen ...

So sollte das Leben nicht sein, jedenfalls kein vernünftiges Leben. Und doch nimmt diese Aishe es hin. Worüber beschwere ich mich?

So seltsam es ihr vorkam, aber Aishes Geschichte machte Elise Mut.

Und ihr kam ein Gedanke. „Würdest du etwas für mich tun, Aishe, etwas, für das man jemandem vertrauen muss?"

Die junge Frau sah sie verständnislos an. „Ich bin nur eine Hure", sagte sie.

„Kannst du diese Uhr nehmen? Es ist ein Name eingraviert, sie dürfen sie nicht bei mir finden."

Elise zog die Uhr hervor und reichte sie hinüber. Aishe nahm sie und betrachtete sie ehrfurchtsvoll. „Ist sie aus Gold?"

Elise nickte. „Sie könnte einen Freund verraten."

Aishe hob die Uhr vor ihr Gesicht. „Ich kann mich darin spiegeln", rief sie entzückt. „Ich bin eine Hure", murmelte sie, „und ich sehe mein Gesicht in einem goldenen Spiegel!" Sie ließ die Hand sinken und blickte ernst zu Elise hinüber: „Sag ehrlich, sehe ich aus wie eine Hure?"

„Du siehst aus wie eine tapfere Frau", antwortete Elise, und sie meinte es genau so.

Sie kamen um Punkt acht. Zwei junge Polizeibeamte mit frischen roten Gesichtern. Die Morgenschicht. Elise fragte sich, ob sie wohl wussten, was ihre Kollegen in der Nacht an Diensten verlangten. Vermutlich. Sie waren ja auch mal dran mit der Nachtschicht.

Sie nahmen Elise in die Mitte, führten sie durch einen langen Gang zurück in die Wachstube und von dort aus eine Treppe hinauf in den ersten Stock. Ein weiterer langer Flur, eine schmucklose Doppeltür. Ein großer Raum mit vier Fenstern, von denen eins offenstand und den Straßenlärm hereinließ. Der Raum selbst war karg eingerichtet. Ein riesiger Eichenschreibtisch mit Glasplatte, auf der ein Aktendeckel mit einigen losen Papieren lag, daneben ein Kurbeltelefon in einem Mahagonikasten, mit einem Hörer an einem Haken, sonst nichts. Hinter dem Schreibtisch ein Sessel mit hoher Lehne, daneben noch ein Sessel, etwas kleiner. Vor dem Schreibtisch ein einsamer Stuhl. Dielenboden, kein Teppich. Den Fenstern gegenüber im goldenen Rahmen der allgegenwärtige Kaiser. Elise blickte auf seinen Arm. Immer noch zu kurz.

Einer der Männer zeigte auf den Stuhl. Elise setzte sich. Die Männer traten zurück und nahmen zu beiden Seiten der Tür Aufstellung. Elise fragte sich, ob sie Angst hatte. Sie hatte keine, was vielleicht auch an der Einrichtung lag. Es war ein Verhörzimmer, das war ihr klar, aber das Ganze machte einen doch recht bescheidenen und zivilisierten Eindruck.

Was hatte sie erwartet? Eine Streckbank? Daumenschrauben oder einen Spanischen Bock, geradewegs aus der Inquisition? Vielleicht können fantasielos und bürokratisch eingerichtete Räume viel schlimmer sein.

Kommt auf die Menschen an, die in ihnen das Sagen haben.

Vielleicht hat man keine Angst, wenn man die ganze Nacht nicht geschlafen hat. Vielleicht erst recht. Elise fühlte sich dreckig und verschwitzt. Sie fragte sich, ob sie bereits stank wie die Decke, mit der sie sich zugedeckt hatte.

Stille legte sich über den Raum. Einer der Männer hustete, ein Brummer surrte an der Glasscheibe des Fensters entlang. Warum spürt er nicht, dass nur einen Meter weiter das nächste Fenster offen ist, fragte sich Elise. Ohne nachzudenken stand sie auf, ging hinüber und scheuchte das Tier in die

Freiheit. Ihre plötzliche Aktion hatte die Männer überrascht. Sie stürzten herbei und zerrten sie zum Stuhl zurück.

Elise bemühte sich um ein Lächeln. „Keine Angst", sagte sie, „ich springe nicht raus." Es hatte lustig klingen sollen, aber die Männer lächelten nicht einmal.

Sie hatten gerade wieder ihre Posten eingenommen, als sich die Tür öffnete. Ein Mann kam herein. Er trug eine hellblaue Uniform. Die Jacke hatte breite Aufschläge und zwei Reihen goldener Knöpfe, die nach oben, den Schultern zu, auseinandergingen. Rechts trug der Mann einen Degen. Ein Ulanen-Offizier. Schwere Kavallerie also. Sie seufzte, viel Feind, viel Ehr.

Der Mann war nicht älter als dreißig. Seine Haare lagen, durch einen Scheitel getrennt, eng an. Elise fiel auf, dass er keinen Bart trug, auch keinen Schnäuzer. Das war ungewöhnlich. Schnäuzer waren modern, zumal seine Majestät auch einen trug. Ohne Bart sah das Gesicht irgendwie nackt aus, verwundbar, aber nicht unsympathisch.

Der Offizier blieb vor Elise stehen und sah auf sie herunter. Elise überlegte, ob er erwartete, dass sie aufstand. Sie tat es nicht. In ihren Kreisen blieben die Frauen sitzen. Wenn, dann waren es die Männer, die aufstanden.

Sie sahen sich eine Weile an, dann schlug der Mann die Hacken zusammen. „Oberleutnant Georg Grahn. Guten Morgen."

Elise nickte. Sie wollte ihm die Hand hinstrecken, aber er hatte schon kehrtgemacht, setzte sich in den kleineren Sessel und zog sich die Akte heran. Bevor er sie aufschlug, winkte er die Polizeibeamten mit einer nachlässigen Handbewegung nach draußen.

Sie waren allein.

Der Oberleutnant las. Es war nicht viel, was er lesen musste. Zwei mit Hand ausgefüllte Formulare. Er blickte auf. „Ich bin nicht der Kommissar", sagte er. „Wenn es um staatsfeindliche Umtriebe geht, die die Wehrtüchtigkeit gefährden können, wird jemand vom Heer hinzugezogen. Das bin heute ich." Er hob die Augenbrauen, und Elise glaubte den Anflug eines amüsierten Lächelns zu erkennen. „Der Hauptmann wird gleich kommen", fügte Oberleutnant Grahn hinzu. „Er bat mich, schon einmal anzufangen, also fangen wir schon einmal an. Am besten mit Ihrem Namen."

„Elise Rennefeld aus Holzminden", antwortete sie. „Und wenn Sie fragen wollen, wie es mir geht, dann muss ich Ihnen sagen, dass ich mich nicht wohl fühle, so ungewaschen ... so weggesperrt."

„Nicht alle Polizeireviere sind auf Damenbesuch vorbereitet."

Sie überlegte, ob sie ihm von Aishe erzählen sollte, verwarf den Gedanken aber schnell. „Wurde mein Vater benachrichtigt?", fragte sie stattdessen.

Er schüttelte den Kopf. „Ihr Herr Vater ist ein sehr angesehener, um nicht zu sagen ein honoriger Mann. Das macht die Sache kompliziert."

„Meine ganze Familie ist honorig", warf sie ein. „Sie werden es nicht glauben, aber selbst ich ..."

Grahn klappte die Akte zu. „Sie haben Plakate geklebt, die staatszersetzend sind. Was erwarten Sie? Dass wir dem gnädigen Fräulein einen roten Teppich auslegen?"

„Ich weiß nicht, was ich erwarte", antwortete sie störrisch, „ich bin das erste Mal hier."

„Es wäre hilfreich, wenn sie mir von den Plakaten erzählen würden und von wem sie sind. Wer hat Ihnen den Auftrag gegeben?"

„Darauf antworte ich nicht."

„Sie müssen mir antworten."

„Mein Vater hat mal gesagt, dass man im Krieg nur seinen Namen nennen muss."

„Sie sind nicht im Krieg", gab er zurück.

„Wir sind alle im Krieg. Und ich befinde mich in einem Krieg gegen den Krieg."

„Da irren Sie sich. Der Krieg richtet sich gegen Nationen, nicht gegen die eigenen Bürger."

Seine belehrende Stimme ärgerte sie. „Und warum verfolgen deutsche Polizisten die eigenen Bürger, bloß weil sie eine andere Meinung haben?"

Sie sah ihm an, dass er irritiert war. „Erstens, ich bin kein Polizist, ich bin Ulane. Man zieht uns nur hinzu, wenn es um die Sicherheit der Nation geht."

„Ha! Ein Plakat am Theater gefährdet also die Sicherheit der Nation?"

„Die Kameraden im Feld haben ein Recht darauf, dass wir ihnen den Rücken freihalten."

„Und worauf haben unschuldige Menschen ein Recht, die der Staat aus dem Hinterhalt erschießen lässt?", fuhr sie ihn an – und hätte sich am liebsten sofort auf die Zunge gebissen. Wieso brachte sie diese Sache ins Spiel? Wenn dieser Grahn klug war, und er sah so aus, als ob er es wäre, würde er eins und eins zusammenzählen. Sie hatte ihre Leute gefährdet, bloß um mal wieder recht zu haben. Aber sie sah ihm an, dass er sie nicht verstand. Es war zu lange her.

„Wenn Sie sagen wollen, dass ich ein Mörder bin, dann muss ich Sie enttäuschen", sagte er langsam.

„Kommen Sie mir nicht so", fauchte sie. „Sie und Ihresgleichen, Sie machen doch alle gemeinsame Sache."

„Ich bin ich", knurrte er. „Und ich mache mich mit niemandem gemein!"

Als sie ihn so steif, aber doch um Verständnis bemüht vor sich stehen sah, spürte sie zu ihrem Ärger, dass sie ihm das abnahm. Ihm das abnehmen wollte.

Eine Zeit lang schwiegen sie. Schließlich blickte er auf und sagte leise: „Vertrauen Sie mir!"

„Sie sind der Staat", sagte sie bockig. „Sie müssen tun, was der Staat sagt, darauf haben Sie geschworen."

„Ich bin Ulane", erwiderte er scharf. „Ich habe darauf geschworen, dass ich immer ehrenhaft handeln werde."

„Ist es ehrenhaft, wenn dreißig Uniformierte eine unbewaffnete Versammlung stürmen, zwei Männer erschießen und Frauen drangsalieren?“

„So, wie Sie es schildern, ist es ganz gewiss nicht ehrenhaft.“

Elise konnte später nicht sagen, warum sie nach so langer Zeit ihr Schweigen brach. Und warum sie ihm vertraute. Vielleicht waren es seine Augen, die sie ruhig anblickten. Vielleicht war es seine Stimme. Vielleicht war es ihr sechster Sinn.

Sie erzählte ihm die ganze Geschichte. Ohne Namen zu nennen. Und Achenbach ließ sie ganz außen vor. Hier kämpfte sie ihren eigenen Kampf, sie wollte und durfte ihn nicht hineinziehen.

Grahn setzte sich, während sie berichtete. Als sie von dem rotgesichtigen Hünen berichtete, zog er die Augenbrauen hoch.

„Ich musste diesen Leuten helfen, Herr Oberleutnant“, schloss sie.

Er nickte langsam. „Bitte glauben Sie mir, dass ich nichts von alledem wusste.“ Er stand auf, um ihr die Hand zu geben. Elise erhob sich ebenfalls.

In diesem Moment sprang die Tür auf, und ein Mann kam herein. Er war noch größer, als sie ihn in Erinnerung hatte. Dennoch erkannte Elise ihn sofort wieder. Der Mann, der den Einsatz in Braunschweig befehligt hatte. Auch er war in Uniform, dunkelblau mit goldenen Knöpfen und Tressen. Der Stiernacken wölbte sich über den Kragen. Sein Kopf war kahl und glänzte. Sein Gesicht war wieder rot angelaufen.

Er blieb in der Tür stehen und blickte auf Grahn. „Ich sehe, Sie haben sich schon bekannt gemacht“, sagte er mit einer anzüglichen Schärfe.

Elise war wie vom Schlag getroffen. Sie versuchte, sich an Grahns Hand festzuhalten, aber dann fühlte sie, wie Dunkelheit sich wie ein schwarzes Tuch über sie legte, und sie fiel.

Grahn fing sie auf und trug sie zum Sessel. Während der Hüne ungerührt um den Schreibtisch herum ging und sich die Akte griff, hielt Grahn sein Taschentuch unter einen Wasserhahn und fuhr Elise damit über die Stirn. Ihre Augenlider flatterten. Langsam kehrte ihr Bewusstsein zurück. Sie fasste nach Grahns Handgelenk und zog ihn zu sich herunter.

„Er ist es", flüsterte sie.

Sie spürte, dass er nickte. Er hatte es schon geahnt.

„Wenn Sie dann so weit sind, meine Dame, können wir endlich beginnen", schnarrte der Hüne.

Du kannst mich mal.

„Das ist Polizeihauptmann Wangenheim", sagte Grahn. „Er leitet die Untersuchung." Er stockte einen Moment, bevor er fortfuhr. „Es geht um den Vorfall in der vergangenen Nacht."

Elise verstand seine Warnung. Sie nickte kaum merklich.

„Vielleicht, Herr Oberleutnant", sagte Wangenheim süffisant, „sind Sie so nett, mich ins Bild zu setzen über alles, was Sie bereits mit ... der Dame besprechen konnten."

Grahn richtete sich auf. Seine Stimme klang merkwürdig farblos, als er antwortete. „Es ist nicht viel, was ich herausbekommen habe, Herr Hauptmann. Sie heißt Elise Rennefeld, ist neunzehn Jahre alt und Schülerin an der Höheren Töchterschule der Frau Kieckbusch in Wolfenbüttel. Ihr Vater ist Direktor der Baugewerkschule in Holzminden, sehr verdienstvoll für Reich und Vaterland, wenn ich das so sagen darf."

„Sie dürfen ... wenn es jemanden interessiert, Herr Oberleutnant", unterbrach Wangenheim. „Und weiter?"

„Sie macht keine Aussage."

„Was heißt das, sie macht keine Aussage?"

„Das heißt, dass sie keine Aussage macht." Grahns Stimme klang freundlich uninteressiert. „Wir können sie nicht zwingen. Es sei denn, Sie kennen Mittel und Wege ..."

Wenn Wangenheim ein sensibler Mensch gewesen wäre, dann hätte er jetzt misstrauisch werden müssen. So aber brummte er: „Worauf Sie sich verlassen können." Er blätterte in der Akte. „Ich frage mich ..." murmelte er dann, „ob man etwas bei ihr gefunden hat, Papiere, vielleicht eine Waffe, aber niemand hat etwas eingetragen ... Schlamperei, verdammte."

Wangenheim schien sich wohlzufühlen. Betont angewidert ließ er die Akte auf den Tisch fallen. Er lehnte sich zurück. Sein Blick glitt über Grahn hinweg zu Elise hinüber. Elise sah, dass seine Lippen bläulich angelaufen waren. Besonders aber fiel ihr auf, dass seine Glatze weiß blieb, über der Stirn sauber getrennt von seinem rot angelaufenen Gesicht, als ob sich sein Blut nicht weiter hoch gewagt hatte. Elise fragte sich, ob es seinem Verstand ähnlich ergangen war. Dieser amüsante Gedanke erlöste sie etwas von ihrem Schrecken. Ein leichtes, fast hochmütiges Lächeln kräuselte unwillkürlich ihre Lippen.

Und trieb Wangenheim in einen Wutausbruch. „Becker!", brüllte er. Und noch einmal, noch lauter: „Hauptgefrrreiter Beckckerrr!!"

Die Tür wurde aufgerissen, und einer der beiden Polizisten, die sie hierhergeführt hatten, erschien. Er baute sich vor dem Schreibtisch auf.

„Durchsuchen Sie diese Frau", knurrte Wangenheim, „sofort!"

Der Mann sah zu Elise hinüber. „Aber, Herr Hauptmann ... sie ist ... eine Frau."

„Das sehe ich selbst. Sie hat sich gegen den Kaiser gestellt. Und wer sich gegen den Kaiser stellt, muss nach unseren Regeln leben, und die sehen nun einmal vor, dass ein Häftling durchsucht werden muss. Und zwar möglichst bald. Sie soll das Kleid ausziehen. Wer weiß, was sich alles in den Falten dieser langen Röcke verbirgt ..."

Wangenheim stand auf, rückte sein Koppelschloss zurecht und ging um den Tisch herum auf Elise zu.

Auch Grahn stand auf. „Das ist nicht Ihr Ernst, Herr Hauptmann."

Wangenheim erstarrte. „Was fällt Ihnen ein. Sie sind hier

zu Gast, ich bin der kommandierende Offizier. Ich befehle, Sie haben zu gehorchen. So einfach ist das."

„Es ist nur einfach, wenn Sie sich an die Gesetze halten."

„Hier bin ich das Gesetz, und ich befehle Ihnen, sich umgehend zu entfernen."

„Nehmen Sie zur Kenntnis, dass ich nicht daran denke."

Wangenheim drehte sich zur Seite, und die beiden Männer standen sich gegenüber. Ein ungleiches Paar. Wangenheim, breitschultrig, breitbeinig, blind vor Wut. Ihm gegenüber Oberleutnant Grahn, mittelgroß, schlank, in seiner sportlichen Eleganz sicherlich ein begehrter Tänzer. Aber hier, diesem brodelndem Berg von einem Mann gegenüber, fast ein Zwerg aus Liliput.

Wangenheim sah zu dem Gefreiten hinüber. „Verschwinden Sie!", befahl er. „Aber halten Sie sich zur Verfügung."

Grahn stand aufrecht, das Gesicht in die Höhe gereckt, bemüht, sich nicht einen Millimeter zurückdrängen zu lassen.

Elise spürte, dass keiner der beiden Männer Verlangen nach weiterer Konversation hatte. Sie standen sich wortlos gegenüber, gleichermaßen verblüfft über die Situation.

Ein Untergebener stellte sich dem kommandierenden Offizier entgegen! Elise, die ihre Angst für Sekunden vergessen hatte, spürte das Archaische, das die Männer sowohl trennte als irrwitzigerweise auch verband. Sie erkannte, dass Wangenheim mit sich kämpfte, dass er Befehle, vielleicht sogar Argumente suchte, sie aber nicht fand. Sein Gesicht schwoll bläulich an. Plötzlich, fast hilflos, ballte er seine Hände zu Fäusten und machte einen Schritt auf Grahn zu. „Wenn Sie es so haben wollenb ... Ich werde Ihnen zeigen, wie man sich Vorgesetzten gegenüber benimmt."

Elise hatte nicht wirklich gesehen, dass Grahn sich bewegt hatte. Sie sah nur, dass die Faust des Hauptmanns in der Luft hängen blieb. Erst dann bemerkte sie, dass Grahn seinen Degen gezogen hatte. Die Klinge stand aufrecht vor Wangenheims Brustkorb. Ihre Spitze verharrte unter Wangenheims Kinn. Der Hauptmann stand wie angefroren.

„Das werden Sie büßen, Oberleutnant", zischte er. „Das ist Meuterei."

„Seien Sie froh, dass ich es dabei belasse, Herr Hauptmann. Einstweilen." Grahns Stimme klang erstaunlich ruhig, fast so, als befänden sich die beiden Männer in geselliger Runde. „Es könnte auch zur Sprache kommen, dass Sie wehrlose Zivilisten haben abknallen lassen."

Der Hauptmann sah ihn verständnislos an.

„Braunschweig. Sozialisten, die ein Gartenfest feierten. Fällt der Groschen? Schon eine Weile her. Aber noch immer eine ... eine rechtswidrige Sauerei."

Wangenheim zuckte zusammen. „Ich hatte Befehl", krächzte er.

„Hatten Sie auch Befehl, weibliche Häftlinge zu entkleiden?" Grahns Stimme triefte vor Verachtung. Er drückte die Klinge nach oben. Wangenheim wich zurück, fasste sich an sein Kinn und blickte erstaunt auf den Tropfen Blut an seinem Finger. „Ich schicke Ihnen meinen Sekundanten, Herr Oberleutnant. Die Wahl der Waffen überlasse ich Ihnen."

Grahn ließ den Degen sinken. „Ich schlage mich nur mit Ehrenmännern, Herr Hauptmann." Er drehte sich zur Tür und rief: „Becker!"

Der Gefreite erschien. Elise fragte sich, ob er gelauscht hatte. „Bringen Sie die Frau zurück. Und, Becker ...", Grahn zeigte mit dem Degen auf ihn, „Sie haften dafür, dass ihr nichts geschieht."

Der Polizeibeamte blickte unsicher zu seinem Hauptmann hinüber. Dieser nickte steif.

„Auch wenn es nicht so aussieht," sagte Grahn zu Elise gewandt, „Sie sind in Sicherheit. Mehr kann ich nicht tun, aber selbstverständlich werde ich Ihrer Familie Bescheid geben."

Elises Gedanken überschlugen sich. Was geschah hier gerade? Hier war ein junger Mann, der für sie den Degen gezogen hatte, und nun wollte er einfach aus ihrem Leben verschwinden! Aber was sollte sie sagen? Also senkte sie ihren Kopf, hob zaghaft zum Dank ihre Hand und ließ sich von Becker hinausführen.

Zu ihrer großen Erleichterung nahm Aishe sie in den Arm, als Elise in die Zelle zurückkam. Elise wollte weinen, aber sie konnte nicht. Das Bild des kleinen Oberleutnants, der gegen den schnaubenden Muskelberg standhielt, haftete in ihrem Gedächtnis. Man muss nicht der Größere sein, um sich durchzusetzen, dachte sie. Ruhige Standhaftigkeit, gepaart sogar mit einer gewissen Eleganz, hatte genügt, um den Hauptmann im Zaum zu halten. Und die Tatsache natürlich, dass Grahn einen Degen zur Hand hatte. Aber was nutzte ein Degen, wenn man nicht den Mut hatte, ihn einzusetzen.

Elise wagte nicht daran zu denken, was sich nach ihrem Weggang nun abspielen mochte. Was, wenn Wangenheim Grahn hatte abführen lassen? Was wurde dann mit seinem Versprechen, ihren Vater zu benachrichtigen?

Ihr Vater.

Ausgerechnet ihr Vater, der sie ohne mit der Wimper zu zucken weggeschickt hatte, sollte sie jetzt hier herausholen. Würde er ihr helfen wollen? Ja. Seltsamerweise zweifelte Elise auf einmal nicht mehr, dass er alles in seiner Macht Stehende tun würde. Er würde vor Scham versinken. Aber er würde sie nicht allein lassen.

Nur, konnte er ihr überhaupt helfen? Wolfenbüttel war nicht Holzminden, wo sie alle den Hut zogen vor dem Herrn Direktor. Sie hatte es ja an der Reaktion dieses Hauptmanns gesehen, den die Position ihres Vaters in keinster Weise „interessiert“ hatte.

Sie war sich sicher, dass Wangenheim sie nicht ungeschoren davonkommen lassen würde. Jedes Mal erschrak sie, wenn sie Schritte auf dem Gang hörte.

Aishe gab ihr die Uhr zurück. Elise versteckte sie unter der Matratze.

Nach drei Stunden fielen die ersten Sonnenstrahlen durch das enge Fenster. Die Frauen legten ihre Matratzen auf den sonnigen Boden, und da lagen sie nun, mit geschlossenen Augen und hochgezogenen Röcken, genossen die Wärme und versuchten, mit den Sonnenstrahlen auch so etwas wie Sicherheit und Geborgenheit zu speichern.

„Wie ist es, wenn man so viele Männer gehabt hat?", fragte Elise.

„Nicht besonders", antworte Aishe. „Meistens stinken sie."

„Haben sie dich verletzt?"

„Mit der Zeit merkt man, dass man es nischt persönlich nehmen darf. Es ist ... etwas Technisches ... verstehst du?"

Elise verstand nicht. Sie erinnerte sich an die abfälligen Andeutungen ihrer Eltern über Frauen, die „sich zu früh an einen Mann weggegeben" hatten. Anscheinend war schon der bloße Gedanke daran schändlich. Und hier lag diese junge Frau neben ihr und hatte offensichtlich keinen Schaden davongetragen. Jedenfalls keinen sichtbaren.

„Hast du Spaß daran?", setzte sie zaghaft nach.

„Nur mit Max."

Aishes Antwort klang spröde, und Elise hatte den Eindruck, dass sie das Thema damit beenden wollte. Sie schwiegen eine Weile.

„Du musst nicht denken, dass ich mich über dich lustig machen will oder mir wie etwas Besseres vorkomme", war es Elise dann ein Bedürfnis zu versichern. Aber Aishe hörte sie nicht mehr. Sie war eingeschlafen. Elise wischte ihr eine Locke aus der Stirn.

Was ist richtig im Leben, fragte sie sich. Zumindest wusste sie inzwischen, dass diese Frage nicht so einfach zu beantworten war. Und völlig erschöpft, aber auch seltsam beruhigt, schlief sie ebenfalls ein.

Sie wachte erst wieder auf, als Becker ihnen eine Kanne mit frischem Wasser hinter die Tür stellte. Elise sah, wie Aishe den Wachmann fragend anblickte, aber er schüttelte nur unwirsch den Kopf. Kein Bedarf gerade. Für Elise ein Zeichen, dass da draußen nicht alles so lief wie sonst.

Um sieben brachte man ihnen Steckrübensuppe. Eine gelbliche Plörre, die mit fortschreitendem Krieg die Speisezettel beherrschte, die Elise aber dennoch immer ganz gern aß. Diese hier schmeckte abscheulich.

Stunde um Stunde hörten sie aus der Stadt die Kirchturmglocke schlagen, acht Uhr, neun Uhr. Elise hatte die Hoffnung aufgegeben, dass heute noch etwas geschehen würde. Sie zweifelte nicht, dass dieser Grahn sein Bestes versucht hatte, aber irgendetwas war schiefgelaufen. Angst wallte wieder in ihr auf. Was würde der nächste Tag bringen? Sie schloss das Fenster.

Zwei Minuten später hörten sie, wie der Schlüssel sich im Schloss drehte. Die Tür schwang auf.

In der Tür stand Ludwig Rennefeld und breitete seine Arme aus.

15

Elise saß im Fond des GRÄF & STIFT neben ihrem Vater. Nun, nachdem sie die Gefahr überstanden hatte, war ihr übel, und sie fühlte sich schwach. Ludwig Rennefeld hatte seinen Mantel über ihre Schultern gelegt, und sie schmiegte sich an ihn. Ihre Finger umklammerten seine Hand, und sie spürte seinen Daumen, der sie von Zeit zu Zeit streichelte.

Die Scheinwerfer des Automobils fraßen sich die Straße entlang. Auf beiden Seiten standen Apfelbäume, deren ausladende Kronen das Karbidlicht weißlich reflektierten und die aussahen wie Gespenster, die sich ihnen in den Weg stellen wollten. Gustav lenkte. Er hatte Tränen in den Augen gehabt, als sie mit ihrem Vater und diesem stocksteifen Mann, den das Ministerium geschickt hatte, aus dem Polizeirevier gekommen war.

Als Elise und ihr Vater in den Wagen stiegen und Gustav die Anlasserkurbel drehte, hatte Wangenheim auf den Stufen gestanden und mit reglosem Gesicht zu ihnen herübergeschaut. Ein Glück, dachte Elise, dass so viele Kilometer zwischen Wolfenbüttel und Holzminden liegen. Es ist nie gut, jemandem Niederlagen zuzufügen und ihn das Gesicht verlieren zu lassen.

Oberleutnant Grahn hatte sich nicht mehr blicken lassen. Vielleicht aus weiser Voraussicht, vielleicht auch, um die Dinge nicht zu verkomplizieren. Aber ihr Vater hatte ihn am Nachmittag getroffen, bevor er im Ministerium vorgesprochen hatte.

Elise wusste, dass Ludwig Rennefeld um seine Tochter gekämpft hatte, und das machte sie stolz. Das erste echte Abenteuer ihres Lebens hatte zwar nicht gerade erfolgreich geendet, aber es hatte sie wieder mit ihrem Vater zusammengebracht. Wenn sie es richtig bedachte, trug die ganze Sache auch viel Positives an sich. Sie hatte Unrecht kennengelernt und etwas dagegen getan, an der Seite von Achenbach, von Amalie Freitag und den Leuten der Internationalen. Zwar hatte sie nur Plakate ausgetragen, aber jetzt sah sie, dass das riskanter gewesen war, als sie ursprünglich gedacht hatte. Sie machte sich nichts vor, sie hatte Glück gehabt. Kann man Glück aufbrauchen? Dann musste sie aufpassen, dass sie ihr Konto nicht überzog.

Und das lange Gespräch mit Aishe. In dieser deprimierenden Zelle auf muffig riechenden Matratzen und neben dem halb vollen Nachttopf in der Ecke. Du bist, was du bist, hatte die Türkin gesagt, ich bin, was ich bin. Du musst mich nicht bedauern. Die Menschen sind Teile ihrer Kultur. Ich bin Zigeunerin. Nach unseren Vorstellungen erhält ein Leben seinen Sinn durch den Erzählstrang, den jeder sich selbst im Leben zuweist.

Trotzdem belastete es Elise, dass sie Aishe, die keine mächtigen Eltern im Rücken hatte, zurücklassen musste. Sie stellte sich vor, wie in ein paar Stunden die Zellentür für einen Spalt aufgehen würde, und Becker und Konsorten, vielleicht sogar Wangenheim, sich über sie hermachen würden. Sie spürte ein Würgen im Hals.

Es war jedenfalls gut und richtig gewesen, dass sie Aishe ihre Adresse gegeben hatte. Auch wenn ihr Vater mürrisch geblickt hatte. Irgendwann, irgendwie würde Aishe nach Holzminden kommen. Die Frage war nur, ob sie den Mut dazu aufbringen würde, Max zu verlassen.

Mut.

Wenn Elise es richtig bedachte, ging eigentlich nichts, ohne dass man Mut zeigte. Das Tröstliche daran war, dass man mit Mut tatsächlich etwas erreichen konnte. Und nun hatte sogar ihr Vater gewagt, dem System die Stirn zu bieten, um seine Tochter aus dessen Klauen zu retten.

„Hättest du gedacht, Papa, dass du einmal jemanden aus einem kaiserlichen Gefängnis holst?“, fragte sie.

„Du bist nicht jemand."

„Gerade drum. Ich hätte gedacht, dass du dich schämst. Familienehre und so. Aber heute hast du dich nicht für mich geschämt. Das ist schön."

Sie spürte, dass ihr Vater mit der Antwort zögerte, dann aber brach es geradezu aus ihm heraus: „Es scheint alles so sinnlos. Alles ändert sich. Es ist, als ob man den Boden unter den Füßen verliert, und ich mag nicht daran denken, was noch alles kommen kann."

Erstaunt von seinem Ausbruch, schaute sie zu ihm hoch. Früher hätte ihr Vater sich eher auf die Zunge gebissen, als über Privates zu reden, noch dazu im Beisein von Gustav. Erst recht über Gefühle, und ganz besonders über Dinge, die seine Hilflosigkeit offenbarten.

Der Alte zog sie an sich, als brauche er eine körperliche Bestätigung, und fuhr fort: „Ist doch wahr! Es ist, als ob alle Autos Europas aufeinander zufahren. Und die Fahrer auch noch Gas geben, sobald sie sich sehen. Bald sind alle Autos Schrott. Dann müsste der Wahnsinn eigentlich ein Ende haben, aber es werden immer neue gebaut. Und zwar gezielt nur noch für Zusammenstöße gebaut. Und wenn die Fahrer tot sind, macht eben die nächste Generation den Führerschein. Warum hören die Leute nicht auf damit? Warum können wir sie nicht stoppen, obwohl jeder weiß, dass es am Ende nur einen riesigen Blechhaufen geben wird?"

Rennefeld faltete die Hände auf dem Schoß. „Und was passiert mit den Menschen? Da buchten sie meine Tochter ein und fordern sie auf, sich auszuziehen. Befohlen von einem deutschen Offizier! Noch dazu von einem, der wehrlose Menschen umbringen ließ. Man sollte glauben, dass sie ihn längst festgenommen und vor ein Gericht gestellt hätten. Aber nein, nichts dergleichen. Sie drehen und sie winden sich. Wahrscheinlich kommst du überhaupt nur frei, weil sie ihre Ruhe haben wollen. Alles bleibt vertraulich. Das musste ich ihnen versprechen! Ha! Sie handeln mit meiner Liebe zu meiner Tochter, um ihre Machenschaften zu decken! Und ich muss mich auf diesen Kuhhandel einlassen, ja, und ich bin sogar froh, dass sie mir diesen Kuhhandel anbieten. Was ist das nur für eine Zeit."

Es war die längste Rede, die Elise jemals von ihrem Vater gehört hatte. Sie war gleichzeitig erschüttert und gerührt von der Erkenntnis, dass ihr Vater von widerstreitenden Gedanken förmlich zerrissen wurde. Es war, als ob ein eisernes Denkmal vom Sockel stürzte und in tausend Teile zerbrach. Und ausgerechnet sie, Elise, war dafür verantwortlich.

Der Mond war herausgekommen und tauchte die Landschaft in sein mildes Licht. Sie fuhren nach Bad Gandersheim hinein. Hier hatte die Äbtissin Roswitha von Gandersheim, die erste deutsche Dichterin, die die Kieckbusch so liebte, gelebt. Das war jetzt fast tausend Jahre her. Diese Roswitha hatte die ersten deutschen Dramen geschrieben. Und hatte für Kaiser Otto I. und seine Familie geschwärmt. Über die Aufstände zu Beginn seiner Herrschaft hatte sie ausführlich berichtet. Über die verwerfliche Rolle seiner Familie hatte sie beharrlich geschwiegen. So ist das mit den hohen Ansprüchen, die die Menschen an sich haben. Es gibt immer etwas, was im Dunkeln bleibt. Jetzt, tausend Jahre später, war alles egal, und Roswitha von Gandersheim war eine große Frau. Gab es denn gar keinen Maßstab, an dem man die Dinge messen konnte? Anscheinend nicht. Und auf einer nächtlichen Fahrt, bei der sie den Scheinwerfern auf ihrem Weg durch dunkle Alleen folgten, würden sie erst recht keine Antwort finden.

Immerhin. sie hatte wenigstens gelernt, Fragen zu stellen.

Gustav schaltete einen Gang herunter, als es den Hils hinauf ging. Das Getriebe krachte und jaulte wie eh und je.

„Wenn man bedenkt, dass der Thronfolger damals in so einem Automobil, wie wir es haben, erschossen wurde", sagte Elise plötzlich nachdenklich.

Keiner der Männer antwortete.

„Und wenn man bedenkt, was für ein schrecklicher Krieg daraus geworden ist, da möchte man glatt aussteigen."

„Wir sind keine Könige", knurrte ihr Vater. „Nur normale Leute aus einer unbedeutenden Stadt."

„Schade eigentlich."

Die Männer lachten.

„Ich freue mich auf unser Holzminden", sagte Elise. „Es ist schön, ein Zuhause zu haben. Die Leute kennen mich, und man weiß genau, was in der nächsten Stunde passieren wird. Früher hat mich das gestört, jetzt ist es, als ob ich in die Ferien fahre ..."

„Erwarte nicht zu viel, Holzminden hat sich verändert", unterbrach sie ihr Vater. „Wir haben jetzt fast zwei Jahre Krieg, und es sieht nicht so aus, als wäre er bald vorbei, auch wenn es kaum jemand wahrhaben will. Diese Generäle sind eben keine Unternehmer. Sie denken, alles läuft von allein, man muss es nur befehlen."

„Aber du bist doch selbst Hauptmann der Reserve, Papa, ich weiß noch, wie ich dich bewundert habe, wenn du vor einer Übung in der Uniform auf und ab gegangen bist, die goldenen Knöpfe haben gestrahlt, und der Degen hat leise geklirrt ..."

„Was so ein buntes Stück Stoff mit einem machen kann. Da kann man sich nur wundern." Rennefeld schüttelte den Kopf. „In meinem Herzen bin ich Zivilist, Unternehmer, wie alle in unserer Familie. Ich werde nie verstehen, dass man teure Munition in die Gegend schießt und alle Hurra schreien, wenn man etwas kaputt gemacht hat, ohne dass es auch nur irgendeinen Nutzen erzeugt hat. Es ist, als ob man Bündel von Geldscheinen ins Feuer wirft. Und gleichzeitig sperrt der Engländer unsere Häfen, Rohstoffe aus dem Ausland gibt es nicht mehr, also auch keine Produktion, also keine Arbeit, also kein Essen ... Nur noch Brotkarten!"

„Du machst mir Angst! Ist es wirklich so schlimm?"

Rennefeld lachte bitter. „Neulich haben sie meine goldene Rektoratskette geholt, zum Einschmelzen, stell dir das vor!"

„Sie brauchen Geld."

„Natürlich brauchen sie Geld. Damit sie es verpulvern können."

„Es gibt doch diese Kriegsanleihe."

„Es gibt nicht nur eine Kriegsanleihe, mittlerweile gibt es jede Menge davon. Der Staat pumpt sich Geld, wo und wann er es bekommen kann."

„Ist es nicht in Ordnung, wenn die Bürger ihrem Staat Geld leihen? Sie bekommen Zinsen, und am Ende zahlt der Staat es ihnen zurück."

Rennefeld beugte sich nach vorn und tippte Gustav auf die Schulter. „Gustav", sagte er, „Sie sind doch ein Patriot?"

„Durch und durch, Herr Direktor." Gustavs Kopf, eine schwarze Silhouette vor dem Licht der Scheinwerfer, ruckte hoch. „Drittes Husarenregiment, mit Verlaub, Herr Direktor."

„Und wie ist es mit den Anleihen? Sie haben doch sicher auch ein bisschen Geld auf der hohen Kante."

Gustav bremste vor einer Kurve, gab Zwischengas und schaltete einen Gang herunter. Elise hatte den Eindruck, dass er froh war, nicht gleich antworten zu müssen.

Aber ihr Vater ließ nicht locker. „Also, was ist, haben Sie welche gekauft?"

Gustav beschleunigte und schaltete in den vierten Gang. „Meine Frau war dagegen. Sie sitzt auf dem Geld, das wissen Sie doch. Und sie sagt, dass man so blöde gar nicht sein kann, dem Staat sein Geld zu geben. Die da oben würden ja auch sonst nicht auf uns hören, da werden sie das mit der Rückzahlung ganz schnell vergessen. Wenn sie überhaupt noch was haben, das sie zurückzahlen können." Gustav stöhnte vor Scham. „Sagt meine Frau, Herr Direktor, nichts für ungut."

Rennefeld saß starr, als habe er eine Abfuhr erhalten, dann lehnte er sich zurück, fuhr mit der Hand über Augen und Gesicht und seufzte, fast unhörbar.

„Diese Leute", sagte Elise, „für die ich Plakate geklebt

habe, diese radikalen Sozialisten, Rosa Luxemburg, sie waren von Anfang an gegen diese Anleihen."

„Wer nichts hat, kann ja auch nichts kaufen."

„Nein. Sie wollten keine Anleihen, weil sie keinen Krieg wollten."

„Man denkt immer", sagte Rennefeld leise, „dass man schlauer ist als die anderen. Mein Onkel hat das Vanillin erfunden und eine Firma aufgebaut, die ihre Produkte in die ganze Welt verkauft ... verkaufen würde, wenn es keinen Krieg gäbe. Wir haben die erste Schule für Architekten gegründet. Zweitausend Schüler aus ganz Deutschland, die meine Vorlesungen hörten. Also weiß man doch offensichtlich, wie die Dinge laufen! Und man ist überzeugt, dass sich alles aufgrund der eigenen Überlegungen planen lässt. Dann kommt so ein Krieg, und man merkt, dass man gar nichts im Griff hat. Wir denken, wir sind frei in unseren Entscheidungen, und dann stellt man fest, dass man die ganze Zeit auch nur ein Mitläufer war, vielleicht ein bisschen schneller als die anderen, aber grundsätzlich immer mit dem Zeitgeist, immer fein im Tross. Mit all den anderen an der Seite kann einem ja nichts passieren. Und wenn doch etwas passieren sollte, dann merken wir, die Superklugen, es doch wohl als Allererste, nicht wahr?"

Er hatte sich in Rage geredet und blickte auf seine Tochter hinab, aber Elise hatte nicht den Eindruck, dass er sie wirklich sah. Sie wollte etwas sagen, ihn trösten, aber er sprach schon weiter.

„Tatsache ist", sagte Rennefeld bitter, „Tatsache ist nämlich, dass wir auch Hurra schreien, wenn alle anderen Hurra schreien. Wo, zum Teufel, ist unser Verstand geblieben?"

„Im Krieg, unter dem Schrotthaufen", sagte Elise leise.

Rennefeld zog ein Taschentuch heraus und schnäuzte sich. „Du bist eine richtig kluge junge Dame geworden", sagte er erstaunt, „trotz all dem bedenklichen Umgang, den du gehabt hast."

„Heute ist es bedenklich“, kam Gustavs Stimme von vorn, „und morgen ist es vielleicht schon dieser Zeitgeist, von dem Sie sprechen, Herr Direktor. Die Dinge ändern sich eben, da muss man seinen eigenen anständigen Kurs fahren, wenn man ankommen will. So, wie es Fräulein Elise tut, wenn Sie mir die Bemerkung verzeihen mögen, Herr Direktor.“

Die Dinge ändern sich, das ist wohl wahr, dachte Elise. Jetzt geben die Chauffeure schon ihren Herrschaften Ratschläge fürs Leben. Elise war gerührt, dass Gustav Partei für sie ergriff. Und sie war beunruhigt, dass ihr Vater keineswegs aufbrauste, sondern sogar nickte.

„Diese Anleihen, Papa“, kam sie noch mal auf das Thema zurück, „hast du viele gekauft?“

Er lachte gequält. „Ich hätte Gustavs Frau fragen sollen ...“

Dann sagte er lange nichts, und Elise hatte schon akzeptiert, dass er ihre Frage offenbar nicht genauer beantworten wollte. Sie lehnte sich zurück, um vielleicht doch noch ein wenig zu schlafen, da sagte er plötzlich gepresst: „Alles, was wir an laufendem Vermögen hatten. Anleihe eins, Anleihe zwei und Anleihe drei ... Manchmal zerreißt es mich nachts, wenn ich daran denke, was für ein Idiot ...“

Elise kuschelte sich an den Mantel ihres Vaters. „Ich habe dich sehr lieb, Papa“, sagte sie leise.

16

Elises Vater hatte recht gehabt. Seit sie das letzte Mal zu Hause gewesen war, hatte sich ihr geliebtes Holzminden verändert.

Das erste, was Elise sah, als sie am nächsten Morgen auf ihr Elternhaus zufuhren, war der Garten. Wo sich einst Gustavs peinlich gepflegte Rasenflächen bis hinunter zum Mühlteich gezogen hatten, wuchsen nun Kartoffeln. An der Mauer, zwischen den Marmorstatuen, standen Käfige, durch deren Drahtgitter Kaninchen blickten. Weiter hinten liefen Hühner pickend auf grünlich-glitschigem Boden herum und scherten sich keinen Deut um den Hahn, der mit aufgeplustertem Gefieder auf dem Dach eines Holzverschlages stand und heiser krähend ihre Gefolgschaft einforderte.

„Nicht schlecht, was?", fragte Gustav. Und fügte nicht ohne Stolz hinzu: „Hab alles ich gemacht. Zusammen mit Doris, die kennt sich aus, ist ja auf dem Dorf groß geworden."

Elise, die ihm die Freude nicht verderben wollte, lächelte ihm zu, insgeheim jedoch war ihr zum Heulen zumute. Solange sie denken konnte, war dieses Grundstück ihr Inbegriff für Sicherheit gewesen. Eine Insel der Beständigkeit. Und das musste auch so bleiben, wenn der Teufel persönlich die Welt drum herum in Brand setzte. Nun waren es die Menschen selbst, die die Welt in Flammen gesetzt hatten, und die Not hatte ohne große Umschweife die Mauern überwunden und es sich hier drinnen gemütlich gemacht.

Und Gustav war noch stolz darauf.

Bei dem Gedanken wurde Elise bewusst, dass ihre und die Familie ihres Großonkels die einzigen in der Stadt waren, die einen so großen Garten hatten. Was machten die anderen? Wie überlebten die Armen? Sie mochte es sich nicht ausmalen, aber sie nahm sich vor, noch heute in die Stadt zu gehen und sich ein Bild von allem zu verschaffen. Sie fühlte sich schuldig, dass sie so unbehelligt von all dem gelebt hatte. Verbotene Plakate auszuhängen und Fangen mit der Polizei zu spielen war eine Sache, sich den Alltagsproblemen zu stellen eine andere.

So kam es, dass Elises Heimkehr zwar von Freude geprägt war, etwa, als ihre Mama sie in die Arme schloss und Elise ihr warmes Limettenparfüm einatmete. Aber auch zu Hause war die Welt nicht ohne Sorgen. Sie würde sich hier nicht einkuscheln und die Hände in den Schoß legen können. Immerhin – das hatte sie im Fall Achenbachs gelernt – war dies möglicherweise die beste Medizin gegen Niedergeschlagenheit. Gewiss, sie konnte nun die Schule wegen, wie es hieß, *vaterländischer Unzuverlässigkeit* nicht zu Ende bringen. Aber sie würde sich dadurch nicht beirren lassen. Sie hatte viel gelernt. Jedenfalls mehr als ihre braven Klassenkameradinnen. Wie viel diese Erfahrungen wirklich wert waren, würde sich zeigen.

Elise begann ihren Erkundungsgang an der Baugewerkschule. Die Anlage war menschenleer. Nur Hermine Viebrock fegte die Treppen, die zum Lichthof hinaufführten. Sie lächelte, als sie Elise sah. „Schön, dass Sie wieder da sind, *Fräulein Elise,* ist auch Gustavs Meinung. Darf ich Sie in die Arme nehmen?"

So standen sie eine Weile aneinandergelehnt, dachten an früher und suchten nach Worten.

„Kaum jemand zu sehen", meinte Elise schließlich, „was habt ihr mit den Studenten gemacht?" Es sollte ein Scherz sein, traf aber offensichtlich einen sehr ernsten Nerv.

Hermine Viebrock stützte sich auf den Besen und blickte Elise vorwurfsvoll an. „Das musst du mich nicht fragen. Frag die Herren in ihren schnieken Uniformen. Wo sollenn sie denn herkommen, unsere Studenten? Sind doch alle an der Front. Oder schon totgeschossen. Jetzt ziehen sie schon die Achtzehnjährigen ein. Die armen Kerle haben doch noch gar nichts gehabt von ihrem Leben. Gehen Sie mal rum, Fräulein

Elise, und schauen sich um. Man trifft viele Soldaten in den Straßen, aber das sind Krüppel, nicht mehr die gutaussehenden Kerle wie zu Beginn. Manche gehen zum fünften Mal ins Feld, zurechtgeflickt, damit man sie wieder zusammenschießen kann. Was bin ich froh, dass ich keine Söhne habe. Und dass mein Gustav schon so alt ist. Jetzt haben sie sogar unseren Klempner, den Werner Rojahn, eingezogen, Sie kennen ihn doch. Der so scheel guckt, weil er ein Glasauge hat. Das hat ihn immer vorm Militär bewahrt, aber jetzt schnippen sie nur mal schnell mit den Fingern, diese Musterungsärzte, und schon ist er weg, steht in Ypern in einem Dreckloch und scheißt ... verzeihen Sie vielmals ... in die Matsche."

Sie schnaufte vor Empörung, dann winkte sie ab. „Na ja, vielleicht ist es gut, wenn wir die Schule hier dichtmachen, dann kann wenigstens nichts kaputtgehen von dem Rojahn seine Leitungen." Es sollte lustig klingen, aber sie lachte nicht. Sie schob den Besen zur Seite, beugte sich vor, bis ihr Gesicht dicht vor Elises Kopf war, sah sich um, ob auch niemand zuhörte, und flüsterte: „Aber natürlich fragen Gustav und ich uns, wie der Herr Direktor das machen will, wenn keiner mehr kommt, um zu studieren." Sie zeigte hinüber zum Denkmal. „Jetzt wollen sie sogar Ihren Herrn Urgroßvater einschmelzen", fuhr sie fort, „ist das nicht eine Schande? So ein verdienter Mann! Wollen Kanonen aus ihm machen. Und wenn sie keine Denkmäler mehr zum Einschmelzen haben, druckt der Staat sich sein Geld eben selbst. Aber wir kleinen Leute können das nicht. Und die feinen Leute wie Ihr Herr Vater auch nicht. Da sind wir plötzlich alle gar nicht so weit auseinander, wie man immer getan hat." Sie nahm den Besen und fegte wild drauflos, als wollte sie all die schlechten Nachrichten möglichst schnell in den Müll kehren.

Elise sah ihr nachdenklich zu. Sie hatte keine Zweifel, dass die mütterlich-liebe Hermine Viebrock allen Menschen, und besonders den Rennefelds, nur das Beste wünschte. Trotzdem hatten ihre Worte sie betroffen gemacht. Wenn schon

Gustavs Frau so redete, wie sehr stänkerten dann all die anderen? Elise blickte zum Himmel. Eine dunkle Wolke stand über dem Tal. Das passte ins Bild.

Als hätte sie ihre Gedanken erraten und wollte ihre harschen Worte wieder gut machen, hielt Hermine plötzlich inne und sagte freundlich: „Beeilen Sie sich lieber, Fräulein Elise, wenn Sie noch Brot wollen, es gibt heute welches bei der Witwe Hevekamp!"

Vor deren Geschäft stauten sich Hunderte von Menschen. Sie standen eng gedrängt um die geschlossene Tür herum, schoben und zerrten, fluchten und schimpften. Zwei Polizisten sorgten dafür, dass die Menge sich ordnungsgemäß verhielt. Es war eine bunte Gesellschaft. Köchinnen und Damen der Gesellschaft, Schüler und alte Herren, Kinder und Greisinnen. Elise fiel auf, dass manche der Wartenden gut vorbereitet waren. Eine alte Dame hatte einen Klappstuhl mitgebracht, ein Dienstmann las in einem Buch, und ein Herr in Jägerkluft benutzte einen groben Spazierstock mit abklappbar angeschraubter Sitzfläche, um die Wartezeit zu überstehen.

Kaum wurde die Eingangstür geöffnet, kam augenblicklich Bewegung in die Menge. Jeder versuchte, ganz nach vorn zu kommen, Frauen rissen sich gegenseitig an den Kleidern, ein Kind wurde zu Boden getreten. Panisch schrie es um Hilfe. Elise packte das Mädchen am Arm und zog es auf die Straße zurück, wo es sich aufrappelte und in die sich keilende Menschenmenge zurückdrängelte. Die ersten Frauen kamen halb ohnmächtig mit Brot zurück, das sie mit beiden Armen gegen Zugriffe schützten. „Es ist kaum noch etwas da", rief eine von ihnen. Ein Aufschrei ging durch die Menge, und da erschien auch schon ein Schild am Balkon über der Eingangstür:

FÜR HEUTE AUSVERKAUFT. Wir schließen.

Jemand versuchte, die Rollläden vor den Schaufenstern herunterzulassen, aber dafür war es bereits zu spät. Die aufgebrachte Menge machte ihrem Zorn Luft, Scheiben klirrten, Holz brach, ein Verletzter schrie auf. Elise stand fassungslos daneben, dann, als die ersten Steine flogen, lief sie los, rannte über den Platz und stand unvermittelt wieder vor Hermine Viebrock, die inzwischen auf der untersten Stufe angekommen war, ohne sich von dem Tumult stören zu lassen.

„Sie bringen sich um, Tante Hermine", keuchte Elise. „Die Leute bringen sich um, wegen eines Brotes!"

„Dabei wissen sie schon lange, dass es nie genug Brot gibt, gestern nicht, heute nicht und morgen auch nicht", sagte Hermine ungerührt. „Nur gut, dass Onkel Gustav jetzt zwei Schweine im Keller hat. Und ihr bekommt auch was davon ab."

Die Welt war, wie sie jetzt war: Brotkarten, Kartoffelkarten, Butterkarten, Schleichhandel, Schwarzmarkt, Kohlrüben, Kohlrübensuppe, gebratene Kohlrübenschnitten, Kohlrübenkuchen, Kohlrunkelrübenkuchen ...

Und Blutwurst aus Gustavs geheimer Schweinezucht.

Die Tiere wurden von dem alten Kutscher mit einem Axtschlag in den Nacken getötet, geteilt und auf dem Rücken des Herrn Direktors im Schutze der Dunkelheit in das Herrenhaus gebracht, wo sie portioniert und anschließend im kupfernen Waschkessel in kochendes Wasser getaucht wurden. Elise lernte, das kochende Blut mit den Speckkinkeln zu verrühren, und tauchte sogar ihren Finger in die dunkelrote Masse, um sie abzuschmecken.

Am Ende der dampfenden und glitschigen Prozedur, die bei abgedunkelten Fenstern stattfand, holte Gustav seinen selbst gebrannten Korn aus dem Hühnerstall, wo er die Flaschen unter einer dicken Lage Kot versteckt hatte. Das alles gab dem Ganzen etwas wohltuend Verschwörerisches. Es war, wie der Herr Direktor halb betrübt, halb belustigt feststellte, so etwas wie ein barbarischer Abschied von der Zivilisation, aber die ginge ja erstens sowieso zu Bruch und könne zweitens so durchschlagend Scharfes wie Gustavs Rachenputzer mal gut vertragen.

Wenn sie zurückdachte, hatte Elise ihren Vater nur ein einziges Mal in so guter Laune gesehen, vor vielen Jahren beim Kegeln der Honoratioren im Felsenkeller, als ihm eine Acht-ums-Vordereck gelang.

Erst eine ganze Weile nach ihrer Rückkehr hatte Elise den Mut aufgebracht, sich nach Rüdiger zu erkundigen. Sie hatte zunächst ihren Großonkel gefragt, ob der junge Seifenhersteller sich vielleicht bereits selbstständig gemacht hatte, aber Wilhelm Rennefeld hatte nur desinteressiert die Schultern gezuckt. „Wir haben Krieg, Mädchen, und mit Parfüm kann man schlecht schießen."

Dann war sie in die Bahnhofstraße gegangen. Sie hatte lange gezögert, und sie musste sich eingestehen, wenn kein Krieg gewesen und nicht irgendwie sowieso alles anders geworden wäre, hätte sie sich wahrscheinlich niemals getraut, den alten Micus nach Rüdiger zu fragen.

Micus berichtete, dass Rüdiger an der Front sei. In Frankreich. Nein, er sei nicht wie die anderen frohen Mutes gegangen, sondern hätte sich beschwert, dass man ihn aus seinen wichtigen Versuchen, die doch so große Fortschritte machten, riss und ihn in so etwas Nutzloses wie einen Krieg schickte. Dies sei, ereiferte sich Micus, angesichts der prekären Lage des Vaterlandes und der hehren Aufgabe scharf zu tadeln. Aber er sei sicher, dass die Franzmänner auf der anderen Seite der Front den Rüdiger schon zu einem verantwortungsvollen Soldaten machen würden.

Elise war da anderer Meinung. Dazu war Rüdiger zu klug. Sie hatte oft an ihn gedacht. Seine rüde Abfuhr hatte sie ihm längst verziehen, vielleicht hatte sie ja wirklich gleich zu viel von ihm gewollt. In ihrem Gedächtnis geblieben war seine Zärtlichkeit. Und ein frühlingshafter Hauch von dem, was Liebe bedeuten könnte, eine Ahnung, wie schön das Leben sein konnte mit einem Mann an ihrer Seite.

In Herta Kieckbuschs Heim waren Männer – bis auf den alten Achenbach – mehr oder minder verboten gewesen. Elise hatte sich während der Zeit in Wolfenbüttel nicht bewusst von allem, was Hosen trug, fern gehalten, es hatten sich einfach keine Gelegenheiten ergeben.

Und nun saß sie also bei dem alten Micus auf dem Wartesofa und beobachtete ungeduldig, wie der alte Mann mit seinen fummeligen Fingern nach dem Brief suchte, den Rüdiger ihm vor etwa einem Monat geschrieben hatte. Schließlich half sie ihm und fand das Schreiben inmitten eines Stapels alter Rechnungen. Er war mit Bleistift auf blau liniertem Papier geschrieben, oben links ein Stempel von der Zensurbehörde.

Lieber Meister Micus,
wir liegen vor Malancourt, obwohl es den Ort nicht mehr gibt. Es gibt überhaupt keine Orte mehr. Nichts weist drauf hin, dass hier mal Menschen gewohnt und die Felder bestellt haben. Es gibt nur Schlamm, Bombentrichter und Gräben. Und ein beispielloses Abschlachten. Wir sollten schon vorgestern angreifen, aber sie haben den Termin verschoben. Stattdessen bombardieren uns nun die Franzmänner. Manchmal ist Giftgas dabei. Es riecht wie der Weißdorn in unserem Garten in Brake. Bin ich nur deshalb noch am Leben, um mich daran zu erinnern? Es ist ein Wunder, dass ich noch lebe. Das Geräusch der Artillerie ist das Geräusch des Todes. Die Angst macht die Leute verrückt. Ich habe auch schon geglaubt, ich sei auf dem Wege dahin. Die Kameraden neben mir sind alle tot. Gestern bin ich aufgestanden und habe nach drüben gebrüllt, dass sie mich mal können. Die Kugeln sind nur so geflogen, aber keine hat getroffen. Bin ich womöglich unsterblich? Ich nehme es als die letzte Warnung des Schicksals. Ich versuche den Überblick zu behalten. Will kein Schlachtvieh sein. Ich glaube, es ist mir was eingefallen …

Wichtig ist, dass Sie meine Essenzen und Öle gut wegstellen. Ich brauche sie noch. Nach dem Krieg wollen sich die Leute die Scheiße vom Leib waschen. Dann kommt unsere große Zeit! Grüßen Sie den Kaiser und wen ich so kenne. Vielleicht ist ja die eine oder andere Frau darunter, die mir etwas Kaffee schickt oder Zigaretten.

Ihr aufrechter
Rüdiger,
der zurzeit lieber den Kopf einzieht.
Hahaha

Elise blickte auf und sah dem Alten direkt in die Augen.

„Das ist ein Typ, was, dieser Rüdiger." Er räusperte sich verlegen. „Meinen Sie, dass er verrückt geworden ist?"

Elise war sicher, dass er nicht verrückt geworden war. Er ist jemand Besonderes, dachte sie, und plötzlich wusste sie, dass er alles schaffen würde, was er sich vornahm. So einen konnte man nicht auf die leichte Schulter nehmen. Ihr Großonkel würde sich noch wundern.

Und dann dieser Hinweis auf die Frauen!

Es gab also mehrere. Ob sie dazu gehörte, zum engsten Kreis sozusagen? Kein schöner Gedanke, und doch hoffte sie, dass er auch sie gemeint hatte. Ja, plötzlich war sie sicher, dass er eigentlich *nur* sie gemeint hatte. Es war eine Botschaft, verschlüsselt zwar, aber doch an jemanden gerichtet, dem er Initiative und Durchsetzungsvermögen zutraute. Das war doch sie? Oder nicht?

Kaffee und Tabak. Er hätte genauso gut Platin und Gold schreiben können. Konnte man aus Steckrüben eigentlich auch Kaffee machen? Oder Zigaretten? Noch ein paar Jahre Krieg, und auch das würde möglich sein. Echter Kaffee, echter Tabak, echte Liebe. Sie würde diesem Rüdiger zeigen, dass sein Vertrauen gerechtfertigt war.

Dann durchfuhr sie ein Gedanke: Der Brief war Monate alt. Was war, wenn Rüdiger gar nicht mehr lebte? Sie mochte nicht daran denken.

Als sie den Laden verließ, erinnerte sie sich daran, dass der Tag noch ein großes Ereignis für sie bereithielt: Ihre Schwester Hildegard, die sie so lange nicht gesehen hatte, würde bei ihnen eintreffen.

Elise hatte gerade die Böntalstraße erreicht, als ein Sanitätsauto in das Grundstück einbog. Ein grüngrauer Kastenwagen auf hohen schmalen Rädern, an den Türen ein rundes weißes Feld mit einem roten Kreuz. Der Wagen hielt vor dem Haus, eine Frau stieg aus und blieb stehen, als sie Elise heranlaufen sah.

Hildegard.

Eine schlanke Frau mit hagerem Gesicht. Auf ihren blonden, widerspenstigen Haaren saß eine weiße Haube. Auch die Schwesterntracht war weiß, steif gebügelt. Der Kragen wurde von einer strengen schwarzen Schleife zusammengehalten. Wie sie so dastand und die Arme ausbreitete, hätte man sie sich gut im Himmel vorstellen können, als altjüngferlichen Engel, der ernst und voller Verantwortungsgefühl eine Schar ausgelassener Putten über die Wolkenberge scheuchte.

Die Schwestern fielen sich in die Arme. Elise spürte Hildegards harte Hände auf ihrem Rücken und roch Chloroform statt der vertrauten Düfte, die sich mit der Erinnerung an ihre Schwester und die gemeinsame Kindheit verbanden. Elise war weniger ergriffen, als sie gedacht hatte. Diese Person, die nun vor ihr stand, war eine andere als noch vor drei Jahren, härter, zupackender und viel direkter. Auch ich habe mich wahrscheinlich verändert, dachte sie, fragt sich nur, ob zum Besseren oder zum Schlechteren. Jedenfalls hatte das Schicksal nicht gezögert, Hildegard und ihr den jugendlichen Hochmut auszutreiben.

„Du siehst gut aus, Schwesterchen“, hörte sie Hildegard sagen, mit ihrer sanften Stimme, die so gar nicht mehr zu ihrer rigorosen Erscheinung passen wollte. „Du bist runder geworden, richtig fraulich“, fügte sie hinzu, „steht dir gut.“

Elise wollte antworten, dass Hildegard dünner geworden war, hager, fast knochig, aber dann besann sie sich. Warum unhöflich sein? Sie, Elise, hatte es gerade nötig, sich über andere zu mokieren.

„Es ist so schön, dass du auch wieder da bist“, sagte sie stattdessen, „ich habe dich vermisst.“ Dann fügte sie hinzu: „Du siehst so formell aus, so wichtig. Kommst sogar mit eigenem Auto.“

Hildegard lächelte. „Vor dem Krieg hätten die Herren der Schöpfung sich eingemacht vor Angst, wenn eine Frau ihre geliebten Automobile hätte fahren wollen. Aber nun sind die Herren an der Front, es ist nicht mehr so viel übrig geblieben von der Schöpfung, und plötzlich ist alles möglich. Als ich mich damals zum Lazarettdienst meldete, wollten sie mich schon fast wieder fortschicken. Obwohl ich ausgebildete Krankenschwester bin. Diese eingebildeten Weißkittel ließen mich noch nicht einmal eine Spritze setzen. Kochen und Binden waschen, mehr war nicht.“ Während sie eine abgeschabte Arzttasche von der Ladefläche nahm, fügte sie sarkastisch hinzu: „Aber das hat sich schnell geändert, als die ersten Verwundeten kamen. Man sagt, dass es achthunderttausend waren im ersten Kriegsjahr, du kannst dir vorstellen, was da los war. Und plötzlich ist alles anders. Nun sind wir für alles gut genug. Jetzt suchen sie händeringend nach Frauen, die sich in diese Welt von Blut, Eiter und abgesäbelten Gliedmaßen trauen.“

Sie konnte nicht weitersprechen, denn die Haustür sprang auf, Sophie Rennefeld stürzte heraus und umarmte ihre älteste Tochter. Elise sah, dass sie weinte. Ihre Mutter streckte den Arm aus und zog auch Elise heran. So standen die drei Frauen eng umschlungen und gemeinsam schniefend, bis Hildegard schließlich ihre Tasche aufnahm und die Frauen Hand in Hand im Haus verschwanden.

Der Direktor wurde gerufen, und er kam von der Schule herübergeeilt. Sein Schnurrbart zitterte vor Rührung, wenn er Hildegard ansah. „Ich bin so stolz auf dich", sagte er ein ums andere Mal. Elise sah, dass er gern mehr gesagt hätte. Aber seine Älteste verstand auch so und strich liebevoll über seine Hand.

„Es ist richtig wie früher", sagte die Mutter, als sie gemeinsam am Tisch saßen. „Heute wird einem erst klar, wie schön wir es hatten."

Nach dem Essen verschwanden die Frauen oben in den Schlafräumen, und Rennefeld hörte sie lachen und kramen. Sein Haus lebte wieder. Der Direktor holte sich eine Zigarre. Es war eine seiner letzten, direkt aus Havanna, noch aus Friedenszeiten ohne britische Seeblockade, und normalerweise hätte er sie geschont, sozusagen als Unterpfand für bessere Zeiten, aber andererseits ... wusste er denn sicher, dass sie alle noch einmal zusammen sein würden?

„Ich konnte wirklich nicht früher kommen", entschuldigte sich Hildegard, als sie schließlich im Garten saßen und der Sonne zuschauten, die hinter den Bergen jenseits der Weser unterging, und es für ein paar Sekunden so aussah, als würde sie von der Spitze des Köterbergs hinab ins Tal rollen.

„Erzähle, Kind", sagte Sophie, „du hast nicht oft geschrieben. Die Post ist wahrscheinlich schlecht, von da hinten in Polen."

Wenn Hildegard den leichten Vorwurf bemerkte, so zeigte sie es jedenfalls nicht. „Es ist schlimm", antwortete sie bitter und ihr Gesicht rötete sich. „Eine elende Schlächterei. Es ist nicht so wie in Frankreich, wo sie in ihren Schützengräben fest sitzen. In Polen ist die Front dauernd in Bewegung, vor und zurück, vor und zurück. Und wir rennen wie die Kaninchen hinterher. Oder laufen vorne weg, schieben unsere Patienten auf Karren durch den Dreck. Wir stehen um fünf auf, arbeiten bis zehn, lächeln den ganzen Tag, versuchen, Mut zu machen, und dann, wenn wir endlich ins Bett fallen und mit uns allein sind, dürfen wir endlich weinen."

„Aber dass es so viele Verwundete geben würde, hat man doch nicht wissen können." Die Worte des Direktors klangen matt.

„Hat man doch! Die alten Kerle im Generalstab *wollten* es nicht wissen. Auf beiden Seiten, aber wen tröstet das? Die hohen Tiere machen viel Wind. Sie wollen um jeden Preis weiterkämpfen, die Front um ein paar nutzlose Hundert Meter verschieben, damit die Zeitungen was zum Schreiben haben. Und die braven Bürger lesen es begierig und jubeln noch immer. Wie blöde muss man eigentlich sein, um in alledem einen Sinn zu sehen?" Hildegards blassblaue Augen blickten herausfordernd auf ihren Vater, aber der paffte hastig und verschwand fast hinter Zigarrenrauch, als wolle er ihnen zu verstehen geben, dass er eigentlich gar nicht da sei.

„Ich bin fest davon überzeugt", fuhr Hildegard fort, „dass die hohe Zahl der Verwundeten kein Zufall ist. Militärisches Kalkül ist das. Auf beiden Seiten. Denn ein Soldat, der versorgt werden muss, bedeutet für den Gegner viel mehr Aufwand als ein Toter. Den kann man einfach am Straßenrand liegen lassen. Glaubt mir, Hunderte von schmerzerfüllten Männern am Tag, und allen soll und will man helfen – manchmal frage ich mich, wie wir das eigentlich aushalten."

„Und Freizeit? Hast du nie Freizeit, dass du dich erholen kannst? Es gibt doch sicherlich auch ein paar fesche Männer darunter."

„Fesche Männer? Ha! Männer schon, mit verbrannten Gesichtern und auf feschen, grob geschnitzten Krücken, der letzte Schrei, sozusagen." Sie lachte bitter. „Nein, im Ernst, entweder man macht es ganz oder man macht es gar nicht. Und selbst, wenn Männer da wären, ich wollte gar nicht. Ich hätte keinen Nerv dazu, schönzutun. Und die Soldaten wollen so hübsche Miezen wie auf den Fotos, die sie in den Schützengräben haben. Nein, das Lazarett ist meine Familie geworden ..." Sie blickte sich entschuldigend um. „Ich hoffe, ihr versteht mich nicht falsch, wenn ich das sage."

Die Sonne war verschwunden. Nur noch ein violetter Strahlenkranz stand über dem Berg.

Sophie stand auf und räumte die Gläser auf das Tablett. „Kommt, lasst uns ins Haus gehen. Es wird kühl."

Aber Hildegard hielt sie fest. „Warte bitte. Ich möchte euch noch etwas sagen. Es liegt mir auf der Seele, und vielleicht könnt ihr mich dann besser verstehen."

Sophie setzte sich wieder, und alle sahen Hildegard erwartungsvoll an.

„Es ist nämlich so", begann sie, „dass sie die armen Kerle nicht etwa nach Hause lassen, wenn wir sie einigermaßen hinbekommen haben. Sie holen sie gleich wieder ab. Neuer Einsatz, neue Front." Sie zögerte. „Manchmal denke ich, dass ich es bin, der sie in den Tod treibt!"

„Das darfst du nicht denken. Du linderst Not, du gibst neue Kraft. Du bist stark", warf Elise ein.

„Ich bin nicht stark. Stark sein und stark wirken, das ist zweierlei."

„Du warst immer schon stark."

Hildegard blickte Elise an, als sähe sie sie zum ersten Mal. „Im Ernst, man mag es mir nicht ansehen, aber ich denke, ich bin aufgebraucht. Es musste ja mal so kommen. Ich merke es jetzt erst richtig, wenn ich hier mit euch in diesem schönen Garten sitze und in der alten Buche die Vögel zwitschern und die Gedanken an meine Kindheit über mich herfallen, das ... gibt mir den ..." Sie rutschte zu Boden.

Gemeinsam trugen sie sie ins Bett. Elise und ihre Mutter hielten dort Wache. Von Zeit zu Zeit fühlten sie Hildegards Puls und strichen mit einem feuchten Lappen über ihre Stirn. Eingehüllt inmitten all der weißen Laken sah ihr Gesicht seltsam klein aus. Man konnte kaum glauben, dass sie schlief. Unter ihren dünnen Augenlidern rollten ihre Augäpfel, als suchten sie nach Auswegen.

„Ich lasse sie nicht mehr weg", seufzte ihre Mutter. „Wir hätten uns um sie kümmern müssen, wir hätten uns besser um sie kümmern müssen ..."

„Aber wie?"

„Irgendwie. Hast du gesehen, wie dünn sie ist? Sie schont sich nicht."

„Sie will sich nicht schonen. Sie wollte sich nie schonen. Sie denkt, es ist ihr Schicksal, sich für andere einzusetzen. Sie denkt, dass keiner sie mag, und ..."

„Aber das ist doch Unsinn", unterbrach Sophie. „Alle mögen sie ..."

„Sie denkt, sie ist hässlich, und das weißt du auch. Sie wollte immer so schön sein wie du."

Sophie schluckte. „Wir alle können stolz auf sie sein", sagte sie trotzig. „Und irgendwann wird einer kommen und merken, was in ihr steckt."

Typisch Mama, dachte Elise, sie findet immer einen Weg, sich die Dinge schönzureden.

Hildegard wachte auf, und Elise war froh, dass sie nicht weitergesprochen hatten. Ihre große Schwester schaute sich verwirrt um. „Das ist ja mein Zimmer", flüsterte sie. „Mein Kuschelbär. Dass es den noch gibt! Seine Augen sind noch immer weg." Sie seufzte erleichtert. „Mein Gott, ich bin tatsächlich zu Hause ..." Dann schlief sie wieder ein.

Weitere zwei Stunden später bat Hildegard um ein Glas Wasser.

Sophie strich ihr über die Stirn. „Mein armes kleines Mädchen, musst du dich nicht melden, weil du heute nicht zurückkommst?"

„Ich habe Urlaub für eine Nacht. Um bei euch zu sein, obwohl ...", sie lächelte schief, „ich mir die Zeit etwas anders vorgestellt habe." Sie setzte sich auf. „Na ja, bald habe ich euch ja jeden Tag." Die beiden anderen Frauen blickten sie ungläubig an, deshalb fügte sie hinzu: „Hatte ich das nicht gesagt, dass ein Hilfslazarett nach Holzminden kommt? In die Kaserne?

Der Lazarettzug wird schon morgen Abend eintreffen. Und mich haben sie ausgesucht, um die Pflege aufzubauen und zu leiten. Weil ich die Leute hier kenne."

Und weil sie wissen, dass du sonst selbst zur Patientin wirst, ergänzte Elise im Stillen.

Am nächsten Morgen hatte Hildegard ihre Krise überstanden. „Es eilt", sagte sie, während sie sich Zichorienkaffee einschenkte. „Ich muss sehen, ob sie die Säle richtig einrichten."

Elise sah sie neugierig an. „Was ist das für ein Lazarett?"

„Ein Reservelazarett. Reservelazarett fünf, um genau zu sein. Für Unteroffiziere und Mannschaften. Verbrennungen, Verätzungen, Amputationen, Fleckfieber."

„Keine normalen Krankheiten?"

„Was heißt schon normal? Heutzutage sind Gewehrkugeln normal, und Granaten. Giftgas auch."

„Ich meine ..."

„Ich meine auch." Da war er wieder, dieser harsche, unduldsame Unterton in der sanften Stimme ihrer Schwester.

Aber Elise ließ nicht locker. „Ich meine", fuhr sie unbeeindruckt fort, „du hast gestern gesagt, dass ihr Hilfskräfte sucht. Ich habe Sanitätskurse gemacht in Wolfenbüttel. Und wenn du jetzt da bist, ist das vielleicht ein Wink des Schicksals. Ich sitze hier nur herum."

Sophie protestierte. „Rumsitzen. So ein Unsinn. Und außerdem, du bist noch nicht alt genug für so etwas!"

„Und die Männer, die sie jetzt schon mit achtzehn einziehen, sind die auch nicht alt genug, um zu sterben?

Unbehagliche Stille.

Sophie und Elise schauten auf Hildegard, die ungerührt an ihrem Steckrübenkeks kaute.

„Und, was sagst du dazu?", fragte Sophie. „Du wirst mir doch beipflichten?"

„Warum sollte ich? Warum soll ich die Einzige aus unserer Familie sein, die bei dem Theater mitspielt?" Sie wandte sich an Elise. „Aber eines solltest du wissen. Ich kann dich nicht schonen. Heutzutage kann sich niemand schonen, nicht, wenn es um Menschenleben geht. Ich kann dir auch keine Extrawurst braten. Und weglaufen gibt es nicht. Die Männer brüllen, wenn sie verwundet sind. Ich habe nicht gewusst, dass Menschen so brüllen können vor Schmerz. Die Menschen, mit denen du es zu tun haben wirst, sind so zerstört, dass manchmal ihre eigenen Mütter sie nicht erkennen würden. Lohnende Arbeit ist das nicht gerade."

„Aber ihre Dankbarkeit, das ist doch auch ein Lohn. Wenn sie mit dir reden ..."

Hildegard wischte ihren Einwand beiseite. „Natürlich reden sie. Manche. Aber das wirklich Wichtige behalten sie alle für sich. Ich weiß nicht warum, aber keiner dieser Männer hat mir je erzählt, wie es war an der Front, wie es war, als ihn die Kugeln trafen. Ja, manchmal reden sie von zerstörten Dörfern, vom Warten im Graben, aber über das, was sie zu Krüppeln hat werden lassen, sprechen sie nicht."

„Sie haben ja auch selbst getötet."

„Darüber sprechen sie erst recht nicht. Sie sind auch hier verwundet", sie zeigte mit dem Finger auf ihren Kopf, „hier drin, wo keine Medikamente helfen. Sie brauchen Trost, jemand müsste sie trösten ... aufmuntern ... ohne anzuklagen. Immer sehne ich mich danach, mehr zu geben, als ich geben kann. Es ist schlimm. Vielleicht hat Mama recht, vielleicht bist du noch zu jung ..."

Elise sprang auf. „Ich bin nicht mehr das dumme Schulmädchen, das du gekannt hast, das Kind, das zuckersüßen Träumen nachgehangen hat."

Hildegard nahm sie in den Arm. „Aber du bist immer noch meine kleine Schwester. Meinst du wirklich, dass du das aushältst?"

Elise sank auf ihren Stuhl zurück, blass, verkrampft, hilflos. „Ich weiß es nicht", sagte sie schließlich, „ich weiß es wirklich nicht. Aber dann denke ich mir, andere Frauen halten es aus. Dann halte ich es auch aus. Also", ihre Stimme hob sich trotzig, „also werde ich es aushalten."

Es klirrte, als Sophie Rennefeld ihre Tasse absetzte. „Nein", fauchte sie, „ich verbiete es dir. Du hast schon genug Unheil angerichtet. Du gehst nicht!"

„Ich gehe doch!"

„Du gehst auf keinen Fall!"

Die Holzmindener Kaserne lag vor den Toren der Stadt an der Eisenbahnlinie nach Braunschweig. Zwei weiße Blöcke mit jeweils drei Eingängen, die Dächer mit Sandsteinen aus Rennefeldschen Steinbrüchen gedeckt. In der Mitte ein Exerzierplatz mit rotem Sand. Zum Solling hin Äcker, zur Stadt führte eine extra für die Kaserne gebaute Straße, die bei der Wache auf das Kasernengelände mündete.

Hier lag auch das Kasinogebäude. Unten die Kantine für die Mannschaften, ein großer Saal mit einer langen Theke, dahinter die Küche mit fünf großen quadratischen Holzherden, deren Ofenrohre sich unter der hohen Decke trafen und zu einem Schornstein liefen. Neben dem Schornstein führte ein Essensaufzug nach oben in die Räume für die Unteroffiziere. Dort war alles etwas kleiner und gediegener. Wenn auch nicht so protzig wie bei den Offizieren, die in dem kleineren Haus nebenan residierten.

Mit Kriegsbeginn waren die Soldaten abzogen und schon kurz darauf war in den beiden weißen Gebäuden ein Lager für Kriegsgefangene eingerichtet worden. Um den Platz und die zwei Häuser hatte man hohe Zäune errichtet und das Gelände zusätzlich mit Wachtürmen und Scheinwerfern gesichert.

Es hatte bereits siebzehn Fluchtversuche gegeben. Alle erfolglos. Die Menschen in der Stadt fragten sich anfangs, warum so viele Gefangene fliehen wollten, die Männer sollten doch froh sein, dass sie den Gräueln des Krieges entkommen waren und hier, in vergleichsweise friedlicher Gegend, das Ende der Schlächterei abwarten konnten. Den Wachmannschaften war bei Androhung standrechtlicher Strafe befohlen worden, unbedingtes Stillschweigen zu wahren. Mit der Zeit verfestigten sich die Gerüchte, dass die Gefangenen in Wahrheit Schwerverbrecher waren, die auf ihre Aburteilungen warteten und nur daran dachten, dem Henker doch noch zu entkommen. Die Kommandantur tat nichts, um den Gerüchten entgegenzutreten. Die Folge war, dass die Bevölkerung sich bei jedem Ausbruch aktiv und nicht gerade zimperlich an der Suche beteiligte. Zwei der Ausbrecher hatte man tot an der Weser aufgefunden, erschlagen wie Tiere.

Nun zog das Lazarett in die ehemalige Kantine ein. Es dauerte nicht lange, bis Elise und Hildegard von den Gerüchten über die brutalen Insassen im Nachbarblock hörten. Wenn sie am Fenster im Obergeschoss standen und auf den Exerzierplatz und die abgerissenen Kreaturen blickten, die sich in die Schatten der Gebäude drückten, machten sie sich Sorgen um ihre hilflosen Patienten. Und um sich selbst.

Elises Einsatzbefehl hatte nicht lange auf sich warten lassen. Das Oberkommando suchte händeringend nach Betreuerinnen für die stetig wachsende Flut von Verwundeten.

„In den ersten Kriegsmonaten war der Dienst noch schick", sagte Hildegard, „insbesondere für die Damen der Gesellschaft, es schien so angenehm aufregend zu sein, all diese hilflosen Männer zu betüdeln. Aber aus dem Idyll ist schnell bitterer Ernst geworden, und die Männer sind auch keine weißen Ritter und auch nicht nur edel und gut, sondern verstümmelt, verätzt und voller Panik, und überall sind Wunden und Eiter und Blut. Da haben viele der Damen doch lieber wieder die Teetasse in die zarten Finger genommen ..."

Elise wurde eingekleidet. Blaues Kleid mit langem Faltenrock, weiße Schürze mit breiten Trägern, weiße Haube mit rotem Kreuz. Weiße Armbinde mit rotem Kreuz. Nicht gerade elegant, aber Elise war klar, dass es darum nicht mehr ging.

Wie in anderen Reservelazaretten gab es zwei Ärzte: den Chefarzt und einen in Chirurgie ausgebildeten Stabsarzt. Der Chefarzt war ein verdienter Mann, Professor Dr. Frank Medger, ein mit fünfundsiebzig aus dem Ruhestand zurückgeholter Professor für Urologie, ein weltferner Gelehrter, der sich, seinen Büchern entrissen, wenn irgend möglich in seinem Büro vergrub und Hildegard gewähren ließ.

Anders Dr. Heinrich Wesnick, der Stabsarzt. Hildegard warnte Elise: „Achtung! Das ist ein Giftzwerg. Spitzname *Weesnichts*. Vor ihm musst du dich vorsehen. Für Ärzte wie ihn ist der Krieg eine Chance, ein gewaltiges Laboratorium zur Erforschung von Krankheiten. Sie operieren auf Deubel komm raus, immer nach dem Motto: Jeder Tote macht uns klüger. Ich kenne ihn aus Ostpreußen. Er ist ein Brachial-Chirurg, wir müssen ihn im Auge behalten, insbesondere aber seine Patienten. Einmal operiert, verliert er das Interesse an ihnen. Sei also auf der Hut!"

Außerdem gab es – normalerweise – zwei Inspektoren, einen für die Verwaltung, einen für die Küche. Doch Männer waren rar. Als Inspektor für die Verwaltung in Holzminden fungierte Hildegard, als Inspektor für die Küche auch.

Es gab zweihundert Bettstellen. Die Amputierten lagen im Erdgeschoss. Statt durstiger Zecher drängten sich nun Betten mit verwundeten Soldaten vor der langen Theke. Der alte Zapfhahn ragte einsam aus Bergen von Mullbinden und Verbandsstoffen hervor und erinnerte an fröhlichere Zeiten.

Im Obergeschoss lagen die übrigen Fälle: Fußbrand, Granatenschock, offene Wunden, Hautverätzungen, Schussverletzungen. Und Schädelöffnungen. Kaum zum Dienst eingerückt, musste Elise bei einer solchen assistieren.

„Sie haben mir eine Lampe in die Hand gedrückt, mit der ich in das Schädelloch leuchten musste", erzählte sie ihrer entsetzten Mutter später mit Grauen, aber auch einem gewissen Stolz. „Ich war furchtbar aufgeregt, aber auch neugierig, weil man doch immer von den grauen Zellen spricht. Dann sah ich das Hirn pulsieren – und es war tatsächlich grau!"

Hinterher erfuhr sie, dass derartige Operationen gern als Mutprobe genommen wurden, um die Standhaftigkeit von neuen Schwestern zu testen. So erwarb sich Elise gleich zu Anfang den Ruf, handfest und nicht zimperlich zu sein. Ein Ruf, der sich noch auszahlen sollte.

1918

17

Manchmal, wenn Elise mutterseelenallein, körperlich, geistig und seelisch ausgelaugt, gegen zwei Uhr morgens, wenn endlich so etwas wie Ruhe eingekehrt war, in der Küche saß und an die bläulichen Fliesen starrte, die, von der nackten Glühbirne beleuchtet, abweisend schimmerten, fragte sie sich, wie lang Zeit war.

Sie war jetzt seit fast zwei Jahren im Lazarett. Pausen oder Urlaub hatte es nicht gegeben. Dafür viele Tote, unendliches Leid und nur manchmal bescheidenes Glück – zumindest gemessen an dem Unglück der anderen.

Zwei Jahre sind lang, zwei dicke Kalender lang.

Zwei Jahre sind kurz, wenn man in Menschenleben, normal langen Menschenleben, rechnet.

Wie war es mit ihren letzten zwei Jahren? Elise zuckte unbewusst die Schultern. Ihre Zeit hatte sich nicht nach Tagen, Stunden oder Minuten gerechnet, sondern nach einer unendlichen Reihe von Kranken, Verwundeten und Toten. Sie fragte sich, wie sie das hatte durchstehen können, wie sie vor allem all diese Blicke, die so hoffnungsvoll auf ihr ruhten, hatte aushalten können.

Wenn sie ehrlich zu sich war, hatte sie es nicht gut ausgehalten. Sie fragte sich, ob man in seiner Seele Schmerz haben kann, und bejahte die Frage. Sie hatte oft versucht, sich zu sagen, dass sie sich nicht für alle Verwundeten dieser Welt verantwortlich fühlen konnte. Aber wahrscheinlich gab es zwei verschiedene Sorten von Menschen: diejenigen, die sich verantwortlich fühlten, und diejenigen, an denen das Leben vorbeiglitt, als sei es nur von einer nackten Glühbirne bestrahlt. Da wollte sie, Elise, sich doch lieber einmischen im Leben und allen Kummer und alle Niederlagen, die unvermeidlich folgten, einstecken. Sie würde weitermachen, als Wundenverbinderin, Skalpellzureicherin, Eiterauswascherin, Trösterin, Mitbeterin, Herbol-Putzfrau. Und als Bestandslistenführerin: Zugänge links, Abgänge rechts.

Die Klingel über der Tür surrte. Elise seufzte, stand auf, reckte die Arme über den Kopf und streckte sich. Schön, dass sie helfen konnte. Schön, dass sie noch durchhielt.

Zweihundert verwundete Männer, verwundet am Körper und verwundet in der Seele. Sie alle hungerten nach Zeichen der Zuneigung, mochten diese auch noch so winzig sein. Elise wollte keinen von ihnen enttäuschen, niemand sollte glauben, dass er weniger geschätzt wurde als der Kamerad im Bett nebenan.

Die Männer mochten sie und versuchten, es ihr recht zu machen. Hin und wieder hegte einer vielleicht sogar Hoffnungen auf mehr. Elise war eine hübsche junge Frau. Keine Schönheit im klassischen Sinn, aber mit viel Ausstrahlung und Persönlichkeit. Klarer Blick, entschlossenes Handeln, viel Humor. Und manches Mal ließ sie auch durchblicken, dass sich hinter ihrem forschen Äußeren ein weiches, sensibles Wesen verbarg, das wie ein Seismograf auf jede Erschütterung reagierte. Die Tatsache, dass auch sie verwundbar war, brachte sie ihren Patienten näher, ohne dass einer von ihnen hätte sagen können, woran das lag.

Elise genoss die Zuneigung und war sich auch für kleine Spielereien nicht zu schade, um ein bisschen Freude zu verbreiten. So gab es etwa beim allmorgendlichen Hindernishüpfen, wenn die Beinamputierten über einen Parcours kniehoch gespannter Wollfäden hopsen mussten, traditionell ein Küsschen von ihr auf die Wange als ersten Preis zu erringen.

Der Sieger im letzten Rennen am heutigen Vormittag war ein Neuzugang, ein bärtiger Riese mit einem gewaltigen

Schnauzbart, der über die Oberlippe hing, sodass der Patient Elise an einen Seelöwen erinnerte.

Der Mann war vierzig Jahre alt, hieß Erwin Vogel und kam aus Holenberg. Dass er aus Holenberg kam, erfuhr Elise, als Doris, die Hausangestellte ihrer Eltern, am Abend im Lazarett auftauchte. Elise machte gerade ihre letzte Runde, als sie das Mädchen am Bett des Seelöwen sitzen sah.

Aus der schüchternen Doris war eine handfeste Frau geworden. Ihr flachsblondes Haar, das sie früher in Zöpfen gebändigt hatte, hing nun in Locken auf ihre Schultern und umrahmte ihr immer leicht gerötetes Gesicht.

„Herr Vogel ist unser Nachbar im Dorf", erzählte Doris, als Elise zu ihnen trat, „er ist so eine Art Onkel für mich. Ich habe oft in seiner Zimmerei auf der Hobelbank gesessen, und er hat mir Geschichten erzählt. Dann haben sie ihn zum Soldaten gemacht, und jetzt ist niemand mehr da, der den Kindern Geschichten erzählt."

Erwin Vogel legte eine Pranke auf ihren Arm. „Warte ab", sagte er, „wenn alles vorbei ist, nehme ich mir einen Gesellen, und alles wird wieder wie früher. Dann ist so ein hübsches Mädchen wie du bestimmt verheiratet, und dann schickst du deine Kinder zu dem alten Mann mit nur einem Bein."

Elise sah, dass Doris sich vergeblich um ein Lächeln bemühte.

Vogel klopfte auf die Stelle, wo einmal sein linkes Bein gewesen war. „Warum klagen? Schließlich lebe ich und habe zwei hübsche Frauen an meinem Bett sitzen."

„Er hat Schmerzen", sagte Elise zu Doris, „aber er gibt es nicht zu. Er will uns keine Mühe machen."

Doris legte die Hand auf seinen Arm. „So ist er. Deshalb lieben sie ihn im Dorf."

Vogel schwieg einen Moment. „Nicht alle", sagte er schließlich leise und bemühte sich, nicht auf das gerahmte Foto, das auf seinem Nachttisch stand, zu schauen. Es zeigte eine junge Frau in einem langen, schwarzen Kleid. Sie stand neben einer mannshohen Marmorstatue, die eine Lyra im Arm hielt.

„Nein“, nickte Doris, „nicht alle. Und deshalb solltest du das blöde Foto wegwerfen. Das dumme Weib macht dich noch verrückt.“

Der Seelöwe lächelte sie gutmütig an. „Ich habe ihr geschrieben. Ich habe ihr immer geschrieben.“

„Und? Hat sie jemals zurückgeschrieben?“

Vogel schnaufte, und die Borsten seines Schnurrbartes vibrierten. „Sie ist jetzt eine Muse“, sagte er ehrfurchtsvoll, „in Düsseldorf, bei einem großen Künstler. Als Muse hat man nicht viel Zeit, denn sie muss sich darum kümmern, dass der Künstler berühmt wird.“ Er sah Elise an. „Verstehen Sie?“

Elise nickte, aber sie verstand vor allem, dass dieser nette Mann unglücklich war und dass er alles daransetzte, es zu verbergen. Sie ging in ihr Dienstzimmer zurück und ließ die beiden allein.

Doris kam später zu ihr. „Erwin ist ein netter Kerl“, sagte sie.

„Und nicht gerade glücklich.“

„Na ja, wenn man gerade das Bein verloren hat ...“

„Diese Frau auf dem Foto ...“, begann Elise.

„... ist Emma Kalinke und war mal seine Verlobte“, fiel Doris ein. „Sie kommt auch aus Holenberg. Eine von den kleinen Leuten, wie wir sagen. Aber sehr hübsch. Vogel ist einer der reichsten Männer im Dorf. Nicht, dass er es zeigen würde ... Und als er sich mit Emma eingelassen hat, hat jeder gewusst, dass es nicht gutgehen würde.“

„Er ist ein stattlicher Mann. Das sollte doch ...“

„... genügen, meinst du?“

Es war das erste Mal, dass sie Elise duzte. Die Zeiten des *gnädigen Fräuleins* sind vorbei, dachte Elise. Ihr war es recht. Sie waren fast gleich alt, und der Krieg hatte die alten „Herrschaftsverhältnisse“ aufgebrochen. So gesehen, war es fast ein Lob, geduzt zu werden, herzlich willkommen bei den normalen Menschen!

Sie hörten, wie jemand die Treppe hinunterkam. Ein langsames Tapsen von nackten Füßen. Als Elise das Flurlicht andrehte, sahen sie den Mann. Er hatte einen Verband um den Kopf, der auch die Augen bedeckte. Nur der Mund war frei, die Lippen waren blasig und aufgequollen. Er tastete sich mit beiden Händen am Geländer entlang. Elise lief zu ihm und führte ihn die letzten Stufen nach unten.

„August", sagte sie sanft, „ich bin da, ganz ruhig."

„Ich möchte etwas sagen", stieß er aufgeregt hervor, „etwas ganz Wichtiges."

„Sag es. Wir hören dir zu."

„Ich kann den Krieg beenden, ich kann tatsächlich den Krieg beenden, glauben Sie mir." Er streckte die Arme aus und drehte sich im Kreis, als säßen Hunderte um ihn herum, die seinen Worten lauschten. „Ich kann den Krieg beenden", rief er beschwörend, „ich kann den Krieg be...en...den, hört ihr?" Seine Stimme überschlug sich. „Warum hört ihr mich nicht?"

„Wir hören dich, August, wir hören dich doch."

„Gott es mir gesagt", fuhr er fast schluchzend fort, „und jetzt sage ich es euch. Lasst mich hinaus. Ich muss es ihnen sagen, alle meine Kameraden da draußen in den Schützengräben sollen es wissen ..." Er krümmte sich zusammen, sank auf die unterste Treppenstufe und weinte.

Sie betteten ihn auf eine Trage. Doris hielt seine Hand. Bald hörten sie seine tiefen Atemzüge, er war eingeschlafen.

„Das wird ihm guttun", sagte Elise. „Er hat einen Gasangriff überlebt. Aber wie? Sein Geist flüchtet sich in eine andere Welt. Am Ende landet er in der Klapsmühle. Gott allein weiß, was wir mit Leuten wie ihm und all den anderen da drinnen machen sollen." Sie stockte und blickte Doris direkt an. „Gott. Was meinst du, gibt es Gott überhaupt? Warum lässt er so viel Elend und Schmerz zu, wenn er doch allmächtig ist?"

„Der Teufel", antwortete Doris, „vergiss den Teufel nicht. Er lässt niemals locker."

„Das haben sie schlau gemacht“, sagte Elise.

„Wer hat was gemacht?“

„Diese Kirchenleute.“

„Die Kirchenleute?“

„Ich habe in Wolfenbüttel einen Mann kennengelernt, der mir seine Sicht der Dinge erklärt hat. Danach haben die Kirchenleute ihren Gott erfunden, damit wie ihnen hinterherlaufen. Und weil es so viel Elend und Not auf der Welt gibt, haben sie gleich den Sündenfall dazu erfunden. Und den Teufel. Dem schieben sie alles in die bockfüßigen Schuhe. Wirklich schlau. Wenn's schiefgeht, sind entweder die Menschen selbst schuld oder der Teufel. Gott ist jedenfalls aus dem Schneider. Und seine Priester stehen auf beiden Seiten der Front mit ihren Fläschchen für die letzte Ölung. Und die Sterbenden sind noch dankbar dafür.“ Sie sprang auf. „Ich bin noch jung, und ich versuche erst zu verstehen, aber es ist wirklich unerträglich, dieses bigotte Getue. Und wir hier im Lazarett sollen alles wieder richten. Erwin Vogel und seine verdammten Schmerzen, August mit seinem verätzten Gesicht und seinem verätzten Gehirn, und hundertachtundneunzig andere Kreaturen, die sich die Seele aus dem Hals schreien. Und draußen in den Straßen haben die Menschen nichts zu essen und müssen jede Kartoffelschale dreimal auskochen!“

Sie verstummte, als sie sah, dass Doris sie erstaunt anblickte. Was ist aus dem *gnädigen Fräulein* geworden, schienen ihre Augen zu fragen.

„Ich bewundere dich“, sagte Doris. „Wie du über die Dinge denkst und sie ausdrückst. Die meisten von uns nehmen tatsächlich alles als gottgegeben hin und halten den Mund.“

„Weil ihnen die Worte fehlen.“

„Ich glaube, dass das, was gerade passiert, einfach zu groß ist, um es wirklich zu verstehen.“

Sie saßen inzwischen auf den Treppenstufen und hingen diesen Gedanken eine Weile nach.

„Dein Erwin Vogel und diese Emma ...“, versuchte Elise schließlich in ihre vertraute Welt zurückzukehren.

„... die beiden haben sich tatsächlich gemocht, vielleicht sogar geliebt“, erzählte Doris, „am Anfang jedenfalls. Ihre Verlobung war das größte Fest, das jemals in Holenberg gefeiert wurde. Aber seine Eltern waren zu der Zeit schon alt und krank. So krank, dass sie rund um die Uhr gepflegt werden mussten. Erwin hat alles gemacht, sie gewaschen, auf die Toilette gebracht, Essen gekocht, geputzt. Er war sich für nichts zu schade. Nicht, dass er sich beklagt hätte. Er ist eben so.“ Sie stockte. „Trotzdem, es war offensichtlich, dass Emma skeptisch wurde. Bis zu einem gewissen Grade kann ich sie sogar verstehen. Es kommt ja nicht nur auf die Arbeit an, nicht nur auf das, was einer leistet. Ich glaube, sie hat einfach an seiner Liebe gezweifelt. Wer war ihm wichtiger? Seine Eltern oder sie? Und er war immer dieser gutmütige Berg von einem Mann, der keinen enttäuschen mochte und deshalb nie richtig Stellung bezog. Das alles in diesem kleinen Ort, wo jeder seinen Misthaufen vor der Tür hat und ein Tag wie der andere ist. Und dann kam dieser Künstler, dieser aufgeblasene Kerl, in unser Dorf.“

„Klingt spannend.“

„War auch spannend. Der Mann hieß Mordmüller oder so ähnlich. Ein Lulatsch mit langen Haaren und einem schwarzen Hut mit breiter Krempe. Ich sehe ihn noch vor mir, wie er anreiste. Stieg aus der Mietdroschke, hatte einen Koffer bei sich und so ein klappbares Holzgerüst, eine Staffelei, wie auch deine Tante Helene eine hat. Und eine Kiste voller Farben. Jeder im Dorf stand hinter der Gardine und hat geschaut. Er hatte ein Zimmer im Gasthof Reimers. Von da an ist er jeden Tag los, mit einem großen Malblock, manchmal auch mit einer Leinwand. Er verschwand im Wald und tauchte abends wieder auf. Alle wollten natürlich wissen, was er gemalt hat. Da war vielleicht was los im Gasthof. Die Leute haben gewartet, bis er zum Essen kam, und haben ihm ein Bier ausgegeben, wenn er ihnen die Bilder gezeigt hat. Willst du wissen, wie die Bilder so waren? Ich würde sagen, sie waren nicht schlecht, jedenfalls, was die Landschaften anging, die er gemalt hat. Aber ich verstehe nichts davon. Keiner verstand etwas davon. Wiesen und Wälder eben. Büsche und Bäume, viel Himmel. Manchmal die Weser. Keine Personen, nur ab und zu ein Angler in der Ferne. Und dann, von einem Tag auf den anderen, tauchte diese Frau auf den Bildern auf ..."

„Was für eine Frau?"

Doris entspannte sich. „Eine Frau eben. Erst war sie klein, weit entfernt, als ob sie mehr aus Zufall des Weges kam. Doch je mehr Bilder er malte, desto größer wurde die Frau. Zuerst war sie noch ganz normal angezogen, wie die Leute eben rumlaufen im Dorf, aber dann, irgendwann, lag sie plötzlich nackt auf einer Wiese."

„Und der Maler? Wie hieß er noch?"

„Mordmüller. Erhard Mordmüller, jetzt weiß ich es wieder."

„Der hat sie einfach so hergezeigt, die Bilder, meine ich?"

„Anfangs schon. Aber dann plötzlich nicht mehr. Das war's ja. Die Leute wurden misstrauisch, als er die Bilder nicht mehr in den Gastraum holte. Aber die Putzfrau hat natürlich geplaudert, dass da Bilder waren mit einer nackten Frau drauf, ganz von Nahem, und man könne nun sogar ihr Gesicht erkennen, jeder im Dorf würde sie kennen, eine aus Holenberg ..." Doris genoss die Spannung. „Das Dorf stand kurz vor der Explosion, Ehemänner verdächtigten ihre Frauen, Mütter misstrauten ihren Töchtern, und als der Maler mal in Holzminden war, sind sie hoch in sein Zimmer ..." Doris lehnte sich zurück. „Und nun rate mal, wer es war."

„Diese Emma natürlich."

„Du bist gemein! Du bist die Erste, die es erraten hat", sagte Doris enttäuscht.

In diesem Moment hörten sie Schüsse. Von einem Maschinengewehr. Sie liefen den Flur entlang zum Fenster. Der

Exerzierplatz war hell erleuchtet. Ein Mensch in der gestreiften Kleidung der Kriegsgefangenen lag jenseits des Zaunes. Er war offensichtlich hinübergeklettert und lag nun kurz vor einem Graben, der an einen umgepflügten Acker grenzte. Der Mann rührte sich nicht. Deutsche Soldaten kamen gestikulierend auf den Platz gelaufen, Gewehre im Anschlag. Sie öffneten das Tor und zerrten den schlaffen Körper herein. Ein Offizier erschien. Ein großer Mann, dessen korpulenter Körper in einem grauen Feldmantel steckte, der von einem glänzenden Lederkoppel zusammengehalten wurde. Er führte einen Schäferhund, der geifernd an der Leine zerrte und unentwegt bellte.

Elise spürte, wie sich ihr Nacken verkrampfte.

Sie kannte diesen Mann. Sie kannte diesen Mann nur zu gut.

Ein gellendes Pfeifkonzert schallte herüber. Es mussten Hunderte von Männern sein, die pfiffen, johlten und brüllten. Elise stellte sich vor, wie die Gefangenen in den Fenstern hingen und auf die geöffneten Fensterscheiben trommelten.

Der Dicke reckte seinen Arm in die Höhe. Das Pfeifen brach ab und ein Sturm von beleidigenden Rufen brach los, erst ungeordnet, wütend und durcheinander, aber dann fanden die Schreie einen Rhythmus und vereinigten sich auf ein einziges englisches Wort:

MUR-DER!!!
MUR-DER!!!
MUR-DER!!!

Die Rufe hallten dunkel und drohend über den Platz und fanden ein dumpfes Echo an den Gebäuden.

Der dicke Offizier stand einen Moment regungslos, dann stemmte er die Arme in die Seite und brüllte Kommandos. Die Soldaten bildeten eine Linie, knieten sich hin und brachten ihre Gewehre in Anschlag. Die Schreie heulten nun wie Orkanböen über den Platz.

MUR-DE-RER!!!
MUR-DE-RER!!!
MUR-DE-RER!!!

Der Offizier rief ein Kommando. Eine Salve von Schüssen löste sich. Die Schützen zielten in den Himmel, aber die Drohung war unmissverständlich, irgendwann würde der dicke Mann die Mündungen der Gewehre senken lassen.

MUR-DE-RER!!!
MUR-DE-RER!!!
MUR-DE-RER!!!

Dann, ganz unvermittelt, erstarben die Rufe. Fenster wurden zugeschlagen und Stille legte sich über den Platz, als hätte jemand ein alle Geräusche erstickendes Tuch über ihn ausgebreitet. Nur der Schäferhund bellte. Offensichtlich hatten die Wachmannschaften die Quartiere der Gefangenen erreicht.

Der Offizier stand noch eine Weile unbeweglich da und genoss seinen Sieg, dann drehte er sich um und ging mit ausgreifenden Schritten über den Platz.

Erich Wangenheim.

Elise war wie betäubt. Sie hatte die Ereignisse in Braunschweig und Wolfenbüttel aus ihren Gedanken verbannt und musste nun feststellen, dass sich das Böse nicht so einfach in Nichts auflöste.

Die schrecklichen Bilder und das gespenstische Spektakel hielten die beiden Frauen gefangen. Das wütende „MUR-DE-RER!“ gellte weiter in ihren Ohren. Es musste einen Grund haben. Etwas Schreckliches musste geschehen sein. Oder eine endlose Reihe von Schrecklichkeiten, und sie waren Zeugen des Schlussbildes der Tragödie im letzten Akt gewesen.

„Ich kenne den Hauptmann“, brachte Elise schließlich hervor. „Er heißt Wangenheim, so ein freundlicher Name, aber er ist ein elendes Schwein.“

Doris nickte nur. Sie standen noch eine Weile am Fenster und hielten sich an den Händen.

Anschließend gingen sie zusammen wieder in den Krankensaal. Das Mondlicht fiel herein, die Mullberge auf der Theke leuchteten weiß. Die meisten Männer schliefen. Viele von ihnen hatten einen Arm um den Kopf gelegt, als wollten sie sich beschützen.

An Erwins Bett blieben sie stehen. Er lag auf dem Rücken. Als Elise sich über ihn beugte, sah sie, dass er wach war.

„Wie geht es Ihnen?", flüsterte sie.

„Ich habe Schmerzen. Dort, wo sie das Bein abgeschnitten haben. Etwas höher vielleicht. Als ob jemand ein Seil darumgelegt hat und alles zusammenzieht." Seine Worte sollten ruhig klingen und sachlich. Offensichtlich war es ihm peinlich, so wichtig genommen zu werden.

Elise strich ihm über die Stirn. „Keine Sorge", sagte sie leise, „ich hole Ihnen ein Schmerzmittel."

Vogel nickte dankbar.

Doris begleitete Elise in die Vorhalle. Dort schloss diese den Medikamentenschrank auf, und während sie nach den richtigen Tabletten suchte, fragte sie beiläufig: „Hat er eigentlich Verwandte? Die wir kontaktieren könnten, wenn etwas ist?"

„Es gibt einen Cousin. Er wohnt mit seiner Familie in Lüerdissen, auf der anderen Seite des Berges. Ganz bescheidene Menschen. Bewirtschaften einen kleinen Hof, mehr recht als schlecht. Sie haben Erwin an der Front mit Essbarem versorgt. Und seine Kameraden gleich mit. Sie wollen morgen zu Besuch kommen, dann wirst du auch die drei Kinder kennenlernen. Die Kranken werden ihre Freude haben, wenn die Kleinen hier aufkreuzen ..." Sie stockte, als ob sie erst jetzt den Inhalt von Elises Frage begriff. „Warum fragst du?"

„Ich mache mir Sorgen um ihn", sagte Elise. „Diese neue Operationsnarbe, es sieht so aus, als ob da eine Infektion im Anmarsch ist. Das wäre ... nicht gut."

„Er hat mir einen Brief gegeben“, sagte Doris. „Ich soll ihn abschicken, an diese Emma Kalinke, ausgerechnet an diese ... die sich einen Teufel um ihn gekümmert hat.“

„Und? Du wirst es doch tun?“

„Ich will es nicht tun, aber ich muss es wohl. Ich habe kein gutes Gefühl dabei.“

„Er will es so, das allein zählt.“

„Und wenn es zu seinem Schaden ist?“

„Wenn Gott die Dinge schon nicht ändern kann, warum sollten wir es können?“

„Vielleicht, weil wir Frauen sind“, antwortete Doris. „Wir kennen uns mit dem Leben aus.“

Elise hatte gerade nicht den Eindruck, dass sie sich mit dem Leben auskannte. „Dieser Cousin“, sagte sie, „aus Lüerdissen, wie heißt er?“

„Gericke, Paul Gericke. Seine Frau heißt Christine. Sie kommen morgen Nachmittag. Das wird Onkel Erwin aufmuntern.“

Die Gerickes kamen pünktlich um vier. Ihre drei Kinder Johanna, Elisabeth und Konstantin waren wie die Orgelpfeifen, sechs, vier und zwei Jahre alt. Man hörte die hellen Stimmen schon, als sie durch den Flur getobt kamen. An der Tür verharrten sie beim Anblick der blassen Männer, die in ihren blau-weiß gestreiften Schlafanzügen in den Stahlrohrbetten lagen und stumm zu ihnen herübersahen.

Johanna steckte zweifelnd den Zeigefinger in den Mund, dann lief sie ihren Geschwistern voran auf Zehenspitzen an den Betten entlang und suchte ihren Onkel. Als sie ihn schließlich gefunden hatten, jubelten die drei Kinder und stürmten sein Bett, als sei es eine Burg, die es zu erobern galt. Als ihre Eltern hereinkamen, klammerten sie sich bereits von allen Seiten an ihren Onkel Erwin, der lächelnd zwischen ihnen thronte. Er sah nicht gut aus. Roter Kopf, trübe Augen, eingefallene Wangen. Das Lächeln täuschte.

Christine Gericke war eine kleine Frau mit wachen Augen. Ihr Mann Paul war so groß und breit, dass er die Türleibung ausfüllte. Er hob den Arm und begrüßte die Verwundeten mit einer eher beiläufigen Geste, so, als kannte man sich seit Jahren. Die Männer grüßten dankbar und ebenso beiläufig zurück.

„Wir haben euch Erdbeeren mitgebracht", sagte Gericke. „Sie sind zuckersüß, also langt schnell zu, damit unsere drei hier euch nicht zuvorkommen."

Die Männer lachten. Es sollte nicht das einzige Mal bleiben an diesem Nachmittag. Die Kinder eroberten mit ihrer Unschuld die Herzen der verhärmten Männer im Sturm. Unschuld war ein so rares Gut geworden.

Der Höhepunkt des Tages war das Papierschwalbenwettfliegen. Aus einer Laune heraus hatte Erwin einen Flieger gefaltet und mit weitem Armschwung gestartet. Jeder hatte erwartet, dass die Schwalbe abstürzen würde. Was verstand ein verwundeter Zimmermeister schon von aerodynamischen Geheimnissen? Tatsächlich aber durchflog Erwins Schwalbe, begleitet von bewundernden Blicken, die ganze Halle, bis sie in einer Bettpfanne ein unverdient unrühmliches Ende nahm.

Der Ehrgeiz der Männer war geweckt. Jeder war überzeugt, eine noch bessere Schwalbe falten zu können, zumindest eine, der ein so schmachvolles Ende erspart bleiben würde. Eine hektische, kindlich-fröhliche Betriebsamkeit setzte ein. Blätter wurden aus Briefblocks gerissen, *Talfalten* und *Bergfalten* in Zeitungen geknifft. In jedem Bett entstand ein anderes Modell, jedes dazu bestimmt, den Luftraum über den Betten zu erobern. Lange und kurze Flugmaschinen, breite und schmale, mit Höhen- oder Seitenruder, mit einer Bremsfalte oder zwei, der Fantasie waren keine Grenzen gesetzt.

Namen schwirrten durch die Luft: *Adler* (wegen der gebogenen Nase), *Brieftaube* (eine Eilversion mit hohen Flügeln), *Falke* (mit Bremsfalte), *Fliege* (stumpfe Nase, loopingtauglich), *Mauersegler* (mit Höhenruder für die Kurven) und sogar ein *Archaeopteryx*, der sich durch ein besonders hohes Hinterteil, allerdings auch durch hohe Absturzgefahr auszeichnete.

Nicht jeder Start war ein Erfolg. Schmähliche Abstürze zogen unbarmherzigen Spott auf sich. Spektakuläre Kunstflüge wurden bejubelt. Am Ende waren an die fünfzehn Segler in der Luft, verhedderten sich in Gardinen, prallten gegen Schränke oder landeten sanft in den Mullbinden.

Ein Stück Leichtigkeit kam in den Saal zurück. Aus verbitterten, verwundeten Menschen wurden für kurze Zeit wieder Kinder. Und sie genossen jede Minute.

Die Flugschau endete abrupt, als Professor Medger mit Stabsarzt Wesnick zur Visite erschien und Hildegard die Thermometer verteilte. Mit großen Augen blickten die Kinder auf ihren Onkel Erwin, der das geheimnisvolle Instrument in seine Armbeuge steckte. Er saß regungslos im Bett und presste den Arm an sich, damit um Gottes willen das kostbare Ding nicht verrutschte.

Atemlos verfolgten die Kinder, wie der Professor das Thermometer mit spitzen Fingern entgegennahm und es sorgenvoll betrachtete. „Man sieht es dem Mann nicht an", sagte er, ohne Erwin anzublicken, „aber er hat hohes Fieber. Gestern achtunddreißig, heute neununddreißig. Das spricht für eine Infektion. Lassen Sie die Wunde täglich waschen, Fräulein Hildegard, und sehen Sie zu, dass Sie den Eiter rausbekommen. Wir können ja mal dieses neue Zeug, das sie uns geschickt haben, dieses Jod, ausprobieren. Schaden wird's wohl nicht, er ist ja ein kräftiger Kerl." Er lachte kurz auf und wurde gleich wieder ernst. „Wir müssen aufpassen, dass die Bakterien nicht in die Blutbahn kommen ... Wir warten noch etwas ab, aber wahrscheinlich werden wir um eine weitere Operation nicht herumkommen."

Emma Kalinke tauchte schneller auf als erwartet. Eines Tages war sie da. Eine schlanke Frau in engem, schwarzem

Kleid. Schräg auf den roten Haaren ein Pillbox-Hut, von dem ein schwarzer Schleier über das Gesicht fiel. Elise hatte sie bereits am Morgen auf dem Weg ins Lazarett getroffen. Sie hatte sich bei einem hageren, großen Mann eingehakt, der achtlos neben ihr lief, sodass sie öfter ihren Schritt wechseln musste, was sie aber offenbar nicht im Mindesten störte, denn sie bedachte ihn jedes Mal mit einem Küsschen.

Der Mann trug einen Klappkoffer, vermutlich waren sie gerade erst mit dem Zug angekommen.

Elise nahm sich vor, die Frau im Auge zu behalten.

Zeitgleich war ein neuer Krankentransport eingetroffen. Fünfzehn schwer verletzte Männer. Stecksplitter von Artilleriegeschossen, bereits mehrere Tage alt. Die Splitter hatten die dreckigen Uniformen durchschlagen und den Schmutz mitsamt Tuchresten ins Fleisch gerissen. Dort waren Infektionen und Abszesse entstanden. Normalerweise hätten die Verwundeten so niemals nach Holzminden kommen dürfen, aber im allgemeinen Chaos war der Transportzug im Hinterland gelandet, und nun mussten Hildegard und Elise sehen, wie sie damit zurechtkamen.

Daher war es schon Mittag, als Elise Emma Kalinke wiedersah. Sie saß mit Erwin Vogel vor dem Haus auf der Terrasse. Sie hatte ihn auf einen Liegestuhl gebettet, ihren Stuhl nah an ihn herangerückt und sprach energisch auf ihn ein. Dabei blätterte sie immer wieder in Papieren, hielt sie ihm vor die Augen, fragte ihn etwas, stieß ihn an, wenn er nicht sprechen wollte, und gab ihm zur Belohnung einen Kuss, wenn er schließlich doch antwortete. Elise sah dies alles durch die Fensterscheibe, wie einen der gerade so beliebten Stummfilme. Sie dachte an den hageren Typen, der draußen auf der Straße wartete, und zog unwillkürlich ihre Augenbrauen zusammen.

Dann hörte sie Hildegard rufen, dass endlich die Lieferung von Kartoffelschalen eingetroffen war, auf die sie seit Monaten warteten, dass aber die Leute aus der Stadt aufgebracht das Abladen verhinderten, und dass Elise bitte die hungernden Menschen zur Vernunft bringen möge.

Sie stöhnte.

Warum sollten sie ausgerechnet auf mich hören?

Gegen den Tumult auf der Straße war Emma Kalinke natürlich nicht wirklich ein Problem. Elise machte kehrt und stürzte sich in den Kampf um Kartoffelschalen, der in Wahrheit ein Kampf ums nackte Überleben war. Sie boxte sich durch die schiebende und schimpfende Menge und ließ sich von der Begleitmannschaft auf die Ladefläche ziehen. Dann stand sie in ihrer Schwesterntracht vor zehn kümmerlichen Säcken mit Kartoffelschalen und musste den Menschen in die Augen sehen, die nichts davon bekommen würden.

Sie fühlte sich wie an der Front während der Kampfpause. Wenn die Sanitäter ins Niemandsland rannten, um so viele Verwundete wie möglich in Sicherheit zu bringen. Die zuerst, bei denen sich die Mühe lohnte. Wie Buchhalter des Schicksals mussten sie auf die Schnelle das noch lebende menschliche Inventar bewerten: leicht verwundet, schwer verwundet, hoffnungslos. Triage nannte sich das perfide Spiel. Urteile über Leben und Tod am – noch – lebendigen Leib.

Berufung ausgeschlossen.

Nun fand die Triage in Holzminden statt, wenn auch in anderem Gewand, dem Gewand des Hungers. Und ausgerechnet sie, eine einundzwanzigjährige junge Frau, genau genommen noch ein unschuldiges Fräulein, sollte entscheiden, wer zu essen hatte. Und wer nicht.

Es gibt viele Möglichkeiten, die Unschuld zu verlieren.

Gerade, als Elise einigermaßen Ruhe in den Aufstand gebracht hatte, fuhr vor der Wache der Wagen des Bestattungsunternehmers Henseleit vor. Zwei Männer luden Särge ab.

Um die Särge stritt sich niemand.

18

Sie müssen sich das so vorstellen, Schwester Elise", sagte der Professor, als er mit ihr über die bevorstehende Operation von Erwin Vogel sprach. „Hinter dem Knochen des Unterschenkels läuft das Gefäß, also die Ader. Sie ist fingerdick. Außerdem ein etwa daumendicker Nervenstrang. Bei der ersten Operation wurde die Ader mit einer Klemme abgeklemmt und mit Seidenfäden vernäht. Der Stumpf wurde mit Muskelmasse abgedeckt. Es kommt darauf an, dass die Abdeckung dick genug ist. Trotzdem bilden sich Hohlräume darunter. Da kann sich leicht was entzünden. Abszesse. Eiter. Viel Eiter ..." Er blickte unter seiner Brille hindurch auf Elise, als wollte er für seine drastische Schilderung belohnt werden.

Aber Elise war nicht nach Spielchen zumute. Sie hatte das verzerrte Gesicht des Zimmermeisters vor sich und wünschte nur, dass man ihm möglichst bald helfen konnte. „Der Mann hat Schmerzen ...", unterbrach sie den Arzt brüsk.

„Natürlich hat er Schmerzen. Weil der Nervenstrang gekappt wurde. Und jetzt kommt die Infektion. Und mit der Infektion kommen die Bakterien. Bakterien vermehren sich rasend schnell, und ehe man sich's versieht, sind sie im Blutkreislauf. Der Eiter greift das Gewebe an, weicht es auf und dann reißen die Fäden."

Wahrscheinlich musste man so reden, wenn man Arzt war, durfte die Dinge nicht an sich heranlassen, musste sie abstrahieren, sich vielleicht sogar über sie lustig machen. Verurteile ihn nicht, sagte sich Elise, er kämpft seinen eigenen Kampf.

„Und die neue Operation?", fragte sie, um Verstehen bemüht.

Der Professor lächelte fröhlich. „Wir schneiden einfach alles, was befallen ist, zurück. Knochen, Gewebe, Gefäße, Nerven, machen alles noch einmal."

„Und dann eitert es wieder?"

„Dieses Mal lassen wir die Wunde offen, nur leichter Verband. Sie wird jeden Abend ausgewaschen, anschließend Jod drauf. Das Zeug schmerzt höllisch, ist aber gut. Dann liegt es an euch, ihn über den Berg zu bringen. Sorgfalt ist angesagt, Sorgfalt und nochmals ...", er hob die Stimme, „... Sorgfalt."

„Ich verstehe schon", sagte sie trocken, „wenn es schiefgeht, sind wir schuld. Meinen Sie das?"

„Der Tod ist schuld", erwiderte er ernst, „und die Menschen, die diesen ganzen Mist verzapfen."

Es war wie so oft. Irgendwann kam in jeder Diskussion die Rede auf diese komplett verfahrene Situation, in der die Menschen Europas gefangen waren, aus der kein Ausweg möglich schien.

Sie saßen eine Weile ratlos da, bis Elise sagte: „Diese Infektionen, wieso bekommt man die nicht in den Griff?"

„Irgendwann wird es so weit sein. Sie forschen daran. Auf der ganzen Welt, auch in Deutschland, aber bisher kommen wir nicht weiter. Leider." Als er die Tür öffnete, drehte er sich noch einmal um. „Na", sagte er forsch, „morgen werden wir mehr wissen."

Elise wusste nicht, ob sie diese Worte trösteten oder nicht.

Über Nacht stieg Erwins Fieber auf knapp unter zweiundvierzig. Am Morgen schoben sie ihn den Flur hinunter zum OP.

Die Operation verlief gut, wenn man davon absah, dass Wesnick noch einmal gut dreißig Zentimeter vom Bein, einschließlich des Knies, wegnehmen musste. Für die nächste Nacht schoben sie Erwin in den Vorraum zum Heizungskeller, wie sie es mit allen Patienten machten, die vor Schmerzen schrien.

Am nächsten Morgen wusch Elise seine Wunde. Sie war groß, arg zerschnitten. Die Ränder der Haut waren leicht gerötet.

„Werde ich es schaffen, Fräulein Elise?", fragte er. Seine Stimme klang matt, aber immerhin kräftiger als am Abend zuvor.

„Natürlich werden Sie es schaffen." Es war ein Standardsatz, und sie schämte sich, dass ihr nichts Besseres einfiel. Er versank in Schweigen.

„Ich angle gern", sagte er, als sie schon gehen wollte, „ich habe einen eigenen Teich bei Holenberg. Mit wunderschönen Forellen. Ein Bach geht hindurch." Elise spürte, wie sich seine Hand um den Stoff ihres Ärmels verkrampfte. „Es gibt nichts Schöneres, als in der Abendsonne am Ufer zu sitzen. Man hört die Vögel, die sich noch einmal ins Zeug legen für ihr Abendkonzert, und oben beim Kloster läuten die Glocken. Man ist so eins mit allem, Fräulein Elise, die Welt ist so in Ordnung. Man spürt, dass alles in Harmonie lebt, und man ist ein Teil davon."

„Holenberg ist nicht weit", sagte sie, voller Mitleid, „vielleicht gibt es eine Möglichkeit, dass Sie Ihre Forellen mal besuchen. Wir haben ja den klapprigen Krankenwagen, und wenn er mal nicht gebraucht wird ... vielleicht könnte ich es möglich machen ... wenn Gerickes helfen ..."

Sie wusste nicht, warum sie das gesagt hatte. Und als es raus war, hätte sie sich am liebsten auf die Lippen gebissen. Doch als sie Erwins Blick sah, die dankbare Wärme in seinen Augen, wusste sie doch, dass sie richtig gehandelt hatte. Typisch Elise, würde ihr Vater sagen, von einer Klemme in die andere. Er würde streng klingen, aber sie wusste mittlerweile, dass er es nicht so meinte.

Von einer Klemme in die andere. Man ist eben so, wie man ist, dachte sie, vielleicht ist es für was gut. Man muss sich nur aus der Klemme zu befreien wissen. Aber darin war sie ja inzwischen Spezialistin.

Es war an einem Sonntag, Elises einzigem freiem Tag, als sie mit Erwin Vogel nach Holenberg fuhren. Zunächst hatte es nicht so ausgesehen, als ob es klappen würde, denn es fand sich kein Fahrer, der seine Freizeit opfern wollte. Und dann, Wunder über Wunder, war es ausgerechnet Stabsarzt Wesnick, der Giftzwerg, der sich anbot, ihr zu helfen.

Da hat man sich seine Vorurteile so schön zurechtgelegt, dachte Elise, und plötzlich stellt man fest, dass sie nicht nur falsch, sondern auch ungerecht sind. Im Stillen entschuldigte sie sich bei dem kleinen Mann. Er saß neben ihr und mühte sich ab, mit Zwischengas und Zwischenkuppeln das kreischende Schaltgestänge in den nächsten Gang zu ruckeln, während er gleichzeitig versuchte, das um sich schlagende Lenkrad zu bändigen. Unbeholfenheit traf auf sperrige Technik, und Elise fragte sich, wie ein so unpraktischer Mann den Mut aufbrachte, Menschen zu operieren. Eine Antwort fand sie nicht, aber sie tröstete sich mit der Erkenntnis, dass äußerliche Dinge eben wenig über einen Menschen verraten. Dieser Gedanke stimmte sie milde, und sie lächelte zurück, wenn Wesnick sie stolz anblickte.

Es war ein sonniger Morgen. Tau lag auf der Landschaft, und die Welt sah aus, als sei sie gerade neu erschaffen worden. Sie hatten die Plane von der Ladefläche zurückgeschlagen. Erwin Vogel lag unter einer Decke auf einer Liege, klammerte sich mit einem Arm an die ruckelnde Bordwand, hielt den Kopf so hoch, wie er konnte, und blickte sich mit glänzenden Augen um.

„Er saugt alles in sich hinein", sagte Elise, „als ob er es zum ersten Mal sieht ..."

„... oder zum letzten Mal", erwiderte Wesnick und fügte, als sie ihn tadelnd anblickte, beschwichtigend hinzu: „Er ist dem Tod immerhin gerade so noch mal von der Schippe gesprungen."

„Wird man deswegen Chirurg? Ist es das Gefühl, Herr über Leben und Tod zu sein?"

„Wir entscheiden nicht über Tod und Leben, wir kämpfen nur um das Leben. Ein erbärmlicher Kampf, wie auf einer Wippe. Mal oben, mal unten, mal gewinnt man, mal verliert man. Manchmal denkst du, dass auf der anderen Seite jemand sitzt, der partout nicht will, dass wir die Füße vom Boden bekommen ... aus reiner Bosheit. Und wenn wir denken, wir könnten es vielleicht doch schaffen ..."

„Sisyphos."

Er lächelte müde. „Operieren ist das eine, da kann man etwas tun. Das danach, das Warten, das Hoffen, das ist es, was einen mürbe macht. Und wenn es mal wieder schiefgeht, muss man sich zusammenreißen und trotzdem weiter machen. Ja, wie Sisyphos. Man darf den Glauben an die Welt nicht verlieren, Schwester Elise." Er seufzte. „Aber das ist schwer, verflucht schwer." Er blickte auf die grüne, überquellende Natur und schüttelte den Kopf. „So eine schöne Landschaft. Nicht zu fassen. Und trotzdem wird man all die Toten nicht los, die man mit sich herumschleppt. Sie sind so schwer, dass man kaum einen Fuß vor den anderen setzen kann, und vor sich sieht man eine endlose Straße mit noch mehr Leichen. Ich weiß nicht, warum ich Ihnen all das erzähle, ich spreche sonst nicht darüber ..." Er blickte Elise an. „Und jetzt bin ich schuld, dass Sie traurig sind ... an diesem schönen Tag ..." Er bemühte sich um eine fröhliche Miene. „Aber wir lassen uns nicht einschüchtern! Vielleicht ist gerade heute so ein Tag, an dem all das nicht gilt, an dem wir dem Teufel ein Schnippchen schlagen und auf unserer Seite der Wippe in die Höhe fliegen." Er zeigte mit dem Daumen nach hinten zu Vogel. „Ich habe das Gefühl, dass da jemand ist, der uns dabei hilft, weil er jetzt das Wesen des Lebens begreift, in all seiner Einfachheit. Dass wir das begleiten dürfen, ist eigentlich ein Geschenk."

Wieder fragte sich Elise, wie sie diesen Mann, der solche Sachen sagte, so schnell und so bereitwillig verkannt haben konnte.

In Negenborn, dem Dorf mit den neun Brunnen, stieg die Straße an. Zwischen den Bäumen vor ihnen erschien der Turm der Klosterkirche in Amelungsborn.

„Hier bin ich getauft worden", rief Vogel. „Vom Abt persönlich."

„Viel genutzt hat es nicht", sagte Wesnick lakonisch.

Sieh an, dachte Elise, schon hat er seinen Schutzpanzer aus Ironie und Sarkasmus wieder angelegt.

Sie wies in den Himmel. „Über dieser Kirche hat es einmal eine gigantische Schlacht gegeben, zwischen Raben."

„Eine Schlacht zwischen Raben?"

„Zwei Rabenschwärme trafen aufeinander und haben sich bekämpft. Eine Novelle von Wilhelm Raabe. *Das Odfeld.* Die Leute dachten damals, die Schlacht der Raben sei ein Zeichen des Teufels, ein böses Omen, vor dem man sich hüten muss. Aber der Held, ein Lehrer, nimmt trotz aller Warnungen einen verwundeten Vogel mit ins Kloster. Und schon beginnt das Unheil."

„Ist Ihnen aufgefallen, dass auch wir einen Verwundeten nach Hause bringen, der aus einer Schlacht kommt?", fragte Wesnick.

Elise fuhr auf. „Was wollen Sie damit sagen?"

„Dass es Zufälle gibt, die keine Zufälle sind."

„Blödsinn!"

„Unser Patient da hinten ist zwar kein Rabe ..."

„Aber?"

„... aber er heißt Vogel." Wesnick schnalzte triumphierend mit der Zunge.

„Meinen Sie das jetzt ernst?"

„Warum nicht?"

„Warum doch?"

„Weil es vielleicht Dinge hinter den Dingen gibt ..."

„Wie der Teufel auf der anderen Seite der Wippe? Das ist absurd."

„Vieles im Leben ist absurd", sagte er gleichmütig. „Vielleicht ist das ganze Leben absurd. Wer weiß das schon? Tatsache ist, dass wir über das Odfeld fahren und Sie von der Rabenschlacht sprechen. Man könnte sich ja auch fragen, warum Sie gerade jetzt darüber sprechen."

„Na, weil wir an der Kirche vorbeikommen!", fauchte Elise. „Denken *Sie*..."

Er nahm eine Hand vom Steuer und legte sie auf ihren Arm. „Nicht böse sein. Ich bin manchmal so ... skeptisch. Ich traue keinem mehr, auch dem Schicksal nicht." Er verzog das Gesicht. „Selbst mir nicht."

Elise nahm seine Hand und legte sie wieder ans Steuerrad. „Wir wollen wenigstens heil ankommen", sagte sie, schon milder gestimmt.

„Wie geht die Geschichte mit den kämpfenden Raben denn weiter?"

„Die Menschen im Kloster geraten zwischen die Fronten zwischen Braunschweigern und Franzosen ..."

„Franzosen, sehen Sie, unser Mann kommt aus Frankreich zurück."

Elise schlug genervt nach einer fetten Fliege, die sie umsurrte. „Jetzt hören Sie aber auf mit Ihrer Spökenkiekerei!" Sie blickte ungläubig auf die Fliege, die nun tot an ihrer Hand klebte. Sie nahm sie mit den Fingerspitzen an einem Flügel und schnippte sie aus dem Fenster. „Bei Wilhelm Raabe geht jedenfalls alles gut aus. Die Leute retten sich und kehren wohlbehalten ins Kloster zurück."

Wesnicks Mund verzog sich. „Na, sehen Sie, Schwester Elise" sagte er grinsend, „es wird doch alles gut. Warum sperren Sie sich gegen die Dinge?"

Ehe sie antworten konnte, bog er ab, und Holenberg lag vor ihnen. Eine Handvoll Häuser mit braunen Sandsteindächern, wie von einer Riesenhand zusammengeschoben zwischen Äckern und Berg.

Elise blickte Wesnick von der Seite an. Entweder bist du ein Philosoph, dachte sie, ein großer Mensch in kleiner Gestalt – oder ein Idiot. Sie schüttelte den Kopf. Nein, ein Idiot war er nicht.

„Lassen Sie uns unseren Vogel nach Hause bringen und das Beste hoffen", sagte sie.

Sie fuhren in den Ort hinein und bogen am Gasthof nach links. Ein Bauernhof, noch ein Bauernhof, dann waren sie wieder in der Feldmark. Die Straße zog sich eine Anhöhe hinauf dem Waldrand entgegen. Der Blick ging weit nach unten ins Wesertal.

Eine Brücke über einen Bach, dann waren sie da.

Ein einstöckiges Fachwerkgebäude am Hang mit spitzem Dach, schwarze Balken, weißer Putz. An der Seite ein flaches Gebäude mit einer Laderampe. Eine ungemähte Wiese zog sich den Berg hinunter, bis sie gegen einen mit Büschen bewachsenen Damm stieß. Aus einem Rohr floss Wasser, das in den gurgelnden Bach mündete.

Es gibt sie noch, die heile Welt, dachte Elise. Wesnick parkte das Auto vor der Scheunenmauer. Vogel beugte sich vor und fuhr zärtlich mit der Hand über die grob gefügten Steine, als wollte er jeden einzeln begrüßen. Er zupfte Moos aus einer Ritze, zerrieb es zwischen seinen Fingern und roch daran. Er sah auf, als Paul Gericke um die Ecke bog.

„Wie sind Sie denn hierhergekommen?", fragte Elise überrascht.

„Über den Berg. Nicht schlimm. Eine gute Stunde, und man ist da."

Die Welt kann so schön und einfach sein, dachte Elise und drückte dankbar seinen Arm.

Im Hof stand das Unkraut hoch an den Mauern.

Vogel inspizierte sein Anwesen mit Tränen in den Augen. „Mein Gott, ich war zwei Jahre nicht hier, und es kommt mir wie eine Ewigkeit vor. Aber die Fenster sind heil. Das Dach auch. Toll gemacht, Paul. Danke." Er lächelte unsicher. „Ich könnte morgen wieder anfangen, auch mit meinem *abben* Bein, wie man hier sagt."

„Zimmerleute müssen doch auf die Dächer", sagte Wesnick.

„Ich müsste mir einen Gesellen suchen, am besten zwei."

„Die Frage ist nur, ob es nach dem Krieg noch Gesellen gibt", sagte Elise. „Wer weiß, was dann ist. Wenn überhaupt etwas ist ..."

„Die Hoffnung", sagte Vogel, „man muss die Hoffnung behalten. Das Kloster da drüben wurde vor achthundert Jahren gebaut. Wie viele Kriege gab es seitdem? Zehn? Zwanzig? Und es steht immer noch." Er zeigte auf einen Anbau. „Ich wohne dort. Eigentlich habe ich den Anbau für Emma und mich gebaut. Sie hat davon gesprochen, als sie mich jetzt besucht hat, konnte sich genau erinnern." Er lachte. Seine Stimme überschlug sich. „Das wäre doch was, oder? Der Krieg geht zu Ende, und Emma kommt hierher zurück. Dann hätte der Krieg sogar sein Gutes gehabt." Er blickte an sich hinunter. „Das bisschen Bein, was ist das schon dagegen ..."

Elise mochte ihn nicht ansehen. Sie konnte nicht ertragen, dass er so litt.

„Als sie mich einzogen, habe ich den Schlüssel hinter die Regentonne gelegt", fügte Vogel hinzu, als er sich beruhigt hatte. „Paul, du könntest mein Angelzeug holen. Es hängt in der Küche an der Wand. In der Werkstatt steht ein Handkarren, da könnt ihr mich reinsetzen, es ist nicht weit bis zum Teich."

Wesnick holte den Karren, Gericke hob Vogel hinunter. Er hielt den großen Mann wie ein Baby im Arm und setzte ihn vorsichtig in das schmale Gefährt. Dann nahm er die Deichsel und zog es vom Hof.

„Was die Leute wohl denken, wenn sie mich so sehen?", fragte Vogel unsicher.

„Sie freuen sich", brummte Gericke gutmütig. „Es ist schön, dass du wieder da bist."

„Wenn wir noch mehr Süßholz raspeln, kommen wir nie an", murrte Wesnick. Elise fragte sich, ob zu viel Harmonie ihn nervös machte, hilflos, und ob er sich instinktiv davor schützen wollte. Sie blickte ihn tadelnd an. Zynische Sprüche waren das Letzte, das sie jetzt hören wollte.

Der Teich lag im Wald hinter dem Damm. Auf einem Steg stand eine bemooste Bank.

Vogel lächelte glücklich. „Wir sind tatsächlich da", sagte er, „und ich hatte gedacht, ich komme nie mehr zurück." Er zeigte auf den Steg. „Da ist mein Platz. Stell mich dort ab, Paul, gleich mit dem Wagen."

Wesnick reichte ihm die Angel.

„Ich müsste noch um etwas bitten", sagte Vogel verlegen.

„Würmer!" Wesnick hatte sofort verstanden.

Vogel nickte. „Es sind genügend da, unter dem Gras. Da hinten steht ein Spaten. Meinen Sie, Sie könnten ..."

„Ich bin zwar nur der Fahrer ...", brummte Wesnick, aber dann machte er sich doch an die Arbeit, während Elise sich in das warme Gras legte. Ihre Augen folgten dem Angelkorken, der langsam in der kaum sichtbaren Strömung trieb. Eine kobaltblaue Libelle stand surrend über dem Wasser, zwei gelbe Schmetterlinge turtelten miteinander. Ab und zu stieg eine Blase an die Oberfläche, aber Fische ließen sich nicht sehen.

„Nun ja", meinte Vogel, „wahrscheinlich leergefischt. Die Leute wissen ja, dass ich nicht da bin."

„Dabei sind meine Würmer so fett", sagte Wesnick ironisch. Nach getaner Arbeit saß er mit Gericke in der Sonne auch auf dem Steg, ließ die Beine baumeln und sah angestrengt ins Wasser hinunter.

„Und, Herr Vogel, was macht das Bein?", fragte Elise.

Der große Mann grinste. „Es ist nicht mehr da, aber ich vermisse es nicht."

„Es ist wunderschön hier. Ich kann Sie verstehen."

„Wenn ich tot bin, möchte ich gern hier begraben werden, hier, auf einem Fleck, der in der Sonne liegt. Wo die Vögel über meinem Grabe singen, und die Libellen herumschwirren. Libellen stehen in der Luft, und man hat das Gefühl, dass sie einen beobachten. Und dass sie sich so ihre Gedanken machen. Hier gab es immer Libellen, solange ich denken kann. Und die Vorstellung, dass sie auch später noch da sind und sich vielleicht Gedanken über mich machen, tröstet mich."

„Schön", sagte Wesnick.

Vogel lächelte schief. „Wenn Gevatter Tod einem über die

Schulter blickt, ist alles anders, als es vorher war. Plötzlich sieht man, dass Leben etwas Wertvolles ist, egal welches."

Elise erinnerte sich an das, was Wesnik während der Fahrt gesagt hatte. *Manchmal denkst du, am anderen Ende der Wippe sitzt jemand, der partout nicht will, dass wir die Füße vom Boden bekommen ... aus reiner Bosheit ... vielleicht ist heute so ein Tag, an dem wir ihm ein Schnippchen schlagen ...*

So, oder so ähnlich. Und so falsch.

Etwas ruckte an der Leine. Vogel zog die Rute zu sich heran. Das Wasser blubberte, und für einen Moment sah Elise etwas Silbernes aus dem Wasser springen. Dann fiel es zurück, und die Leine erschlaffte.

„Das Leben schenkt Unglück, das Leben schenkt Glück", sagte Vogel gleichmütig. „Jetzt war es eine Forelle, die Glück hatte."

Er ist ein Zimmermeister vom Dorf, dachte Elise, wie kommt es, dass ein einfacher Mann sich so lyrisch ausdrücken kann?

„Lesen Sie Bücher?", fragte sie.

Vogel zuckte die Schultern. „Wir leben auf dem Dorf, wir arbeiten und gehen mit der Abendsonne schlafen."

„Aber Sie machen sich so Ihre Gedanken?"

Er zuckte mit den Schultern. „Wenn man dem Ende des Lebens näher ist als dem Beginn, macht man sich vor allem Gedanken über das Vergangene. Dieser Krieg. Man sollte meinen, dass wenigstens einige Menschen anständig bleiben können. An der Front habe ich gelernt, dass im Kampf niemand anständig bleiben kann. Um im Krieg zu überleben, muss man seine Menschlichkeit aufgeben. Und man ist erstaunt, zu was man fähig ist. Aber wenn man später so daliegt im Lazarett, dann ist plötzlich alles weg. Man starrt an die Decke, und die ist leer und weiß. Man denkt, dass man viel gelernt hat im Laufe der Zeit, Gutes und Schlechtes, und dann verschwindet alles einfach so in einer weißen Fläche."

„Kein schöner Gedanke", sagte Elise, „oder auch wieder doch ..."

„Es ist überhaupt kein schöner Gedanke", fiel Vogel ihr barsch ins Wort. „Weil schöne Gedanken nichts mehr bringen, wenn man stirbt. Wenn man ein Schiff wäre, das leck schlüge oder ein Pferd, das lahmte, dann könnte man auf ein anderes Beförderungsmittel umsteigen und die Gedanken behalten. Doch wie die Dinge liegen, wäre alles, was ich wirklich bin, zum Teufel. Eben auch die Gedanken, die ich an der Zimmerdecke sehe, oder meine Liebe zu Emma ..." Er stockte. „... alles ist hin, untrennbar mit diesem verdammten, verrotteten Bein verbunden."

Wieder zuckte die Leine.

„Ziehen Sie!", rief Wesnick. „Stärker! Machen Sie doch!"

Vogel kurbelte an der Leine und zog seine Beute zu sich heran. Er keuchte aufgeregt. „Den Kescher! Den Kescher!"

Wesnick sprang auf. Er schob den Kescher unter den Fisch und hob ihn nach oben, sodass er sich, heftig zappelnd, im Netz verfing.

Wesnick senkte den Kescher auf Vogels Schoß. Dieser ließ die Angel fallen und griff den Fisch mit beiden Händen.

„Eigentlich absurd", sagte Elise, „wir kämpfen um Ihr Leben, und gleichzeitig fangen wir ein anderes Lebewesen, um es zu töten."

Vogel erstarrte. Er blickte auf den Kescher und den sich windenden Fisch. „Wo Sie recht haben, haben Sie recht, Schwester Elise", sagte er mit borstiger Stimme, „es ist absurd. Ausgerechnet ich töte ein anderes Lebewesen, bevor ich selbst dran bin."

Er griff in das Netz und zog den Fisch heraus. In glänzender Schönheit lag er in Vogels Händen. Der Mann betrachtete den Fisch, und Elise fragte sich, ob der Fisch auch den Mann betrachtete.

Es war ein magischer Moment.

„Mein Gott, es ist ein Hecht", rief Vogel, „ein kleiner zwar, aber es ist tatsächlich ein Hecht, weiß der Himmel, wie er hierhin gekommen ist. Dass ich das noch erleben darf."

Er hob den Fisch, der um sich schnappte, am gestreckten Arm in die Luft. Ein langer, walzenförmiger Körper. Nicht mehr als vierzig Zentimeter. Ein länglicher Kopf, ein entenschnabelähnliches Maul. Der Rücken schimmerte grünlich, am Bauch hellte sich die Farbe zu einem fahlen Weiß auf.

Vogel sah ihn an, fast zärtlich, und warf ihn in hohem Bogen zurück ins Wasser. Der Fisch schlug auf und war sofort verschwunden. Das Wasser kräuselte sich noch für einen Augenblick und lag dann wieder ruhig da, als hätte es das Drama nie gegeben.

Vogels Schultern zuckten. „Es ist ein Scheißleben", schrie er, „was für ein Scheißleben!" Er weinte.

In der letzten Stunde hatte Elise die Sorge um Vogels Leben vergessen gehabt, aber nun war sie schlagartig wieder da, wie eine graue Felswand ragte sie unüberwindlich aus dem Nebel ihrer Gefühle auf.

Wesnick mochte ihre Gedanken geahnt haben, denn er legte eine Hand tröstend auf ihre Schulter. „Ein Leben mehr. Auch wenn es nur ein Fisch ist."

„Ein Hecht!", sagte sie zögernd. „Hechte sind doch Raubfische, oder nicht?"

Wesnick nickte.

„Was macht es dann für einen Sinn, einen Raubfisch zu retten?", fuhr sie ihn an. „Hätten wir ihn getötet, hätten wir das Leben vieler anderer Fische gerettet!"

Wesnick seufzte. „Das ist das Leben. Wir können nicht anfangen, lieber Gott zu spielen."

„Im Gegenteil. Wir *müssen* endlich anfangen, lieber Gott zu spielen. Der richtige Gott hat sich nicht besonders gut aus der Affäre gezogen, finden Sie nicht?"

„Ich finde, dass Sie ein junges Mädchen sind, das sich mit viel zu schweren Themen belastet ..."

„Ich bin immer dann ein junges Mädchen, wenn es euch passt", fauchte sie empört. „Aber ich bin alt genug, um Eiter, Blut und Erbrochenes wegzumachen! Ich bin weder das eine noch das andere. Jugend? Pah, wo ist die meine denn geblieben?"

Wesnick blickte sie betroffen an. „Träumen", sagte er mit belegter Stimme, „Träumen kann Ihnen keiner verbieten."

Sie lachte bitter. „Träumen? Sie haben gut reden! Sehen Sie mich an. Was bin ich denn? Ein funktionierender Körper in diesen widerlich steifen Klamotten. Ich weiß ja noch nicht einmal, welche Gefühle es gibt, und ob man sie unter dieser aseptischen Verkleidung überhaupt haben darf!"

Wesnick saß hilflos vor ihr. „Ich bin nur ein kleiner Feldarzt, der froh ist, wenn ihm nicht alle unter den Händen wegsterben. Sie müssen mich nicht anschreien. Und welche Gefühle junge Frauen haben oder haben dürfen oder haben sollten ... das weiß ich nicht ... Frauen sind nicht gerade ... mein Spezialgebiet ..." Er tauchte eine Hand ins Wasser und fuhr sich über das Gesicht.

Das habe ich nicht gewollt, dachte Elise. Gab es denn niemanden mehr, der ohne seelische Macken war?

Rüdiger.

Sie wusste nicht, warum sie gerade jetzt an ihn dachte, aber der Gedanke an sein unbekümmertes Lachen heiterte sie ein wenig auf.

Es war trotz allem ein schöner Tag gewesen, ein bisschen wie Urlaub. Aber es schien, als ob das Schicksal es des Guten damit auch genug sein lassen wollte. Drei Tage später prasselten Mühe, Elend und Not umso schlimmer auf sie herunter.

Um zehn kam ein Verwundetentransport, mit dem niemand gerechnet hatte. Verschlammte Krankenwagen und Armeetransporter rumpelten vor das Lazarett. Sanitäter und Träger rissen die Türen auf und zogen schreiende Verwundete ins Freie. Die meisten wurden auf Tragen ins Haus gebracht, nur wenige stolperten aus eigener Kraft über den Hof. Zwar hatten die Sanitäter ihrer Einheiten sie notdürftig verbunden und ihnen Morphium gegen die Schmerzen gegeben, aber sie waren zu lange mit ihrem Konvoi durch die Nacht geirrt, und die Wirkung der Arznei ließ nach. Die Männer warfen sich brüllend, schluchzend oder erbärmlich stöhnend auf den Tragen hin und her. Einer lag auf den Treppenstufen und klammerte sich mit aufgerissenem Mund nach Luft japsend am Geländer der Treppe fest. Chlorgas hatte die Messingknöpfe seiner Uniform leuchtend grün gefärbt.

Schreckensstarr blickte Elise auf den Elendszug, der sich ins Haus ergoss. Ein Soldat hatte sich schmutzstarrende Lumpen in die leeren Augenhöhlen gestopft, bei anderen waren die Stumpen abgerissener Beine mit blutgetränkten Lappen umwickelt. Einer presste sich die Hände auf den Bauch, während ihm Eingeweide durch die Finger quollen.

Der Andrang der Schwerverwundeten traf das kleine Reservelazarett völlig unvorbereitet. Auch dieser Transport hätte nicht in Holzminden landen dürfen. Aber er war nun einmal da, und so brachten Hildegard und ihre Krankenschwestern die Neuankömmlinge notdürftig auf den Fluren unter.

In diesen Stunden wuchsen Wesnick, Medger und die ganze Mannschaft über sich hinaus. Hildegard forderte Verstärkung aus dem Bataillon an, das das Gefangenenlager beaufsichtigte. Keine zehn Minuten später meldeten sich die ersten Soldaten bei ihr.

„Machen Sie sich sofort an die Arbeit, säubern Sie die Kameraden, so gut Sie können, schneiden Sie die Stofffetzen über den Wunden ab, werfen Sie sie in die Eimer und waschen den Dreck mit grüner Seife ab. In diesen Flaschen ist aseptische Lösung. Wir haben nicht viel davon, gehen Sie vorsichtig damit um! Aber trotzdem, wir müssen schnell und gründlich sein." Während sie noch ihre Anweisungen gab, verabreichte Elise die ersten Morphiumspritzen. Ihre Beine gaben nach, wenn sie sich über die armen Kerle beugte, um das graue Fleisch unter der aufgeschlitzten Uniform zu fassen zu bekommen. Ihre Finger zitterten so sehr, dass sie die

Spritze kaum ansetzen konnte, und wenn sie in dem Fleisch blutigen Schleim und weiße Knochensplitter sah, musste sie schluchzend die Zähne aufeinanderbeißen, und die in Wogen aufsteigende Galle verbrannte ihr den Hals.

„Los! Los! Los!", schrie Hildegard. „Keine falsche Scham. Stellt euch nicht so an, es ist nicht die Zeit, sich leid zu tun!"

Sie hat ja recht, beschimpfte sich Elise wütend, nicht wir sind verwundet, sondern diese armen Kreaturen. Und doch musste sie unablässig gegen ihren Ekel ankämpfen. Als endlich alle Verwundeten wenigstens einigermaßen versorgt waren und Elise auf der Treppe zum Keller hockte, um einen Moment zu verschnaufen, und die Stirn an die kalte Mauer presste, war sie stolz. Lächerlich stolz, blödsinnig stolz. Stolz, sich überwunden zu haben.

Und tieftraurig, dass sie wahrscheinlich nur wenig bewirkt hatte. Viele der Männer waren so oder so dem Tod geweiht. Sie würden die Nacht nicht überleben, da konnte Wesnick operieren, als ob es kein Morgen gab.

Zügig stand sie wieder auf, die *normale* Arbeit wartete auf sie. Und Vogel.

Jeden Tag hatte sie seine Wunde mit besonderer Sorgfalt gewaschen, aber es war nicht zu übersehen, dass sich die Haut an der Überdeckung des Stumpfes rötete und langsam aufquoll. Elise konnte mit den Fingern die bakterienverseuchten Luftblasen spüren, die sich unter der Haut bildeten.

Wesnick, aschgrau und um Jahre gealtert, machte mit ihr Visite. Er löste die Hautlappen an Vogels Bein, und Elise sah, dass sich gelblichgraue Abzesse gebildet hatten.

„Vogel", sagte der Arzt betont gleichmütig, „wie geht's uns denn heute."

Ihr Patient war guter Dinge. „Ich zehre so sehr von unserem schönen Ausflug, Herr Doktor, nur manchmal denke ich, was für ein Riesenfehler es war, dem Fisch das Leben zu schenken. Er hätte so gut geschmeckt!" Sein ausladender Schnurrbart zitterte, als er lachte.

Wesnick klopfte ihm auf die Schulter. „Lassen Sie's gut sein, Vogel", sagte er gutmütig, „ein Leben mehr ist ein Leben mehr. Das sollte Sie trösten."

Mit verunsichertem Blick sah Vogel ihnen nach, als sie den Krankensaal verließen.

„Armer Kerl", sagte Wesnick und fuhr sich ratlos mit der Hand über die Haare. Er blieb vor Elises Schreibtisch stehen und sah auf sie hinunter. „Irgendwer verarscht uns, ja, schauen Sie mich nicht so entsetzt an, irgendwer verarscht uns wirklich, lässt uns tanzen wie Marionetten ..." Er hob die Arme. „Manchmal möchte man die Dinge einfach hinschmeißen ..." Seine Arme fuhren herab und fegten zischend über die Schreibtischplatte. Akten und Papiere stoben auf und polterten zu Boden. Elise stürzte vor, wollte ihn festhalten, aber er hielt sie auf. „Lassen Sie mich!", zischte er, „dieses bisschen Ordnung ändert auch nichts mehr!" Er sprang wie ein Irrwisch zwischen den Akten herum. Elise dachte schon daran, die Wache zu Hilfe zu rufen, als er plötzlich erstarrte. Er blickte Elise an, als sähe er sie zum ersten Mal.

„Ist ja gut, Doktor", sagte sie vorsichtig, „ist ja gut ..." Als er nichts erwiderte, nahm sie ihn und zog ihn an sich. Er seufzte und vergrub sein Gesicht an ihrem Hals. Sie spürte, wie es ihn schüttelte. Nach einiger Zeit hob er den Kopf, und sie hörte ihn schluchzen: „Es tut mir leid, Schwester Elise, aber manchmal denke ich, ich kann nicht mehr, ich kann einfach nicht mehr ..."

Elise rührte sich nicht. Dass dieser für alle Verwundeten so existenziell wichtige Mann, der bisher jeden mit schnoddrigen Bemerkungen auf Distanz gehalten hatte, so plötzlich so Intimes von sich gab, verwirrte sie.

„Sie *müssen* können, Doktor", sagte Elise leise und spürte die Hilflosigkeit in ihren Worten. „Sie sind so wichtig. Sie müssen können." Sie wünschte, dass sie stärkere, nicht so abgedroschene Worte gefunden hätte, aber sie merkte, dass er sich auch so beruhigte.

Schließlich bückte er sich und begann, die Papiere aufzusammeln. „Er wird sterben", sagte er mit rauer Stimme, „drei, vielleicht vier Tage, das Fieber. Er wird es letztlich nicht mitbekommen ..."

Das Fieber kam am nächsten Tag. Später fragte sich Elise, ob Vogel den Tod kommen sah. Wenn es so war, ließ er es sich nicht anmerken. Er lehnte mit dem Oberkörper am Kopfende des Bettes und blickte bedächtig über das Geschehen im Saal. Seine Verwandten kamen. Die Kinder hockten stumm am Fußende des Bettes. „Ich mag es nicht glauben", flüsterte Paul Gericke, „er war wie ein Baum, er war immer da ..."

Als ihn das Fieber einhüllte, ließ Vogel sich in das Bett zurückgleiten. Es war ein Sonntagmorgen, die Fenster standen zum Lüften offen, die Sonne schien herein, und aus der Ferne schwang sich der Klang der einzigen Glocke, die sie der Lutherkirche gelassen hatten, in seltsamer Klarheit aus der Stadt herauf.

Elise las ihm vor. Karl May. Winnetou. Sein Lieblingsbuch. Vogel lächelte sie an, aber Elise merkte, dass er sie nicht wirklich sah. Er nahm ihre Hand, streichelte sie, und Elise begriff, dass er sie mit Emma verwechselte. Sie gab ihm einen Kuss.

Dann las sie ihm weiter vor, bis er starb.

Der Friedhof von Holenberg lag vor dem Kloster Amelungsborn auf einem Höhenrücken, unweit der Klosterkirche, deren Turm die Toten über die Umfassungsmauer hinweg bewachte. Und mit einem weiten Blick über Wiesen und Felder hinweg bis hinüber ins Westfälische, wo irgendwo hinter dem Köterberg Hermann der Cherusker auf seinem Sockel stand und sein Schwert gen Frankreich in die Höhe reckte. Ein gut gewählter Ort, kirchlicher Schutz und Segen für die Toten und für die Lebenden die Gewissheit, dass diese gesegnete Landschaft einmal zu ihren Füßen liegen würde.

Die Trauerfeier hatte in der Kirche stattgefunden. Alle Dorfbewohner waren gekommen. Die meisten von ihnen

Frauen, die meisten von ihnen in Schwarz. Die Gesichter ernst und regungslos, ohne Tränen. Sie trauten dem Schicksal nicht mehr, auch ihrem Gott nicht. Sie wussten mittlerweile, dass er es nicht bei diesem Tod belassen würde. Ihre geballten Fäuste öffneten sich nur mühsam für das Gebet.

Gerickes saßen in der ersten Reihe. Der Pastor hatte sie nach vorne gewinkt. Sie fühlten sich sichtlich unwohl und starrten unverwandt auf den Sarg, dessen Konturen sich unter der schwarz-weiß-roten Kriegsflagge abzeichneten.

Elise saß in der zweiten Reihe. Wesnick war nicht gekommen, weil ein neuer Lazarettzug erwartet wurde und er, Sisyphos, gebraucht wurde. Hier auf dem Friedhof hatten Ärzte nichts mehr zu suchen.

Das Militär hatte Hauptmann Wangenheim als ranghöchsten Dienstgrad geschickt. Er knallte die Hacken zusammen und salutierte vor dem Sarg. Seine Paradestiefel glänzten, sein Stiernacken leuchtete rot, das Koppel umspannte seinen mächtigen Bauch.

Als er sich umdrehte, um sich neben Gerickes in die Bank zu setzen, fiel sein Blick auf Elise. Für einen Moment zögerte er, und seine Augen glitten mit kalter Verachtung über ihre Schwesterntracht. Dann sah er abrupt weg und nahm seinen Platz ein. Es war offensichtlich, dass er sie erkannt hatte. Und dass die Erinnerung ihm missfiel.

Elise hatte sich nicht gerührt, aber sie hatte den Blick nicht abgewandt. Er hasst mich, dachte sie. Es sind zwei Jahre vergangen, aber die Demütigung durch sie und Leutnant Grahn hatte er nicht vergessen. Er war kein Mensch, der vergaß. Gerade am Morgen hatte Hildegard ihr mitgeteilt, dass sie, Elise, nun für die wöchentliche medizinische Betreuung im Gefangenenlager zuständig sei. Es sah ganz so aus, als hätte die Zukunft noch einiges mit ihr und diesem widerlichen Wangenheim vor, zumal schon durchgesickert war, dass der Hauptmann nicht gerade zimperlich mit den Gefangenen umging und Verletzungen an der Tagesordnung waren. Warum sollte er sich auch geändert haben?

Erleichtert und zufrieden stellte Elise fest, dass sein drohender Blick sie nicht in Angst und Schrecken versetzt hatte wie seinerzeit in Wolfenbüttel.

Du machst dich, Elise.

Erwin Vogels Grab lag oben auf dem Hügel neben einer erst vor Kurzem gepflanzten Ulme. Gerade als der Sarg in die frisch aufgeworfene Grube versenkt wurde, kam mit dröhnendem Motor eine Mietdroschke die Straße herauf. Sie bremste quietschend. Die Köpfe der Trauernden fuhren herum. Eine schlanke, schwarz gekleidete Frau sprang heraus. Sie trug einen ausladenden Hut, von dessen Krempe ein Schleier hinabhing und das Gesicht verbarg. An den Seiten quoll rotes Haar hervor. Elise musste das Gesicht nicht sehen, um zu wissen, wer das war.

Emma Kalinke.

Sie stürzte sofort auf Elise zu und schrie: „Warum, zum Teufel, haben Sie mich nicht benachrichtigt?"

Elise, noch ganz in ihrer Trauer gefangen, antwortete zurückhaltend: „Warum sollte ich?"

„Weil ich seine Verlobte bin."

„Sie sind einmal seine Verlobte *gewesen*. Verflossene Liebschaften werden nicht benachrichtigt. Da hätten wir manchmal viel zu tun." Einige der Umstehenden lachten. „Und außerdem", fügte Elise hinzu, „bin ich nur die Krankenschwester, die ihn betreut hat. Für die Frage, wer benachrichtigt werden muss, ist der Bürgermeister zuständig."

Der Bürgermeister war ein grauhaariger Mann mit ebenso grauem Schnauzer und schwarzen Augenbrauen. Er stand neben dem Grab und stemmte jetzt die Arme in die Hüfte.

Emma Kalinke schoss auf ihn zu, ihre Handtasche schaukelte an ihrem ausgestreckten Arm. „Pietsch, Werner Pietsch", schnaufte sie verächtlich. „Bist du immer noch Bürgermeister von diesem Kaff?"

Pietsch nickte einmal, sonst rührte er sich nicht. „Ich bin immer noch Bürgermeister der Leute, die in Holenberg wohnen. Ich bin nicht Bürgermeister von Leuten, die herumlaufenden Malern hinterherrennen und ihre Heimat vergessen."

Beifälliges Gemurmel.

Emma Kalinke blieb vor Pietsch stehen, leicht vorgebeugt, und für einen Moment sah es so aus, als wollte sie mit ihrer Handtasche, deren schwarzer Strass in der Sonne funkelte, auf ihn einschlagen.

„Tu es nicht!", sagte Pietsch leise.

Emma Kalinkes Hand, und mit ihr ihre Handtasche, verharrten in der Luft. Jeder sah, wie sie um Fassung rang. Schließlich sagte sie gepresst: „Jeder, der Eigentum in Holenberg hat, ist Mitglied der Gemeinde."

„Das Eigentum, das du hattest, hast du vor Jahren mitgenommen. Du konntest es auf einem Arm tragen."

Sie trat an die Grube und zeigte hinein. „Und was ist mit ihm? Hat er kein Eigentum gehabt? Hat er nicht sogar das größte Anwesen im Dorf gehabt?"

Pietsch strich sich über den grauen Schnauzer. „Was geht es dich an?"

Emma richtete sich zu voller Größe auf, ihre Hand griff unter den Schleier und warf ihn zurück. „Ganz einfach", rief sie triumphierend, „weil ich die Erbin bin. Und nicht etwa diese Nullen da drüben mit ihren drei halbverhungerten Kindern."

„Benimm dich", sagte Pietsch scharf, „wir sind hier nicht in Düsseldorf." Er lachte trocken auf. „Und Erbin wärst du, wenn du verwandt wärst mit unserem Erwin oder verheiratet, und das bist du eindeutig nicht ..."

„Und was ist, wenn er ein Testament gemacht hat – zu meinen Gunsten?" Hochmütig sah sie den Bürgermeister an.

Nun hatte sogar Hauptmann Wangenheim genug von ihrem Auftritt. „Gnädigste", schnarrte er, „ein Testament muss schriftlich sein. Oder von einem Notar aufgesetzt, und ich glaube nicht, dass ..."

Emma Kalinke fuhr herum. „Und wer sind Sie, Dickerchen?", fauchte sie, „dass Sie sich hier einmischen? Bloß weil Sie eine Uniform anhaben? Die Zeiten, wo Ihresgleichen das Sagen haben, sind ja wohl bald vorbei!"

Elise sah, dass Wangenheims Fäuste sich ballten.

Pietsch stellte sich vor ihn. „Dies ist ein geweihter Ort", sagte er an Emma gewandt, „und du zeigst uns jetzt das Testament, oder du verschwindest!"

„Ihr könnt euch ärgern, soviel ihr wollt, aber Tatsache ist nun mal, dass es ein Testament gibt. Zu meinen Gunsten. Allein zu meinen Gunsten. Ich habe selbst gesehen, wie Erwin es geschrieben hat. Sogar mit einem Füller. Er hat es mir zum Lesen gegeben, dann hat er es gefaltet und in die Schublade seines Nachttischs getan." Sie sah langsam und stolz im Kreis herum und fügte, jedes Wort betonend, hinzu: „‚Da werden sie es gleich finden, wenn ich die Augen schließe', hat er gesagt. ‚Dann wird alle Welt wissen, wie sehr wir uns geliebt haben.'" Ihre Stimme zitterte vor Rührung.

Nicht schlecht, dachte Elise, wirklich nicht schlecht.

Die Frau nahm eine Handvoll Erde, küsste sie und warf sie in die Grube. Die Erdkrumen prasselten auf den Sarg. „Sag es Ihnen, Erwin", rief sie und zielte mit dem Zeigefinger in die Grube, als hielte sie eine Pistole, „sag diesen Dorfidioten, dass wir uns lieben, auch über den Tod hinaus!" Sie griff in ihre Tasche, zog ein weißes Taschentuch heraus und schnäuzte hinein.

Stille.

Dann schallte die Glocke des Klosters herüber.

Pietsch nahm Emma am Arm. „Du bist hier nicht im Theater", sagte er ruhig. „Da unten, in Düsseldorf, magst du damit Eindruck machen, aber hier stehen wir mit beiden Beinen auf der Erde, und die ist blutig und ohne Mitleid." Als sie sich nicht rührte und mit zusammengezogenen Schultern dastand, fügte er mit einem Anflug von Mitleid hinzu: „Wir fragen Schwester Rennefeld, sie hat Erwin betreut, vielleicht weiß sie etwas von deinem Testament ..."

Alle Blicke richteten sich nun auf Elise.

Sie hatte gewusst, dass dieser Moment kommen würde, aber sie hatte nicht damit gerechnet, dass die halbe Welt dabei zusehen würde, der Pfarrer, der Bürgermeister, der Kommandeur. Sogar Erwin war noch da, irgendwie. Sie blickte zu Paul Gericke hinüber, der mit seiner Frau und den Kindern abseits stand und hilflos eine Rose in der Hand drehte, die er gleich als letzten Gruß ins Grab werfen würde. Elise wusste, dass diese bescheidenen Leute vom Schicksal wenig erwarteten, erst recht nicht so etwas wie Gerechtigkeit. Sie würden die Dinge nehmen, wie sie kamen. Mit Erbe oder ohne Erbe. Die Welt war so, wie sie war, und Dankbarkeit für jahrelange Treue war etwas so Abstraktes, dass sie nicht mit ihr rechneten. Sie blickten ebenfalls zu Elise, aber eher uninteressiert, als ginge sie dies alles nichts an.

„Und, Schwester Rennefeld?", fragte Wangenheim, und Elise fühlte seinen abschätzigen Blick, „haben Sie seine Sachen in Verwahrung genommen?"

Elise nickte.

Der Hauptmann pumpte sich auf. „Lassen Sie sich nicht alles einzeln aus der Nase ziehen!"

„Ich habe seine Sachen genommen und in seinen Koffer getan, wo sie jetzt noch liegen."

Lieber Gott, gib mir Mut!

„Ein Testament war nicht dabei", fügte sie hinzu und hoffte, dass ihre Worte fest und überzeugend klangen.

Elise log.

Die Entscheidung, es zu tun, hatte sie fast krank gemacht. Sie hatte das handgeschriebene Testament in Vogels Nachtschrank gefunden. Unliniertes, etwas sperriges Papier. Papier, wie es Maler für Aquarelle benutzen. Fünf karge Zeilen in Vogels steiler Handschrift, mit Tinte geschrieben:

MEIN TESTAMENT

Hiermit setze ich meine Verlobte Emma Kalinke als meine alleinige Erbin ein.
Holzminden, 3. Mai 1918
Erwin Vogel

Kein Wort der Erklärung. Nur das Mindeste, was ein Testament ausmachte. Vor Elises Augen war sofort ein Bild erschienen. Emma Kalinke, die sich über den verwundeten Erwin Vogel beugte und auf ihn einredete. Hatte Vogel diese Worte wirklich schreiben wollen? Wahrscheinlich. Weil er ihren Worten geglaubt hatte. Weil er ihren Worten hatte glauben wollen.

Armer Kerl ...

Sie hatte das Papier mit sich nach Hause genommen. Sie wollte es bei sich haben, wenn sie darüber nachdachte, was zu tun sei. Sie suchte sich einen vertrauten Ort, um in Ruhe zu überlegen. Sie setzte sich unter die Eiche, deren Blätter in der Abendsonne schimmerten, die Eiche, die sie mit ihrem Vater verband, mit Stärke und Geborgenheit. Wo, wenn nicht hier, konnte sie ihre Gedanken ordnen? Vogels Testament lag auf ihrem Schoß. Sie blickte in die Krone des Baumes hinauf. Ein Eichhörnchen erschien und verschwand wieder. Die Frage, ob sie das Testament vernichten durfte, blieb.

Durfte sie Einfluss auf das Schicksal nehmen? Durfte sie sich über den Willen eines Toten hinwegsetzen? Nur, weil sie Dinge kannte, von denen er nichts gewusst hatte? Dass Emma nach wie vor mit ihrem Maler zusammen war. Dass sie Vogel belogen hatte. Es war Betrug, dachte Elise, Betrug an einem todkranken Menschen, der sie nicht mehr zur Rechenschaft ziehen konnte. Empörung flammte wieder in ihr auf. Und Wut. Warum ich? Warum immer ich? Immer bin ich es, die sich verantwortlich fühlt, überlegte sie deprimiert, ich will nicht mehr ...

Sie saß mit ihren Gedanken in der Falle. Vollkommen ratlos wollte sie schon aufstehen, ins Bett gehen und sich einfach die Decke über den Kopf ziehen, als Gustav durch das Gartentor kam. Es tat ihr gut, dass er lächelte. Wie immer, wenn er sie sah.

Sie klopfte auf die Bank neben sich. „Setz dich."

Er nahm Platz, ohne sie aus den Augen zu lassen. „Du hast Sorgen", sagte er.

„Ach, Gustav", seufzte sie. „Wer hat heutzutage keine Sorgen?"

„Wieder ein Toter?"

Sie nickte. „Ein Toter und ein Problem. Ein Problem, das es in sich hat. Soll ich es mir leicht machen oder nicht? Das ist die Frage."

Gustav blickte sie verständnislos an.

„Es ist so", versuchte sie zu erklären, „einerseits wäre es ein Leichtes, nichts zu tun. Das wäre auch formell richtig, nach den Buchstaben des Gesetzes. Keiner könnte mich tadeln. Das Blöde ist, dass Unschuldige darunter leiden müssten. Und die profitierten, die es nicht verdient haben."

Gustav kräuselte die Stirn. Abstrakte Dinge waren nicht seine Stärke. „Und andererseits ...?"

„Andererseits könnte der Gerechte seinen Lohn erhalten, und der Ungerechte würde leer ausgehen. Das Blöde *daran* ist, dass die Dinge nicht korrekt zugingen. Und ich wäre dafür verantwortlich." Sie blickte in die flimmernde Baumkrone, weil sie den Zweifel in Gustavs Gesicht nicht sehen wollte. Als er nicht antwortete, sah sie ihm schließlich doch direkt in die Augen. „Was denkst du?"

Er lächelte milde. „Ich kenne dich."

„Was meinst du damit?"

„Du musst mich nicht fragen. Du bist kein Mensch für den einfachen Weg." Er strich seine Haare zurück, während er überlegte. „Ich denke da an diesen Bettler ..."

„Welchen Bettler?"

„Weißt du das nicht mehr? Du warst acht, vielleicht auch neun. Es war Winter. Deine Eltern hatten immer etwas rausgelegt, vor die Haustür, für den Fall, dass ein Bettler kam, oder jemand, der in Not war. Eine Tüte mit Lebensmitteln. Ich musste aufpassen, dass sie immer gefüllt war."

„Und?"

„Eines Abends klingelte dieser Bettler. Es war bitterkalt. Irgendwer öffnete die Tür. Und machte sie gleich wieder zu. Wahrscheinlich hat er auf die Tüte verwiesen. Oder gedacht, dass der arme Kerl sie sehen würde. Aber er hat sie nicht gesehen und ist wieder gegangen. Und dann kamst du, Mäken, und hast gemerkt, dass der Mann ohne die Tüte in der Nacht verschwunden ist ..."

„Es lag Schnee", unterbrach sie ihn. „Richtig?"

Gustav nickte. „Jetzt dämmert es dir, was? Na, jedenfalls, du hast die Tüte genommen und bist ihm hinterhergelaufen."

„Du wolltest mich zurückhalten."

„Ich *sollte* dich zurückhalten. Dein Vater meinte, dass der Kerl selbst schuld sei. Mehr als die Tüte hinstellen, könne man ja nicht." Gustav blinzelte sie an. „Aber das war zu einfach für dich. Bist hinterhergelaufen. Ohne Mantel. Deine Mutter wollte dich packen, aber du warst zu schnell. Du warst immer zu schnell."

„Ich fand ihn unter der Brücke beim unteren Teich. Er hat sich so gefreut. Hat mir einen Kuss gegeben, puhhh, er stank aus dem Mund ..."

„Wir haben dich gefunden, wie du neben ihm gesessen hast. Wir hatten die ganze Stadt abgesucht. Deine Mama war außer sich vor Sorge."

Elise nestelte verlegen an seinem zerknickten Hemdkragen herum. „Aber letztlich war es doch richtig. Oder nicht?"

Er nahm ihre Hand und hielt sie fest. „Na siehst du", sagte er, „da hast du die Antwort. Tu, was du für richtig hältst. Irgendwer wird dich schon finden, wenn du wieder abhanden kommst!"

Er zeigte auf das Papier. „Hängt es damit zusammen?" Sie nickte und reichte ihm das Testament. Er las. Er las langsam,

Wort für Wort, wie es seine Art war. Dann blickte er auf. „Es ist kurz und bündig. Wo ist das Problem?"

Sie erzählte ihm die ganze Geschichte. Sie ertappte sich dabei, dass sie Emma als Flittchen hinstellte und Gerickes wie Heilige. Sie begann noch einmal, bemühte sich um mehr Objektivität. Es fiel ihr schwer. Gustav hörte ihr zu. Er zündete sich seine Pfeife an, aber seine Augen ließen sie nicht los. Als sie fertig war, griff sie nach dem Papier und nahm es wieder an sich. Sie wusste jetzt, was sie tun musste.

Sie blickte Gustav an. „Und? Was sagst du?"

Er lächelte. „Du bist groß geworden. Und so ernst. Aber im Grunde bist du so geblieben, wie du immer warst." Er stieß eine Wolke Rauch aus und sah ihr nach, wie sie davonsegelte, bis sie sich auflöste. „Wenn du dir Gedanken machst", sagte er schließlich, „dann ist an der Sache etwas dran. Du hast ein Gefühl für Gerechtigkeit. Du brauchst mich nicht, um zu wissen, wo es langgeht."

„Und wenn jemand es wüsste?"

„Strafbar wäre es in jedem Fall."

„Vielleicht gibt es Situationen, in denen das Gesetz nicht ausreicht. Ausnahmefälle." Sie dachte an Achenbach und an die Hereros und erzählte ihm auch diese Geschichte. „Dieser General von Trotha, er tat, was der Kaiser ihm befahl." Sie lehnte sich vor. „Das Gesetz war auf seiner Seite, aber war es deshalb richtig, Menschen zu ermorden?"

Gustav stöhnte. „Ich bin nur ein einfacher Chauffeur ..."

„Du bist ein Mensch", fuhr sie ihn an, „ohne Studium, ja, aber vielleicht ist das gerade ein Vorteil, du kannst die Dinge sehen, wie sie sind."

„Wenn ich die Dinge sehen will, wie sie sind, frage ich meine Hermine." Er lachte, weil es ein Scherz sein sollte. Sie lachte mit ihm.

„Dann ist ja alles klar", sagte er schließlich, „dann gehe ich mal." An der Hausecke drehte er sich noch einmal um. „Du wirst das schon machen, Mäken."

Dann war er weg. Das Vertrauen, das aus seinen Worten sprach, freute sie, auch wenn es nicht neu für sie war. Aber Vertrauen konnte auch belasten. Sie blickte auf das Testament. Eines war klar: Es gab niemanden, der ihr die Last der Entscheidung abnehmen konnte. Formelles Recht, menschliches Recht. Gab es so etwas wie menschliches Recht? Moral? Gewissen? Das Gewissen eines einundzwanzigjährigen Mädchens. Hängt Moral vom Alter ab? Fragen über Fragen. Je mehr man nachdachte, umso mehr Fragen tauchten auf.

Und doch, sie wollte sich nicht vor der Entscheidung drücken ...

Das Eichhörnchen erschien wieder. Es sprang auf den Tisch, saß aufgerichtet da und starrte Elise aufmerksam an. Nun gut, jetzt hatte sie einen Zeugen.

Sie nahm das Testament und zerriss es in kleine Fetzen.

19

Der Eingang zum Gefangenenlager führte durch ein Brettertor im Stacheldrahtverhau. Es wurde von zwei Soldaten bewacht, die Professor Medger und Schwester Elise durchließen, ohne auf ihre Ausweise zu schauen. Der Weg führte um das Gebäude herum. Im Schatten hinter dem Haus trafen sie auf die Gefangenen. Ungefähr hundert magere, abgerissene Gestalten, trotz der Hitze der überwiegende Teil von ihnen in der üblichen, unförmigen Häftlingskleidung und ohne Kopfbedeckung. Keiner schaute Elise an. Viele von ihnen lehnten schwer atmend an der Mauer, andere knieten völlig erschöpft am Boden. Offensichtlich hatten sie gerade eine von Wangenheims berüchtigten „Übungen“ hinter sich. Feiner Staub, den die Füße der Gefangenen aufgewirbelt hatten, hing noch in der Luft.

Die Männer waren in einem erbarmungswürdigen Zustand. Seit Elise die medizinische Betreuung des Gefangenenlagers übertragen bekommen hatte, hatte sie schon mehrfach schwere Verletzungen behandeln müssen. Stumpfe Verletzungen von Tritten oder Prügelschlägen. Platzwunden. Ihr war sofort klargeworden, dass Wangenheim die Gefangenen grausam schinden ließ. Der dicke Fiesling hatte jedes Mal neben ihr gestanden und sie nicht aus den Augen gelassen.

Murderer! Murderer!

Das Geschrei der Männer an dem Abend, als der Tote aus dem Stacheldrahtverhau geborgen wurde, war ihr wieder in den Sinn gekommen. Diese Männer hatten niemanden, der ihnen helfen konnte. Medger, ihr Chef, wäre in der Lage dazu. Wenn er Mumm in den Knochen hätte. Aber er hatte schlichtweg Angst vor Wangenheim. Elise verstand ihn. Auch sie hatte Angst vor ihm. Aber war das ein Grund, wegzusehen?

Ein rothaariger Mann übergab sich an der Hauswand. Einer der Wachleute brüllte ihn an und befahl ihm, sein Erbrochenes mit den Händen aufzunehmen. Der Mann stand da und tat nichts. Der Posten entsicherte seine Waffe. Der Rothaarige bückte sich, schob das Erbrochene mit den Handkanten zusammen.

Elise war entsetzt.

Die anderen Gefangenen hatten während des Vorfalls aufgeschaut und sahen jetzt sie an. Ihre Blicke waren nicht aufdringlich, eher dankbar, dass sich etwas so Frisches und Schönes in ihre geschundene Welt traute. Eine junge Frau. Das Abbild des Lebens schlechthin.

Es waren auch nicht die Blicke, die Elise verlegen machten, sondern die Tatsache, dass die Lage dieser Männer so verzweifelt war, dass allein schon ihre Anwesenheit als freudiges Ereignis empfunden wurde. Sie blieb vor dem Rothaarigen stehen, zog ein Taschentuch aus ihrem Kleid und reichte es ihm. Der Mann sah erst das Taschentuch an, dann auf seine Hände und zuckte bedauernd die Schultern. Sie wischte seinen Mund ab, faltete das Tuch zusammen und legte es vor seine Füße. Sie sah, dass der Mann errötete.

„Merci, Madame", sagte er. Seine Stimme klang heiser.

Im selben Moment kam der Wachsoldat heran, bog ihr völlig unvermittelt den Arm auf den Rücken und schob sie zum Haus.

„Schämen Sie sich!", fuhr sie ihn an. „Sie wollen ein Mann sein? Ein deutscher Mann?"

Erst jetzt sah sie, wie jung der Soldat war, fast noch ein Kind.

„Es gibt ... Befehle, Schwester ...", stotterte er. „Der Hauptmann ..."

Elise verstand. Der Hauptmann. Was sollte ein so junger Mensch, den sie von der Schulbank gezerrt und in diese zu große Uniform gesteckt hatten, was sollte er schon wissen vom Leben oder vom Sterben und von dem, was man tat und was man nicht tat.

„Schon gut", sagte sie, halbwegs besänftigt, „ich werde mit dem Hauptmann sprechen." Er ließ sie los.

„Wir müssen gehen", sagte Medger, der sichtlich nervös vor der Tür stand und seine Arzttasche mit weiß gepressten Fingern umklammerte.

Sie drehte sich noch einmal zu den Gefangenen um, die jetzt in einer Art Halbkreis vor ihr standen, müde und blass, mit blanken Gesichtern, wie Kinder, die auf den Tannenbaum blickten.

„Please, smile", rief jemand. Andere fielen ein: „Un petit sourire!", „Just a smile ... please, ladyyya ..."

Elise musste lachen. Sie wollte etwas antworten, aber jemand hatte Kieckbuschs Schulenglisch aus ihrem Gehirn entfernt. „Good ... evening", brachte sie schließlich holprig hervor.

Die Männer johlten. Da ging über ihnen ein Fenster auf und eine Stimme brüllte.

Wangenheim!

Kommandos ertönten, Wachen rannten über den Platz. Professor Medger fasste Elise am Arm und zog sie ins Haus.

Aber Elise hatte nicht vor, klein beizugeben. Während Medger im Erdgeschoss mit einem gemurmelten „Ich gehe dann schon mal" im Sanitätsraum verschwand, stürmte sie die Treppe hinauf. Gefangene wischten den Boden im oberen Flur. Die Kommandantur lag gleich gegenüber der Treppe.

Wangenheim fuhr überrascht auf, als Elise die Tür aufstieß. Er hatte die Uniformjacke über die Stuhllehne gehängt, die Hemdsärmel aufgerollt und die Hosenträger heruntergelassen. Er saß über eine dampfende Schale mit Kartoffeln und brauner Soße gebeugt.

Elise schloss die Tür und lehnte sich von innen dagegen. Dieses Mal war sie nicht die Gesetzesbrecherin, die sich verantworten musste. Heute waren nicht nur die Moral, sondern auch das Recht auf ihrer Seite.

„Guten Appetit, Herr Hauptmann", sagte sie kalt. „Schön, dass es Ihnen so gut schmeckt. Und wie gut, dass die hungrigen Kameraden von der Front Sie so nicht sehen. Von den ihnen anvertrauten Gefangenen ganz zu schweigen."

Wangenheim zog sein Hemd straff und bemühte sich, den Mund leer zu bekommen. Soße sammelte sich in seinen Mundwinkeln.

„Schon wieder Sie!", stieß er hervor.

„Ja, schon wieder ich. Und das ist gut so, wahrscheinlich sogar notwendig."

„Diesmal kommen Sie mir nicht davon", seine Stimme hob sich. „Unterstützung des Feindes, Aufwiegelung zur Meuterei. Ich werde Sie melden. Kriegsgericht, Sie enden vor dem Kriegsgericht. Endlich."

„Wenn ich einem Gefangenem den Mund abwische, der sein Erbrochenes mit den Händen aufwischen muss? Sie machen sich lächerlich!"

„Diesmal haben Sie keinen Oberleutnant Grahn dabei, der mit dem Degen herumfuchtelt", schnaubte Wangenheim verächtlich. Seine Fäuste drehten sich gegeneinander, als wrangen sie ein Handtuch aus.

Für einen kurzen Moment ergriff Elise wieder diese unbestimmte Angst. Der Dicke hatte recht. Sie war allein. Auf Medger konnte sie nicht zählen. Was auch immer ihr in diesen Räumen geschehen würde, sie würde es nicht beweisen können. In ihrem Rücken griff sie nach der Türklinke.

Er blufft. Der alte Sack blufft!

„Auch ich werde Meldung machen", sagte sie und bemühte sich um Festigkeit in ihrer Stimme. „Missachtung des Völkerrechts sowie jeglicher Moral und Menschlichkeit. Man wird mit Fingern auf das deutsche Heer zeigen, Feiglinge, die gerade Mal den Mumm haben, an wehrlosen Gefangenen ihr Mütchen zu kühlen."

Wangenheim nahm die Hosenträger auf, griff mit den Daumen hinein und zog sie nach vorn. „Der Krieg hat seine eigenen Gesetze", sagte er gleichmütig. Seine Daumen gaben die Hosenträger frei. Sie schnippten klatschend auf das Hemd zurück.

„Papperlapapp, Herr Hauptmann, nichts als Papperlapapp. Feiglinge sind Feiglinge, hinterhältig zwar, aber sie bleiben Feiglinge. Da können Sie noch so sehr mit den Hosenträgern schnippen.“ Elises Stimme klang jetzt kokett, und sie wusste, dass ihn das rasend machen würde.

Wangenheim sprang auf.

Elise zog die Tür auf und drückte sich rückwärts auf den Flur zurück. „Ich habe Unterlagen über Sie gesammelt, Wangenheim. Ich werde sie noch heute an das Hauptquartier des dritten Armeekorps senden. Dann werden wir sehen ...“

Sie sah ihn neben dem Schreibtisch stehen, rot angelaufenes Gesicht, die Augen voller Rachsucht und Wut. Sie schloss die Tür. Ein markerschütternder Schrei verfolgte sie, etwas knallte gegen die Tür und fiel scheppernd zu Boden.

Als sie sich umdrehte, sah sie die Gefangenen. Sie standen mit ihren Schrubbern und Eimern hinter ihr. Neben ihnen der Mann, dem sie den Mund abgewischt hatte. Er lächelte. Als sie vorbeiging, fühlte sie, wie er ihr einen Zettel in die Hand schob. Sie steckte ihn schnell in ihre Kitteltasche.

Erst abends zu Hause wagte sie das Papier wieder hervorzuholen. Der Zettel war handtellergroß und mehrmals zusammengeknifft. Sie faltete ihn auseinander. Es waren nicht viele Worte, die sie las:

Isch werde nie vergessen Sie
Colonel Pierre Vernin
Seillans, France
PS: das mouchoir behalte isch!

Es war schon spät. Ein heftiges Sommergewitter war über das Tal hinweggezogen. Es hatte sogar gehagelt.

Elise saß in ihrem Zimmer. Sie blickte nach draußen. Der Teich lag grau zwischen den dunklen Bäumen. Bald würde die Nacht ihn verschlucken. Die Zeiten waren unsicher. Die

Gaslaternen brannten schon lange nicht mehr, ab und zu sah sie Gestalten, die einfach nur dastanden und schweigend rauchten. Sie sah ihre Zigaretten glimmen und stellte sich vor, dass die Männer heraufstarrten zur Villa.

Unheimlich.

In Momenten wie diesem dachte sie an das Spaliergerüst für den Wein, das sich die Hauswand emporzog, und an dem sie sich als junges Mädchen so bequem in die Freiheit gehangelt hatte. Wenn man so leicht hinunterklettern konnte, dann ließ es sich auch leicht hinaufklettern. Ein Wunder eigentlich, dass noch niemand auf den Gedanken gekommen war ... Oder doch? Sie sah die roten Punkte, die Zigaretten, die ab und zu aufglühten. Sie schloss das Fenster.

Elise nahm sich einen Briefbogen und schrieb. Die Meldung. An den kommandierenden General des dritten Armeekorps. Sie würde sie mit der normalen Post schicken.

Sie wusste, dass sie normalerweise den Dienstweg einhalten musste. Normalerweise. Der Haken war nur, dass Dr. Medger die Meldung sang- und klanglos verschwinden lassen würde. Ärger war das Letzte, was er suchte.

Sie würde einen offiziellen Tadel bekommen, aber was machte das schon? Die Zeiten, da die Männer sich ihren Zeremonienspielchen hingeben konnten, würden hoffentlich ohnehin bald vorbei sein. Alle Welt sprach zwar von der so erfolgreichen deutschen Offensive, die die Engländer wieder hinter die Somme zurückgedrängt hatte. Sogar an der Marne war man wieder, bei Compiègne, und wer Compiègne hatte, bedrohte Paris. Andererseits hörte man von den Amerikanern, die frisch in die Kämpfe eingriffen. Oder von diesen Ungetümen, diesen englischen Tanks, die plötzlich auftauchten, und an denen Gewehrkugeln abprallten wie Knallerbsen.

Elise war keine Militärexpertin, aber sie konnte sich doch ihren Reim aus dem Gewirr der Frontberichte machen. Und wie fast alle Frauen hatte sie die Gabe, die Wahrheit hinter den beschönigenden Worten der Männer zu erkennen.

Das war im Krieg nicht anders als im Frieden. Es waren die Frauen, die die Füße auf der Erde behielten, ob es den Männern nun gefiel oder nicht.

Elise ahnte, dass es nicht gut aussah für Deutschland.

Sie nahm einen Umschlag, steckte den Bogen hinein, zögerte kurz, leckte an der Klebelasche und drückte sie fest. Sollte sie den Brief am Morgen einwerfen? Nein, sie wollte ihn jetzt und endgültig los sein. Sie lief die Treppe hinunter und verließ das Haus durch den Dienstboteneingang.

Die Böntalstraße lag verlassen da. Die rauchenden Männer waren verschwunden. Die Baugewerkschule tauchte kurz darauf wie ein riesiger dunkler Klotz vor ihr auf. Elises Vater ging noch immer jeden Morgen in sein Büro, „um die Post zu machen". Aber es kam keine Post. Es kamen auch keine Schüler.

Die Schaufenster von Witwe Hevekamps Geschäft waren verbrettert. Vor dem Eingang war neuerdings ein Gitter. Die Witwe hatte nun einen „Festen". Die netten Lokführer waren ihr abhanden gekommen, seitdem die Bahn nicht mehr regelmäßig fuhr. Der Neue hatte einen Streckschuss in der Lunge und hustete den lieben langen Tag. Es musste eben jeder zurückstecken, auch Witwe Hevekamp.

Elise lief durch die Neue Straße am Rathaus vorbei zur Post. Sie atmete erleichtert auf. Geschafft.

Der gusseiserne blaue Briefkasten mit dem protzigen Adler auf dem Deckel schluckte ihren Brief und würde ihn nicht wieder hergeben. Das war gut so. Sie sah die Augen des rothaarigen Gefangenen vor sich und hoffte inständig, dass ihre Mühen nicht vergeblich waren.

Erleichtert wie sie war, nahm Elise den Weg durch den Park an den Teichen entlang. Das Wasser rauschte über das Mühlenwehr, und so hörte sie die Schritte hinter sich erst, als sie schon auf Höhe der Insel war.

Es waren zwei Männer, die eindeutig schneller gingen als sie. Elise beschleunigte ihren Schritt. Noch hundert Meter bis zum Haus. Die Männer liefen jetzt. Elise wusste, dass sie es nicht vor ihnen schaffen würde.

Da erinnerte sie sich an das Loch in der Mauer.

Das Loch in der Mauer war dort, weil jemand vergessen hatte, es zuzumauern. Es war dort, solange Elise denken konnte, versteckt unter einem überhängenden Busch. Jenseits der Mauer wuchsen wilde Brombeersträucher. Wie oft hatten sie hier gespielt.

Vergangene Zeiten. Glückliche Zeiten.

Lieber Gott, gib, dass das Loch noch da ist!

Sie ging eng an der Mauer entlang.

Der Busch.

Widerspenstige Zweige.

Bieg sie auseinander. Mach schon!

Das Loch war noch da.

Die Schritte der Männer.

Elise zwängte sich hinein. Kopfüber. Sie fiel. Dornen zerrten an ihren Kleidern. Die Haut brannte.

Egal!

Sie landete zwischen den Brombeerbüschen. Eine undurchdringliche Wand aus dornigen Zweigen umgab sie. Sie hörte die Schritte der Männer. Sie wurden langsamer, stoppten.

Während sie so dahockte und in die Dunkelheit lauschte, erinnerte sich Elise plötzlich an Wolfenbüttel, an das Theater, ihre Plakate, das Versteck hinter der Brüstung. Auch dort hatte sie festgesessen und gehofft, dass sie ungeschoren davon kommen würde. Mein verfluchtes Talent, mich selbst in Schwierigkeiten zu manövrieren, beschimpfte sie sich.

Elise hörte die Männer sprechen. Sie verstand nicht viel.

„... Hauptmann ... nicht gefallen“, sagte einer.

„Egal“, antwortete der andere, „was können wir dazu?“

Sie hörte, wie sich ihre Schritte entfernten, und dann waren sie weg.

Der Hauptmann.

Wangenheim.

Er hatte Leute auf sie angesetzt. Sie hätte sich denken können, dass er sich mit seiner Niederlage nicht abfinden würde. Was genau sollten die Männer wohl machen? Ihr drohen? Sie zusammenschlagen?

Oder hätten sie die Meldung abfangen sollen? Unwahrscheinlich, dann hätten sie sie schon auf dem Hinweg verfolgt. Außerdem würde Wangenheim vermutlich davon ausgehen, dass sie sie mit der Militärpost versandte.

Er wollte sie einschüchtern, ganz primitiv einschüchtern. Und Rache nehmen.

Ihre Entrüstung ließ sie ihre Angst vergessen. Sie schob sich durch das Loch, bog die Zweige zur Seite und zwängte sich auf den Weg.

Eine Hand legte sich auf ihre Schulter. „Im Namen des Gesetzes, Sie sind verhaftet!"

Elise erstarrte.

Dann erkannte sie die Stimme und drehte sich um.

Vor ihr stand Rüdiger. Er lachte sie an.

20

Es war früh am Morgen, als sie losradelten. Der Morgennebel lag über der Weser wie eine Watteschlange, die sich glitzernd unter den ersten Sonnenstrahlen durch das Tal wand.

Elise fuhr hinter Rüdiger. Sie bogen auf den Damm, der das fruchtbare Land vor dem Hochwasser im Frühjahr schützte. Rüdiger fuhr einhändig, um seinen verletzten Arm zu schonen. Elise hatte ihre Zweifel, ob er die vierzig Kilometer bis Brake schaffen würde, aber er hatte darauf bestanden, mit dem Fahrrad zu fahren. Zunächst bis Polle an der Weser entlang, dann nach Westen, über die Berge, ein stetiges Auf und Ab durch die Wälder. Elise machte sich Vorwürfe. Du besorgst die Räder, und ich zeige dir den Weg, hatte er gedrängt, meine Mutter wird sich freuen, glaub mir. Und wenn es zu spät wird, können wir dort übernachten.

Die Fahrräder waren kein Problem. Die privaten waren zwar alle beschlagnahmt worden für die Front, aber sie hatten zwei im Lazarett, für Botendienste. Da sie jedoch niemanden hatten, der Botendienste machen konnte, standen die nagelneuen Drahtesel im Keller und waren bald vergessen. Bis Rüdiger auf die Idee mit der Fahrradtour kam.

Sie hatten an jenem Abend, als Elise aus dem Busch gekrochen war, nur kurz miteinander gesprochen. Überrumpelt wie sie war, hatte Elise nicht gewusst, was sie sagen sollte. Sollte sie ihm um den Hals fallen? Oder dem Kerl die kalte Schulter zeigen? Sie konnte auch nicht einschätzen, ob Rüdiger sich über ihr Wiedersehn freute oder nicht. So hatten sie befangen voreinander gestanden und sich schließlich etwas linkisch für den nächsten Sonntag verabredet.

Für Elise verging die Zeit bis zu ihrem Rendezvous zäh und quälend langsam, und gleichzeitig viel zu schnell, als sie feststellte, dass ihre Gedanken sich trotz aller Mühen kaum ordnen ließen. Was ist los mit mir, fragte sie sich.

Dumme Gans!

Die Küsse im Gartenhaus, seine Andeutungen, seine Zärtlichkeiten. So lange her, so deutlich in ihrem Gedächtnis.

Schwärmerei.

Die Welt hatte sich auf den Kopf gestellt seitdem. Aber wenn es so war, warum vergaß sie ihn dann nicht?

Weil ich eine dumme Gans bin!

Dann wurde ihr bewusst, dass in der Zwischenzeit kein anderer Mann ihren Weg gekreuzt hatte, der ihr wichtig geworden war. Dabei hatten ihr fast alle Männer auf mehr oder weniger versteckte Art den Hof gemacht. Nur gefunkt, wie man so sagte, hatte es nicht. Elise fragte sich, ob sie für viele Männer vielleicht zu direkt, zu forsch war, zu wenig hilfesuchend und weich. Sie blickte an sich hinunter. An meinem Aussehen kann es nicht liegen, überlegte sie. Sie hatte zugelegt, aus dem dünnen Mädchen war eine Frau geworden.

Natürlich waren die Frauen von 1918 nicht mehr die Frauen von vor dem Krieg, diese Rühr-mich-nicht-ans, die keine eigene Meinung haben durften. Jetzt mussten die Frauen mit anfassen, auch schwere Arbeiten leisten, Entscheidungen treffen. Trotzdem sollten sie fraulich bleiben – oder sogar noch mehr Frau sein, gerade wegen der neuen Freiheit.

Elise war also verunsichert, als sie am Sonntag die Weser entlang zur Bohnertschen Badeanstalt lief, wo Rüdiger schon auf sie wartete. Doch als sie sich begrüßten, war zu ihrer Erleichterung wie durch ein Wunder die alte Vertrautheit wieder da.

Die Badeanstalt bestand nur noch aus einem verwitterten Bretterhaus, das auf einer Buhne stand, die in die Weser hineinragte. Die angrenzende Wiese war von Büschen umgeben. Wenn man nicht gesehen werden wollte, wurde man auch nicht gesehen, hatte ihre Mutter damals, vor so unendlich langer Zeit, gesagt. Wie geschaffen für Liebespaare.

Waren sie ein Liebespaar?

Elise hätte die Frage gern bejaht, aber in Wirklichkeit hatten sie im Badezeug auf einer Decke in der Sonne gelegen und nur geredet. So wie Geschwister reden, wenn sie sich nach Jahren wiedersehen. Und doch fragte sich Elise, ob nicht mehr in der Luft lag, erst recht, als Rüdiger mit der Idee für die Fahrradtour nach Brake herausrückte. Meine Mutter würde sich freuen, hatte er hinzugefügt.

Was sollte das denn bedeuten? Wollte Rüdiger sie seiner Mutter vorstellen? Offiziell vorstellen? Ihr wurde schwindelig, und sie stellte sich entsetzt vor, wie sie schwitzend und mit aufgelösten Haaren in Brake ankommen würde, und sah schon jetzt den vernichtenden Blick dieser unbekannten Frau, die ihr schrecklich furchteinflößend erschien.

Nein! Ohne sie! Und dann dort übernachten? Sollte das etwa eine Verlobung der rustikalen Art werden? Vielleicht sogar eine raffiniert geplante galante Entführung, wie man es aus englischen Romanen kannte?

Übernachten!

Ein so einfaches Wort. Und ein so kompliziertes Wort. Nicht, dass sie abgeneigt war, ganz und gar nicht eigentlich. Die Zeiten hatten sich geändert. Der Mann, das unbekannte Wesen? Das war einmal. Wer wie Elise zusammengeschossene Soldaten betreute, dem war kaum etwas unbekannt, jedenfalls anatomisch gesehen.

Aber die Gefühle?

Sie blickte auf Rüdiger, wie er neben ihr auf der Decke lag. Er hatte die Augen geschlossen und genoss die Wärme der Sonne.

Er war verwundet. Sonst wäre er auch nicht in Holzminden. Sein Arm war verbunden. „Nichts Ernstes“, hatte er gesagt, „nur ein glatter Durchschuss.“ Und gegrinst.

Er hatte nicht einmal ins Lazarett gemusst. „In einem Monat ist die Wunde verheilt“, sagte Rüdiger bedauernd. „Aber wer weiß, was dann ist …“

Wer weiß, was überhaupt ist.

Sie hatte gefragt, was sein Seifenprojekt machte. „Ich warte auf das Kriegsende", hatte er geantwortet. „Wenn du mich fragst", hatte er getönt, „werden alle Leute das Bedürfnis haben, sich zu waschen nach all dem Blut und Schmutz. Es sich schön zu machen, wieder zu fühlen und zu schmecken, dass sie noch leben. Und gut zu riechen natürlich. Man legt sich ins warme Wasser, wäscht sich mit parfümierter Seife, Sandelholz oder Lavendel, schließt die Augen und schon ist man in Ägypten. Oder in Indien. Man trocknet sich ab, cremt sich ein. Und dann sind sie weit weg, die Schützengräben und die Steckrübensuppen ..."

Für ihn ist immer noch alles ganz einfach, überlegte sie. Vielleicht ist gerade das seine Stärke, die Dinge zu vereinfachen, damit er sich nicht verläuft auf dem Weg zu seinem Ziel.

„Ich habe etwas in Aussicht, ein Haus in der Bahnhofstraße", fuhr er fort. „Man könnte ein Badeinstitut aufmachen, Zimmer mit Badewannen, verstehst du? Heißes Wasser, Massagen mit duftendem Öl, meine Seife, meine Parfüms, flauschige Bademäntel. Und wenn die Leute gehen, kaufen sie meine Seife und mein Parfüm für zu Hause. Und dann spricht es sich herum, bis Höxter, im ganzen Kreis. Überall kann ich Badehäuser aufmachen. Und Bad Pyrmont erst, die warten förmlich auf mich!"

Es sprudelte nur so aus ihm heraus, und nun, als er seine Ideen losgeworden war, blickte er Elise mit blanken Augen an, als käme er aus einer anderen Welt zurück.

„Klingt toll", sagte sie, und er freute sich. Aber sie wusste nicht, ob sie sich auch freute. Sie sah sich schon von Badewanne zu Badewanne gehen und Seife an schwitzende Kunden ausgeben. Nicht gerade ihr Traum vom Leben.

Er wird es schaffen, dachte sie, und nichts wird ihn aufhalten, schon gar nicht Bedenken und Zweifel. Sie beneidete ihn ein bisschen. Wahrscheinlich ist das der Typ, der bald gefragt sein wird. Nicht über den Kaiser räsonieren, sondern in die Hände spucken und loslegen.

Nun, dachte sie, wenn es so ist, dann sind er und ich nicht so weit voneinander entfernt.

Hatte er das etwa im Sinn? Sie schüttelte den Kopf.

Denk nicht so kompliziert. Genieß das Leben!

Blieb die Frage, was sie ihren Eltern sagen sollte. Die Zeiten hatten sich zwar geändert, aber ...

Ja, aber.

„Dann bist du eben dienstlich unterwegs“, hatte Hildegard gesagt, „kein Problem, schließlich mache ich die Dienstpläne.“

Elise wusste nicht, ob sie froh darüber war, dass sich dieses Problem so schnell in Luft aufgelöst hatte. Aber nun waren sie unterwegs, fuhren im bläulichen Morgennebel an Heinsen vorbei und spürten schon die ersten Sonnenstrahlen auf ihrem Rücken.

Meteorologisch gesehen würde es ein schöner Tag werden. Alles übrige würde sich zeigen. Vielleicht war es nur eine schöne Radtour, um den Sommer zu genießen. Vielleicht war es einer der wichtigsten Tage ihres Lebens.

Rüdiger drehte sich um und lachte ihr zu. Typisch. Wahrscheinlich hatte er sogar gelacht, als ihn die Kugel traf. Obwohl, da hatte er ja eigentlich auch allen Grund zum Lachen gehabt. Was war das für eine Welt, in der Männer sich wünschten, dass jemand ihnen eine Kugel durch den Arm schoss. Sie hatte gehört, dass der Russe an der Ostfront Flugblätter abwarf, in denen genau beschrieben war, wie man sich selbst verstümmelte, um nach Hause zu kommen. Verwundungen leicht gemacht.

Sie fuhren in Polle unter der Burg entlang und bogen auf die Landstraße nach Falkenhagen ab. Bisher war die Strecke einfach gewesen. Nun kamen die Berge. Mit einer Hand am Lenker die Anstiege hinaufzufahren, war nicht einfach für Rüdiger, und Elise bekam erneut Zweifel, ob sie sich nicht zu viel vorgenommen hatten. Die Straße zog sich schnurgerade durch den Wald. Keuchend erreichten sie eine Anhöhe.

„Geht's noch?", fragte sie.

„Kein Problem."

Er ist ein zäher Hund, dachte sie, wenn er sich etwas vorgenommen hat, bleibt er dran, wie ein Terrier, der sich in ein Hosenbein verbissen hat.

„Warum lachst du?", fragte er.

„Das sage ich nicht."

„Sicher denkst du etwas Schlechtes über mich."

Sie nickte. „Etwas ganz Schlimmes, und wenn ich es sage, lässt du mich stehen, hier, mitten im Wald. Dann doch schon lieber nach Brake – zu deiner Mutter. Wie ist sie eigentlich?"

„Energisch und lieb. Sehr energisch und sehr lieb."

„Muss ich mir Sorgen machen?"

Er schüttelte den Kopf. „Sie ist Witwe, und ich bin ihr Einziger. Immer wenn ich komme, kocht sie Schnippelbohnensuppe. Weil ich als kleiner Jungen mal gesagt habe, dass ihre Schnippelbohnensuppe das Tollste ist."

„Mit anderen Worten, du bist der König, und keine Frau wird je gut genug sein ..."

„So in etwa." Mehr sagte er nicht, obwohl sie gehofft hatte, ihn aus der Reserve locken zu können. Immerhin schien ihm ein leichtes Grinsen auf den Lippen zu liegen.

„Weiß deine Mutter, dass ich mitkomme?"

„Warum sollte sie?"

Männer!

Sie blickte zurück. Wenn sie sich anstrengte, konnte sie die Weser noch sehen. Noch war es nicht zu spät, um umzukehren.

Andererseits – sollte sie vor einer alten Frau fliehen? Was war schlecht daran, wenn sie ihren Sohn liebte?

Die Straße neigte sich.

„Jetzt können wir Tempo machen", rief er, trat in die Pedale und war schon zehn Meter voraus.

Alles egal, schoss es ihr durch den Kopf, und irgendwie war sie froh, dass das Nachdenken ein Ende hatte. Sie strampelte wie wild und kam schnell in Fahrt. Der Wind pfiff an ihren Ohren. Sie beugte sich über den Lenker und beobachtete begeistert, wie der Asphalt unter ihr wegflog.

Sie klingelte, als sie Rüdiger überholte. Eigentlich unfair, dachte sie, wo der Arme nur aufrecht fahren kann. Aber dann dachte sie an die Sache mit seiner Mutter, dass er sie einfach in die Falle laufen ließ, und sie trat noch stärker zu.

Jetzt erst recht.

So fuhren sie lachend und vor Freude jauchzend bis ins Tal hinunter. Als sie schließlich anhielten, standen sie atemlos und glücklich nebeneinander.

„Das war toll", sagte Rüdiger, „ich würde dich direkt küssen, wenn der verdammte Arm nicht wäre ..." Sie sah, dass seine Augen leuchteten. Als würde er die Welt gerade zum ersten Mal sehen. Vielleicht tat er das sogar, überlegte sie. Sie wusste mittlerweile, was der Krieg mit den Gehirnen der Männer anstellte.

Sie fuhren durch Schwalenberg hindurch nach Schieder und wieder hinunter in ein Tal. Mittlerweile brannte die Mittagssonne auf sie herunter. Sie schöpften Wasser aus einem Bach. Elise hatte die Schuhe ausgezogen. Sie saß auf den heißen Steinen und ließ die Füße in das kalte Wasser baumeln.

„Tut gut", sagte sie. Sie blickte sich um. „Seltsam. Eben waren wir noch in einer Stadt, und nun sind wir ganz allein. Irgendwie schön."

„Hühner", sagte Rüdiger, „irgendwo sind hier Hühner. Ich höre sie gackern."

Er entdeckte die Tiere auf einer abgezäunten Wiese, die sich hinter einer Hecke verbarg. Am Ende der Wiese stand ein Verschlag.

„Eier", sagte Rüdiger. „Ich habe Hunger."

„Untersteh dich."

„Wenn du zur Straße zurückgehst, kannst du sehen, ob jemand kommt."

„Den Teufel werde ich tun."

Sie ging zur Straße zurück und setzte sich auf einen weiß gestrichenen Kilometerstein. Der Weg war kurvig, nicht weit einzusehen. In der Ferne tuckerte ein Traktor.

Ein Heuwagen, der von zwei Pferden gezogen wurde, erschien in der Kurve. Elise pfiff kurz, wie verabredet. Der Bauer saß oben auf dem Fuder. Sie überlegte, ob er sie später, wenn der Diebstahl aufflog, wiedererkennen würde. Sie zog den Schirm ihrer Ballonmütze tiefer in die Stirn. Der Bauer rief ihr ein freundliches „Guten Tag!" zu. Sie grüßte zurück, ohne den Kopf zu heben. Nur nicht auffallen!

Noch einmal halte ich das nicht aus.

Dann hörte sie Rüdiger pfeifen.

Er hockte glücklich vor fünf Hühnereiern. „Wir braten sie", sagte er stolz.

„Wie das?"

„Na, Spiegeleier".

Er denkt, ich bin blöde.

„Und die Pfanne?"

Er zeigte auf drei platte schwärzliche Steine am Flussufer, legte die Hand auf einen von ihnen und zuckte zurück, als hätte er sich verbrannt. „Die Sonne ...", feixte er und sah sie fragend an, „... plus schwarzer Stein plus Hitze ergibt was?"

Er denkt, ich bin blöde.

„Spiegeleier", antwortete er sich selbst, als habe er gerade den Satz des Pythagoras erfunden.

Zunächst sah es so aus, als würden die aufgeschlagenen Eier sich nicht um Pythagoras scheren. Sie lagen glibberig auf den Steinen und glitten langsam zur Seite. Elise lächelte schon nachsichtig, als die Ränder des Ausgelaufenen begannen, sich weiß zu färben. Sie blickte in den Himmel, weil sie Rüdigers triumphierenden Blick nicht sehen wollte. Aber dann spürte sie doch so etwas wie Rührung. Wie eine Mutter, die sieht, wie ihr Sohnemann zum ersten Mal ein paar Schritte allein läuft, dachte sie belustigt.

„Braver Junge", sagte sie. Und als er immer noch so glücklich dasaß und sie anblickte, zog sie ihn zu sich heran, wuschelte durch sein Haar und gab ihm einen Kuss. Sie würden Gefahr laufen, die Kontrolle über die Eier zu verlieren ... Aber dann erschien, wie aus dem Nichts, ein schnüffelnder Hund, und sie hatten alle Hände voll zu tun, ihr Mittagsessen zu verteidigen.

Das Leben ist schön, seufzte Elise, als Rüdiger das letzte Ei vom Stein kratzte, und fuhr ihm noch einmal zärtlich durch die Haare.

Es war schon fünf, als sie die Räder den letzten Hügel hinaufschoben, hinter dem nach Rüdigers Beteuerung nun endlich das ersehnte Brake liegen sollte. Die letzte Stunde war mühsam gewesen. Rüdigers Gesicht war blass, fast weiß. Nach der vorsichtigen Art zu urteilen, wie er seinen verletzten Arm hielt, hatte er Schmerzen. Elise hatte ihr Tuch genommen und den Arm hochgebunden. Er ist tapfer, dachte sie, er will nicht, dass ich ein schlechtes Gewissen haben muss. Aber dann blickte sie in seine Augen und sah, dass er lächelte. Verfluchter Kerl!

„Die Straße führt genau auf die Kirche zu. Irgendwann sieht man den Kirchturm über den Bäumen. Zuerst seine Spitze, sie ist lang und schmal, schwer zu erkennen."

„Aha", sagte sie uninteressiert.

„Es gibt ein Spiel, das wir als Jungen spielten, wenn wir abends aus der Feldmark zurückkamen", fuhr er fort. „Wer den Kirchturm als Erster sah, durfte sich was wünschen. Heute wünsche ich mir ein heißes Bad, und du?"

„Ich wünsche mir ein großes Bett", antwortete sie, „mit einem dicken weichen Plumeau und mit rot-weiß karierter Bettwäsche. Groß genug ..." Sie fühlte, dass sie rot wurde. Und sie sah, dass er es sah.

Verdammt!

Es wäre schön, wenn er jetzt einfach nichts sagen würde, dachte sie. Ein Gentleman würde jetzt schweigen.

Rüdiger war kein Gentleman. „Groß genug? Meinst du etwa ...?"

„Oh, Mann!", stöhnte sie. Sie gab ihm einen Klaps und fügte kichernd hinzu: „Du solltest dich schämen, an solche Dinge zu denken." Dann schrie sie auf und zeigte die Straße hinunter. „Da ist so was Spitzes. Ist das der Kirchturm?"

Er war es. Und kurz darauf waren sie angekommen, kaputt und hundemüde. Und glücklich.

Rüdigers Mutter war eine Frau wie von Wilhelm Busch gezeichnet. Rundlich, rosige Wangen, die Arme in die Seite gestemmt, die Haare in einem großen Dutt gebändigt. Wie Mama Fittig, die sich mit Plisch und Plum herumschlägt.

Mama Fittig machte grad
Pfannekuchen und Salat.
Das bekannte Leibgericht,
was so sehr zum Herzen spricht ...

Nun, heute würden es wohl Schnippelbohnen sein. Ob sie ahnte, was auf sie zukam? Wahrscheinlich nicht, denn sie umarmte ihren Sohn voller Stolz und Liebe und wollte ihn nicht mehr loslassen. Sie betastete den verletzten Arm und weinte. Sie weinte vor Freude. Sie hatte ja gewusst, dass ihr Rüdiger kommen würde. Dass er eine Frau mitbringen würde, hatte er nicht geschrieben. Während Mutter Siekmann nun ihren Sohn umarmte, nahmen ihre Augen an Elise Maß. Elise hielt still. Ihr war unbehaglich zumute, aber sie konnte die Frau verstehen.

„Das ist Elise", sagte Rüdiger. „Sie ist Hilfsschwester im Lazarett." Und fügte, während er Elise zuzwinkerte, hinzu: „Diakonisse. Von der Kirche sozusagen." Er lachte. „Sie passt auf mich auf." Mutter Siekmann zog die Stirn in Falten. „Wegen der Verwundung", fügte er schnell hinzu.

Dann schloss sie auch Elise in ihre stämmigen Arme. „Sie sehen so zart aus, meine Liebe“, sagte sie, „herzlich willkommen. Sie bekommen Rüdigers Zimmer. Es hat ein großes weiches Bett. Das wird Ihnen guttun.“

Sie wandte sich an Rüdiger. „Und du schläfst bei mir“, befahl sie, als sei dies die höchste Auszeichnung, die sie vergeben konnte, „dann kannst du deiner alten Mutter alles erzählen.“ Sie hob die Arme, als ob sie Hühner in den Stall scheuchen wollte. „Und nun ab mit euch ins Haus, macht euch frisch und dann gibt es Schnippelbohnensuppe.“ Sie sah Elise verschwörerisch an. „Das isst er nämlich am liebsten.“

Wenn Elise gedacht hatte, dass sie den Abend gemütlich verbringen und die müden Beine würde hochlegen können, dann hatte sie sich geirrt. Der halbe Ort erschien. Jeder brachte etwas mit. Kuchen, Schinken und Holunderwein. Hier war Dorf, hier gab es Land genug, auf dem etwas wuchs. Hier gab es keinen Hunger, und Lebensmittelmarken waren nur Papier mit aufgedruckten Karos. Es war wie die Erinnerung an eine vergangene Zeit. Sie saßen im Garten an einem langen Tisch. Ein junger Mann, Rüdigers Cousin August, spielte Akkordeon. Er blickte Elise aus ruhigen Augen so schüchtern an, dass sie ihm zulächelte, was ihn noch verlegener machte.

Ab zehn wurde geschunkelt, obwohl die Braker eigentlich schwerblütige, ernste Menschen waren, wie Rüdiger ihr erklärt hatte, Mitglieder der reformierten Kirche, bei der Lachen nur auf Antrag erlaubt sei. Oder im Keller.

Aber heute war alles anders. Rüdiger war der Einzige aus dem Dorf, der heil aus dem Krieg zurückgekommen war, und alle waren entschlossen, dies als ein gutes Zeichen zu sehen, ein Zeichen, dass die Zeit der Strafen Gottes vorbei war.

„Lang zu, mein Junge“, drängte Rüdigers Mutter und stellte die Suppenterrine vor ihn auf den Tisch. „Und für Sie, mein Fräulein, haben wir Kuchen mit *guter* Butter ...“

Elise hatte noch nie Holunderwein getrunken. Er schmeckte ihr gut, ein bisschen wässrig vielleicht, aber sie spürte, wie ihre Beine leicht wurden, was angenehm war nach den Strapazen des Tages. Sie ließ sich nachfüllen. Rüdiger blickte warnend zu ihr herüber, aber sie hielt trotzig das Glas hoch und schickte ihm ein Küsschen durch die Luft. Ein Küsschen, das alle sahen. Man nickte sich wissend zu, August spielte *Am Brunnen vor dem Tore*, und alle lagen sich in den Armen.

Eigentlich hatte man hören wollen, wie es Rüdiger ergangen war im Krieg, aber nun hatte niemand mehr Lust auf die traurige Gegenwart. Der Mond stand rund und weiß am Himmel und vertröstete den Ernst des Lebens auf morgen.

Es war zwei, als die Letzten gegangen waren. Rüdiger und Elise saßen auf der Bank unter dem Kirschbaum. Mutter Siekmann hatte ostentativ gegähnt, bedeutungsvoll auf Rüdiger geblickt und „Ich gehe dann schon mal" gesagt. Während in ihrem Schlafzimmer das Licht anging, legte Rüdiger den Arm um Elise. Sie schmiegte sich an ihn.

„Wenn ich daran denke, dass Mutter da drin auf mich wartet, und ich haarklein erzählen muss, wie es mir an der Front ergangen ist ...", stöhnte er.

„Sie schläft", sagte Elise, „zumindest wird sie es gleich tun."

„Da kennst du meine Mutter schlecht."

„Aber ich kenne das da ganz gut." Sie überlegte, zögerte und zog schließlich eine Schachtel aus ihrem Rock und gab sie ihm. „Es ist ein Schlafmittel, Chloralhydrat. Hab ich immer dabei. Kaum zu schmecken in eurem Holunderwein. Man nimmt zwei nach einer Operation. Sie hat jetzt drei."

Er lehnte sich zurück und sah zum Mond hinauf. „Gott schütze mich vor den Frauen."

„Den Kirchturm ...", sagte sie und küsste ihn aufs Ohr. „... den Kirchturm habe ich zuerst gesehen, du schuldest mir den Wunsch."

„Ein weiches rot-weiß kariertes Plumeau ..."

„... in einem großem Bett.“

„Mein Bett ist nicht groß“, gab er zu bedenken. „Das Plumeau ist nicht dick und ...“

„... lass mich raten, es ist auch nicht kariert.“

Er grinste. „Aber weich.“

„Na, dann komm“, sagte sie leise, „dann müssen wir das Leben nehmen, so, wie es ist.“ Und erschrak über ihre Kühnheit.

Die Welt war eine rosa Wolke.

Was ist Glück?

Ein Vogel, der gerade fliegen gelernt hat?

Schwerelos.

Wenn die Zeit stillsteht?

Die Zeit.

Elise sah auf die Uhr. Noch fünf Stunden bis zum Aufstehen.

Bestenfalls.

Geh nicht weg, rosa Wolke.

Sie spürte Rüdigers Hüfte. Sie war knochig. Alles an ihm war knochig. Sie rubbelte ihr Gesicht an seinem Rücken. Er roch warm. Und vertraut. Wie konnte das sein? Sie kannten sich doch kaum. War das das Geheimnis der Liebe? Dass es war, als kannte man sich schon Tausende von Jahren? Sie hatte keine Worte für das, was sie empfand. Die Freude, das Verlangen, die Fürsorge, die Angst.

Und sie wusste, dass ihr Wissen von der Welt sich soeben verdoppelt hatte. Viele Dinge besaßen jetzt mehr Sinn als nur Minuten zuvor. Ebenso viele Dinge hatten überhaupt keinen Sinn mehr. Aber daran wollte sie jetzt nicht denken.

Rüdiger seufzte, nuschelte ein paar unverständliche, zärtliche Worte, die sie aber nicht verstand. Er drehte sich um. Sie beugte sich vor, küsste ihn auf die Stirn, das Kinn, den Mund.

Halt mich fest, dachte sie, halt mich ganz fest, halt mein Glück fest. Und tatsächlich, sie spürte, wie sein unverletzter Arm sich um sie legte.

Sein Gesicht war ganz nah. Er hat Sommersprossen, stellte sie erstaunt fest, nicht viele und ziemlich blasse, aber sie waren da, neben der Nase. Lustig.

Alles wird gut, dachte sie. Sie hatte das Gefühl, angekommen zu sein. Aber wo war sie angekommen?

Ich denke zu viel. Mama hat recht, ich mache alles kompliziert. Du hinterfragst zu viel, Kind, hatte sie gesagt. Zu viele Fragen machen unglücklich. Manche Antworten auch, hatte sie erwidert. Ihre Mutter hatte ungläubig den Kopf geschüttelt. Und ihr Vater hatte hinzugefügt: „Du machst dir das Leben zu schwer, Elise."

Nicht immer, dachte sie triumphierend, als sie sah, dass Rüdiger die Augen aufschlug und sie liebevoll ansah.

21

Da war sie also. Die Welt der Liebe. Während Elise im siebten Himmel schwebte und ihre Welt stillzustehen schien, überschlugen sich an anderer Stelle die Ereignisse.

Achtundzwanzig Gefangenen gelang der Ausbruch aus dem Lager, und nur einen Tag später traf die Untersuchungskommission des dritten Armeekorps ein. An ihrer Spitze: der zum Major beförderte ehemalige Oberleutnant Georg Grahn von den Ulanen.

Als Ludwig Rennefeld hörte, dass der Mann, der seine Tochter vor den Zugriffen der Polizei gerettet hatte, auf wichtiger Mission in Holzminden weilte, lud er ihn ein, in der Böntalstraße Quartier zu beziehen. Grahn bedankte sich artig und sagte, dass sich das gut träfe, sei er doch letztlich hier, weil Elise eine Meldung an das Hauptquartier geschickt habe, die so überzeugend gewesen sei, dass der Herr General sofort ihn, Major Grahn, in Marsch gesetzt habe, um der Sache auf den Grund zu gehen.

Am Abend saßen sie zusammen in der Bibliothek, zu einem „zwanglosen Gespräch“, wie Rennefeld betont hatte. Entsprechend trug er eine bequeme Hausjacke aus Samt über der doppelreihigen, dunkelblauen Weste und einem dunkellila getupften Seidenbinder, gehalten von einer Nadel mit Perle. Das Haus war bereits dabei, zur Ruhe zu gehen. Nur ab und an hörte man das Murmeln der Rohre, wenn die Küchenmädchen Wasser für den Abwasch holten. Der Zeiger des Schiffschronometers, der auf einem Podest aus Rosenholz stand, rückte auf die neunte Stunde vor.

Rennefeld beobachtete, wie Grahn sich umständlich eine Zigarre ansteckte. Es war seine allerletzte Upmann No. 2 aus Kuba, etwas ganz Besonderes, so perfekt gedreht, dass Rennefeld sich vorstellte, wie sie auf den nackten Oberschenkeln einer Mulattin gerollt worden war, Blatt für Blatt, vielleicht war am Ende der Prozedur sogar die rote spitze Zunge des Mädchens über das Deckblatt gefahren, vielleicht war genau dies der Grund, dass die Upmann nach so vielen Jahren noch so makellos in der Hand lag.

Friedensware. Mein Gott, was war das für eine schöne Zeit gewesen.

Kuba.

Sein lebenslustiger Cousin war in Kuba gewesen und hatte die Zigarren mitgebracht. Die ganze Welt hatte Wilhelm bereist, während er, Ludwig, die Stellung in der Heimat, in Holzminden, gehalten hatte. Aus Familienräson. Das war ihm wichtig gewesen.

Ein Fehler?

Ein Fehler.

Und nun war es zu spät.

Nun saß er hier mit einem mediokren Offizier und musste klaglos mitansehen, wie dieser Grahn, so verdienstvoll er sich Elise gegenüber auch benommen haben mochte, seine letzte Upmann No. 2 wegpaffte.

Ihm fiel auf, dass Grahn sich verändert hatte. Er war noch immer schneidig und adrett, die Haare sorgfältig gescheitelt, wie mit einem Lineal. Aber sein Mund war dünner geworden, zusammengekniffen. Und seine Hand drückte an der Zigarre herum, als habe er eine faltige Birne in den leicht zitternden Fingern.

„Sie waren an vorderster Front?", fragte Rennefeld.

Grahn nickte.

„Frankreich?"

„Isonzo, nördlich von Triest. 1917. Mit dem Abfall Italiens hätte die Donaumonarchie mit einer einzigen großen Zangenbewegung ausgehebelt werden können. Hindenburg wollte unbedingt an die adriatische Küste, damit die Zange nicht greifen konnte. Es war wie in alten Zeiten, gezückte Säbel und auf geht's ... immer vorwärts, aber dann, in einer

Schlucht, sprengten sie einen Felsen. Der ganze Berg kam ins Rutschen. Und begrub uns. Ich hatte mich unter einen Felsvorsprung geworfen. Das war meine Rettung. Ich weiß nicht, ob Sie sich vorstellen können, wie es ist, wenn man lebendig begraben ist. Wir steckten fest, eingehüllt in Staub, taube Ohren, total im Dunkeln ..."

„Wir?"

„Mackensen und ich."

„General Mackensen?"

Grahn schüttelte belustigt den Kopf. „Sein Neffe, Theodor Mackensen. Er war mein Kompanieleutnant, netter Kerl. Als die Welt um uns zusammengebrochen war und der dicke Staub sich auf unsere Lungen legte, hörte ich ihn husten und fluchen. Zunächst konnten wir uns verständigen, aber auch er hatte natürlich keine Ahnung, in welcher Lage wir waren. Dann wurde er ohnmächtig. Ich spürte Steine auf mir und versuchte freizukommen. Aber ich konnte mich keinen Zentimeter bewegen. Mein Herz schlug mir zum Hals heraus. Panik. Man spürt sie kommen, man will sie nicht, aber man kann ihr nicht entgehen. Ewigkeiten vergingen, eine so schlimm wie die andere. Ich weiß nicht, wie lange wir dort lagen. Es war so fürchterlich still. Nur unser kümmerlicher Atem. Und ab und zu ein Knacken, wenn sich die Steine über uns verschoben, das Rieseln von Sand. Man fragt sich, ob vielleicht doch jemand da draußen ist und ob er auf die Idee kommt, dass man noch lebt unter all diesem Schutt. Oder ob alle längst weiter sind, raus aus dem Geschosshagel. Was ja nur verständlich wäre.

Irgendwann kam der Durst. Und mit ihm der Wahn. Eine andere Welt. Sie werden es nicht glauben, aber man hört tatsächlich die Engel singen. Und man freut sich darüber! Ein Zeichen, dass Gott bei einem ist. Und dann hörte ich die Stimme meiner Mutter. Ich weiß, es klingt so banal, aber sie schimpfte, fragte mich, was ich eigentlich im Leben geschafft hätte, außer den Säbel zu schwingen. Ich weiß noch, dass ich wieder zu mir kam, auf den Atem meines Freundes lauschte und nach Antworten suchte, die ich meiner Mutter geben konnte. Das Schlimme war, dass sie recht hatte. Mir wurde klar, dass ich bisher ziemlich nutzlos gewesen war im Leben. Hacken zusammenschlagen, Jawoll schreien und dem Gegner den Tod wünschen. Ich wollte mit meiner Mutter reden, aber natürlich antwortete sie nicht. ‚Hör mich an', schrie ich. ‚Sprich mit mir!' Vor Wut wälzte ich mich auf den Rücken und trat wie irre gegen das Geröll. Und plötzlich kam der Berg ins Rutschen, erst ganz langsam, dann prasselten die Erdklumpen auf mich herunter, und ich dachte, jetzt ist es vorbei, gleich bist du tot. Dann spürte ich einen Luftzug. Ich packte Theo am Koppel und zog ihn mit mir. Auf einmal waren wir draußen. Ich weiß noch, wie ich auf dem Geröll lag und der Mond auf uns herunterschien. Silbern. Silbern und hell. Und diese Luft!"

Grahn schnaufte und fuhr sich mit der zitternden Hand über die Stirn. „Diese Luft", wiederholte er mit bebender Stimme, „Sie glauben nicht, was für ein Geschenk frische Luft sein kann. Ich atmete und atmete und dachte an nichts ..." Er schwieg, versank in der Erinnerung.

Rennefeld wartete geduldig. Als er schon aufstehen wollte, um sich einen Kognak zu holen, fuhr Grahn auf und sagte mit normaler, fast heiterer Stimme: „Kennen Sie den Witz, wie man Gefreiter wird? Man muss eine Stunde schauen können, ohne zu denken. Ein Obergefreiter zwei und ein Hauptgefreiter drei Stunden. Das habe ich locker geschafft, da auf den Steinen." Er schlug sich wiehernd auf die Schenkel.

Rennefeld lachte pflichtschuldig mit. Dieser Mann hatte eindeutig einen Schaden davongetragen. Vielleicht war das die Erklärung, warum man ihn auf eine vergleichsweise unwichtige Mission in die Provinz abgeschoben hatte. Grahn tat ihm leid. Er würde seinen Töchtern sagen, dass sie behutsam mit ihm umgehen sollten. Als er spürte, dass Grahns Blick noch auf ihm ruhte, fragte er: „Und Ihr Freund?"

„Als ich wieder klar denken konnte und merkte, dass er sich nicht rührte, begann ich wie wild, ihn zu schütteln, gab ihm ein paar Ohrfeigen, ich wollte partout nicht, dass er tot war. Und dann stöhnte er und setzte sich auf. Und dann umarmte er mich!" Grahn schlug mit der Hand auf den Tisch, dass die Gläser klirrten. „Das Leben ist wirklich ..." Er suchte nach Worten.

„Bescheiden?", versuchte Rennefeld ihm zu helfen.

„Beschissen. Und schön. Beschissen schön."

„Und dann?" fragte der Direktor.

„Na ja, wie das so ist, wenn man den Neffen des Generals gerettet hat. Belobigung, Beförderung in den Stab des Oberkommandos, zu Ludendorff ..."

„General Ludendorff, wie ist er so?"

„Nicht mein Fall. Eitel und feige. Verheizt seine Männer, will zu viel ... und nachher ist er es nicht gewesen." Grahn blickte Rennefeld direkt in die Augen. Seine Hände zitterten nicht mehr. „Und er mag mich nicht. So etwas spürt man. Ich fühlte auch selbst, dass ich nicht mehr der Alte war. Die Luft war raus. Komisch, was die Dinge mit einem machen können. Darüber wundere ich mich heute noch."

„Dieser Traum mit Ihrer Mutter, haben Sie mal mit ihr darüber gesprochen?"

„Sie ist tot. In derselben Nacht gestorben, in der ich gerettet wurde."

Rennefeld wünschte, dass seine Frau jetzt bei ihnen säße. Frauen waren feinfühliger und wussten intuitiv, wie man in Momenten wie diesem reagiert. Er schüttelte hilflos den Kopf, stand auf und holte nun die Flasche Kognak aus dem Eckschrank. Der Eckschrank war ihm von Schülern zum letzten runden Geburtstag geschenkt worden. Er hatte Intarsien auf dem Türblatt, die die römische Schicksalsgöttin Klotho darstellten, die Spindeln in der Hand hielt, um das Schicksal zu spinnen. Rennefeld hatte den Eindruck, dass die Göttin ihn tadelnd ansah. Er drehte sich unwillig ab und hielt die bauchige Flasche gegen das Licht. Sie war noch fast voll.

„Jahrgang Neunundneunzig. Für den Notfall." Er schenkte ein. „Na, trinken wir mal auf Ihre Rettung." Er hob sein Glas.

Grahn nahm Haltung an und kippte den Kognak in einem Zug hinunter. Dann lehnte er sich zurück, streckte die Beine aus, legte die Füße übereinander und verschränkte die Hände hinter dem Kopf. „Kennen Sie die Aborigines?"

„Das sind die Ureinwohner Australiens, richtig? Die die Engländer fast ausgerottet haben und die übrigen nun versuchen zu zivilisieren", antwortete Rennefeld und fügte entschuldigend hinzu: „So habe ich es jedenfalls in der *Vossischen* gelesen ..."

Grahn nickte. „Wir Europäer bringen alle um, die anders sind als wir, schauen Sie nach China, da haben wir mit England sogar gemeinsame Sache gemacht ..."

„Und was ist mit den Aborigines?", unterbrach ihn Rennefeld.

„Sie glauben, dass wir in zwei Welten leben. Zum einen hier auf Erden, in dem Leben, das wir Realität nennen." Fast beiläufig schenkte Grahn sich eigenhändig nach, umfasste sein Glas mit beiden Händen, nahm einen großen Schluck, atmete lang und genussvoll aus und fuhr ebenso beiläufig fort: „Und dann gibt es das Leben in der Traumzeit. Sie ist für die Aborigines die eigentliche Realität, in ihr gibt alles einen Sinn, in ihr sind die Menschen mehr als schwankende Halme im Wind, nämlich sinnvoller Teil eines großen Ganzen. Und in der Traumzeit gibt es Dinge von höherer Bedeutung."

„Sie wollen damit sagen, dass die Geschichte mit dem Tod Ihrer Mutter und Ihrem Traum ..."

„... dort, bei den Aborigines, von höherer Bedeutung ist. Ja, das ist es."

Rennefeld wischte sich den Mund ab. „Menschen suchen immer nach Erklärungen, nach Mustern. Das unterscheidet uns von den Tieren. Das steckt uns in den Genen. Das ist der Grund, warum Verschwörungstheorien oder Götter ..."

„... oder Monarchen ..."

„... so beliebt sind ..."

„... oder waren."

Rennefeld zuckte irritiert mit den Schultern. „Sei es, wie es sei, nicht selten stellt sich dann heraus, dass alles nur eine gewaltige Fata Morgana ist."

„Es gibt keine Götter. Und wenn, dann kümmern sie sich nicht um uns. Das Streben nach Erklärung, nach Erkenntnis, nach Höherem ist ein sinnloses Unterfangen. In tausend Jahren wird sich niemand mehr an uns erinnern. Alles, was wir haben, ist Liebe und Freundschaft, also sollte man genießen, wo man nur kann."

„Sagen das auch die Aborigines?"

Grahn lachte und schenkte sich nach. „Sagte Epikur, ein Athener. Er unterrichtete Philosophie im sogenannten *Garten.*"

Nicht, dass Rennefeld Epikur nicht kannte, aber er liebte es nicht, wenn jemand seine Bildung zur Schau stellte. „Sie haben es mit den Zitaten", sagte er dünn und kam nicht umhin auf die Flasche zu blicken, die sich schon sichtbar gelehrt hatte. Er wechselte das Thema. „Wie ich höre, sind Gefangene entwichen", sagte er vorsichtig. „Ist es richtig, dass sie sich einen Tunnel gegraben haben?"

„Ein wahres Kunstwerk", antwortete Grahn. „Hätte gut und gern von Deutschen gemacht sein können. Sechzig Meter lang. Vom Keller aus, zehn Meter bis zum Zaun, darunter hindurch und hinein in ein Roggenfeld. Damit man sie nicht sah, wenn sie ausstiegen. Sie mussten also vor der Ernte fertig sein. Das haben sie gerade so geschafft. Saubere Arbeit, alles was recht ist, saubere Arbeit ..."

„Aber die Erde, was haben sie mit dem Aushub gemacht? Das sind doch Unmegen von Erde."

„Sie haben Beete angelegt. Rundum auf dem Gelände haben sie Beete angelegt und die Erde dort verteilt. Sie haben sogar

Kartoffeln geerntet. Das Schlimme ist, dass man ihnen den Erfolg gönnen muss. Jeder redliche Mensch muss ihnen den Erfolg gönnen. Wangenheim ist ein Schlächter. Er war es schon 1914, und er ist es 1918. Im Mittelalter, im Dienst der Inquisition, wäre er richtig gewesen. Er hat sie gefoltert, die Gefangenen, fast umgebracht, eine Schande ist das, eine Schande für das deutsche Volk." Grahns Kopf war rot angelaufen. Er fuhr sich mit dem Handrücken über die Stirn. „Und es musste erst eine Krankenschwester vom Schlage Ihrer Tochter kommen, dass ihm endlich Einhalt geboten wurde. Nicht auszudenken, wenn Ihre Tochter nicht Meldung gemacht hätte ..."

Rennefeld legte ihm beruhigend die Hand auf die Schulter. „Lassen Sie es gut sein, Herr Major. Ich bin stolz auf meine Tochter. Sie wird immer machen, was sie für richtig hält. Manchmal ertappe ich mich dabei, dass sie mich beschämt. Es ist eine Zeit, in der man sich durchlavieren muss, aber sie verbiegt sich nicht und hält Kurs, wenn Sie verstehen, was ich meine. Hier, nehmen Sie noch einen Schluck."

Grahn ließ sich nicht bitten. Er trank den Cognac in einem gewaltigen Zug, der seine Wangen aufblähte, und Rennefeld fragte sich, ob Grahns roter Kopf der Aufregung oder bereits dem Alkohol geschuldet war.

„Was wird mit ihm geschehen, mit diesem Wangenheim?"

Grahn zuckte die Schultern. „Das kommt auf das Untersuchungsergebnis an. Militärgericht. Degradierung, Strafbataillon. Das wird hart für ihn, das wird er nie vergessen ..."

„Und die Gefangenen sind weg?"

„An die dreißig von ihnen. Sechzig wollten wohl raus, aber dann stürzte der Tunnel ein. Sieben oder acht haben sie geschnappt, aber die anderen sind untergetaucht, hatten alles genau vorbereitet, Zivilkleidung, Pässe. Kluger Mann dieser Colonel Vernin, der das offenbar alles geplant hat."

Rennefeld erinnerte sich vage, diesen Namen schon einmal gehört zu haben. „Und Sie, lieber Major, sollen nun alles wieder in geordnete Bahnen lenken."

Grahns Finger hielten das bauchige Glas so fest umklammert, dass die Fingergelenke weiß hervortraten. Er lächelte verlegen. „Danke für die Blumen. Ich denke mal, sie schicken nicht jeden."

„Na, sie brauchen doch jemanden mit untadeligem Ruf, jemanden, der dafür Respekt genießt ..."

„... oder jemanden, den sie woanders nicht gebrauchen können." Grahns Stimme klang bitter.

„Na, na, warum so negativ?"

Grahn schenkte sich nach, und der Direktor sah, dass die Flasche nun fast leer war. Er nahm sich den schmalen Rest.

„Ich trinke zu viel, und ich bin ein Versager, jawohl, ein Versager", rief Grahn grimmig und unterdrückte einen Rülpser.

Dieser Ausbruch gab dem Gespräch eine unerwartete Wendung. In ihm schwang eine intime Offenbarung mit, die dem Direktor peinlich war. Er hatte sich auf ein freundliches, eher formelles Gespräch unter Männern eingestellt, in dem er unter Aufopferung der letzten Kognakreserven noch einmal seine Dankbarkeit ausdrücken konnte. Er wollte schon aufstehen, um dem Ganzen an dieser Stelle ein Ende zu bereiten, als Grahn weitersprach.

„Ihre Meinung ist mir wichtig, Herr Direktor. Sie sind ein Mann von Welt, ein Fels in der Brandung. Meinen Sie, dass ich meiner Mutter eine Antwort schuldig bin?"

Rennefeld schauderte. Er war ungehalten, und es fiel ihm schwer, dies nicht zu zeigen. Diskussionen im Alkoholnebel waren so unnütz! Ein Gräuel! Pseudowahrheiten, Selbstmitleid. Schrecklich. Und dann diese Anbiederei. Fels in der Brandung! Für einen kurzen Moment überlegte er, ob dieser Mann sich möglicherweise über ihn lustig machte.

„Sie hatten einen Traum", sagte er genervt. „Mehr nicht. Einen Traum von Ihrer Mutter. Ihre Mutter ist tot. Wenn Sie jemandem etwas schuldig sind, dann sind Sie es sich selbst schuldig. Nehmen Sie es als Ansporn, machen Sie etwas aus sich, wobei Alkohol ..."

"... vielleicht nicht das richtige Mittel ist?"

„Jedenfalls nicht für einen tatkräftigen Offizier." Nun war es heraus. Rennefeld war sich sicher, zu weit gegangen zu sein, und wappnete sich gegen Grahns Empörung. Aber die blieb aus. Grahn wischte sich kleinlaut den Schweiß von der Stirn und sagte blinzelnd: „Genau genommen bin ich nur die Hülle eines tatkräftigen Offiziers, Herr Direktor. Genau genommen bin ich ein Feigling ... ein Nichts."

„Genau genommen", fuhr ihn Rennefeld an, „genau genommen, Herr Major, sollten Sie sich nun zurückziehen." Er tastete nach dem Klingelknopf unter dem Tisch, um Gustav zu rufen. Er wunderte sich über seinen rüden Ton. Aber er hatte endgültig genug von diesem vor Selbstmitleid triefenden, betrunkenen Hampelmann, jawohl Hampelmann. Er packte Grahn unter den Armen. „Kommen Sie!"

Aber Grahn fuchtelte sich frei. „Ich habe Sie angelogen, Herr Direktor, jawohl, ich habe Sie angelogen, wie ich auch alle anderen angelogen habe. Nicht ich habe meinen Kameraden gerettet, nein, er war es, der mich gerettet hat. Ich lag wie erstarrt in all dem Dreck, und er hat mich herausgezogen. Danach wurde er ohnmächtig und konnte sich an nichts erinnern. Als unsere Leute uns dann fanden und mich neben ihm sitzen sahen, glaubten sie, dass ich der Held war. Und ich war zu feige, die Wahrheit zu sagen!"

Er hatte die Worte geradezu ausgespuckt, jetzt beugte er sich nach vorn und fing an zu schluchzen.

In diesem Moment kam Hildegard herein. Hatte sie schon längere Zeit in der Tür gestanden, ohne dass die Männer sie gehört hatten?

Sie beugte sich fürsorglich über Grahn. „So ein verzweifelter Mann", rief sie und blickte auf. „Hilf mir, Vater, wir müssen ihn nach oben bringen. Der Arme schafft es nicht allein."

Aber der Herr Direktor hatte keine Lust, das Kindermädchen für einen erwachsenen Mann zu spielen. Wenn es nach ihm ging, sollte sich die Heulsuse ihren Rausch auf dem Teppich ausschlafen. Störrisch setzte er sich wieder in seinen Sessel und sah entgeistert zu, mit welcher Hingabe sich seine Tochter diesem aus den Fugen geratenen Mensch widmete. Natürlich, dachte er, man muss nur hilflos und schwach sein, und schon kommen die Frauen und wollen einen retten. Und während er beobachtete, wie Hildegard den immer wieder in den Knien einknickenden Major unterhakte und die Treppe hinaufbugsierte, begann er sich zu fragen, ob nicht eigentlich er es war, der etwas falsch machte, wenn er etwa den souveränen Hausherrn spielte, obwohl er selbst nicht weiterwusste.

Vielleicht bin ich noch einmal froh, wenn ich jemanden habe, der mir hilft, überlegte er niedergeschlagen. Wenn er es recht betrachtete, hatte er keinen Grund, die Nase über diesen Grahn zu rümpfen.

„Da gab es einen Pierre Vernin bei den Ausbrechern", sagte Elise, als sie ein paar Tage später vor Grahns Schreibtisch in der Kaserne saß. Sie hatte gehört, dass er in seinem Gespräch mit ihrem Vater ziemlich unpässlich gewesen war, aber weder ihr Vater noch ihre Schwester waren allzu mitteilsam gewesen. Auch ihr fiel auf, dass Grahn sich verändert hatte, seit sie ihn in Braunschweig kennengelernt hatte. Aus dem straffen, kraftvollen Leutnant war ein in sich gekehrter Mann geworden. Es wunderte sie nicht. Die Zeit der jugendlichen Helden war vorbei. Töten an sich war schlimm genug, aber das Töten auch als sinnvoll und selbstverständlich empfinden zu sollen, das musste zu Verunstaltungen der Seele führen. Sie schaute ihm zu, wie er sich mit zitternder Hand Notizen machte. Sie hätte ihn gern getröstet, aber die Kluft zwischen ihnen war zu groß. Vielleicht kann Hildegard ihm helfen, überlegte sie. Ihre Schwester hatte im Lazarett einige traumatisierte Soldaten aus ihrer Schwermut holen können. Sie war nur wenig jünger als Grahn und schien bei ihnen zu Hause ganz gut mit ihm zurechtzukommen. Vielleicht war sie aber auch etwas zu herb, zu hemdsärmelig, um ihn zu verstehen.

Grahn blickte auf. „Und weiter?"

„Dieser Vernin ist ein anständiger Kerl", sagte sie.

„Haben Sie ihn noch einmal getroffen?", fragte der Major überrascht nach.

Elise schüttelte kokett den Kopf. „Aber er hat noch ein Taschentuch von mir."

Grahn lachte nicht. „Er hat uns ganz schön was eingebrockt."

„Und trotzdem, er war ein anständiger Kerl. Und war es nicht seine Pflicht, die Flucht zu versuchen?"

„Als Soldat schon", sagte Grahn. „Für unsere Sache bedeutet es aber eine Schwächung, fast eine Demütigung ..."

„... die nicht notwendig gewesen wäre, wenn Wangenheim die Männer anständig behandelt hätte."

Grahn schüttelte in komischer Verzweiflung seinen Kopf. „Wie kommt es nur, dass einfache Dinge plötzlich nicht mehr einfach sind, wenn man mit Ihnen diskutiert?"

Elise spürte, dass sie rot wurde. „Vielleicht, weil die einfachen Dinge gar nicht so einfach sind?"

„Vielleicht, weil Sie einen ziemlichen Querkopf haben. Sagt jedenfalls ihre Schwester Hildegard."

„Na, dann fragen Sie sie doch", erwiderte Elise eingeschnappt. „Die hat auf alles eine knallharte Antwort."

„Diesen Eindruck hatte ich nicht", sagte Grahn mit einem Mal sachte. „Ihr Fräulein Schwester ist doch eher zart in ihren Gedanken ..."

Elise glaubte, nicht richtig gehört zu haben. Sprach Grahn wirklich von ihrer burschikosen Schwester?

„Hildegard möchte hart erscheinen", fuhr Grahn fort, „aber in Wirklichkeit ist sie weich und anlehnungsbedürftig."

Nach diesem Gespräch sah Elise die Dinge um Grahn und ihre Schwester in einem anderen Licht.

22

Am frühen Nachmittag des 9. November 1918, eines kaltgrauen Herbsttages, erreichte ein rot beflaggter Opel das Zentrum von Holzminden. Er kam mit quietschenden Bremsen vor der Freitreppe des Rathauses zum Stehen. Die Türen schlugen auf, und vier Männer sprangen heraus, einer in Zivil, drei in Uniform, Staatsbahn, Heer und Marine. Der Matrose war bewaffnet. Er hob das Gewehr und schoss in die Luft. Die Menschen auf den Bürgersteigen erstarrten.

Der Zivilist war ein Riese. Er stand breitbeinig auf dem Bürgersteig und sah sich herausfordernd um. Er trug einen abgewetzten Ledermantel. Aus den breiten Aufschlägen quoll ein roter Schal. Die Haare des Mannes waren mehr grau als schwarz. Eine Adlernase, die nicht so ganz zu den dichten bäuerlichen Brauen und runden Wangen passte, teilte das Gesicht. Vielleicht ein freundliches Gesicht, wenn die zu Schlitzen zusammengezogenen Augen nicht gewesen wären.

Dieser Mann ist gefährlich, dachte Elise, und es geht ihm nicht um die Sache, wie sie Amalies Freunde vertreten hatten. Ihm ging es um Macht, um persönliche Macht, und die sogenannte Revolution war nur ein Mittel dazu. Für ihn und seinesgleichen war die Zeit der Abrechnung gekommen. Dieser Mann würde nicht zögern, seine gerade gewonnene Überlegenheit zu verteidigen.

Im obersten Stock des Rathauses ging ein Fenster auf.

Der Mann mit dem Gewehr blickte nach oben. „Der Bürgermeister soll runterkommen und uns begrüßen", schrie er, und seine Kumpane johlten: „Wir sind die neue Zeit. Es lebe die Revolution!"

Das Fenster wurde zugeschlagen.

„Ich habe es schriftlich", rief der Riese wütend und zerrte an seinem Schal, als wollte er sich Luft verschaffen. Er zog eine zerknitterte Zeitung aus der Innentasche, klappte sie auseinander und hielt sie hoch wie eine Trophäe. „Das ist der VOLKSFREUND", schrie er, „das ist unsere Zeitung, die Zeitung der Republik, und das wird auch eure Zeitung sein." Er zeigte triumphierend auf die Überschriften. „Hier steht es schwarz auf weiß. Herzog Ernst August hat abgedankt! Der Kaiser auch! Die Blutsauger sind weg! Braunschweig ist nun eine selbstständige Provinz des republikanischen Deutschlands. Ihre Regierung liegt in den Händen des Arbeiter- und Soldatenrates." Er hob die Faust. „Und jetzt ist die Revolution auch bei euch angekommen! Es lebe die sozialistische Republik!"

Die Leute blieben stumm.

Der Riese blickte sich grimmig um. „Was steht ihr da und glotzt wie die Ölgötzen? Begreift ihr denn nicht? Wir haben gewonnen. Das Volk hat gewonnen. Der Kaiser, der Adel und alle seine Parasiten sind getürmt, haben den Schwanz eingezogen. Der Weg ist frei!"

„Der Weg ist frei, dass nun ihr euch die Taschen füllen könnt", rief eine erboste Frauenstimme. „Eine Revolution ist ja so viel bequemer, an anderer Leute Geld zu kommen, als zu arbeiten."

Elise reckte den Hals, sah sich um und erkannte die Witwe Hevekamp, die vor dem Gittertor des städtischen Gefängnisses stand. Sie war immer noch eine gutaussehende Frau. Der Krieg hatte daran nicht rütteln können.

Für einen Moment stand die Zeit in Holzminden still, und die Menschen hielten den Atem an.

Witwe Hevekamp hielt den Schirm vor sich wie einen Degen. Sie suchte den Kampf. Der Riese mit dem Gewehr suchte ihn nicht. Vielleicht ahnte er, dass er den Kampf mit dieser Frau jetzt nicht gewinnen würde. Vielleicht war sie auch nicht wichtig genug für ihn, gemessen an dem Ziel, das er und seine Genossen sich gesetzt hatten. Er schüttelte unwillig den Kopf, dann drehte er sich wieder dem Rathaus zu und blickte zu dem Fenster hinauf, hinter dem gerade jemand die Gardinen zuzog.

„Bürgermeister", schrie er, „du entkommst uns nicht. Wir werden jetzt in dieses Rathaus einziehen. Ich und meine drei Genossen, der Heizer Willi Martin, der Unteroffizier Kumlehn und unser rothaariger Freund von der Marine, der direkt aus Kiel zu uns gestoßen ist, wo sie die Revolution ins Rollen gebracht haben. Macht Platz, Leute! Was gafft ihr so?"

Die Männer sprangen die Außentreppe hoch, rissen das Portal auf und verschwanden im Innern des Gebäudes. Die Menschen auf der Straße blieben ratlos zurück. Witwe Hevekamp lachte höhnisch, hakte sich bei ihrem hinkenden Mann unter und ging würdevoll die Straße hinunter, während die Menschen ihr respektvoll Platz machten.

Elise rührte sich nicht. Das sollte die Revolution gewesen sein? Ein Weltkrieg war zu Ende gegangen, Millionen Menschen hatten ihr Leben verloren, der Rest hungerte. Die Monarchie stürzte zusammen. Und plötzlich war die Republik da, die Räterepublik, was immer das bedeutete. Vier dubiose Typen kapern ein Auto, suchen sich eine Stadt, schießen einmal in die Luft, einer von ihnen hält eine Rede, die niemand richtig versteht, und dann stürmen sie das Rathaus.

Ist das nun die neue Zeit?

Sie überlegte, wer ihr eine Antwort auf ihre Fragen geben könnte. Ihr Vater? Mitleid überkam sie. Und Sorge. Stand er jetzt ganz oben auf der Verliererliste? Wie würde es mit der Schule weitergehen? Würde das Leben überhaupt weitergehen? Natürlich würde es weitergehen. Es ging immer weiter. Aber wie? Eigentlich hatte sie gedacht, dass es doch nur besser werden konnte nach den schlimmen und mühseligen Jahren, die hinter ihr lagen. Sie hatte einige Lektionen gelernt. Was war sie für eine dumme Gans gewesen, damals, als Rüdiger sie zum ersten Mal geküsst hatte. Aber sie hatte sich doch ziemlich gut durchgesetzt in dieser Welt. So schnell würde ihr niemand mehr etwas vormachen können. Auch nicht diese Typen mit den roten Schals.

Dies war ein Ende, aber auch ein Anfang. Neues musste entstehen. Rüdiger hatte recht gehabt. Jetzt war die Zeit für Leute wie ihn.

Die Sonne kam heraus, und die Menschen blickten dankbar zum Himmel. Elise klaubte eines der Flugblätter auf, das die Revolutionäre in die Menge geworfen hatten, und machte sich auf den Heimweg.

Direktor Rennefeld legte angewidert die Zeitung zur Seite. Der *Tägliche Anzeiger Holzminden* machte mit der Bekanntgabe auf, dass der Arbeiter- und Soldatenrat die Macht in der Stadt übernommen hatte. Eine Stunde nachdem er den Bürgermeister aus dem Amt gejagt hatte, hatten sich mehr als fünfhundert Gleichgesinnte vor dem Rathaus gedrängt und seinen Tod gefordert. Der Bürgermeister war noch einmal davongekommen, indem er versprach, zu kollaborieren. Im Sitzungsaal war es hoch hergegangen. Der Bürgermeister hatte versucht, zu retten, was zu retten war: die öffentliche Ordnung. Herausgekommen war eine Vereinbarung, die nun auf der ersten Seite der Zeitung prangte. Mit den Unterschriften der Revolutionäre. Und denen des Bürgermeisters und des Standortältesten, Major Georg Grahn.

Der saß nun gerade wie ein Angeklagter neben Hildegard auf dem roten Biedermeiersofa bei Rennefelds im Herrenzimmer, von dessen Wand unverdrossen der Kaiser herunterblickte, auf den Grahn einmal seinen Eid abgelegt hatte. Wie ein stummes Gericht thronten die Eltern Rennefeld in den dicken Sesseln auf der anderen Seite des Intarsientisches. Elise hockte mit untergeschlagenen Beinen auf dem Puff, der mit dem Fell eines Löwen bezogen war, von dem ihr Großonkel standhaft behauptete, ihn eigenhändig in Deutsch-Südwestafrika geschossen zu haben.

Hinter ihr öffnete sich eine Schiebetür zum Damenzimmer mit seinem üppigen Charme der Belle Époque. Dicke weiße Teppiche, Prägetapeten in zartem Zitronengelb und blassem Grün, goldgerahmte Gemälde, Spiegel und Rokokomöbel erstrahlten in weichem Licht, das durch die Seidenstoffe vor den Fenstern fiel.

Links davon das Esszimmer. Ein großer runder Tisch mit geschwungenen Beinen. Ungemütliche hochlehnige Stühle, deren Sitzfläche mit Leder bezogen und kaum gepolstert waren. Schwere Damastgardinen und an der langen Innenwand der grimmig blickende Kaiser. Dann die Schiebetür zum Damenzimmer, die meistens geschlossen gehalten wurde, wegen des Essensgeruchs.

An der Stirnseite die Klappen des Speiseaufzuges, der nach unten in die Küche fuhr, wenn man das Seil, das an der Seite lief, Hand um Hand nach unten zog.

Noch war alles sauber getrennt. Oben und unten. Herrschaft und Dienerschaft.

Aber das konnte sich ja möglicherweise jetzt ändern. Sicher war allerdings, dass Gustav nichts von neuen Regeln hielt. Er hielt auch nichts von Volksregierungen, selbst dann nicht, wenn die neuen Machthaber aus dem Souterrain kamen wie er selbst. Er hatte nur Angst, dass sie ihm sein Erspartes wegnehmen würden.

„Habenichtse", hatte er geschimpft, „gescheiterte Existenzen." Elise hatte ihn im Garten getroffen, wo er wie jeden Herbst die Rosen abschnitt und mit Tannenzweigen bedeckte, und ihn auf den Soldatenrat angesprochen. Gustav hatte verächtlich an die Hausmauer gespuckt. „Was meinst du, warum sie sonst eine Revolution machen? Um an unsere Penunzen zu kommen. Das ist es und nichts anderes."

Elise hatte sich schon vorher mit ihm über dieses Thema gestritten. Sie hatte versucht zu erklären, dass es um Gleichheit ginge, um Gleichheit der Chancen, und dass niemand benachteiligt werden dürfe.

Aber Gustav setzte Freiheit mit Ordnung gleich. Die Hauptsache war, dass Ruhe herrschte und jeder seinen Platz hatte. Wo der war, war zweitrangig.

So gesehen mussten die Rennefelds nicht befürchten, dass ihre Bediensteten die Macht übernehmen wollten. Zudem hielt der Direktor sich zugute, dass sich nun auszahlte, wenn man „die Leute ordentlich behandelte".

Elise stand in diesem Haus weiterhin ziemlich allein mit ihrer Haltung und ihren Vorstellungen von einer gerechteren Gesellschaft. An dieser Einstellung würde auch die Tatsache nichts ändern, dass der neue Rat alles andere als ein Vorbild für eine gerechtere Zukunft war.

Eines aber hatte sich geändert. Hatte der Direktor früher seine Tochter scharf zurechtgewiesen, wenn sie „aufrührerische Reden" führte, so hielt er sich heute merklich zurück. Es war fast so, als ob Elise so etwas wie das soziales Gewissen der Familie geworden war. Und ab und an schwang sogar Stolz mit, wenn Rennefeld von seiner Tochter und ihren Ansichten sprach. „Denn eines ist mal klar", hatte er zu seiner Frau gesagt, „das Kind ist ein zutiefst ehrliches Mädchen, und wenn sie auf der Suche nach der Wahrheit ist, so wird sie zwar feststellen, dass es die nicht gibt, aber allein ihr unbedingter Wille ist aller Ehren wert."

„Und tut unserer Familie gut", hatte seine Frau etwas schnippisch hinzugefügt. Woraufhin der Herr Direktor sich irritiert gefragt hatte, was sie damit wohl meinte.

An all dies dachte der alte Rennefeld nicht, als er nun die Bekanntmachung aus dem Täglichen Anzeiger vorlas, immer noch erbost, obwohl er sie fast auswendig kannte.

Bekanntmachung
des Arbeiter- und Soldatenrates

Am heutigen Tage hat sich in Holzminden ein Arbeiter- und Soldatenrat gebildet. Die Mitglieder des Rates sind durch eine

weiße Binde mit beigedrucktem Stadtsiegel kenntlich. Das unbefugte Anlegen weißer Binden wird bestraft.
Es ergeht die dringende Mahnung, die neue Ordnung nicht durch sinnlose oder aufreizende Handlungen zu stören. Jeder gehe seiner gewohnten Arbeit nach. Schulen und öffentliche Einrichtungen bleiben geöffnet. Zuwiderhandlungen werden ebenfalls bestraft.
Offiziere bleiben im Dienst und behalten Achselstücke und Seitengewehr. Mannschaften haben ihre Waffen in der Regimentskaserne abzugeben.
Die endgültige Wahl des Arbeiter- und Soldatenrates wird in den nächsten Tagen erfolgen.
Holzminden, den 9.11.1918

Major Grahn, als Garnisonsältester
Bürgermeister v. Wolf, als Vertreter der Stadtverwaltung
Kartenkontrolleur Hartmann als Vertreter des Arbeiterrates
Unteroffizier Kumlehn und Torpedoheizer Rieke
als Vertreter des Soldatenrates

Als Rennefeld aufsah, traf sein zorniger Blick auf Grahn. „Man stelle sich das einmal vor“, sagte er schneidend, „vier Männer mit roten Tüchern um den Hals fahren vor das Rathaus, schreien ein wenig herum, schießen einmal in die Luft und machen sich zu Herren der Stadt. Und niemand tut etwas. Kein Soldat, kein Polizist ruft sie zur Ordnung. Und der Bürgermeister ...“, er hob die Stimme, „... und der Standortälteste haben nichts Eiligeres zu tun, als sich mit diesem Pack gemein zu machen. Man weiß in der Tat nicht, worüber man sich mehr wundern soll, über die allgemeine Kopflosigkeit oder über den Mangel an Selbstbewusstsein und Mut.“

Elise fragte sich, warum die Worte ihres Vaters sie so kalt ließen. Sie kannte all seine Tricks und Finten, wenn er seine Lieben von seiner Meinung überzeugen wollte, und sie würde gern, schon um des lieben Familienfriedens willen, wieder darauf hereinfallen, aber diesmal klappte es nicht. Der Zauber war verpufft. Und er hatte auch Grahn nicht erreicht, der sich nun wehrte.

„Ich weiß, verehrter Herr Direktor, dass ich an besagtem Abend, als Sie mich hier empfingen, keinen besonders heldenhaften Eindruck gemacht habe, aber Sie sollten wissen, dass ich entgegen meiner jämmerlichen Worte trotz allem kein Feigling bin."

„Warum haben Sie dann ..."

„... unterschrieben, meinen Sie?" Grahn erhob sich und ging auf und ab. Hildegard versuchte seine Hand zu ergreifen, um ihn zurückzuziehen, aber er ignorierte sie. „Ich habe unterschrieben", fuhr er fort, „weil ich keine andere Wahl hatte. Genauso wenig, wie der Bürgermeister eine Wahl hatte." Er blickte zu Hildegard und Elise. „Die Truppen insgesamt haben rebelliert! Selbst im Lazarett. Die Leute haben einfach die Schnauze voll. Sie wollen nicht mehr. Und sie müssen Dampf ablassen. Allein die Tatsache, dass sie nun glauben, ihre Sache selbst entscheiden zu können ..."

Er sprach nicht weiter.

„Er hat recht, Papa", unterbrach Hildegard. „Für den Augenblick hat er recht. Es hat wirklich genug Blutvergießen gegeben."

„Aber die Ordnung, ohne die alte Ordnung ..."

„Hauptsache, es ist überhaupt eine Ordnung da. Damit keiner zu Schaden kommt, damit das Leben weitergeht. Schlimmeres verhüten, das ist die Devise, alles Weitere wird sich zeigen."

„Wenn ich Sie richtig verstehe, Herr Major, glauben Sie also nicht, dass diese Revolution von Dauer sein wird?"

„Der Mensch ist im Prinzip vernünftig."

Rennefeld fuhr auf. „Wir waren allesamt nicht vernünftig, als wir noch vernünftig hätten sein können. Warum also sollten mir Ihre Worte Hoffnung machen?" Er stöhnte und Elise fühlte, dass er sich für sein Stöhnen hasste.

Während Grahn sich wieder setzte, stand sie auf und strich ihrem Vater beruhigend über den Arm. „Es wird schon werden, Papa."

Sie blickte hilfesuchend zu ihrer Mutter, aber die hatte sich ein Samtkissen gegriffen und presste es sich in den Schoß. Abgesehen davon saß sie scheinbar unberührt von allem in ihrer elfenbeinernen Schönheit da und lächelte wie immer ihr unverbindliches Lächeln. Es war, als ob dieses Lächeln ein unsichtbares Luftpolster schuf, an dem alle Diskussionen abprallten. Vielleicht tut sie nur so unbeteiligt, dachte Elise, vielleicht denkt sie sich längst mehr, als sie uns wissen lässt. Ihr wurde bewusst, dass ihre Mutter die Einzige war, die sich kaum verändert hatte in den letzten Jahren. Vielleicht war ihr Gesicht einen Tick schärfer gezeichnet als früher. Sie war klaglos durch den Krieg gegangen und kam klaglos wieder aus ihm hervor.

Elise fragte sich, wie es wäre, wenn sie so lebte wie ihre Mutter. Unbeteiligt bleiben, alles ausblenden, die ärgerlichen Dinge nicht an sich heranlassen, einfach so sein wie ein Haus, in dem der Eigentümer die Fenster immer geschlossen hält. Was für ein Leben.

Stille senkte sich über den Raum. Alle hingen ihren Gedanken nach.

Düstere Gedanken, düstere Stimmung.

Ich muss hier raus.

Elise setzte schon die Beine auf den Boden, als sie sah, dass Hildegard dem Major beschwörende Blicke zuwarf und ihm einen leichten Schubs gab.

Der Major zögerte einen Moment, stand dann aber auf und streckte den Rücken. Er schlug, wohl aus Gewohnheit, die Hacken mit einem hellen Klacken zusammen. „Gestatten Sie mir, sehr verehrte gnädige Frau, sehr geehrter Herr Direktor, dass ich in dieser Situation, sei sie auch noch so misslich, noch einmal das Wort ergreife. Ich möchte mich zunächst für die von Anfang an herzliche Aufnahme in Ihrem Heim bedanken. So etwas ist nicht selbstverständlich. Ich will nicht verhehlen, dass ich, insbesondere an jenem ersten Abend ...", er räusperte sich und wartete ab, bis sich ein leichtes Lächeln auf dem Gesicht des Direktors zeigte, „... meine Schwierigkeiten hatte, mich zurechtzufinden. Es kann im Leben aber wohl sein, dass gerade die Dinge, die zunächst unangenehm sein mögen, bei späterer Betrachtung ihre wohldosierte Berechtigung haben."

Na also, dachte Elise anerkennend, jetzt hat er es tatsächlich geschafft, aus seinem unrühmlichen Auftreten letzten Endes doch noch als Held hervorzugehen.

Grahn blickte sich mit gespielter Bescheidenheit um. „Ich erinnere mich noch gut, dass Ihr Fräulein Tochter", er blickte auf Hildegard hinunter, „mich unter die Arme genommen hat, um mir in mein Zimmer zu helfen. Nun hätte der Abend durchaus das bleiben können, was er nun einmal gewesen ist. Eine Peinlichkeit. Im besten Fall ein durch Alkohol zu entschuldigender Ausrutscher." Er hob die Hand und streckte den Zeigerfinger. „Allerdings, das Schicksal wollte es anders, denn es führte Hildegard und mich zu Gesprächen, in denen wir uns unsere geheimsten Gedanken offenbarten. Und, es stellte sich zu unserem abgrundtiefen Erstaunen heraus, dass wir eine identische Sicht auf die wesentlichen Dinge des Lebens haben. Und irgendwann wussten wir, dass es nicht nur ein Gleichklang von Meinungen und Erfahrungen war, sondern tatsächlich ein Gleichklang der Seelen, ein glückseliges Gefühl des unbedingten Verstehens, das uns seitdem nicht mehr losgelassen hat."

Es war dies der Moment, in dem die Eltern Rennefeld begriffen, dass die Zeit gewundener Vorreden beendet war und die gedrechselten Worte des Majors geradewegs auf ein – ziemliches beunruhigendes – Ziel zusteuerten.

Die Fingerspitzen des Direktors zwirbelten die Enden seines Schnurrbartes, die, als ob ihrerseits alarmiert, fast waagerecht und spitz zur Seite standen.

„Sprechen Sie weiter, Herr Major", sagte Rennefeld, sichtlich irritiert.

Grahn verbeugte sich knapp. „Wir Soldaten", fuhr er fort, „sind klare Entschlüsse gewohnt. Ungewöhnliche Situationen erfordern ... beherzte Entscheidungen. Niemand weiß, wohin das deutsche Schicksalsschiff steuert, niemand weiß, was aus uns wird. Starke Hände sind gefordert. Auch finanzielle Fragen sind zu bedenken. Ein Major wird immer einen Ehrensold erhalten. Er und die Seinen sind also gesichert. All dies hat mich ...", er blickte auf Hildegard, „... hat uns bewogen, die Fährnisse der Zukunft gemeinsam bestehen zu wollen."

Grahn nahm Haltung an, blickte erst ernst auf die Frau des Hauses, dann auf den Herrn Direktor, räusperte sich, ballte die Fäuste und stieß die nächsten Worte mit einem gewissen Pathos hervor: „Aus diesem Grund, sehr verehrte gnädige Frau, lieber Herr Direktor, bitte ich Sie ... bitte ich Sie ... um die Hand Ihres reizenden Fräulein Tochter!"

Die Bombe war eingeschlagen.

Sophie Rennefeld schloss sachte die Augen und fiel in Ohnmacht. Ludwig Rennefeld saß wie angewurzelt in seinem Sessel und starrte auf seine ältere Tochter, die sich wiederum an den Arm Grahns anschmiegte und selig lächelte.

Elise versuchte, sich der Situation entsprechend ernsthaft zu benehmen, konnte aber ein Lächeln der Rührung nicht unterdrücken. Ihre Schwester, dieses kratzbürstige Wesen, das Männern den Rücken kehrte, bevor sie überhaupt auftauchten, hatte sich verändert, war zur liebenden Frau geworden. Anders konnte Elise ihren hingebungsvollen Gesichtsausdruck nicht interpretieren. Gewiss, sie war immer noch so hager, dass die Kleider kaum an ihr halten wollten, und doch war sie eine andere Frau geworden, eine neue Weichheit umgab sie, die sie empfindlicher und zärtlicher erscheinen ließ.

Seltsam, wie das Bewusstsein, geliebt zu werden, die Menschen verändern kann, überlegte Elise.

Sie blickte auf das rosig angehauchte Gesicht ihrer Schwester und freute sich mit ihr. Grahn war trotz allem ein aufrechter, anständiger Kerl. Vielleicht brauchte gerade er jemanden, für den er Schutz und Verantwortung übernehmen konnte.

Wo die Liebe hinfällt, dachte Elise seufzend.

Wenn sie denn fällt.

Nicht zufällig dachte Elise jetzt an Rüdiger. Er spukte immer noch in ihrem Kopf herum, obwohl alles dafür sprach, dass ihre Liebe – wenn es je Liebe gewesen war – wieder merklich abgekühlt war. Sie würden immer Freunde bleiben. Aber Liebe? Verschwendete Rüdiger überhaupt seine Gedanken auf so etwas Unplanbares wie Liebe? Statt auf Seife? Natürlich wusste sie, dass diese Anschuldigungen ungerecht waren. Schließlich konnte man die Liebe nicht herbeibefehlen wie einen Schoßhund. Aber schön wäre es schon. Und irgendwie ahnte sie, dass sie ihre Hoffnungen nie ganz aufgeben würde.

Elise war gerade dabei, sich selbst leid zu tun, als die Tür aufflog und Gustav mit hochrotem Kopf vor ihnen stand.

„Da sind Kerle in unser Haus eingedrungen", rief er. Seine Stimme überschlug sich. „Leute mit roten Schals, Herr Direktor ... fürchterliche Leute. Sie haben Messer, sogar ein Gewehr, sie wollen Sie erschießen, aber nur ... über meine Leiche, habe ich gesagt ..."

In dem Moment tauchten drei Männer hinter ihm auf. Sie packten Gustav und rissen ihn zu Boden. Elise erkannte einen von ihnen. Es war der Matrose, der vor dem Rathaus um sich geschossen hatte. Er war offensichtlich betrunken, seine beiden Kumpane auch, ein hagerer Kerl und ein Dicker, der nicht älter als achtzehn sein konnte.

Die drei bauten sich vor ihrem Vater auf. „Hier also sitzen die reichen Knacker gemütlich in ihren dicken Sesseln und machen sich über uns lustig", gröhlte der Hagere. „Lassen es sich gutgehen, während wir uns den Arsch aufreißen, damit das Land wieder auf die Beine kommt!"

Er spuckte auf den Teppich.

Gustav versuchte, sich aufzurappeln. Fast beiläufig hieb ihm der Matrose den Gewehrschaft auf den Kopf. Gustav brach zusammen. Blut spritzte. Elise warf sich über ihn. Der Hagere griff lachend nach unten in ihre Haare, drehte sie in seiner Faust und beobachtete grinsend, wie Tränen in Elises Augen traten. Grahn und Rennefeld sprangen auf.

Der Matrose hob das Gewehr. „Halten Sie sich lieber zurück“, sagte er mit schwerer Zunge, „es hat schon genug Tote gegeben.“ Er drehte sich seinem hageren Kumpan zu. „Lass sie los! Sie kann für den Kapitalistenknecht sorgen, wenn sie unbedingt will.“

Unbehagliche Stille.

Der Matrose wandte sich wieder Elises Vater zu und blaffte ihn an: „Ich nehme an, Sie sind dieser Genosse Rennefeld, Direktor der Baugewerkschule.“

Ludwig Rennefeld faltete die Serviette zusammen, bemühte sich offensichtlich um Contenance. „Den Genossen können Sie sich sparen.“

„Ob Sie wollen oder nicht, Sie sind jetzt Genosse der neuen Republik. So ist nun mal das Leben. Wenn Sie kein Genosse sind, werden Sie tot sein. Überlegen Sie also gut, was Sie sagen.“

„Das Gesetz ...“

„Das Gesetz sind wir. Mein Gewehr und ich. Und ich verhafte Sie hiermit.“

Rennefeld stand wie erstarrt. „Darf man fragen, warum ich verhaftet werde?“ Seine Stimme klang brüchig.

„Ihre vornehmen Touren können Sie sich sparen, Genosse“, fuhr ihn der Matrose an. „Diese Zeiten sind vorbei. Ein für allemal. Wir bringen Sie zum Rathaus. Dort tagt der Arbeiterrat. Und die fackeln nicht lange mit Konterrevolutionären.“

Es war eine seltsame kleine Prozession, die fünf Minuten später die Böntalstraße hinunterzog. Rennefeld als Erster. Er versuchte Haltung zu bewahren, ging stocksteif mit ausdruckslosem Gesicht. Neben ihm Elise, die sich an seinen Arm klammerte. Dann der Matrose, das Gewehr im Anschlag. Hinter ihm seine Kameraden.

Holzminden war immer so sauber gewesen. Nun waren die Hauswände voller Plakate und Anschläge. Papierfetzen trieben im Wind über die Straße. Elise erinnerte sich daran, wie sie einmal von Hermine gerügt worden war, weil sie eine leere Bonbontüte auf das Trottoir hatte fallen lassen.

So unwichtig dieser Gedanke gerade jetzt war, so zeigte er Elise doch, dass sie sich einigermaßen gefangen hatte. Sie wusste, dass Gustav wieder bei Besinnung war und dass Hildegard für ihn sorgte. Sie wunderte sich, weil sie so ruhig war. Aber sie nahm an, dass sie unter Schock stand. Sie bewegte sich wie unter Wasser. Sie hörte die Geräusche verzerrt und sah die Dinge mit seltsam verzögerter Klarheit. Die Menschen, die bei ihrem Anblick verblüfft stehen blieben, die Männer, die respektvoll ihren Hut zogen, während sie Rennefeld ernst anblickten, die Frauen, die knicksten, darunter manche, die ein Kreuz schlugen.

Ein ums andere Mal hob der Direktor die Hand und grüßte zurück wie sonst auch, als sei er allein auf der Straße, als sei der Pöbel in seinem Rücken ein Possenspiel, das es nicht wert war, dass man sich darum kümmerte. Elise fragte sich, was er tatsächlich dachte. Ob er überhaupt etwas dachte. Fest stand, dass ihr Vater die Situation, das Eindringen tumber Gewalt in seine Welt, nur genau so weit akzeptierte, wie es ein Gewehrlauf nun einmal verlangte. Sie verstand, dass es für ihren Vater wichtig war, seinen Abscheu und seine Distanz zu zeigen. „Es ist letztlich eine Frage der Ehre“, hatte er ihr aus dem Mundwinkel zugeraunt, als sei die Ehre die letzte Bastion, die ihnen geblieben war, und als sei es wichtig, dass er diesen Gedanken mit ihr teilte. „Letztlich eine Frage der Ehre“, hatte er wiederholt, „und des Prinzips.“

Das Prinzip.

Welches Prinzip?

Das Prinzip, dass alles seine Ordnung haben musste. Seltsam? Nein, gar nicht seltsam, dass ausgerechnet das Gedankengut der gerade zusammengestürzten Zeit ihm Halt bot. Ehre. Prinzip. Handeln, um ein Prinzip nicht zu verletzen. Oder nicht handeln, um ein Prinzip zu wahren. War das falsch? Wer konnte das jetzt sagen? Doch, in dieser Situation waren Prinzipien hilfreich. Dumm nur, dass die anderen ihre eigenen Prinzipien hatten.

Sie drückte die Hand ihres Vaters, um ihm zu zeigen, dass sie verstand. Sie waren zu zweit. Sie waren stärker als dieses dämliche Gewehr in ihrem Rücken.

Und jeder sollte es sehen.

Die Neue Straße war menschenleer. Nur ein Militärlastwagen stand mit laufendem Motor vor dem Rathaus. Rote Fahnen hingen aus den Fenstern der Fahrerkabine. Drei Zivilisten, die Elise nicht kannte, saßen auf der Ladefläche, die Hände an die Rückenlehnen der Bänke gekettet, die Köpfe gesenkt.

Zwei Soldaten lehnten am Rathausportal und blickten Elise und ihrem Vater gelangweilt entgegen. Einer von ihnen stieß das Tor auf. Sie gingen hinein. Elises Wangen glühten, und sie hatte einen Kloß im Hals.

Im Flur herrschte geschäftiges Treiben. Männer mit roten Halstüchern fläzten sich auf der Treppe. Dicker Tabakqualm und der Geruch von schwitzenden Leibern hing in der Luft. Der Matrose stieß Rennefeld das Gewehr in den Rücken und trieb ihn die Treppe hinauf. Auf dem oberen Flur ein ähnliches Bild. Wo sonst die Stadtverordneten in den Sitzungspausen zusammengestanden hatten, hockten Arbeiter und Soldaten die Wand entlang auf dem Boden. Die Stimmung war gedämpft, fast schläfrig, und doch war eine ungewisse Spannung mit den Händen zu greifen.

„Nicht hinschauen", zischte Rennefeld, „tu so, als ob sie nicht da wären. Sie warten nur auf einen Vorwand, um sich an uns abzureagieren.“ Sein Bemühen, ihr Beschützer zu bleiben, rührte sie. Gewiss, in einer geordneten Welt war er ihr Beschützer gewesen. Hier aber herrschten Chaos und Willkür, und der Respekt, den man ihm in Holzminden entgegenbrachte, war nun eine Währung, die niemand mehr entgegennahm. Vielleicht konnte seine vornehme Kleidung ein Vorteil sein. Aber auch schnell ein Nachteil, wenn die Stimmung umschlug.

Die Tür zum Saal sprang auf. Ein Mann wankte heraus, jemand stellte ihm ein Bein, und er schlug lang hin, knallte mit dem Kopf auf den Boden und blieb benommen vor Elise liegen. Sie kniete sich nieder und drehte ihn auf die Seite. Die Nase des Mannes war krummgeschlagen und blutete. Das Blut lief seinen Hals hinunter, über den Hemdkragen und in den Knoten der Krawatte.

Elise kannte den Mann. Wer in Holzminden kannte ihn nicht? Wolf Harnack. Privatbankier, Inhaber der HARNACK-BANK gleich gegenüber der Baugewerkschule, ein leidenschaftlicher Jäger, unverheiratet. Ein Beauvivant, wie man so sagte, ein Weiberheld. Er war seit sechs Jahren in der Stadt. Sechs Jahre, die ihm genügt hatten, sich einen Ruf zu verschaffen.

Harnack stöhnte. Elise schob ihre Hände unter seinen Kopf. Er öffnete die Augen, betrachtete seine Samariterin erstaunt – und zwinkerte ihr zu. Er zwinkerte ihr tatsächlich zu!

Elise fühlte verärgert, dass sie rot wurde. Sie ließ den Mann los. Sein Kopf kippte auf den Fußboden zurück, sein Gesicht verzog sich.

Geschieht dir recht, blöder Kerl.

Trotzdem ließ sie ihn ungern so hilflos liegen.

Ihr Vater fasste sie am Arm und zog sie mit sich.

Der alte Sitzungssaal war leergeräumt. Das Parkett glänzte dunkel. Nur unter den hohen Fenstern stand ein Tisch, an dem fünf Männer saßen und ihnen grimmig entgegenblickten. Elise erkannte den großen Mann mit der Adlernase und den seltsam verkniffenen Augen. Er saß rittlings auf seinem Stuhl und reinigte sich die Zähne mit dem Fingernagel seines kleinen Fingers. Der Kerl, der die Rede vor dem Rathaus gehalten hatte. Die anderen waren nicht aus Holzminden, ein Soldat vom Heer, ein weiterer Matrose und ein Typ in blauer Beamtenuniform. Seine aufgeknöpfte Jacke gab den Blick auf ein gestreiftes Hemd frei, unter dem sich ein Schmerbauch wölbte. Vermutlich der Kartenkontrolleur, der die Bekanntmachung unterschrieben hatte, überlegte Elise. Irgendwie beruhigte sie sein Anblick. Ein deutscher Spießer, wie er im Buche stand. Elise erinnerte sich, dass Achenbach behauptet hatte, dass Spießer die schlimmsten von allen sein könnten, unerbittlich, wenn es darum ging, dass die Buchhaltung stimmte.

Die Augen des Mannes leuchteten jedenfalls, während die seiner Genossen eher müde wirkten. Für ihn, den Kontrolleur, war dies die große Stunde seines Lebens. Er würde sie auskosten, würde später seiner Frau haarklein erzählen, was für ein toller Kerl er sei und dass die ganze Stadt nach seiner Pfeife getanzt habe.

Elise und ihr Vater durchquerten den Saal. Ihre Schritte hallten auf dem Holzboden. Niemand sprach ein Wort. Vor dem Tisch blieben sie stehen. Stühle gab es auf dieser Seite des Tisches nicht.

Auf dem Tisch lagen Akten, unordentlich aufeinander gestapelte Papierstöße. Adlernase griff nach einer von ihnen.

„Ludwig Rennefeld?“, fragte er gleichgültig, während er las.

„Und wie heißen Sie?“, fragte der Direktor. Seine Stimme klang ruhig und gefasst. Elise sah zu ihm auf. Die Unsicherheit, die nur sie gespürt haben mochte, hatte sich verflüchtigt. Vielleicht lag es daran, dass er auf vertrautes Terrain zurückgekehrt war. Sein Vater hatte dieses Haus gebaut, hier in diesem Saal hatten die Stadtverordneten getagt, und der Direktor war der Dienstälteste unter ihnen gewesen. Elise konnte sich vorstellen, welche Gedanken ihm durch den Kopf gingen. Sollte er schweigen? Sollte er sich wehren? Warum sollte er Fragen von Menschen beantworten, die offensichtlich Willkür ausübten, und das ausgerechnet an diesem Ort, an dem er sich um Ordnung und Gesetzmäßigkeit gekümmert hatte. Fast automatisch fiel der Blick des Direktors auf die hohe Stirnwand, von der der Kaiser huldvoll aus einem Ölgemälde heruntergeblickt hatte. Die Wand war leer. Nur ganz oben, an einem Haken, hingen die zerfaserten Reste eines dünnen Seiles. Bilder sind immer das Erste, an dem sich neue Machthaber vergreifen. Es ist so schön einfach. Und so schön symbolisch. Und es macht keinen Unterschied, wie gebildet oder ungebildet die neue Klasse ist: Bilder müssen zerstört und Denkmäler geschleift werden.

Adlernase schlug mit der Faust auf den Tisch. „Verdammt noch mal, die Fragen stelle ich."

„Beweisen Sie mir, dass Sie das Recht dazu haben."

Der Mann neben Adlernase, der Soldat mit abgewetzter Uniform, kam langsam um den Tisch herum, baute sich vor Rennefeld auf und schlug zu. Rennefeld wankte. Elise spürte, wie die Hand ihres Vaters sich um ihren Arm schloss. Sie stützte ihn und hielt ihn fest.

„Sie können mich auch schlagen", hörte sie sich sagen. „Nur zu! Sie Feigling, alle Menschen sind doch gleich, was macht es da aus, wenn Sie auch eine Krankenschwester schlagen, die Ihre Kameraden zusammengeflickt hat. Die werden sich freuen, wenn sie das hören."

Der Mann starrte sie an. Er hob die geballte Faust, schien darauf zu warten, dass die Kollegen jenseits des Tisches eingriffen. Aber das taten sie nicht. Elise blickte ihn an. Der Mann starrte zurück.

Nicht nachgeben, du darfst nicht nachgeben!

Nach einer kleinen Ewigkeit drehte der Mann sich um und stapfte wortlos an seinen Platz zurück.

„So welche seid ihr also“, sagte Adlernase leise. „Neunmalkluge Arschlöcher. Der Herr Direktor und sein hochwohlgeborenes Töchterchen. Riskieren immer noch eine große Lippe, haben immer noch nichts dazugelernt.“

„Was hätten wir denn lernen sollen?“

„Das, was das Volk zu sagen hat.“

Der Direktor ließ Elises Arm los und straffte sich. „Ich glaube nicht, dass die Masse nur deshalb recht hat, weil sie die Masse ist.“

„Alter Mann, wollen Sie mich belehren?“

„Sie sollten mir lieber sagen, warum Sie mich hierhergebracht haben wie einen Schwerverbrecher.“

„Weil Sie gegen unser Dekret gehandelt haben. Warum haben Sie die Schule nicht geöffnet, wie wir es angeordnet haben?“

„Weil es meine Schule ist. Und nicht Ihre“, versetzte Rennefeld. „Und weil es keine Schüler gibt. Die meisten sind nämlich tot.“

„Wir brauchen Ihre Schule!“

„Um Ihr Unwesen darin zu treiben! Nur über meine Leiche!“

Adlernase sprang auf. „Das können Sie haben, Sie Reaktionär. Wir werden nicht zaudern, die neue Ordnung durchzusetzen! Sie, Genosse Rennefeld, sind jedem in der Stadt bekannt. Sie sind ein Symbol, ein Symbol der alten Zeit. Vielleicht wäre es gar nicht so schlecht, an Ihnen ein Exempel zu statuieren. Das würde die Menschen beeindrucken. Das würde andere Menschenleben schonen.“

Sein Gesicht war vor Wut rot angelaufen. Mit durchgedrückten Armen stützte er sich auf die Tischplatte und rang nach Atem.

In diesem Moment ging die Tür auf, und eine Frau kam herein. Sie war klein und trug lange schwarze Haare, die in der Mitte gescheitelt waren. Ihr Gesicht war schmal. Ihr Mund grellrot geschminkt.

„Aishe?“, rief Elise. „Bist du es?“

Aishe zuckte zusammen. Sie trug vier Krüge mit Bier, die sie hastig auf dem Tisch abstellte. Sie blickte auf und warf die Arme in die Luft.

„Elise!“

Die beiden Frauen umarmten sich.

„Was soll der Mist?“, herrschte Adlernase die Türkin an, „hast du den Verstand verloren?“

„Max, das ist Elise“, sagte sie und nahm demonstrativ Elises Hand. „Sie war mit mir im Gefängnis, du weißt doch. Weil sie da war, haben sie mich entlassen.“

Der große Mann winkte ab. „Damals war damals, heute ist heute, lass den Quatsch.“

Aishe lief zu ihm und nahm seinen Arm. „Aber verstehst du nicht? Sie ist eine von uns! Sie hat Plakate für die Revolution geklebt. Deswegen war sie im Gefängnis.“ Sie griff in die Ärmellöcher seiner Weste und rüttelte an ihm. „Du darfst ihnen nichts tun, verstehst du?

Das also war Max, von dem Aishe im Gefängnis erzählt hatte. Erst Bahnarbeiter bei der Bagdadbahn, dann Zuhälter. Ein Mistkerl, der sich einen Deut um Aishe gekümmert hatte, als sie seinetwegen im Gefängnis saß. Und so einer machte Revolution, so einer schwenkte die deutsche Fahne und wollte ihren Vater zum Tode verurteilen. Elise ballte die Fäuste. Max starrte sie an.

Elise sah Zweifel in seinen Augen, und sie verstand ihn. Es ging auch um Gesichtswahrung. Er konnte nicht einfach das tun, was eine Hure von ihm verlangte. Auf der anderen Seite konnte er eine alte Kämpferin nicht so ohne Weiteres bestrafen. Das würden seine Leute nicht mitmachen. Die Bewegung lebte von Loyalität und Zusammenhalt. Verrat war fehl am Platz.

Ratlosigkeit. Niemand sagte etwas, niemand rührte sich, auch nicht die Waage des Schicksals.

Tu etwas, sagte eine Stimme in Elises Kopf. Wenn du

nichts tust, tut ein anderer etwas, und das könnte etwas Schlimmes sein.

„Mein Vater kann den Schlüssel der Schule, die ihm anvertraut ist, nicht an Fremde herausgeben", hörte Elise sich sagen, „aber er könnte mir den Schlüssel geben, und ich könnte euch reinlassen, wenn ihr die Räume braucht." Sie stockte und blickte sich um. Blanke Gesichter sahen sie an. Sie spürte, dass ihr Vater ihren Arm losließ. „Damit ist allen gedient", fügte sie hinzu. Ihre Stimme klang zaghaft.

Und dann sah sie, dass Max sich entspannte. „Gar nicht so dumm", sagte er lauernd. „Sie ist gar nicht so dumm, deine kleine Freundin." Er zog Aishe zu sich heran und tätschelte ihren Po. „Deine Elise hat was drauf. Jetzt verstehe ich. Sie denkt an uns, sie denkt mit uns, da können wir doch nicht einfach ihre Verdienste an der Sache des Volkes vergessen!" Seine Genossen nickten eilfertig und erleichtert.

Das war's, schoss es Elise durch den Kopf, ich habe tatsächlich gewonnen! Worte und Ideen gegen Gewalt! Ein Hochgefühl durchströmte sie.

Habe ich, die kleine Tochter, tatsächlich meinen Vater gerettet?

Sie blickte stolz zu ihm auf, und er nickte ihr kaum merklich zu. Sie hatte das Heft in die Hand genommen, und sie hatte ihn nicht enttäuscht. Oder doch? Hatte er die Schlacht verloren? Nein. Seine Tochter hatte sie gewonnen. Und er sein Leben. Auch gut, sehr gut sogar.

Sie gingen unbehelligt. An der Tür blickte Elise sich noch einmal um. Aishe stand hinter Max und hatte die Hände auf seine Schultern gelegt. Sie lächelte ihr zu. Elise machte ein Zeichen, dass sie sich melden würde. Aishe schüttelte den Kopf, zeigte auf Max und bedeutete ihr, dass sie zu Elise kommen würde. Und dass sie sich freue.

Elise nickte. Für einen Moment sah sie das entsetzte Gesicht ihrer Mutter vor sich. Eine Hure in der Böntalstraße! Oh, mein Gott! Eine Hure, die deinem Mann das Leben gerettet hat, würde Elise antworten und hinzufügen, dass sie sich keinen Zacken aus der Krone brach, wenn sie sich bei der jungen Türkin bedankte. Wie es sich gehörte.

Ludwig Rennefeld legte den Arm um die Schulter seiner Tochter, und gemeinsam verließen sie den Saal. Der Matrose ließ sie widerwillig passieren, und doch lag so etwas wie Respekt in seinen Augen, als er Elise nachblickte.

23

Wolf Harnack saß auf der Bank neben der Treppe, die ins Erdgeschoss hinunterführte. Er hatte offensichtlich gewartet. „Ich habe mir Sorgen um Sie gemacht, Herr Direktor", sagte er. Seine Oberlippe war geschwollen, und er lispelte leicht. Sein Hemdkragen stand offen, die blutige Krawatte war verschwunden. Er wandte sich an Elise. „Geht es Ihnen gut? Man weiß ja nie bei diesen Leuten, die jetzt das Unterste nach oben kehren wollen. Eigentlich gehörte denen mal so richtig der Hosenboden stramm gezogen, aber dazu", er lächelte schief, „sind es dann doch zu viele. Jedenfalls im Moment noch."

Zu Elises Schrecken legte Harnack eine Hand auf ihren Arm. Sie zog ihn zurück, aber die Hand blieb darauf liegen, und sie spürte ihre Wärme. Mit unbehaglichem Gefühl sah sie in die leutseligen Augen Harnacks. Elise war nicht in der Stimmung, charmante Konversation zu machen. Harnacks geschmeidige Gestalt und der Duft von Lavendel, der ihn umwehte, flößten ihr Widerwillen ein. „Ich möchte gern, dass wir gehen, Papa", drängte sie, „man weiß ja nie, was diesen widerlichen Leuten noch einfällt."

„Ich frage mich", warf Harnack ein, „ob Sie mir vielleicht die Ehre erweisen, auf einen Zichorienkaffee in mein Büro zu kommen. Es liegt ja praktisch auf dem Weg zu Ihrer schönen Villa."

Elise wollte ablehnen. Ihr gefiel nicht, wie der Kerl sie siegessicher anlächelte, so, als genügte dieses Lächeln bereits, sie um den Finger zu wickeln.

Zu Elises Erstaunen stimmte ihr Vater Harnacks Vorschlag jedoch zu. „Das trifft sich gut", hörte sie ihn in herzlichem Ton antworten, „ich hatte mir schon überlegt, wen ich in dieser neuen Lage ansprechen könnte, finanziell gesehen, Sie verstehen. Ihr Bankiers habt doch sicher die Finger am

Puls der wirtschaftlichen Lage, besser jedenfalls als unsereins."

In Elises Augen sah Harnack, dieser geschniegelte Schönling, nicht so aus, als hätte er die Finger an irgendetwas Ernsthaftem, aber gegen den Wunsch ihres Vaters konnte sie schlecht etwas sagen, erst recht nicht, nachdem er gerade knapp dem Verderben entgangen war. Von finanziellen Sorgen hatte ihr Vater zuletzt bei ihrer Rückkehr aus Wolfenbüttel gesprochen, dieser nächtlichen Autofahrt, während der sie sich so nahe gekommen waren wie nie zuvor und wie auch seitdem nicht wieder. Dass diese Sorgen immer noch, offenbar viel drängender, aktuell waren, verunsicherte Elise, machte sie aber auch neugierig. Inzwischen hatte sie gelernt, dass es besser war, die Augen offenzuhalten und mitzureden, als mit niedergeschlagenen Augen abzuwarten und nachher als Dummchen die Dinge ausbaden zu müssen.

Als sie die Geschäftsstelle der HARNACK-BANK gegenüber der Baugewerkschule erreichten, schob sich gerade eine dunkle Wolke vor die Sonne, und Nieselregen setzte ein. Das Gitter vor der Eingangstür war heruntergelassen. Harnack bückte sich und steckte einen Schlüssel in das Schloss, das dicht über dem Boden saß. „Man kann nicht vorsichtig genug sein, gerade heutzutage", ächzte er, während er das Gitter hochschob.

Elises Bild von einer Bank glich einer Art Tempel: Säulen, schwere Stores an den Fenstern, unzählige Kandelaber an der Decke. Und natürlich wuchtige Schalter, jeder mit einem adrett gekleideten und tadellos frisierten Kassierer besetzt, hinter dem sich die geheimnisvollen Tresore verbargen, streng gehütet von grimmig blickenden Wachleuten in dunkler Uniform mit glänzenden Knöpfen.

Die Bank von Harnack war anders, kleiner, fast intim, enttäuschend. Nur ein rechteckiger Schalterraum, zwei Fenster an der einen, Schreibtische mit Messinglampen mit grünen

Glasschirmen auf der anderen Seite. Und eine einzige Kasse mit hoher Brüstung und immerhin zwei kleinen, mit elektrischen Birnen bestückten Kandelabern auf den Ecken, die dem Ganzen dann doch etwas Weihevolles gaben. Ein Altar des Geldes, dem besonderen Moment geweiht, wenn es den Besitzer wechselte.

An der Rückwand des Raumes eine gepolsterte Tür.

Harnack wies darauf. „Mein Büro, bitte kommen Sie herein." Im Vergleich zu der schlichten und aufgeräumten Halle wirkte dieser Raum wie eine Höhle. Eichenpaneele, darüber grüne Tapeten. Hirschgeweihe. In der Ecke ein Ständer mit Jagdgewehren, deren Läufe bläulich blinkten, daneben, achtlos hingeworfen, Pappschachteln, aus denen rote Schrotpatronen ragten.

In der Mitte ein wuchtiger Schreibtisch. Seine dicke Platte wurde von vier geschnitzten Löwen gehalten. Davor drei mit Samt bezogene Sessel, über ihren breiten Armlehnen hingen dunkelgrüne Stoffschärpen, auf denen Messingaschenbecher saßen. Zigarrengeruch hing in der Luft.

Das Büro von einem, der keinen Hehl daraus machte, dass er ein Mann war, der in diesem Raum mit Männern reden wollte. Frauen unerwünscht, dachte Elise. Wie unsensibel. Wie unhöflich. Wie ehrlich? Sie war unsicher, worüber sie sich gleichzeitig ärgerte, und fühlte sich ausgegrenzt – wenn da nicht das große Ölgemälde an der Wand zwischen den Fenstern gewesen wäre.

Ihr Vater allerdings war sichtlich rundum angetan von Harnacks Büro – wenn da nicht das große Ölgemälde an der Wand zwischen den Fenstern gewesen wäre.

Es zeigte zwei nackte Frauen, eine alte und eine junge, die ein Kleinkind auf dem Arm trug.

„Gustav Klimt", sagte Elise. *„Die drei Lebensalter der Frau."*

Harnack war überrascht. „Sie kennen es?"

„Meine Tante ist Malerin."

„Und war sicher auch mit diesem Schmierfinken intim",

warf Rennefeld ärgerlich ein. „Meine Schwägerin ist sich für nichts zu schade."

„Ein solches Bild hätte ich nicht bei Ihnen erwartet", sagte Elise spitz.

Harnack lächelte sie an. „Ich weiß, dass ich nicht als besonders tiefsinnig gelte, gerade bei Frauen. Insofern ist es schön, dass Sie auch mal hinter die Kulissen sehen." Er wandte sich an Rennefeld. „Das Bild gefällt Ihnen nicht? Es ist eben keine Zeit für *schöne* Bilder. Ich denke, man muss sich darauf einlassen. Sonst kann man leicht Schiffbruch erleiden."

„Aber muss man dafür eine alte nackte Frau, so ganz ohne Würde ..."

„... neben eine junge hübsche stellen? Warum nicht? Man muss drastisch sein, um die Brüche zu zeigen, die sich auftun." Er zeigte auf die junge Frau. „Da ist sie, die strahlende Jugend. Sähe man sie allein, könnte man denken, dass es immer so bleiben wird. Aber irgendwann, in gar nicht so ferner Zeit, wird auch sie alt sein und hager und verbraucht. Auch der menschliche Körper hält nicht, was er verspricht. Nichts ist für immer."

„Kein Dekorationsgegenstand für das Büro eines Bankiers", warf Elise ein, ebenso wenig wie die schrecklichen Hirschgeweihe, fügte sie im Stillen hinzu.

„Oder gerade doch. Ich finde, es ist eine Mahnung vor Selbstüberschätzung und Hybris. Das passt doch eigentlich ganz gut in unsere Gegenwart." Harnack zeigte seine weißen Zähne.

Elise wandte den Blick ab. Was für ein eitler Fatzke! So schnell würde sie sich nicht einfangen lassen.

Sie setzten sich. Harnack holte eine Kristallkaraffe und schenkte Weinbrand in bauchige Gläser.

„Zum Wohl", sagte er und hob sein Glas. „Besser als Zichorienkaffe und viel besser geeignet, auf einen guten Start in eine neue Zeit zu trinken."

„Das ist die Frage", erwiderte Rennefeld nachdenklich,

während er sein Glas zwischen den Handflächen hin und her rollte. „Ein Anfang ist es ja wohl. Aber ist es auch ein guter?" Er zeigte mit dem Finger auf das lädierte Gesicht des Bankiers.

„Ich bin zuversichtlich, Herr Direktor. Wir Deutschen sind wir Deutschen, uns schmeißt so schnell nichts um."

„Es sei denn, wir treiben uns selbst in den Ruin." Rennefeld blickte zu Elise, aber die mochte dazu nichts sagen. Gewiss, sie machte sich auch ihre Gedanken, aber was wusste sie schon von Finanzpolitik? Nicht mehr als ihre Mutter. Nicht mehr als Gustavs Hermine. Und wieder einmal ging ihr auf, wie sehr die Männer die Frauen von allem ferngehalten hatten. Ihr Vater nicht ausgenommen. Sie fühlte, wie ihr das Blut in den Kopf schoss. Sie atmete tief ein, versuchte die Anspannung loszuwerden, die sich in den vergangenen Stunden angestaut hatte.

Die letzten Jahre waren ihnen durch die Finger gelaufen wie trockener Sand. Was war geblieben? Natürlich die Familie. Mehr oder minder intakt. Mehr oder minder angeschlagen, finanziell zum Beispiel. Wie sehr, würde sich erst zeigen. Ob der Lackaffe Harnack der richtige Mann war, um ihnen den Weg zu weisen? Sie bezweifelte es. Aber man konnte sich ja täuschen, wie das Klimt-Bild gezeigt hatte. Ihr Vater war auch gesundheitlich angeschlagen, die Angst um seine Schule hatte seine Nerven, vielleicht auch sein Herz in Mitleidenschaft gezogen. Wie lange würde er noch durchhalten? Und ihre Mutter? Sie würde so weiterleben wie bisher. An ihr würde auch die neue Zeit abtropfen wie an gutem Porzellan. Hilfestellung konnte Elise von ihr nicht erwarten. Blieb Hildegard. Blieben Hildegard und deren große Liebe, Georg Grahn. Mochte der Himmel wissen, was den beiden einfallen würde.

Blieb sie, Elise.

Und das Haus. Die Ländereien mit den Häusern für die Schüler. Die Schule, an der es keine Schüler gab.

Rüdiger würde ihr helfen können, aber sie war sich

nicht sicher, ob er ihr helfen würde. Er war wie immer. Immer charmant, aber immer in Bewegung, immer auf der Suche nach dem Erfolg. Mal da, mal nicht da. Mal liebevoll, mal gleichgültig. Er lief seinem Schicksal voraus, und das hatte ihn seiner Meinung nach dazu bestimmt, ein reicher Mann zu werden. Natürlich hatte er nur seine Firma im Sinn, und im Zweifel würde immer seine Firma wichtiger sein als alles andere. Er hatte die am Boden liegenden Preise ausgenutzt, ein Haus in der Bahnhofstraße gekauft und Badezimmer eingebaut. Sein Badehaus, seine Seife, sein eigenes Parfüm. Neuerdings fuhr er mit einem selbst gebauten Musterkoffer durch die Lande. Sogar in Bad Pyrmont hatte er schon Kunden. Um Rüdiger musste man sich keine Sorgen machen. Aber verlassen konnte man sich auch nicht auf ihn.

Sie riss sich aus ihren Gedanken und sah auf. Die Männer schwiegen, ihr Vater blickte sie noch immer fragend an. „Schau mich nicht so an, Papa!“, entfuhr es ihr, „ihr Männer habt den Karren in den Dreck gefahren. Nun holt ihn gefälligst wieder heraus!“

Der Direktor rang sich ein Lächeln ab, aber man merkte, dass Elises Worte ihn nicht wirklich erreicht hatten.

„*Was* wird kommen, Herr Harnack?“, wandte er sich nun wieder an den Bankier. „Sie müssen es doch wissen. Ihre Familie hat überall ihre Banken. Und Verbindungen in die große, weite Finanzwelt. Unsereins hier in der Provinz …“, er bemühte sich erneut um ein Lächeln, „… wir bellen den Mond an, und wohin das führt, haben wir ja gesehen.“

Harnack strich sich mit der Hand übers Kinn. „Es kommt wohl darauf an, wie der Friedensvertrag aussehen wird.“

„Und wie wird er aussehen?“

„Ich fürchte, schlecht.“

„Und diese vierzehn Punkte von Wilson, dem amerikanischen Präsidenten? *Sieg ohne Sieger oder Besiegte.* Demnach könnte doch alles so weitergehen. Nur ohne den Kaiser, aber eben auch ohne die Schmarotzer."

Harnack starrte Rennefeld an, als säßen sie gemeinsam gefangen in einem dunklen Keller. Er rückte seine Krawatte zurecht und fuhr sich mit den Händen durchs Haar, offensichtlich, um Zeit zu gewinnen für die richtige Antwort.

„Die Politik ist das eine", sagte er schließlich, „aber was passiert mit dem Hass, der zurückbleibt? Der Angst? Bei all den Gesprächen und Verhandlungen, die geführt werden, spürt man, dass nur über das Heute nachgedacht wird. Aber was ist morgen, übermorgen, nach dem Waffenstillstand? Und was passiert mit unserem Volk? Wie wird es sich verhalten? Wird es die Dinge verstehen? Die Menschen haben gelitten. Und nicht nur die in Deutschland ..."

Elise war seltsam berührt. Dieser Mann machte sich Gedanken, allgemeingültige Gedanken, die sie ihm nicht zugetraut hatte.

„Lieber Herr Direktor", fuhr der Bankier fort, „Sie müssen bedenken, dass es Gegenden gibt in Frankreich und in Belgien, in denen nicht ein Stein mehr auf dem anderen steht. Alles nur Matsch und Sumpf und Blindgänger. Die Menschen dort wollen, dass nun auch die Deutschen leiden. Wir sollen zahlen, bis wir Blut spucken. Damit wir möglichst nicht mehr auf die Beine kommen."

„Aber was geht das uns an, hier in Holzminden?"

„Es geht uns etwas an, weil dem Deutschen Reich schon die eigenen Schulden bis zum Halse stehen, Kriegsanleihen zum Beispiel, die verzinst werden müssen ..."

„... und schließlich zurückgezahlt."

„Das hoffen viele. Aber woher nehmen und nicht stehlen? Die Forderungen der Westmächte, einhundertzweiunddreißig Milliarden Mark, belaufen sich auf die dreifache Höhe unseres jährlichen Bruttosozialprodukts ..."

„Das ist doch Wahnsinn!"

„Es ist eine Mischung aus Illusionen, missionarischem Eifer, Rachegefühlen und Schuldzuschreibungen, die das politische Klima auf lange Zeit vergiften werden."

„Sagen Sie!"

„Sagen die Zahlen, ganz allein die Zahlen. Wenn man alles zusammenrechnet, soll Deutschland auf dreizehn Prozent seines Gebietes, zehn Prozent seiner Bevölkerung, achtzig Prozent seiner Erzvorkommen, fünfundzwanzig Prozent seiner Kohle und neunzehn Prozent seiner Stahlproduktion verzichten." Harnack verstummte und überlegte. Als wollte er sich vergewissern, ob er sich nicht doch zu Übertreibungen hatte hinreißen lassen. Dann schüttelte er leicht den Kopf und fuhr, nun etwas ruhiger, fort: „Wenn wir dazu den anderen noch den Wiederaufbau bezahlen, müssen wir das mit Geld tun, das wir erst recht nicht haben ..."

Rennefeld setzte das Glas mit einem Knall auf den Tisch zurück. „Wollen Sie damit sagen, dass der Staat bankrott gehen kann, so bankrott wie der Pelzhändler an der Ecke?"

„Ja. Mit dem einen großen Unterschied, dass der Staat im Keller eine Maschine stehen hat, die Tag und Nacht neues Geld drucken kann." Harnack lehnte sich zurück und legte die Hände hinter den Kopf. „Schauen Sie sich doch nur um. In Wirklichkeit sind wir schon mittendrin in der Inflation. Heute hat die Mark nur noch ein Viertel ihres Wertes von 1913. Die Herrschenden haben bei den braven Bürgern ..."

„... wie wir es sind ..."

„Wie Sie es sind, jawohl, Herr Direktor! Die Herrschenden haben mit den Kriegsanleihen bei den Bürgern einhundert Milliarden Mark eingesammelt! Mit dem erklärten Ziel, all das aus der erwarteten Kriegsbeute zurückzuzahlen."

„Daraus wird ja nun nichts."

„Richtig, daraus wird nichts. Und weil man kein Geld hat, wird man Geld drucken. Es wird Geldscheine regnen, lieber Herr Direktor, ganze Wolken von Geldscheinen werden auf uns niedergehen. Damit zahlt der Staat seine Schulden zurück. Und irgendwann können wir uns die Toiletten damit tapezieren, so viele Scheine wird es geben."

„Und was ist mit den Ersparnissen", stöhnte Rennefeld, „die sich die Leute zurückgelegt haben?"

Harnack schnippte mit den Fingern. „Verstehen Sie nun? Der Staat wird sich auf diesem Weg entschulden, und die Bürger werden ihre Ersparnisse los sein. Ihre Kriegsanleihen ..."

„... fünfhunderttausend Reichsmark..."

„... werden nur noch einen Fliegenschiss wert sein, und Sie können sich gerade noch ein paar Brötchen dafür kaufen." Harnack spuckte die Wörter förmlich aus.

Rennefeld war leichenblass geworden. Elise, die sich abmühte, Harnacks Ausführungen zu folgen, verstand gleichzeitig problemlos, dass dessen Worte ihrem Vater einen Tiefschlag nach dem anderen versetzten. „Papa", sagte sie und streichelte seine Hand, „Herr Harnack übertreibt sicherlich ein bisschen."

Rennefeld atmete tief durch. „Ich würde es nicht überstehen, wenn wir bankrott gingen. Keine Schüler, kein Geld. Und wenn wir heute Geld einnehmen, ist es morgen nichts mehr wert." Er blickte den Bankier an. „Das ist es doch, was Sie sagen wollen, lieber Herr Harnack, so ganz ungeschminkt?"

Harnack schenkte noch einmal ein und blickte sie aufmunternd an. „Nicht verzweifeln, Herr Direktor! Wir dürfen nur nicht tatenlos zusehen, wie alles den Bach hinuntergeht. Noch gibt es Möglichkeiten", sagte er tröstend. „Es wird noch einige Zeit dauern, bis es kracht. Ruhe vor dem Sturm. Man muss sich auf die Seite derer schlagen, denen die Inflation nichts anhaben kann." Harnacks Augen leuchteten jetzt. „Die Devise heißt: Auch Schulden machen, Unrentables abstoßen und stattdessen Wohnimmobilien kaufen." Er blickte sie triumphierend an. „Wohnen müssen die Leute immer. Backsteinwände sind immer noch da, wenn die Geldscheine längst in irgendeinem Abfallhaufen vermodert sind. Und irgendwann schmelzen dann die Schulden, die man aufgenommen hat, wie Butter in der Sonne. Dafür wird Vater Staat schon sorgen. Und wenn der Sturm vorbei ist ..."

Rennefeld nahm die Finger seiner Tochter zwischen seine Hände und presste sie. „Es gibt also einen Ausweg ..." Er verbeugte sich steif in den Hüften. „Ich bin so froh, Herr Harnack, dass wir uns getroffen haben, und das unter so misslichen Umständen. Da kann man mal sehen, dass in allem immer etwas Gutes steckt." Er hob das Glas. „Trinken wir auf eine gute Zusammenarbeit."

„Ich berate Sie gern", fügte Harnack hinzu.

Elise beobachtete die einträchtigen Herren misstrauisch. Verstehe einer die Männer, überlegte sie, eben sitzen sie noch da, lassen die Ohren hängen und wollen, dass wir Frauen sie trösten und in den Arm nehmen. Und dann, plötzlich, stecken sie die Köpfe zusammen, machen Pläne, trinken sich zu, und schon ist man als Frau wieder außen vor. Sie verstand ihre Mutter wieder ein Stück besser.

Ihr Blick schweifte aus dem Fenster. Draußen war es dunkel geworden. Im düsteren Licht der Gaslaternen hasteten die Menschen durch den Regen. Das Bild passte zur allgemeinen Situation. Und wie sie eben gehört hatte, war Deutschland gerade auf dem Weg in die Traufe. Elise schaute auf Harnack. Sie mochte ihn immer noch nicht. Sein selbstgefälliges Gehabe störte sie nach wie vor, wenn sie auch zugeben musste, dass ihr die Ruhe und Sicherheit, die er ausstrahlte, gefielen. Aber dieser Mann war ein Schauspieler, das zeigte sich nicht zuletzt an der Art, wie er sein Profil ins Lampenlicht hielt. Die Frage war, was und wie er wirklich war. Sie ahnte nicht, dass die Beantwortung dieser Frage einen beachtlichen Teil ihres Lebens ausfüllen würde.

1924

24

Da kommt er, der Dampfer“, sagte Direktor Rennefeld, klemmte sein Pincenez auf die Nase, zog seine goldene Taschenuhr aus der Weste und klappte sie auf. Er nickte befriedigt. „Fast auf die Minute pünktlich. So langsam wird unser schönes Deutschland wieder so, wie es einmal war.“

Elise stand mit ihren Eltern auf der Gartenterrasse des Strandhotels im Schatten der dicken Eichen und blickte stromabwärts, wo sich die in der Sonne glitzernde Weser durch gelbe Weizenfelder und grüne Wiesen wand, bis sie weit hinten an den dunkel bewaldeten Rücken des Kiekensteins prallte und sich grummelnd nach Osten abdrängen ließ.

Der Schornstein des Schiffes, der wie eine schwarze Zigarre aus dem Oberdeck ragte, stieß eine weiße Dampfwolke aus, als wollte er Rennefelds Worte bestätigen.

Der Direktor war in einen leichten, hellgrauen Anzug mit Weste gekleidet. Weißes Hemd mit niedrigem, nicht gestärktem Kragen. Dazu hatte er sich für diesen Ausflug, auf den seine Frauen sich so freuten, eine bunte Fliege umgebunden und zur Feier des Urlaubstages einen Strohhut aufgesetzt, ihn sich sogar etwas verwegen in die Stirn gezogen.

Rennefeld konnte zufrieden sein, er war noch einmal davongekommen. Wie gut, dass er Harnacks Rat gefolgt war und gleich nach dem Krieg die Häuser jenseits des Bahndamms, die damals keiner haben wollte, gekauft hatte.

Fünf Jahre später hatte die Inflation alles Papiergeld, Anleihen und Guthaben dahingerafft. Eine Billion Reichsmark für ein Brötchen. Eine Schubkarre voller Scheine für ein Fahrrad. Irrsinn. Die Stadt Holzminden hatte in ihrer Not sogar eigenes Geld gedruckt. Nicht, dass es viel genutzt hätte. Auch die Baugewerkschule war mit ihren verschiedenen ab 1830 genutzten Gebäuden darauf abgebildet worden. Oder der Umzug des Schützenfestes, kurz bevor er auf die Barrikade traf, die die Jungschützen ihm in den Weg gestapelt hatten und die die Sappeure rechtzeitig bis zur Ankunft des Zuges zur Seite räumen mussten.

Aber jetzt, mit der Umstellung auf die neue Rentenmark schien endlich eine neue Zeit zu beginnen. Ein Brötchen kostete wie früher zwanzig Pfennig. Aus hundert Billionen Reichsmark waren hundert Rentenmark geworden. Über Nacht hatte allein dieser Geldschein vierzehn Nullen abgestreift. Wie eine Raupe, die ein Schmetterling geworden war, ihren Kokon. Elise hatte irgendwo gelesen, dass auch Schmetterlingsraupen aus vierzehn Segmenten bestehen. Sie mochte diese merkwürdigen Zufälle der Welt.

Zwar ging in der Politik noch immer alles drunter und drüber. Die Soldatenräte waren glücklicherweise ziemlich schnell in ihre Schranken gewiesen worden, aber die verschiedenen Freikorps schlugen sich weiterhin die Köpfe ein, die Franzosen hielten das Ruhrgebiet besetzt und ein kleiner Gefreiter namens Hitler hatte mit dem alten Ludendorff in einem bayerischen Bierkeller die Revolution geprobt. Dennoch schien insgesamt eine neue Zeit heraufzuziehen, die von manchen Optimisten schon als die Goldenen Zwanziger ausgerufen wurden.

Diese Dampferfahrt, so leicht und entspannt sie auch gedacht war, war in diesem Sinne für Ludwig Rennefeld so etwas wie ein gedanklicher Probelauf. Ein Prüfen, ein Austarieren all der Kräfte, die er noch aktivieren wollte.

Und konnte.

Rennefeld wusste, dass er alt geworden war. Graue Haare, ein faltiges Gesicht und, unübersehbar, Tränensäcke unter den Augen. Seine Schritte waren jetzt kürzer und hastiger, wenn er durch die endlosen Korridore seiner Baugewerkschule ging, die zumindest wieder eine stattliche Schülerzahl aufweisen konnte.

Elise nahm seinen Arm und drückte sich an ihn.

Es dauerte noch exakt eine halbe Stunde, bis der Dampfer am Kai festmachte. Ein schlankes, gelbes Schiff mit weißen Aufbauten, gut fünfzig Meter lang und, den seitlichen Schaufelrädern sei Dank, mit einem Tiefgang von lächerlichen dreiundfünfzig Zentimetern, die das Fahren auf der flachen Weser erst möglich machten.

Die breiten Schaufelkästen, in denen sich die Wasserräder drehten, saßen mittig an den schlanken, geschwungenen Seiten. Sie erinnerten Elise an ihre Schwester, wenn die sich als Kind den Mund so sehr mit Apfelkuchen vollgestopft hatte, dass sich die Backen an den Seiten herausblähten.

Auf den Schaufelkästen prangte mit ausgebreiteten Schwingen der schwarze Preußenadler. Darüber, im Halbkreis, der Name: KRONPRINZ WILHELM. Irgendwie unwirklich in dieser Zeit.

Die Aufbauten des Schiffes lagen in der Mitte, schmal und hoch. Darauf, ganz vorn, ganz oben, thronte seltsam verloren eine Kabine für den Steuermann, nicht größer als ein provisorisches Bauhandwerkerklosett. Nur das Herzchen in der Tür fehlte. Elise wusste, dass man die Seitenteile ebenso wie den hohen Schornstein herunterklappen konnte, wenn niedrige Brücken den Wasserweg versperrten. Dann stand nur das Steuerrad geduckt auf dem Oberdeck, und der Rudergänger musste sich hinhocken, um nicht abgestreift zu werden.

Der Dampfer verharrte in Höhe des Kais. Menschen drängten sich am oberen Deck und winkten. Die Schaufelräder peitschten das schäumende Wasser. Der Kapitän erschien an der Reling, stand unbeweglich mit untergeschlagenen Armen, als ob ihn die ganze Aufregung nichts anging. Dann hob er die Hand. Eine Glocke schlug. Die Schaufeln verhielten kurz und drehten sich dann langsam und von grünlichem Wasser triefend zurück. Vorsichtig, quälend vorsichtig, legte sich das Schiff quer, allmählich ergriff die Strömung den Bug und drückte ihn herum. Die KRONPRINZ WILHELM, ursprünglich als MS MEISSEN in Dresden für die Elbe gebaut, war eigentlich zu lang für die schmale Weser. Die Menschen auf dem Kai hielten den Atem an. Der Bug strich so nah an der Kaimauer entlang, dass ganz Mutige den blauen Anker hätten fassen können, der schräg darüber hinausragte.

Noch einmal klatschten die Schaufeln, noch einmal schrillte die Glocke, dann flogen die Leinen ans Ufer. Ein Fallreep schob sich klappernd heraus. Die KRONPRINZ WILHELM war in Holzminden angekommen.

Elise und ihre Eltern fanden ihren reservierten Tisch ganz hinten am Heck. Ein Ober erwartete sie unter dem Sonnensegel und rückte die Klappsessel für die Damen zurecht.

„Ein Gläschen Champagner, die Herrschaften?"

Rennefeld nickte, und der Mann entfernte sich eilfertig.

Drei weitere Tische waren eingedeckt. Allmählich erschienen die übrigen Passagiere und setzten sich. Eine heiter erwartungsvolle Stimmung machte sich breit. Jemand am Nachbartisch erzählte einen Witz, und die Leute lachten.

Das Signalhorn blies, der Maschinentelegraf klingelte, und ein Matrose zog die Trossen an Bord. Sie legten ab.

Elise hörte das Wasser gegen die Schaufelkästen schlagen. Die Kaianlage zog langsam vorbei. Mit ihr der auf Schienen laufende Kran, der die Sandsteine in die offenen Münder der Schleppkähne versenkte. Das Ende des Piers. Die Wiese, die sich anschloss. Die Buhne, an der Rüdiger sie vor dem Ertrinken gerettet hatte. Der Busch, vor dem er sie geküsst hatte. Ihr erster Kuss. Sie musste lächeln, wenn sie daran dachte, dass sie damals tatsächlich befürchtet hatte, Mutter zu werden.

Wie naiv ich gewesen bin!

Und doch, es war eine schöne Zeit gewesen. Wäre sie doch einfach so geblieben. Vielleicht wären Rüdiger und sie dann längst schon verheiratet, gegen allen Widerstand.

Hätte, wäre, wenn...

Jetzt stand Rüdiger kurz davor, die stillgelegte Zichorienfabrik zu kaufen, um im großen Stil loszulegen mit der Seifenproduktion. Sein Traum war wahr geworden, und sie gönnte es ihm.

Und sie selbst? Was war aus ihren Träumen geworden? Sie war jetzt siebenundzwanzig. Sie fühlte sich jung wie ein junges Mädchen, und gleichzeitig liebte sie es, erwachsen geworden zu sein.

Sie wusste, dass es nicht daran lag, dass sie in der Bauschule ihrem Vater als Assistentin zur Hand ging und in dieser Tätigkeit Freude und Anerkennung fand. Nein, es war die Liebe oder so etwas wie Liebe gewesen, die ihr die Augen wieder für eine schönere Welt geöffnet hatte.

Es war plötzlich gekommen, als ob sie nach langem Tauchen in dunklem, modrigem Wasser mit berstenden Lungen endlich wieder an die Oberfläche gekommen war und nach der kräftigen würzigen Luft gejapst hatte.

Er hieß Brian Roberts und war aus England gekommen. Blutjung. Sein Vater, der vor Urzeiten in Holzminden studiert und dann nach England ausgewandert war, hatte darauf bestanden, dass auch sein Sohn die Schule an der Weser besuchte.

So hatte dieser eines Tages bei ihr im Sekretariat gestanden. Ein schüchterner, fast magerer junger Mann, dem man ansah, dass er gerade erst das Elternhaus verlassen hatte. Seine bernsteinfarbenen Augen und seine gewellten aschblonden Haare hatten Elise unwillkürlich an Honig denken lassen. Bei dem scheuen Lächeln zeigten sich Fältchen um seine Augen.

Sie hatte ihm angemerkt, dass er sich am liebsten gleich mit ihr verabredet hätte, und plötzlich hatte sie sich alt gefühlt und gleichzeitig wie ein kleines Mädchen, was die Liebe anging. Er, Brian, war zwar deutlich jünger, hatte aber, wie sich herausstellte, mit seiner scheinbaren bernsteinfarbenen Unschuld schon so manches Frauenherz erobert. Er war so etwas wie ein menschlicher Schmetterling, charmant, ehrlich und freundlich.

Er hatte ihr unendlich gutgetan. Nach Jahren der Mühsal und kaum wahrgenommener Askese hatten Liebe, Lachen und Romantik Elise überschwemmt. Und Elise hatte sich glücklich überschwemmen lassen, in vollem Bewusstsein, dass Schmetterlinge nicht innehalten können und von Blüte zu Blüte flattern.

So war der bernsteinfarbene Schmetterling nach dem Diplom wieder davongeflogen, und tatsächlich konnte sie es ihm nicht übelnehmen. Sie war eine der Blüten gewesen, auf denen er zwischengelandet war. Kein großer Trost, aber doch irgendwie schön und ein Geschenk des Schicksals, dass sie es gewesen war, die ihn angelockt hatte.

Brian war irgendwo in Berlin untergetaucht. Ab und zu schrieb er ihr, wohl aus einer Laune heraus. Sie freute sich ohne Groll, wenn sie seine schnell hingekritzelten Briefe las. Wenn sie ihm glauben konnte, war der Schmetterling dort, in der Großstadt, in einem unübersehbaren Meer von Blüten gelandet, und was er von seinen Liebschaften berichtete, klang, als könne dort jeder alles bekommen, was er gerade suchte. Und die Leute, auch ihr Schmetterling, schienen wie berauscht von der neuen Freiheit.

Für sie, Elise, wäre das nichts gewesen. Sie brauchte Übersichtlichkeit und irgendwie doch Ordnung in ihrem Leben. Und eine Familie? Sie verdrängte den Gedanken.

Jetzt war Zeit, sich abzulenken, einen Rundgang zu machen. Sie lächelte ihren Eltern zu, stand auf und öffnete die Tür zum Mitteldeck. Ein holzgetäfelter Gang stieß nach zehn Schritten auf ein massives Geländer, von dem aus Elise nach unten in den Maschinenraum blicken konnte. Sie hielt den Atem an. Stählerne Pleuelstangen hoben und senkten sich zischend wie die Oberarme eines riesigen Ritters. Sie drehten die auf kunstvoll gegossenen Lagern ruhende Welle, die zu den Schaufeln führte. Den Bewegungen der stählernen Teile fehlte jegliche Hast. Sie drehten, stießen und schoben sich zischend. Man hatte nicht den Eindruck, dass die Menschen noch gebraucht wurden. Und alles sah so leicht und wohlgeordnet aus, gleichzeitig spürte Elise die gewaltige Kraft, die in dem Ganzen schlummerte.

Beruhigend.

Und irritierend.

Sie wandte sich ab und blickte durch ein Bullauge. Die Landschaft zog vorbei. Es war ein schöner Frühlingstag, die Sonne leuchtete gelb über dem Kapellenberg.

Der Kapellenberg.

Elise sah hinauf. Sie war sicher, dass ihr Vater ebenfalls hinaufschaute zu der weißen Kapelle, neben der *ihre* Bank stand. Elise erinnerte sich genau daran, wie sie beide das erste Mal dort oben gewesen waren. Vor einer Ewigkeit, an ihrem neunten Geburtstag. Ob der kleine Spatz noch lebte, der damals ihren bornierten Streit beendet hatte? Nein, eher schon seine Ur- oder Ururenkel.

Damals hatte ihr Vater begriffen, dass seine Tochter ihren eigenen Willen hatte. Und dass sie Unrecht verabscheute.

Unrecht.

Wie oft war ihr seitdem Unrecht begegnet, und wie oft hatte sie sich selbst deswegen in Schwierigkeiten gebracht.

Elise legte ihre Stirn an das kühle Glas des Bullauges. Hatte sie das klüger gemacht?

Als sie wieder an Deck kam, hatte das Schiff die Biegung unter dem Kiekenstein bereits hinter sich gelassen. Der Wald ragte steil neben dem Schiff auf. Auf der anderen Seite flache Wiesen. Schwarzweiße Kühe. Eine Schafherde auf dem Deich, ein Schäferhund, der das Schiff anbellte. Und ein Schäfer, der an einem Holzstück schnitzte. Idylle. Das sorgenlose Leben existierte also doch noch.

Wenn man Schäfer sein wollte.

Das Essen kam. Rouladen mit Rotkohl und eine Schüssel mit dampfenden Salzkartoffeln. Soße extra, so wie der Herr

Direktor es liebte.

„Was trinkst du, Elise-Mädchen? Wein? Oder trinken wir noch einen Champagner auf die Zukunft? Wie durch ein Wunder gibt es ja wieder welchen."

Warum nicht, dachte sie, ein bisschen Leichtigkeit würde ihr guttun. Sie stießen miteinander an.

„Und du? Bist du zufrieden, Papa?", fragte sie kurz darauf kauend, „die Dinge entwickeln sich doch gut, die Wirtschaft, meine ich, es läuft doch alles, oder?"

„Ja, dank Wolf Harnack. Er hat mich gut beraten in den letzten Jahren. Und auch wenn es mir alles andere als leichtfällt, muss ich zugeben, dass der Verkauf der Schule, den er nun vorschlägt, auch Sinn hat. Und die Zeit scheint günstig zu sein."

Elise strich sich eine Locke mit der typischen kleinen Drehung ihrer Hand aus der Stirn. „Du meinst, weil sie in Braunschweig so schnell reagiert haben auf dein Angebot? Und weil gleich jemand gekommen ist, extra wegen der Verhandlungen?"

„Du meinst diesen Oberinspektor Mühe, oder wie er heißt? Ein unangenehmer Kerl. Und primitiv ist er auch." Rennefeld schenkte nach. Seine Hand zitterte, und er verschüttete ein paar Tropfen auf das Tischtuch. „Er spielt sich auf, tut sich dicke, weiß alles besser. Es sind solche Leute, die jetzt hochkommen, die, die angeblich alles besser wissen. Schrecklich."

„Er macht seine Arbeit", sagte sie gleichmütig und beobachtete den Hund, der immer noch auf dem Deich neben ihnen herlief und bellte. „Wie dieser Hund dort", fügte sie an. „Er will zeigen, dass er da ist. Das muss man verstehen."

Der Mann, den der Kultusminister geschickt hatte, hatte nicht viel mit Kultur gemein. Mühe hieß er, Heinrich Mühe. Wenn er sich wenigstens Mühe geben würde bei seiner Arbeit, aber stattdessen redete er nur groß daher: „Sie müssen verstehen, Herr Direktor, ich, wenn ich allein wäre, könnte viel entscheiden. Wir beide, wenn wir alleine wären, Herr Direktor, könnten viel vereinbaren. Aber leider vertrete ich die öffentliche Hand, verstehen Sie? Und nun schauen Sie sich mal an, wie die Leute um uns herum die öffentliche Hand, unser Vaterland, vertreten. Das ist eine Schande. Alle nehmen sich, was sie wollen, die Juden voran. Auch die Ruhrbarone wie dieser Herr Thyssen, der so volksverbunden tut, in Wirklichkeit aber nur abkassiert. Wie das ganze Volk abkassiert wird. Im Felde unbesiegt und zu Hause abkassiert. Das sind wir, Herr Direktor, das ist die Wahrheit, Herr Direktor, und das muss aufhören. Das muss sofort aufhören. Bei uns, bei mir, bei den Kleinen fängt es an. Ordnung und Zucht, das ist das Gebot der Stunde."

Bigott.

Was für ein widerlicher Kerl!

Heinrich Mühe war ein großer Mann mit einem dichten Schopf fettiger Haare und einer dicken Kastenbrille. Er trug immer einen braun karierten Anzug, der eine Nummer zu klein war. Dieser Anzug und dazu die Tatsache, dass er ein Infanteriekoppel um seine wabbelige Hüfte geschnallt hatte, verliehen ihm etwas Albernes. Gleichzeitig war er alles andere als lustig. Elises Vater, dem primitive Typen ein Gräuel waren, sah es ebenso, da war sich Elise sicher.

Trotzdem, die Verkaufsgespräche über die Schule hatten begonnen. „Ein Glück, dass ich dich zu meiner Assistentin gemacht habe", hatte Elises Vater erst letztlich gesagt. „Du bist eine Frau, eine junge, hübsche Frau, da laufen manche Verhandlungen anders als nur mit mir altem Knacker."

Es war nicht immer leicht, Direktionsassistentin bei ihrem Vater zu sein. Sie tat es vor allem, weil sie ihm helfen wollte. Und um in seiner Nähe zu sein, denn sie machte sich Sorgen, vor allem um seine Gesundheit. Außerdem stimmte es, dass ihre Gegenwart bei den Gesprächen mit dem Ministerium gut war, allerdings vor allem deshalb, weil ihr Vater diese tatsächlich kompliziert machte. Natürlich konnte sie verstehen, dass er mit sich kämpfte, dass er den Verkauf immer wieder in

Frage stellte. Schließlich war die Schule seit ihrer Gründung vor mehr als neunzig Jahren immer in Familienbesitz und immer von einem männlichen Rennefeld in direkter Linie geleitet worden. Das aber wäre mit zwei Töchtern nun ohnehin auf keinen Fall möglich.

Das Schiff tauchte in den Schatten des Berges ein. Der Ober kam und brachte neuen Wein.

„Ich möchte, dass du dich an Harnack hältst, wenn ich mal nicht da bin", sagte Rennefeld und sah sie prüfend an. Elise hob ihr Glas an den Mund, damit er sie nicht lächeln sah. Hatte sie es doch geahnt! Dass er die Friedfertigkeit dieser Fahrt nutzen würde, um ihr mal wieder seinen Liebling Harnack ans Herz zu legen.

Zugegeben, als Bankier war er nicht schlecht.

Er war intelligent und den Künsten aufgeschlossen. Sie gab zu, dass sie das an ihm mochte. Alles andere mochte sie nicht. Besonders diese biertrinkende Kumpanei mit seinen Jagdgenossen stieß sie ab. Er war keinen Deut besser als diese frauenfeindlichen Kerle. Jeder musste zeigen, dass er nur ja nicht unter dem Pantoffel stand. Frauen hatten zu gehorchen! Und mit züchtig niedergeschlagenen Augen zu warten, bis der Herr Gemahl geruhte, nach Hause zu kommen. Und ins Bett. Elise atmete tief durch.

Er und sie. Nie im Leben! Da mochte er noch so viel herumbalzen, wenn er sie sah!

Sie gab ihrem Vater keine Antwort. Stattdessen beobachtete sie, wie der Berg langsam zurücktrat und der Fluss seine Richtung änderte. Und plötzlich war die Sonne wieder da. Ihre warmen Strahlen fluteten das Tal und hüllten das Schiff in einen warmen Glanz. Elise ließ ihre Gedanken treiben und schloss die Augen, wartete auf schöne, womöglich romantische Bilder, irgendetwas Charmantes, Hoffnungsvolles, Positives.

Sie war nicht erstaunt, als sich nichts dergleichen einstellte. Sie spürte zwar, wie das Licht rötlich durch ihre Lider drang, aber das war es dann auch. Dafür hätte sie nicht mit dem Dampfer fahren müssen.

Wie schade.

Sie seufzte. Es war ein wunderschöner Abend. Der schönste Abend seit Langem. Konnte man da nicht erwarten, dass das Gehirn sich beeindruckt zeigte?

Ihr Vater war aufgestanden und lehnte an der Reling. Sie ging zu ihm, hielt den Kopf an seine Schulter und roch den Duft von Sandelholz, der in seinen Kleidern saß. Gemeinsam blickten sie auf die in der Sonne funkelnden Schaumstreifen, die an den Seiten vorbeizogen.

„Ich habe eine Bitte an dich", sagte Rennefeld. Er sah sie nicht an.

Elise pustete sich eine Locke aus der Stirn. Sie wusste nicht, was sie sagen sollte, sie wusste nicht einmal, ob ihr Vater überhaupt eine Antwort erwartete.

Er strich unentschlossen mit der Hand über das dick lackierte Holz der Reling. „Du musst mir helfen", sagte er. Und dann, leiser: „Machst du das?"

„Was für eine Frage", sagte sie zärtlich. „Ich bin doch deine Tochter."

„Ich bin müde. Ich bin ja nicht wirklich alt, noch nicht mal sechzig, aber ich frage mich, warum ich trotzdem so schlapp bin, so antriebslos und so deprimiert."

„Du vergisst, dass du viel geleistet hast."

„Ich will aber nicht nach hinten schauen. Vorn spielt die Musik."

„Na und?"

Rennefeld rang sich ein Lächeln ab. „Man denkt immer, man ist eine Maschine, die funktioniert. Sogar besser als eine Maschine, denn schließlich können wir denken. Und dann stellt man fest, dass der Kopf noch arbeitet, aber dass die Kraft fehlt. Ich spüre mein Herz, wie es manchmal stolpert ..."

„Aber du bist doch gut zu Fuß."

„Denkst du. Und siehst du dieses Auge?"

Er nahm die Brille ab und beugte sich zu ihr herunter. Ein

Augapfel war blutunterlaufen. Alles, was einmal weiß gewesen war, war rötlich-schwarz von geronnenem Blut.

Elise erschrak und bemühte sich zugleich, ihre Bestürzung zu verbergen. „Eine Ader ist geplatzt, das kann doch passieren", sagte sie, auch um sich selbst zu beruhigen. „Aber du kannst noch sehen?"

Er lächelte. „Kein Problem, das hat sich nicht geändert."

„Du warst hoffentlich beim Arzt? Hat er deinen Blutdruck gemessen?"

Rennefeld fuhr sich mit der Hand durch die Haare. Er nickte.

„Und?", setzte sie ungeduldig nach. „Lass dir doch nicht alles aus der Nase ziehen!"

„Er sagt, es ist nichts. Auf jeden Fall nicht der Blutdruck. Kopf und Körper sind zwei verschiedene Systeme ... sagt er."

„Na siehst du."

„Und das Blut wird verschwinden. Es *verstoffwechselt sich*, sagt er. Was für ein Wort für eine einfache Sache."

„Na siehst du."

„Bitte, sag nicht immer: ‚Na siehst du'!"

Sie lachte. „Ich freue mich eben."

„Ich freue mich auch, das heißt, ich sollte mich freuen, aber in Wirklichkeit ist mir, als ob ich innerlich auf Zehenspitzen laufe, immer in Habachtstellung. Kannst du dir vorstellen, was ich meine?"

Die Schilderung ihres Vaters erinnerte Elise an ihre Patienten im Lazarett. Männer schienen tief verunsichert zu sein, wenn ihr Körper nicht mehr mitmachte. Als ob sie sich wunderten, dass es gerade sie, diese Prachtkerle, getroffen hatte. Und als ob diese Verunsicherung ihr Selbstwertgefühl zerbröseln ließ.

„Hattest du das schon öfter?", fragte Elise.

„Immer mal wieder. Seit einem Jahr. Aber in letzter Zeit häuft es sich. Ich kann an keinem Spiegel mehr vorbeilaufen, ohne hineinzuschauen, ob nicht schon wieder ..."

Sie zwang sich, ihn anzusehen. „Aber warum haben wir es

nicht bemerkt? Weiß Mama ...?"

„Es ist die Brille, sie ist ziemlich dick, sie lenkt den Blick ab. Mama weiß es natürlich, aber du kennst sie doch, sie will es nicht ernst nehmen."

Weil es so einfacher ist. Für sie. Elise dachte es und hasste sich dafür.

„Ich war früher so selbstsicher", hörte sie ihren Vater weitersprechen. „Deine Mutter sagt, ich war wie ein Fels in der Brandung." Er blickte zum Tisch hinüber. Sophie Rennefeld hatte die Lehne des Stuhls schräg gestellt und saß nun zurückgelehnt da, hatte die Augen geschlossen und genoss sichtlich die letzten Strahlen der Sonne. Elise hätte gern gewusst, ob ihre Mutter auch von den Zweifeln und den Ängsten ihres Mannes wusste, aber sie traute sich nicht zu fragen.

„Du *bist* unser Fels in der Brandung", sagte sie stattdessen. Ihre Worte kamen ihr platt und gekünstelt vor, und sie hätte sich gewünscht, etwas Herzlicheres, Originelleres sagen zu können, denn sie war ziemlich erschrocken über die Worte ihres Vaters.

Sie überholten ein Floß. Drei Lagen Baumstämme übereinander geschichtet. Ein Mann stand am Heck. In Schulterhöhe hielt er einen schlanken Stamm, der schräg nach hinten ins Wasser ragte. An seinem Ende zwei Bretter, die das Wasser teilten. Vorn auf dem Floss stand ein Zelt. Eine Frau saß davor. Sie winkte herüber und lachte.

Elise winkte zurück. „Diese Menschen lassen sich einfach treiben ..."

„Sie haben keine andere Wahl."

„Aber sie scheinen glücklich."

Rennefeld blies die Backen auf. „Und was ist, wenn es regnet? Oder gewittert? Dann ist die Idylle schnell dahin."

„Und trotzdem frage ich mich, wieso manche Menschen glücklich sind und andere nicht."

„Vielleicht kümmern sie sich um nichts, nehmen alles hin,

wie es kommt ...“

Das Floß wurde vom Sog des Schiffes angezogen, stieß um ein Haar an die Bordwand, schob sich schräg über die Heckwelle und glitt schließlich auf der Schaumspur wieder in ruhiges Wasser.

Noch über seine letzten Worte nachdenkend, sagte Rennefeld leise: „Vielleicht wäre so ein Floß gar nicht so verkehrt für mich.“

Elise atmete tief ein.

Ihr Vater legte beruhigend seine Hand auf ihren Arm. „Im übertragenen Sinn, natürlich. Keine Angst, ich will nicht Flößer werden. Dafür wäre ich viel zu unbeholfen. Überhaupt witzig, dass man komplizierte Dinge versteht, sie sogar unterrichten kann, dass man aber zu einfältig ist, das vermeintlich Einfache zu tun, wie zum Beispiel ein Floß im Strom zu halten. Aber noch ist es nicht zu spät. Ich habe viel zu lange getan, was ich von mir erwartete und was andere von mir erwarteten.“

„Von dem du *glaubtest*, dass andere es von dir erwarten.“

Er schüttelte irritiert den Kopf. „Mag sein, mag sein. Man kann ja nicht aus seiner Haut. Oder denkt, dass man nicht aus seiner Haut kann. Aber das muss sich ändern, das will ich ändern ... wenn es noch nicht zu spät ist ...“ Seine Stimme versiegte.

Das Floß war kaum mehr zu sehen, und je weiter es sich entfernte, umso mehr flirrten seine Konturen im vom Wasser reflektierten Licht.

Elises Vater griff in seine Anzugtasche und zog ein Papier heraus. Er faltete es auseinander und sah es an, ohne es wirklich zu lesen. Es sah amtlich aus. So weit Elise sehen konnte, war es einseitig beschrieben und trug am Ende des Textes einen runden Stempel. Rennefeld reichte seiner Tochter das Papier, hielt aber auf halben Weg inne. „Das, mein liebes Kind, ist eine Vollmacht.“ Er stockte und fuhr sich vorsichtig mit einem Finger über das kranke Auge, als befürchtete er, sich durch eine blutige Träne zu verraten. „Eigentlich ... ist es sogar mehr als eine Vollmacht ... Es ist, ja, wie soll ich sagen, es ist eher ein Vermächtnis ... Es ist all das Vertrauen, das ich in dich habe."

„Aber Papa!", stieß Elise hervor, „das klingt ja irgendwie ... das klingt ja, als wolltest du gleich sterben." Hilflos versuchte sie einen Scherz: „Und das an einem so schönen Abend. Da stirbt man doch nicht!"

Zu ihrer Überraschung griff er ihre lockeren Worte auf, ja, schien sogar froh zu sein, ein wenig von seinen rührseligen Gefühlen befreit zu werden. „Iwo! Ich habe bestimmt nicht vor, auf einem Dampfer zu sterben. Und natürlich auch sonst nicht, also ich meine ... also sicher nicht so bald ... oder vielleicht ..." Er verhaspelte sich wieder.

Nun machte Elise sich wirklich Sorgen. „Setz dich doch, Papa. Wir haben Zeit."

Aber Rennefeld schüttelte unwillig den Kopf. „Es ist ja nicht so, dass ich erst jetzt daran denke. Sonst wäre ich wohl kaum beim Notar gewesen." Er streckte ihr das Papier entgegen. „Nun nimm schon! Es beißt nicht."

Sie nahm das Papier und las. Es war tatsächlich eine Vollmacht. Notariell beglaubigt. Eine Vollmacht, um über den Verkauf der Baugewerkschule zu verhandeln und den Vertrag abzuschließen. Sie war sogar berechtigt, die Kaufsumme entgegenzunehmen. Eine uneingeschränkte Vollmacht auf ihren Namen. Allein auf ihren Namen. Sie durfte keine Unterbevollmächtigten bestellen, musste alles selbst machen. In einem Zusatz deutete ihr Vater lediglich auf die Möglichkeit hin, sich Harnacks Hilfe zu bedienen, wenn sie nicht weiterwusste.

Elise spürte, wie das Blut in ihren Ohren rauschte. „Aber Papa! Ich habe doch keine Ahnung von diesen Dingen. Das weißt du doch! Es gibt doch andere, die ..."

„Ach ja? Und wen? Deine Mutter kann ich mit so etwas kaum behelligen. Sie würde die Dinge einfach laufen lassen."

„Und Hildegard?"

„Damit womöglich Grahn in unseren Sachen herumfuhrwerkt?“

„Oder dein Onkel. Wer eine Weltfirma leitet, für den ist so ein Verkauf doch ein Klacks!“

Ihr Vater wischte ihren Einwand beiseite. „Wir sind unsere eigene Familie. Ich will nicht um Hilfe betteln, wie stehe ich denn dann da? Wir sind wir. Und du bist du, ehrlich, anständig, intelligent, du wirst es ihnen schon zeigen. Wer sich mit Kommunisten im Untergrund rumtreibt und eine türkische Hure als Freundin hat, der wird doch wohl mit so einem lächerlichen Geschäft fertig werden.“

Elise spürte einen gewissen Sarkasmus, war aber erleichtert. Wenn ihr Vater jetzt versuchte, humorvoll zu sein, war das ein gutes Zeichen.

Lächerliches Geschäft.

Wenn es so lächerlich wäre, würde ihr Vater wohl kaum die Sachen hinschmeißen.

„Wenn es so lächerlich wäre, würdest du wohl kaum die Sachen hinschmeißen“, sagte sie.

Rennefeld legte den Arm um die Schulter seiner Tochter. „Ich will wieder gesund werden, verstehst du? Es geht gar nicht so sehr darum, ob du es kannst oder nicht. Es geht darum, dass ich nicht mehr kann. Gesundheitlich. Und du bist die einzige, die in der Lage ist, mir zu helfen.“

Sie saß in der Zwickmühle, aber sie wusste nicht, ob sie sich darüber ärgern sollte. Natürlich wollte sie ihrem Vater helfen. Sie war tief berührt, dass er so großes Vertrauen in sie hatte. Ich könnte heulen, dachte sie, aber nicht jetzt. Jetzt, wo er mich endlich ernst nimmt, will ich nicht, dass er denkt, dass ich schwach bin.

Schon fängt es an, kompliziert zu werden.

Das Schiff erreichte Rühle und wandte sich wieder nach Norden. Nun erhoben sich Berge auf der rechten Seite, darunter der Rühler Weinberg, der nördlichste in Deutschland, mit dem Denkmal für den Braunschweiger Herzog obenauf.

Unter einem massiven Bogen ein steinerner Löwe, der ein Wappen mit einem Pferd darauf unter der Pranke hielt. Elise erinnerte sich noch an die Einweihung. Fünfzehn Jahre war das her, ein gewaltiges Volksfest hatte es gegeben, und sie hatte mit anderen Kindern gelb-blaue Fähnchen geschwenkt.

„Es wäre schön, wenn es mal wieder so viel Jubel geben könnte", sagte Rennefeld, „egal für wen, nur, dass wir alle zusammen mal wieder das Gleiche empfinden. Und uns freuen. Stattdessen jagt ein Putsch den nächsten, die Rechten und die Linken schlagen sich die Köpfe ein, als ob es kein Morgen gibt, und niemand ist so richtig zufrieden."

Elise sah, dass fast alle Passagiere zum Denkmal emporblickten. Eine dunkle Wolke zog hinter dem Berg auf.

Rennefeld nahm eine Kamera aus der Tasche, zog den gefalteten Balg heraus und blickte durch den Sucher.

„Tolle Kamera", sagte er stolz, „eine Voigtländer. Habe sie zufällig wiedergefunden, als ich alte Unterlagen in einem Schrank suchte. So etwas Schönes gab es schon vor dem Krieg." Er nahm einen Schluck. „Die Fabrik ist übrigens in Braunschweig."

„... in der Campestraße."

„Woher weißt du?"

„Du vergisst, dass ich überall Plakate geklebt habe gegen die Kapitalisten. Und Voigtländer ist eine Aktiengesellschaft."

Rennefeld tat, als habe er ihre Worte nicht gehört. Aber schmunzelte er? „Diese Kamera hat übrigens schon einen Film, der sich aufrollen lässt, da kann niemand etwas verkehrt machen, selbst die ..." Er stockte und kniff die Lippen zusammen.

„... selbst die Frauen nicht", vollendete Elise seinen Satz und rollte die Augen. „Oh, Papa, du lernst es nie. Und gerade du willst ausgerechnet mir diese Vollmacht geben!" Sie hielt ihm das Papier hin. „Überleg es dir noch mal!"

Er schob ihre Hand zurück.

Wind kam auf und eine Bö fegte über das Deck. Ein Sonnenschirm riss sich los, schrammte über die Tische, fegte Gläser zu Boden und segelte über Bord. Im Wasser blähte er sich auf und trieb ans Ufer, wo Dorfjungen johlend ins Wasser sprangen und Jagd auf ihn machten.

Die ersten Regentropfen.

Sie klatschten dumpf auf das straff gespannte Sonnensegel. Die Passagiere sprangen auf. Auch Sophie Rennefeld raffte ihre Habseligkeiten zusammen, winkte hastig zu ihnen herüber und verschwand, die Hand schützend auf dem Hut, im Schiff.

Elise wollte ihr folgen, aber Rennefeld hielt sie fest. „Warte noch. Ich bin noch nicht fertig, und wenn wir erst da drinnen sind, wo sich alle drängen, gibt es kein privates Wort mehr."

„Was denn noch?", entgegnete Elise ungeduldig, knöpfte ihre Jacke auf und verbarg die Vollmacht unter dem Stoff.

Ihr Vater griff ihre Schultern mit beiden Händen. „Versteh doch, die Dinge sind so wichtig, und wir dürfen nichts falsch machen. Das bisschen Regen ... Ich muss dir unbedingt noch etwas sagen, damit du mich verstehst. Der Verkauf soll unter bestimmten Bedingungen ..."

Das Denkmal war in den Wolken verschwunden, der Regen platschte nun herunter, als ob Petrus die Schleusen im Himmel aufgerissen hatte. Das Wasser sprühte durch die Leinwand. Elise fühlte, dass die Ärmel ihrer Bluse nass wurden.

„Papa", rief sie unbehaglich, „gleich blitzt es!"

Aber Rennefeld blieb seltsam unbeeindruckt, er sah nicht einmal in den Himmel, sondern redete einfach weiter.

„Der Verkauf unserer Schule trifft das Herz unserer Familie", stieß er hervor, „und ich habe mir über Jahre Gedanken gemacht, ob und wie man alles mit dem Staat zusammenbringen kann. Wir sind Kaufleute seit Hunderten von Jahren, und wir haben noch nie den Bürgersteig wechseln müssen, weil uns jemand entgegenkommen könnte, den wir betrogen hätten."

„Papa! Das weiß ich doch alles." Elise spürte, wie Tropfen

aus ihren Haaren den Hals hinunter in ihre Bluse liefen. Sie schüttelte sich.

Ihr Vater blickte sie ärgerlich an. „Ich rede von der Familie, von deren Herzstück, dem Kern, dem Wesentlichen, und meine Tochter, die dazu da ist, unsere Tradition zu bewahren, schüttelt sich, weil ein paar lächerliche Wassertropfen in ihren Nacken fallen! Dann können wir ja gleich den Laden dichtmachen." Er ließ sie enttäuscht los und schloss die Augen.

Elise fand, dass er ungerecht war, und auch ein bisschen simpel argumentierte, unter seinem Niveau. Unter ihrem Niveau. Verstockt beschloss sie, nichts mehr zu sagen. Sie hatte sich nichts vorzuwerfen. Ihr Vater hatte sie ohne Vorwarnung in diese Situation gebracht und ihr mal eben eine Vollmacht und mit ihr diese Riesenverantwortung aufgebürdet, ohne sie auch nur einmal nach ihrer Zustimmung zu fragen. Ganz abgesehen davon, dass er ihr den unbeschwerten Familienausflug gründlich verdorben hatte, auf den sie sich so gefreut hatte.

Sie schwieg also.

Rennefeld auch.

So saßen Vater und Tochter, nur ansatzweise von einem durchgeweichten Sonnensegel geschützt, allein auf dem Deck des schönen Schiffes und wussten mal wieder nicht weiter. Elise überlegte, ob sie aufstehen und gehen sollte, entschied sich aber dagegen, weil es kindisch war. Und weil sie kein Feigling in den Augen ihres Vaters sein wollte. Ihr Vater hingegen war beleidigt, ja, er schien es regelrecht zu genießen, beleidigt zu sein und sich als den letzten Aufrechten seiner Familie zu sehen.

Dieses Mal war es kein Spatz, sondern eine Krähe.

Ein hinkende, offensichtlich kranke, alte Krähe, die auf dem rutschigen Deck notgelandet war und heftig atmend zu ihnen aufsah. Elise bekam sie zu fassen, zog sie an sich und fuhr ihr zart über die Federn. Und während sie das zitternde

Tier streichelte, fühlte sie die Finger ihres Vaters, die den Hals des Tieres kraulten. Ihre Daumen verhakten sich und hielten sich fest.

„Sei nicht böse, mein Liebling", sagte er leise, „ich bin ein törichter alter Mann, ich bin ..."

Eine Welle von Liebe überschwemmte sie. „Ach, Papa, ist schon gut ..."

Die Krähe hackte nach ihren Händen. Sie ließen sie los und der Vogel flog schwankend davon.

„Das ist nun schon das zweite Mal, dass uns ein Vogel hilft", sagte Elise kopfschüttelnd. „Aller guten Dinge sind drei. Ich bin gespannt, vielleicht kommt das nächste Mal ein Adler und nimmt uns mit." Sie wartete darauf, dass ihr Vater lächelte, aber er verzog nicht einmal das Gesicht. Elise legte zwei Finger auf seinen Mund und zog seine Lippen auseinander. „Lach mal!", sagte sie, „das sollte ein Witz sein."

Rennefeld verzog den Mund. Ein dankbares Lächeln. Und ein hilfloses Lächeln. „Weiß der Himmel, wer dir das in die Wiege gelegt hat, diese Fähigkeit, am Ende immer wieder zu lachen. Von mir hast du das bestimmt nicht."

„Frag Mama", antwortete sie.

Ausgerechnet Mama. *Noch ein Witz.* Auf den er schon nicht mehr achtete.

„Diese Familientradition", begann er unsicher, „ist vielleicht lächerlich für euch jungen Leute. Sie ist aber wichtig. Für das Selbstverständnis, man ist gut aufgehoben als Glied einer Kette zwischen Vorfahren und Nachkommen. Und man muss seinen Teil dazu beitragen, dass es weitergeht."

„Muss es denn weitergehen? Man kann doch auch neu anfangen. Anders."

„Wenn man älter wird und zurückblickt, dann begreift man, dass es richtig ist, wenn eins auf dem anderen aufbaut, damit das Leben immer bergauf geht."

Elise schob sich eine Haarsträhne hinter die Ohren. „Das

meinst du jetzt nicht ernst, oder?"

„Wir haben etwas geschaffen und wir werden etwas schaffen. Warum nicht aufbauen auf dem, was man hat? Wir müssen uns nur wieder von unserer alten Stärke überzeugen. Keine Niederlage zulassen, jedenfalls nicht gedanklich. Eine Niederlage im Leben hat immer auch geistige Folgen. Das Gefühl, dass man seine Hausaufgaben nicht gemacht hat und man seinen Kindern die Dinge nicht so geordnet übergibt, wie man verpflichtet ist, es zu tun ..."

Rennefeld verstummte mit der Miene eines Mannes, der mehr von sich preisgab, als er beabsichtigt hatte. Elise nickte, dann schüttelte sie den Kopf. Es stimmte, was ihr Vater sagte. Und es stimmte nicht. „Du möchtest nicht derjenige sein, bei dem alles zu Bruch geht. Es geht um Selbstachtung. Richtig?"

„Unsere Vorfahren waren so verdammt erfolgreich, haben immer das Richtige getan. Unternehmer, Architekten, Wissenschaftler." Ein Speichelfaden zog sich über sein Kinn. Er wischte ihn weg, hielt in der Bewegung inne, überlegte und sprach langsam weiter: „Achtung ist wichtig. Und ja, auch die Selbstachtung."

Elise wollte ihn nicht ansehen, sie wollte nicht Mitleid empfinden müssen. Der Wind zerrte an ihr. Sie blickte nach oben. Der Himmel jagte in grauen Fetzen vorbei. Sie fühlte, wie die Augen ihres Vaters sie festhielten. Sie lächelte. Er lächelte. Es bildeten sich Fältchen um seine Augen.

„Ich werde immer gut von dir denken", sagte sie ruhig, „egal was passiert. Und auch dann, gerade dann, wenn du diese Mauer nicht um dich hast, wenn du auch mal schwach bist ..."

„So wie jetzt."

„Ja und nein. Es ist toll, dass du an die Familie denkst, selbst wenn es dir nicht gut geht. Es ist ja nicht schwer, stark zu sein, wenn alles in bester Ordnung ist."

Er seufzte. „Dass du immer etwas Prinzipielles aus allem machst."

„Ist das, was du willst, etwa nichts Prinzipielles?"

„Und du musst immer das letzte Wort haben, selbst wenn du mit deinem alten Vater redest."

„Eben."

Nun lachten sie gemeinsam. Sie hatten es sich wieder zurechtgebogen. Alles war in Ordnung. Elise ließ seine Hand los, das war nun nicht mehr nötig.

„Also gut", sagte sie schließlich, „du hast etwas von Bedingungen gesagt."

„Bei denen du mir versprechen musst, dass du sie einhältst, komme, was wolle."

„Ich will sie erst hören", sagte sie, „ich kaufe nicht die Katze im Sack." Sie strich die Wassertropfen von seiner Fliege. „Das wäre nicht im Sinne der Familie."

„Du nimmst mich immer noch nicht ernst", mokierte er sich. Sie sah ihn erwartungsvoll an. „Also", fuhr er fort, „Bedingung eins: Wir verkaufen nicht mehr als fünfzig Prozent."

„Aber ..."

„Kein Aber. Und wir behalten ein Benennungsrecht für einen von zwei Direktorenposten. Damit unsere Handschrift erhalten bleibt, damit nicht alles vergeblich war."

„Das, was ist, wird doch auch so bleiben."

Er lächelte, fast ein wenig verschwörerisch. „Aber das, was kommen soll, würde nicht kommen."

„Wie meinst du das?"

„Ich habe Pläne. Ja, schau mich nicht so verwundert an! Ich mag alt sein und gesundheitlich angeschlagen, aber das hindert mich nicht, in die Zukunft zu blicken."

Elise unterdrückte ihre Ungeduld. „Aber es ist doch schon alles da."

„Ist es eben nicht. Wir bilden nur Ingenieure aus, Techniker. Aber komplett wird es doch erst, wenn das Kaufmännische hinzukommt. Die Vermarktung der Gebäude, die unsere Architekten bauen."

Elise schaute ihn zweifelnd an.

Rennefeld überlegte angestrengt, wie er ihr seine Gedanken näher bringen konnte. „Man braucht Geld, um zu bauen. Man muss wissen, wie die Bankiers denken, dann kann man ihnen einen Schritt voraus sein."

„Ich verstehe. Wenn die Architekten sich selbst um die Finanzierung kümmern könnten ..."

„... wären sie unabhängig, könnte mitentscheiden."

Elise strahlte. „Genial, Papa, einfach genial. Du bist bestimmt der Einzige, der so weit denkt."

Ihr Vater zwinkerte gerührt mit den Augen und war sichtlich ein wenig verlegen.

Elise umarmte ihn, dann fiel ihr etwas ein. „Aber wir haben doch gar keinen Platz. Normalerweise reichen die Räume schon jetzt nicht aus. Wo willst du den neuen Unterricht stattfinden lassen? Im Keller?"

„Wir müssen anbauen, natürlich müssen wir anbauen. Das habe ich alles bereits durchdacht. Ich habe schon Pläne gezeichnet. Ich werde sie dir zeigen, wenn es so weit ist. Endlich wieder einen Schritt weiter gehen. Die Zukunft gestalten. Wir, als Familie, haben nicht das Geld für die Erweiterung, aber der Staat kann alles. Er gibt das Geld, und wir sind die Unternehmer. Es wird gut sein für alle, auch für die Stadt." Er hob die Hand, als ob er sie segnen wollte. „Und deshalb, mein Kind, brauchen wir das Benennungsrecht."

Sie verstand ihn, auch wenn sie nicht überblicken konnte, ob sich das alles umsetzen ließ. Die Worte ihres Vaters waren ernst, sie respektierte seine Überlegungen und das unbedingte Verantwortungsfühl, das aus ihnen sprach. Und sie verstand, dass er hierüber nicht mehr mit sich diskutieren lassen würde. Aber es war auch abzusehen, dass Braunschweig nicht begeistert sein würde, und dieser Oberinspektor Mühe erst recht nicht.

Auf gewisse Weise war sie auch beruhigt. Es ging nicht darum, einer Laune ihres Vaters zu folgen, es ging um mehr: Es ging um neue Wege, die man beschreiten würde. Und jemand aus der Familie Rennefeld würde dabei sein. Sie konnte ihrem

Vater nicht verdenken, dass er so dachte. Auch sie war eine Rennefeld, auch sie würde dabei sein.

Nun gut, ich werde es versuchen.

„Und wenn sie sich nicht darauf einlassen“ fragte sie, „wenn sie partout nicht wollen?“

„Dann war's das eben. Dann müssen wir es doch allein schaffen.“

Leicht gesagt.

Plötzlich erfasste Elise der Gedanke, ob ihr Vater ein Spiel mit ihr spielte. Dass er nur so tat, als hielte er sich an den Plan mit dem Verkauf, den sie mit Harnack festgelegt hatten, und dass er gleichzeitig die Hürden so hoch aufbaute, dass aus alledem gar nichts werden konnte. Vielleicht benutzte er sie nur, vielleicht war alles nur Schmierentheater. Doch diesen Gedanken wollte sie nicht weiterdenken. Sie wollte ihren Vater nicht gleich wieder demontieren, nachdem sie gerade erst das richtige Bild von ihm gefunden hatte.

„In Ordnung“, sagte sie deshalb. „Es wird nicht leicht werden, aber ... ja, in Ordnung.“

Rennefeld nahm ihre Hand. „Du musst mir versprechen, dass du die Bedingungen einhältst, hoch und heilig versprechen.“

„Ich würde dich niemals belügen, das müsstest du doch mittlerweile wissen.“

„Sei nicht beleidigt, bitte.“ Er strich ihr zärtlich über die Haare. „Es ist ein wichtiger Augenblick für mich, vielleicht der wichtigste in meinem Leben. Alles was ich für euch tun kann ... will ...“

Sie standen an der Reling, durchnässt vom Regen, zerzaust vom Wind. Und zerzaust von ihrem Gespräch. Es war trotz allem eine gute Diskussion gewesen, eine der Situation angemessene Lagebestimmung zwischen Vater und Tochter. Und sie hatten sich nichts geschenkt.

Elise nahm seine Fliege und zog sie glatt.

„Ich verspreche es dir“, sagte sie und sah ihm in die Augen.

Er seufzte erleichtert und drückte sie an sich. So standen sie eine Weile und genossen den gegenseitigen Halt und die Wärme, die sie verband.

Hand in Hand gingen sie dann zur Deckstür. Hinter dem Fenster winkte Sophie Rennefeld. Sie winkten zurück.

Als Elise ihren Vater noch einmal ansah, erschrak sie. Auch im anderen Auge war jetzt Blut.

25

Der Flur des Krankenhauses war endlos lang, gelblich weiße Wände über gefliestem, dunkelgrünem Sockel. Der Boden war mit grauer Ölfarbe gestrichen, die speckig glänzte. Es roch nach Schmierseife, Karbol und Äther.

Elise saß auf der Bank, auf der sie in den vergangenen zehn Tagen immer gesessen hatte, wenn sie auf das Ergebnis der Visite wartete.

Zimmer 103. Das Zimmer ihres Vaters.

Wie jeden Tag hoffte sie, dass der Professor endlich bessere Neuigkeiten hatte. Bisher hatte sie vergeblich gehofft.

Die blutigen Augen waren nur die Vorboten gewesen. Dann war ein Schlaganfall hinzugekommen, *apoplexia cerebri*. Sie hatte im BROCKHAUS, dem Konversationslexikon in der Bibliothek ihres Vaters, nachgelesen, dreizehnter Band, vierzehnte Auflage von 1886.

> **Schlagfluß.**
> *Plötzlich eintretende Lähmung eines Organs, in diesem Fall des Gehirns.*

Das Lexikon versicherte, dass Atmung und Herzschlag „ihren Fortgang haben" würden.

> *Der so vom Schlage getroffene (Schlagflüssige) fällt gewöhnlich plötzlich bewußtlos um und vermag nach Wiederkehr des Bewußtseins die Gliedmaßen der einen oder anderen Körperhälfte nicht mehr willkürlich zu bewegen.*

Nach Wiederkehr des Bewusstseins.

Das hörte sich einfach an, war es aber nicht. Denn Rennefeld war fast zwei Wochen nach seinem Zusammenbruch immer noch ohne Bewusstsein, und niemand konnte sagen, wann er aufwachen würde. Ob er überhaupt aufwachen würde.

Bis dahin bringe man den Schlagflüssigen an einen kühlen, ruhigen Ort, lege Kopf und Nacken hoch, bedecke ersteren mit kühlen Umschlägen, sorge durch Fußbäder, Senfteige, scharfe Klystiere und dgl. für gehörige Ableitung nach unten.

Das alles war gemacht worden. Mit sorgfältigster und liebevollster Hingabe, hatte der Professor versichert.

Ob er denn Zusagen machen könne, hatte Elise gefragt, Zusagen irgendwelcher Art?

Der Professor hatte mit Bedauern den Kopf geschüttelt. Nein, Zusagen könne man keine machen. Niemand könne in diesem Stadium Zusagen machen. Aber die Medizin entwickle sich rasant, insbesondere durch die Erfahrungen aus dem Krieg. Da habe es ja genug Probanden gegeben ...

Erfahrungen. Probanden.

Normalerweise hätte Elise diesen Zynismus nicht unwidersprochen gelassen, jetzt aber musste sie hoffen, dass gerade diese „Erfahrungen" das Leben ihres Vaters retten konnten. Sie hatte selbst geholfen, diese Erfahrungen zu sammeln, an „Probanden" hatte es in ihrem Lazarett keinen Mangel gegeben. Würde sie nun davon „profitieren"? Die Welt war schlimm, widersprüchlich und schlimm.

Elise und ihre Mutter hatten jedenfalls verstanden. Sie mussten abwarten. Das sagte sich so leicht. Abwarten. Dabei hatte Elise das unbestimmte Gefühl, dass ihr Vater sich unaufhaltsam von ihnen entfernte. Es musste doch etwas geben, mit dem sie ihn zurückholen konnte!

Die Tür öffnete sich, und die Ärzte kamen heraus. Der Professor war ein Freund von Elises Vater, und sie sah ihm an, dass er litt.

Er blickte sie ernst an und zuckte die Schultern. Alles unverändert. „Er ist noch immer nicht bei sich. Keine Fortschritte – wenn wir ehrlich sind. Er bekommt nicht einmal mit, ob jemand ihm Raum ist. Überlegen Sie, Fräulein Elise, ob Sie sich Ihre langen Besuche weiterhin antun wollen, er hat ja doch nichts davon."

Was weißt du denn schon!

Sie strich sich ihre widerspenstige Locke aus der Stirn. „Meine Mutter und ich, wir wechseln uns ab. Ich spreche mit Papa, vielleicht hört er mich ja doch, spürt zumindest die Liebe der Familie. Ist das so unmöglich?"

Die Hände des Professors spielten mit dem Hörrohr, das um seinen Hals hing. „Nichts ist unmöglich. Niemand weiß, was der liebe Gott sich so gedacht hat." Er hielt Elise die Tür auf. „Ich stehe Ihnen jedenfalls immer zur Verfügung. Vielleicht tut sich ja doch etwas ... bei so viel Liebe."

Vielleicht, vielleicht, vielleicht.

Elise nickte bemüht freundlich und schloss die Tür hinter sich.

Ihr Vater lag allein im Zimmer. Die Gardine war zugezogen, grünliches Licht sickerte hindurch. Ein Bett. Ein Tisch mit Waschschüssel und Krug, zwei Handtücher, ein Stuhl davor. An der Wand ein Schrank mit allerlei Geräten, Flaschen und Tablettenpäckchen.

Rennefeld lag auf dem Rücken unter einer dünnen Bettdecke, die seltsam flach auflag. Elise erkannte kaum die Umrisse seines Körpers. Als ob ihr Vater schon nicht mehr ganz anwesend war. Das Kopfteil des Bettes war nach oben gekippt und hielt den Oberkörper aufrecht. Der Mund stand halboffen, die dünnen, blassen Lippen ließen die Zähne sehen. Ein Schlauch führte in die Nase. Zur Ernährung. Die Gesichtshaut war fast weiß, weiß und durchscheinend.

Elise zog den Stuhl zum Bett und setzte sich. Sie beugte sich vor und strich ihrem Vater zart über das Gesicht. Seine Haut war warm. Das beruhigte sie. Sie fuhr mit der flachen Hand über die geschlossenen Lider, beobachtete, ob sich die Augäpfel unter ihnen bewegten. Nein.

Elise hielt ihr Ohr vor seinen Mund. Er atmete gleichmäßig. Sie griff unter die Decke, suchte sein Handgelenk und maß den Puls. Er schlug langsam und stabil. Wenigstens etwas.

Sie stellte sich vor, wie es wäre, wenn sie so daliegen würde, eingeklemmt in ihren bewegungslosen Körper. Würde sie nicht schreien wollen? Gebt mich nicht auf! Schaut genau hin, gebt euch Mühe!

Was für ein schrecklich verlorenes Gefühl musste das sein. Elise drückte ihrem Vater einen Kuss auf die Stirn.

Ich bin da, Papa. Wir geben dich nicht auf.

Ein Pfleger kam herein, stellte eine Bettpfanne unter das Fußende, sah zu Elise hinüber, fragte: „Alles in Ordnung?" und verschwand wieder, ohne die Antwort abzuwarten.

Sie ging zum Fenster, zog die Gardinen zurück und blickte in den Garten hinunter. Wege zogen sich zwischen Büschen entlang. Auf einer Bank saßen zwei Frauen und unterhielten sich. Eine von ihnen trug einen Bademantel und hatte sich ein Handtuch um den Kopf gebunden. Zwei Krücken lehnten an ihrer Seite. Aus ihrer lebhaften Gestik konnte man entnehmen, dass die Frauen sich viel zu erzählen hatten. Ab und zu lachten sie, sahen in den blauen Himmel, waren offensichtlich zufrieden. Reden ist gut, dachte Elise. Ihr Vater hatte immer zu wenig geredet, hatte alles mit sich ausgemacht, alles in sich hineingefressen, bis der Körper dem aufgestauten Druck nicht mehr standgehalten hatte. So war er erzogen worden. Ein Mann muss tapfer sein, weint nicht und hat immer recht zu haben. Was für ein menschenverachtendes Bild. Waren es vielleicht sogar die Frauen gewesen, die diese vermeintlich starke Haltung von den Männern erwartet hatten? War es nicht ihre Mutter, die verunsichert war, wenn er reden wollte? Wenn er Schwäche zeigte? So wie jetzt, wo die Situation sie geradezu lähmte?

Wahrscheinlich waren sie alle Opfer und Täter einer verkorksten Erziehung, festgefahren und eingesponnen in einem Netz von Vorurteilen. Warum erkannte man das – wenn überhaupt – immer erst im Rückblick? Hinterher war man immer schlauer. So würde es auch bei all den Problemen sein, die sich jetzt vor ihr stapelten. Irgendwann, später, würde sie auch darüber alles besser wissen und sich fragen, warum sie so und nicht anders gehandelt hatte.

Du kannst, sagte sie sich störrisch, nur das machen, was du *jetzt,* nach bestem Wissen und Gewissen, für richtig hältst. Und das war schon schwer genug.

Sie blickte auf ihren Vater hinunter. War es so abwegig, zu denken, dass er jetzt, da er nicht mehr sprechen konnte, gern geredet hätte? Wie die beiden Frauen da unten auf der Bank?

Reden.

Rede du mit ihm, befahl sie sich, sag du das, was zu sagen ist. Damit es wenigstens zur Sprache kommt.

Sie nahm die Hand ihres Vaters und drückte sie. „Ich bin es, Elise, deine Tochter. Ich bin da, Papa, ich bin gekommen, um mit dir zu sprechen." Für einen winzigen Moment hatte sie das Gefühl, als zeige sich ein leises Lächeln hinter seinem reglosen Gesicht.

Naiv.

„Der Arzt sagt, sie bekommen dich wieder hin, Papa, wir müssen Geduld haben. Dein Herz schlägt, und das ist erst einmal das Wichtigste."

Sie setzte sich schräg auf das Bett und legte die Hand ihres Vaters auf ihr Bein. „Das bin ich", fuhr sie fort, „ich wäre nicht hier, wenn du mich nicht gewollt hättest." Sie stockte. „Das muss dir doch Kraft geben. Ich möchte, dass es dir Kraft gibt."

Sie lauschte ihren Worten nach, aber der große Raum verschluckte sie sofort.

Keine Reaktion. Kein Echo.

Eine schreckliche Beklommenheit überfiel sie. Ich bin so hilflos, dachte sie. Sie hatte an so vielen Krankenbetten gesessen, es war immer schwer gewesen, etwas zu sagen, aber sie hatte es irgendwie hinbekommen. Weil es nicht so darauf ankam, was man sagte, sondern wie man es sagte. Aber das waren letztlich alles Fremde gewesen. Nahm das Schweigen zu, je näher man sich stand?

„Möchtest du wissen, wie es mir geht, Papa? Willst du wissen, was in der Zwischenzeit passiert ist? Oder ist es dir egal, dort, wo du jetzt bist?"

Auf dem Flur schrillte eine Glocke. Menschen rannten vorbei, jemand fluchte.

„Dieser Mühe", fuhr sie tapfer fort, „dieser Mühe ist jedenfalls gleich zurückgefahren nach Braunschweig, als ich ihm von deinen Bedingungen berichtet habe. Er hat niemandem auf Wiedersehn gesagt. Zwei Tage später hat er angerufen, hat sich ganz wichtig gemacht, na, du weißt schon. Er ist beleidigt, dass wir erst jetzt mit Bedingungen kommen. Und ihm das Leben schwermachen. Weil seine Vorgesetzten sagen, er stecke mit uns unter einer Decke. Er will nicht mehr verhandeln. Auf welchem Mond wir denn leben würden? Aber sei es drum, sie geben uns noch eine einzige Chance. Alles oder nichts. Die ganze Schule oder gar nichts. Und das Benennungsrecht für den Direktor käme überhaupt nicht in Frage. Am liebsten hätte ich den Hörer aufgehängt, so wütend war ich."

Nachdem es Elise zunächst schwer gefallen war, zusammenhängend zu reden, hatte sie nach den ersten Sätzen fast vergessen, dass ihr Vater im Koma lag, und sie bemühte sich, klar und deutlich zu sprechen, damit ihm kein Wort entgehen konnte.

Lieber Gott, dachte sie, mach, dass er mich hört! Mach, dass er mir ein Zeichen gibt, nur ein winziges Zeichen.

Das Gesicht ihres Vaters war eingefallen. War es plötzlich grau geworden? Elise schluckte, die Angst zog bis in ihre Fußspitzen. Doch es war wohl nur ein Schatten gewesen, der über das Bett gezogen war.

Hab keine Angst! Mach einfach weiter!

„Der Bürgermeister ist natürlich verärgert", fuhr sie fort und bemühte sich, sachlich zu bleiben. „Er ist nicht gut auf die Braunschweiger zu sprechen. Aber auf uns auch nicht. Weil wir unbedingt verkaufen wollen. Als ob das alles so einfach wäre. Eine Schule, die keine Lehrer bezahlen kann, ist erst recht eine Katastrophe, habe ich ihm geantwortet. Ich glaube, es hat ziemlich patzig geklungen, und ich habe mich gewundert, wo ich den Mut hergenommen habe. Aber die Leute reden allesamt so klug daher, als hätten sie allein die Wahrheit gepachtet. Das ist ziemlich ... doof, sage ich dir, und du würdest es bestimmt besser machen. Aber du bist nicht da. Die Stadt braucht die Schule. Sie gibt ihr Arbeitsplätze. Und internationales Renommee. Ich habe dem Bürgermeister gesagt, dass die Schule vor dem Krieg bis auf den letzten Platz besetzt war und dass es nicht unsere Schuld ist, dass der Kaiser und seine Generäle diesen Wahnsinn angezettelt haben.

Das versteht er auch, als Sozialdemokrat weiß er das ja selbst. Aber, sagt der sture Bock, heute sei heute, und die Probleme müssten jetzt gelöst werden. Dann müssten wir eben auf unsere Rechte verzichten. Er hat gut reden. Typisch, diese linken Politiker, würdest du sagen, immer freigiebig, wenn es um die Pflichten anderer geht. Also, die Familie soll auf das Benennungsrecht verzichten. Es gehe schließlich um das Schicksal der Stadt. Und um eine sachverständige Führung in die Zukunft, habe ich gesagt, worauf er mich böse angeguckt hat. Wir wollten doch nur so tun, als ob wir noch das Sagen haben. Er habe ja Verständnis, dass du vor deinen Vorfahren – und vor uns – nicht als derjenige dastehen willst, der alles verscherbelt hat, aber dieses Gezerre gehe dann doch zu weit. Gemeinwohl sei jetzt angesagt. Gemeinnutz gehe vor Eigennutz. Daran sollten wir denken."

Sie merkte, dass die Empörung ihren Hals ausgetrocknet hatte. Gleichzeitig war sie stolz darauf, dass sie so gesprochen hatte, als ob er aufrecht vor ihr saß und aufmerksam zuhörte. Sie nahm den Krug, schenkte sich ein Glas Wasser ein und trank es mit einem Zug leer. Das kalte Wasser lief die Speiseröhre hinunter und kam im Magen an, wo sich die Kühle ausbreitete. Dass sie ihre Empfindungen im eigenen Körper spürte, tat ihr gut.

„Mir ist aufgefallen", fuhr sie mit rauer Stimme fort, „dass die Stimmung in der Stadt nicht mehr so ist wie früher. Der Bürgermeister ist irgendwie ... respektloser geworden, seitdem wir die Schule verkaufen wollen. Die Leute tuscheln. Aber wer kann es ihnen verdenken. Sie haben sich nie vorstellen können, dass die Misere auch uns treffen kann. Du wirst sagen, dass auch Schadenfreude dabei ist. Sicher. Plötzlich haben es alle schon seit Langem gewusst." Sie stockte, überlegte. „Es macht mich traurig. Nicht wenige sind froh, dass wir nicht mehr unverletzlich sind. Wie kleine Kläffer rotten sie sich zusammen, warten, bis wir uns umdrehen, und versuchen, uns in die Hacken zu beißen. Es ist eben wie bei Tieren, die im Rudel leben, die Leittiere dürfen sich keine Schwäche erlauben." Elises Hals war schon wieder trocken.

Das Gesicht ihres Vaters war immer noch faltig und blass. Unbeweglich. Unbewegt. Hatte sie zu viel gesagt? Zu viel geschimpft? Sie legte die Hand auf seine Stirn und war erleichtert, wieder die Wärme seiner Haut zu spüren.

Ach, Papa!

Nichts sprach dafür, dass Elise ihren Vater mit ihren Worten erreicht hatte. Und doch fühlte sie jetzt, nachdem sie das alles gesagt hatte, dass sich eine gewisse Ruhe in ihr ausbreitete. Zwar umschwirrten die Erinnerungen an die deprimierenden Gespräche, die sie hatte führen müssen, sie nach wie vor wie ein Schwarm summender Fliegen, doch ganz langsam begannen sich ihre Gedanken zu ordnen und der Zukunft zuzuwenden.

„Mühe hat uns eine Frist gesetzt", sagte sie. „Eine Woche für den Abschluss des Vertrages. So, wie er ist. Ja oder nein. Vogel, friss oder stirb."

Es war heraus!

Wenn ihr Vater sie hören konnte, würde er jetzt wissen, dass nichts so werden konnte, wie er es sich gedacht hatte.

Und er würde wissen, dass sie in einem Dilemma steckte: Versprechen hier, Tatsachen dort.

„Willst du wissen, was dein Freund Harnack zu allem sagt?“, fuhr sie fort. „Nun, ich habe ihn gefragt.“ Sie machte eine Kunstpause, ehe sie weitersprach. „‚Verkaufen Sie‘, sagt er, ‚ohne Wenn und Aber. Sie haben keine Wahl.‘ ‚Aber ich habe meinem Vater ein Versprechen gegeben‘, antwortete ich ihm. Und eigentlich war es sogar mehr als ein Versprechen. Du hast dein ganzes Vertrauen in mich gesetzt, Papa, und nun weiß ich nicht, ob ich damit leben kann, wenn ich es missbrauche. Ha, dieser Harnack macht es sich leicht. Und er denkt, dass er mich dirigieren kann. Als ob er wer weiß was für mich ist. Und als Entschuldigung bringt er an, dass du ja nicht hast wissen können, dass die Dinge so aus dem Ruder laufen, und wenn du es wüsstest ... würdest du auch nachgegeben. Na ja, jetzt weißt du es. Und was hilft mir das?“

Sie kämpfte mit den Tränen. Eine Schwester kam, um die Bettwäsche glattzuziehen. Sie strich mit der flachen Hand über die Bettdecke und zog sanft am Kopfkissen. Ihre Augen ließen Elise nicht los. „Sie sehen müde aus, Fräulein, frische Luft würde Ihnen guttun.“

Aber Elise wollte sich nicht leidtun. Es war ihr Vater, der krank war. Nicht sie. Ihre Aufgabe war, sich zusammenzureißen, und das musste doch möglich sein.

Die Krankenschwester ging und zeigte beim Hinausgehen auf die Klingel. Für alle Fälle. Sie würde da sein. Elise nickte dankbar.

Draußen vor dem Fenster saßen die beiden Frauen immer noch auf der Bank und redeten. Scheinbar noch eindringlicher als vorhin.

Ungerechte Welt. Man sollte ihnen sagen, wie gut es ihnen ging. Aber was wusste sie, Elise, schon, wie es ihnen ging? Ich weiß ja noch nicht einmal, wie es mir selbst geht, überlegte sie. Geht es mir gut? Körperlich ja. Und sonst, gefühlsmäßig? Ach, du lieber Gott ...

Sie merkte, dass ihr die Augen zufielen. Sie wollte sich gegen den Schlaf wehren, aber dann hatte der Traum sie schon eingefangen.

Es war kein schöner Traum. Sie war alt, allein und gebrechlich, die Beine versagten, sie lief mit Krücken. Eine eigene Familie hatte sie nicht. Ein riesiges Familienfest. Ihre Schwester war da. Mit ihren Kindern. Und Grahn hielt kluge Reden. *„Du hast es gut, bist nicht verheiratet, musst für niemanden sorgen."* Die Kinder lachten. Und sie, Elise, war die liebe, nette Tante – von der man nicht wusste, wo man sie hinsetzen sollte, sodass sie wie immer am Tischende bei den Kindern landete. Ein besseres Kindermädchen. Sie nahm ihre Krücken und humpelte hinaus ins Freie. Nur weg! Sie hörte Schreie, aber sie humpelte weiter, so schnell sie konnte. Der Weg versank im Matsch. Sie wollte zurück, aber es ging nicht. Sie fiel zu Boden, spürte, wie die nasse Erde an ihrem Gesicht entlangquoll. Sie geriet in Panik, versuchte den Kopf zu heben, um den Mund freizubekommen, aber der Kopf war schwer, schwer wie Blei. Sie wollte atmen, sie riss den Mund auf, aber da war keine Luft mehr, nur breiige Erde. Und dann fiel sie und fiel und fiel ...

Elise wachte auf und sah, dass sie vom Stuhl gerutscht war. Kein Schlamm, keine Krücken. Gott sei Dank. Sie sog die Luft ein. Es roch nach Bohnerwachs. Alles in Ordnung. Du kannst dich freuen, dachte sie, alles halb so schlimm. Zumindest besser als dieser schreckliche Traum. Aber sie konnte sich nicht freuen. Vergeblich versuchte sie, die schrecklichen Bilder zu verdrängen. Mutlosigkeit erfasste sie. War das das Schicksal, das sie erwartete? Ein paar schöne Stunden mit Rüdiger, eine freudvolle Affäre mit einem Engländer, und von da an nur noch die liebe Elise, immer bereit, jedem zu helfen? Und wer kümmerte sich um sie? Etwa ihre Mutter? Da konnte sie nur lachen.

Ihr Vater.

Er war wieder ihr Halt geworden, als sie es schon nicht mehr zu hoffen gewagt hatte.

Und jetzt? Und jetzt? Und jetzt?

Die Sonne war hinter den Bäumen verschwunden. Elise zog die Schuhe aus und legte sich auf die Bettdecke neben ihren Vater. Den Kopf auf seinem Kissen blickte sie in sein Gesicht. Der Schnurrbart, die lange gerade Nase, die Falten unter den Augen und um den Mund herum. Zeichen seines gelebten Lebens.

Immerhin ...

Sie weinte.

26

Das Büro von Notar Großmann lag am Ende der Steinbreite, kurz vor dem Festplatz, ein allein stehendes Haus neben der Einfahrt zur Holzfabrik, in der neuerdings Sperrholzplatten hergestellt wurden.

Eine weiße Villa aus der Gründerzeit. Sie hatte dem alten Sassnitz gehört, dem Eigentümer der Holzwerke. Der war vor zehn Jahren gestorben, und seine Kinder waren vor die Stadt gezogen, weg von der schlechten Luft, die die rußbedeckte Lokomobile im Heizraum der Fabrik ausstieß.

Großmann war auch ein alter Mann, seit fünfzig Jahren Notar, und der graue Qualm, der bei Westwind an seinem Fenster vorbeizog, war ihm egal.

Elise und Harnack gingen die Freitreppe hinauf, durchquerten den Windfang und traten in den Flur der ehemaligen Beletage.

Mühe wartete schon. Mit ihm ein etwa vierzigjähriger Mann, dem die Nickelbrille schief auf der Nase saß. Er presste eine Aktentasche an seine Brust, als befürchtete er, dass Harnack sie ihm entreißen würde. Die beiden Männer saßen auf einer Bank neben der Tür, die in das Souterrain, zur Küche und zum Dienstboteneingang hinunterführte. Sie standen nicht auf, um sie zu begrüßen.

Elise war es egal. Sie war tatsächlich froh, dass Harnack sie begleitete. Sie wollte den Termin schnell hinter sich bringen, jedenfalls so schnell wie möglich, denn Notar Großmann war nicht dafür bekannt, die Urkunden zügig vorzulesen. Sie fasste an ihre Handtasche und spürte den Leitz-Aktendeckel, der den Entwurf des Vertrages enthielt. Sie hatte ihn widerwillig durchgelesen. Harnack hatte noch Kleinigkeiten verbessert.

Die Beurkundung, hatte Großmann gesagt, würde etwa eine Stunde dauern, dann die Unterschriften, dann wäre alles vorbei. Dreiundneunzig Jahre Familiengeschichte. Elise dachte an den Urgroßvater, der als Denkmal auf dem Platz stand und ein Modell der Schule in der Hand hielt. Er jedenfalls würde dort stehen bleiben.

Noch eine Stunde Zeit also, um es sich zu überlegen.

Die Tür zum ehemaligen Salon sprang auf, und Mathilde Großmann, die Tochter des Notars, winkte sie herein.

Hilf mir, Papa!

Elise ließ den Männern den Vortritt und folgte ihnen in den Raum. Wieder eine Möglichkeit weniger, die ganze Sache abzublasen.

Notar Großmann war anders als sein Name. Er war klein. Nicht unscheinbar, aber klein. Bei den Feiern im Holzmindener Gesellschaftsklub saß er gewöhnlich mit Rennefelds am Tisch. Er war ein gefürchteter Schlechttänzer. Und ein guter Notar. Er hatte alle Verträge beurkundet, die Elises Eltern jemals geschlossen hatten. Meist waren es Kaufverträge gewesen. Jetzt ein Verkauf. Elise versuchte, im Gesicht des Notars zu lesen, ob dieser sich dessen bewusst war, und meinte, einen Anflug von Melancholie in seinem Gesicht zu erkennen. Vielleicht Einbildung. Großmann gab allen die Hand und wies ihnen ihre hochlehnigen Stühle zu, die im Halbkreis vor dem Schreibtisch standen.

Mühe überreichte seine Vollmacht. Der Notar prüfte sie, murmelte etwas Unverständliches und ließ sich Mühes Ausweis zeigen. Er blickte auf das Foto. „Sie sahen jung aus, als das Foto gemacht wurde", sagte er.

„Ja, ich war einmal jünger", antwortete Mühe und lachte meckernd.

Blödmann.

Großmanns Mund spitzte sich, als habe er auf etwas Saures gebissen. Für ein paar lange Sekunden blieb, wie im Film, das Bild stehen, und niemand wollte etwas sagen.

Die Augen des Notars schwenkten schließlich zu Elise. Ihr war, als würde er in sie hineinblicken. Ihr Rücken kribbelte.

„Sie haben auch eine Vollmacht, Fräulein Elise. Ihr Vater hat sie bei mir hinterlegt. Sie sind mir von Person bekannt." Er hielt einen beschriebenen Bogen in die Luft. „Einwände?" Sie schüttelte den Kopf.

Keine Einwände. Jedenfalls jetzt noch nicht.

„Ich habe die Vollmacht mit Ihrem Herrn Vater beurkundet", fuhr Großmann nachdenklich fort. „Wir haben lange darüber gesprochen. Er hatte ziemlich genaue Vorstellungen. Ich habe vorgeschlagen, dass ich diese in die Urkunde aufnehme. Aber er hat abgelehnt, wollte lieber mit Ihnen darüber sprechen, sagte, dass das genügen würde. Ich nehme an, er hat mit Ihnen gesprochen?"

Elise nickte. Sie verstand, worauf der Notar bei aller gebotenen Neutralität hinauswollte, erahnte seinen hinter den tadellosen Manieren kaum wahrnehmbaren Vorwurf: Warum enthielt der Vertragsentwurf nichts von den Bedingungen, die Großmann mit Elises Vater besprochen hatte, den nur hälftigen Verkauf, das Benennungsrecht für die Direktoren?

Die Augen des Notars ließen sie nicht los.

„Wir haben ausführlich darüber gesprochen", sagte sie langsam und fühlte Trotz in sich aufsteigen, „bevor er ... krank wurde. Ich habe ihm versprochen, dass ich in seinem Sinne handeln werde."

Großmann nickte langsam. Elise sah Zweifel, aber auch Verständnis in seinen Augen.

„Und?", fragte er.

„Ich werde in seinem Willen handeln."

„Seinem mutmaßlichen Willen", warf Harnack ein, „die Dinge haben sich geändert."

Mühe grinste wohlgefällig.

Großmann griff nach einer Zigarre – „Gestatten Sie?" – und zündete sie sich umständlich an. „Die Vollmacht ist nicht alt." Weißer Rauch strömte mit den Worten aus seinem Mund. „Was soll sich da geändert haben, in ein paar Wochen?"

„Die Zeiten ändern sich heute schnell“, sagte Elise. Sie blickte zu Mühe hinüber, der sie amüsiert ansah.

„Und man muss an die Stadt denken“, fügte Harnack hinzu. „Niemand will der Stadt schaden, und ganz bestimmt nicht jemand aus der Familie Rennefeld.“

Großmann zog heftiger an der Zigarre.

„Manchmal muss man tun, was man tun muss“, sagte Elise. Sie hätte sich ohrfeigen mögen, weil sie so nichtssagend daherredete, aber die Stimmung war in quälende Scheinheiligkeit abgeglitten. Sie alle wussten mehr, als sie sagen durften. Oder sagen wollten.

Schließlich legte Großmann die Zigarre zur Seite und griff sich mit beiden Händen den Vertrag. „Sie soll also sein, die Beurkundung?“

Mühe nickte, Elise schwieg und blickte Harnack an. Harnack nickte.

Großmann seufzte, er litt sichtlich unter seinem Amt, das ihm strikte Neutralität auferlegte. Mit spitzen Fingern legte er fünf gelbliche maschinengeschriebene Seiten nebeneinander und begann mit leiser Stimme vorzulesen:

Es erschienen

1. *für Herrn Direktor Ludwig Rennefeld dessen Tochter Elise Rennefeld, kraft Vollmacht vom 3. Mai 1924 – im folgenden Verkäufer genannt,*
2. *für den Freistaat Braunschweig der Oberinspektor Heinrich Mühe, kraft Vollmacht vom 14. Mai 1924 – im folgenden Käufer genannt.*

Großmann las vor, ohne sich einmal zu unterbrechen, monoton, fast so, als wollte er deutlich machen, dass er seine Pflicht tat, aber nicht mehr.

Elise saß zusammengekauert auf ihrem Stuhl. Der Text des Vertrages zog wie in Wellen an ihr vorbei und schlug Wunden.

Verkauft wird der gesamte Grundbesitz,
Gemarkung Holzminden,
... samt aufstehender Schule ...
... mit allen Rechten und Pflichten ...
... Der Kaufpreis beträgt ...
... und ist sofort zu zahlen auf Konto der Harnack-Bank, Holzminden.
... Direktor Rennefeld legt mit sofortiger Wirkung seine Ämter an der Schule nieder ...
... Die Familie Rennefeld scheidet aus allen Gremien aus ...
... Der Käufer verpflichtet sich auch gegenüber der Stadt Holzminden, die Schule auf seine Kosten weiterzubetreiben .... .

Elises Hände zuckten.

Scheidet mit sofortiger Wirkung aus. Zieht sich aus allen Gremien zurück.

Sie sah das Gesicht ihres Vaters vor sich. *Ich vertraue dir ... ich vertraue dir ... ich vertraue dir ...*

Und nun saß sie hier, spürte, dass Mühe sie immer noch angrinste, und fühlte sich allein. Harnack hatte nach ihrer Hand gegriffen, als ob er sie schützen wollte. Sie hatte sie ihm entzogen, beiläufig, hatte so getan, als müsse sie sich die Nase putzen. Aber eigentlich war sie dankbar für die Geste gewesen. Er war schließlich der einzige, der zu ihr hielt. Und er zeigte es auch. Trotzdem fühlte sie sich unendlich einsam. Ich kann immer noch nein sagen, dachte sie, ich kann aufstehen und gehen.

Ich kann.

Ich könnte.

Ich kann eigentlich nicht mehr.

Es war zu spät. Ob richtig oder falsch, es war zu spät. Der Stadt würde die Schule erhalten bleiben. Das war es, was zählte. Ich rede es mir hin, dachte Elise bitter. Ich rede es mir hin, bis die Dinge passen. Aber wer tat das letztlich nicht.

Diese Niederschrift wurde den Parteien vom Notar vorgelesen, von ihnen genehmigt und eigenhändig unterschrieben wie folgt ...

Elise schreckte auf, als Großmann verstummte. Er schob die Blätter aufeinander, klopfte sie hochkant zurecht und legte die letzte Seite zuoberst. Er drehte die Kappe von dem schwarzen Soennecken-Füllfederhalter, legte ihn auf die Papiere und schob beides über die polierte Tischplatte zu Elise hinüber.

Es war so weit.

Sie zog die Urkunde zu sich heran. Der Füllfederhalter fühlte sich fremd, kalt und ungefüge an. Noch einmal spürte sie, wie Angst sie überschwemmte, aber dann war es plötzlich vorbei.

Sie setzte die goldene Feder auf und schrieb.

Sie wartete darauf, dass das traurige Gesicht ihres Vaters erscheinen würde, aber nichts geschah. Die Verhandlungen hatten ein Ende. Der hochmütige Auftritt dieses sogenannten Oberinspektors während der Gespräche war ein Skandal gewesen. So gesehen, stand der Vertrag unter keinem guten Stern. So gesehen, war es richtig, dass sie nun den entscheidenden Schritt getan und den gordischen Knoten durchschlagen hatten.

Sie seufzte.

Es war richtig so, es war richtig so, es war richtig so.

Harnack lächelte und sah sie aufmunternd an.

Danke.

Mühe unterschrieb ebenfalls und blickte verächtlich in die Runde. Dann stand er auf, hob lässig die Hand zum Abschied, winkte seinem Adlatus und rauschte hinaus. Die Zurückgebliebenen atmeten auf. Sie hatten ihm nicht die Hand geben müssen.

Großmann lehnte sich zurück. Auch er war sichtlich erleichtert, dass es vorbei war. „Es ist nicht immer so einfach, wie man es gern hätte“, sagte er tröstend. „Gut gemacht, junge

Frau. Ihr Herr Vater kann stolz auf Sie sein."

Seine Worte taten ihr gut. Ob ihr Vater stolz wäre, wenn er aufwachte, bezweifelte sie. Sie ahnte, dass dieser Tag ihr Gewissen so lange belasten würde, bis sie ihrem Vater alles erklären konnte.

Es hatte angefangen zu regnen. Als Elise mit Harnack die Freitreppe hinunterging, legte sie den Kopf in den Nacken, ließ sich die Tropfen auf die Stirn fallen, schloss die Augen und genoss die Kühle. Sie verabschiedete sich von Harnack, der sie gern noch begleitet hätte. Auf dem Heimweg würde sie an dem Denkmal ihres Urgroßvaters vorbeikommen. Nun, sie würde auch das überstehen.

Sie hörte die Glocke der katholischen Kirche fünf schlagen, als sie in die Böntalstraße einbog. Schon von Weitem sah sie Gustav auf sich zukommen. Er ging zögernd, gar nicht so, wie es sonst seine Art war.

„Sie müssen stark sein, Fräulein Elise", sagte er, als sie zusammentrafen, mit brüchiger Stimme. „Ihr Herr Vater ist vor einer halben Stunde verstorben."

27

Eine Woche nach der Beerdigung ihres Vaters bestieg Elise den Postbus in Richtung Göttingen und fuhr in das zwölf Kilometer entfernte Neuhaus. Die Grahns hatten es nur zwei Tage in Holzminden ausgehalten und waren „geflüchtet“, wie Helene sich ausdrückte, die ebenfalls sofort abgefahren war. Elises Mutter war daraufhin zu ihrer Familie nach Mannheim gefahren und hatte Elise in dem großen Haus an der Böntalstraße allein gelassen.

Die Beerdigung hatte den Rahmen all dessen gesprengt, was Holzminden bisher gesehen hatte. Die ganze Stadt war auf den Beinen, obwohl Elise nicht sicher war, dass es immer aufrichtige Trauer war, die die Menschen auf die Straßen trieb, um den schwarzen Katafalk zu sehen, der von vier Pferden auf einem Wagen durch die Stadt gezogen wurde. Sophie, die Witwe, hatte darauf bestanden, dass der Trauerzug eine Runde durch die Stadt machte, am Denkmal vorbeizog, hinunter zum Hafen, wo gerade Rennefeldscher Sandstein verladen wurde. Es war, als wollte Sophie ihrem Mann noch einmal Gelegenheit geben, in Ruhe von all dem Abschied zu nehmen, was sein Leben gewesen war: Holzminden. Und vielleicht wollte Elises Mutter den Bürgern noch ein letztes Mal bewusst machen, was dieser Mann, was seine Familie für die Stadt an der Weser getan hatte. Ob sie es hören und sehen wollten oder nicht.

Den Rennefelds von der Fabrik war es etwas peinlich, dass „so viel Gewese“ gemacht wurde, die Menschen würden sich nur das Maul zerreißen, und im Übrigen sei nicht die Zeit, mit Geld und Einfluss zu protzen.

Elise hingegen konnte ihre Mutter verstehen. Es ging ihr nicht um Gunst oder Missgunst anderer Menschen, sondern um ihren Mann, der nicht unter Wert abtreten sollte.

„Verdienste um das Gemeinwesen sind nicht abhängig

vom Zeitgeist“, hatte Sophie die Familie beschieden. „Verdienste sind da, oder sie sind nicht da. Und in diesem Fall sind sie da. Und wenn mein Ludwig dort oben auf einer Wolke sitzen und auf uns herunterblicken sollte, dann soll er nicht das Gefühl haben, dass er sein Leben weggeschmissen hat, dass alles für die Katz war.“

Energische Worte, und Sophies Töchter hatten sich verwundert die Augen gerieben. So viel Entschiedenheit hatte Sophie Rennefeld ihr Leben lang nicht an den Tag gelegt, und allein das war Grund genug, ihr beizupflichten, obwohl Elise nicht davon ausging, dass Sophie sich um andere Meinungen geschert hätte.

Aber Elise war tatsächlich der gleichen Meinung wie ihre Mutter gewesen, wenn auch die Erinnerung an den Vertragsabschluss, den ihr Vater wohl als schmachvoll empfunden hätte, wie eine dicke, schwarze Wolke über all ihren Gedanken hing. Es war ihr ein echtes Anliegen, etwas besonders Ehrenhaftes für ihn tun zu können. Mit gemischten Gefühlen stellte sie dann fest, dass die zahlreichen Redner am Grabe den Verkauf der Baugewerkschule als ein Opfer des Verstorbenen an der Gemeinschaft verstanden wissen wollten. Als letztes, noch in den Todesstunden verfügtes Vermächtnis, um seiner Stadt ihre Schule zu erhalten.

In der Böntalstraße selbst war das Thema tabu, und erst recht eine kontroverse Diskussion hierüber. Elise hatte den Inhalt des letzten Gespräches mit ihrem Vater, das feierliche Versprechen, gerade das nicht zu tun, was sie dann doch getan hatte, für sich behalten. Und auch Harnack bewahrte Schweigen darüber, ohne dass sie ihn darauf angesprochen hatte. Mit dem Konflikt, ob sie Treuebruch begangen oder weitsichtig gehandelt hatte, blieb Elise also allein, und er wurde durch die öffentlichen Lobreden noch verstärkt. Sie wusste: Sie musste mit ihren widerstreitenden Gefühlen fertig werden, und solange sie das nicht schaffte, würde ihr Leben von einem dunklen Schatten begleitet sein.

Da sie das also nur mit sich selbst ausmachen konnte, war sie nicht wirklich böse, dass nun auch ihre Mutter ihr Seelenheil in einer gut camouflierten Flucht suchte, und hatte guten Gewissens Sophies Anerbieten, sie nach Mannheim zu begleiten, ausgeschlagen.

Wenn sie aber geglaubt hatte, allein in der Böntalstraße nun mit den unheilvollen Geistern Frieden schließen zu können, hatte sie sich geirrt. Im Gegenteil. Überall hingen die Worte ihres Vaters wie der Duft seiner Zigarren im Haus. Auf dem stummen Diener im Ankleidezimmer ihrer Eltern hing noch das graue Jackett, das ihr Vater auf dem Dampfer getragen hatte. Vom Nachttischchen ihrer Mutter blickte seine Fotografie ernst zu ihr herüber.

Gustav und die Köchin, sogar die lebhafte Doris, redeten immer noch leise und hinter vorgehaltener Hand, als hätte sich der *gnädige Herr* gerade zum Mittagsschläfchen aufs Ohr gelegt.

Wie sollte sie hier wieder zu sich finden können? Sie sehnte sich nach einer Schulter zum Anlehen, nach Armen, die ihr Halt gaben. Harnack hätte sich sicher anerboten, aber er kam nicht infrage.

Rüdiger.

Auch wenn sie sich kaum noch sahen, empfand Elise nach wie vor dieses unsichtbare Band des Verstehens, als ob das Schicksal sie noch für wichtige Dinge zusammenhielt. Sie hatte ihn auf dem Friedhof gesehen, aber nur von Weitem, und er war nicht zum Empfang gekommen, obwohl Elise extra Doris mit einem Einladungskärtchen zu ihm geschickt hatte. Sie hatte auch nicht wirklich angenommen, dass er kommen würde. Seine Vorbehalte kannte sie. Wohl aber glaubte sie, dass er sich später die Zeit nehmen würde, in Ruhe mit ihr zu sprechen.

Doch dann war diese Hoffnung, die sie ein paar Tage aufrechtgehalten hatte, wie eine Seifenblase zerplatzt.

Rüdiger wohnte noch immer in der Bahnhofstraße, jetzt

in seinem eigenen Haus. Elise kannte es. Rüdiger hatte sie einmal eingeladen, aber es war eher ein netter Nachmittag geworden als ein neues Stelldichein. Vielleicht hatten sie beide mehr im Sinn gehabt, Elise auf jeden Fall, aber es war nicht so gekommen, aus welchen Gründen auch immer. Kein Funke, der das alte Feuer angefacht hätte. Immerhin, sie wussten, da war etwas zwischen ihnen, das nur sie verband und andere nicht.

Und so ließ sich Elise bei einem Abendspaziergang in die Bahnhofstraße treiben und blickte nun zu den erleuchteten Fenstern hinauf. Voller Vorfreude, seine starken Arme zu spüren und sich von seinem Lebensmut aus dem Durcheinander ihrer Empfindungen reißen zu lassen.

Die Straße lag verlassen. Nur eine junge Frau trippelte mit hastigen Schritten in Richtung Rathaus. Wenn sie in das Licht der Gaslaternen geriet, leuchtete ihr Mantel rot auf. Sie war blond. Elise kannte sie nicht. Elise schickte sich an, die Straße zu überqueren, als die Frau vor Rüdigers Haus stehen blieb. Sie klingelte. Hinter den Scheiben ging das Licht an, dann öffnete sich die Tür. Rüdiger erschien.

Elise trat erschrocken auf den Bürgersteig zurück und verbarg sich hinter dem Stamm einer Kastanie. Sie klammerte sich an die feuchte, raue Borke des Baumes.

Wie durch einen Schleier sah sie, wie Rüdiger den Arm um die Frau legte und sie küsste. Noch während er sie küsste, zog er sie ins Haus. Einen Augenblick später erlosch das Licht im Laden.

Deshalb stand Elise nun nur wenige Tage darauf frühmorgens an der Haltestelle für den Bus nach Göttingen. Die Luft war frisch und klar, irgendwie seidig.

Sie blickte zur HARNACK-BANK hinüber. Die Rollläden waren noch heruntergelassen, und das war gut so. Sie hatte keine Lust, sich Harnack gegenüber zu erklären, weil sie die Stadt verließ. Er würde sie fragen, wie lange sie fortbleiben wolle, und sie würde ihm antworten müssen, dass sie das nicht wisse, woraufhin er sie anschauen würde, als müsse man sich Sorgen um sie machen. Das war das Letzte, was sie jetzt gebrauchen konnte.

Natürlich würde er auch fragen, wohin sie denn wollte. Ihre Antwort würde ihn nicht überzeugen, vermutlich würde er ihr schlichtweg nicht glauben. In das Waldhäuschen, das die Familie schon seit Jahrzehnten besaß und in das sich Elises Vater des Öfteren zurückgezogen hatte, das ihre Mutter aber kaum benutzte, weil es ihr zu wenig repräsentativ war. Und zu einsam, viel zu einsam, da musste man sich ja fürchten im tiefen Wald, wo sich Hase und Igel gute Nacht sagten. Und wo sie vor ein paar Jahren sogar Wölfe gesichtet hatten. Sagte Sophie.

Elise hatte nicht viele Sachen dabei, Unterwäsche, einige Kleider und sogar ein Paar lange Hosen. In der Wildnis würde ihr niemand aus der Stadt über den Weg laufen. Im Übrigen war das Häuschen voll ausgerüstet, wenn es auch keinen Strom gab und das Wasser aus der nahen Quelle geholt werden musste. Um zu heizen, musste man Holz hacken, und wenn keines mehr da war, musste man welches sammeln. Aber jetzt kam ja der Sommer. Ob es schon Himbeeren gab? Oder Walderdbeeren? Im Ort war eine Bäckerei. Und eine Fleischerei sowie ein Laden für Krimskrams. Sie würde schon nicht verhungern.

Neben ihr saßen noch drei Personen auf den zwei Bänken unter dem Denkmal. Zwei junge Männer, Studenten wahrscheinlich, und eine blonde Frau, die die Augen niederschlug, wenn die Männer sie ansahen. Sie hielt ein winziges Baby auf dem Arm, das friedlich schlief.

Der Bus kam pünktlich. Es war ein gelber Postbus, wie es ihn in den Großstädten gab. Ein rechteckiger Fahrgastraum, in dem zehn Passagiere Platz hatten. Und zwölf draußen auf dem Dach, auf Bänken, die man zwischen eine umlaufende Balustrade gezwängt hatte.

Der Fahrer saß vorn, allein draußen hinter dem mächtigen

Motor. Er trug eine blaue Kappe mit Kokarde und glänzendem schwarzem Schirm und blickte wichtig drein. Er händigte ihnen Fahrkarten aus und sortierte die Münzen in einer tragbaren Kasse, die an Lederriemen vor seiner Brust hing.

Die Studenten verstauten ihre Koffer auf der hinteren Plattform und setzten sich nach oben. Die junge Mutter folgte Elise in die Kabine. Das Baby begann zu weinen.

Der Fahrer wartete noch einen Moment, dann warf er den Motor an und schob die Kulissenbremse nach vorn. Sie rollten. Elise schloss dankbar die Augen. Sie hielt sie auch noch geschlossen, als sie die Böntalstraße hoch an der Einfahrt zur Villa vorbeifuhren. Nichts sehen, nichts hören, nichts sagen.

Dann waren sie vorbei. Und niemand hatte sie aufgehalten. Ich bin frei, dachte Elise, dieser ganze kleinstädtische Kram soll mir gestohlen bleiben.

Ich bin ich.

Und wer bin ich?

Sie seufzte und tat sich leid. Sie flüchtete in eine gammlige alte Hütte im Wald. War das wirklich ein Ort, um Antworten auf ihre Fragen zu erhalten?

Sie fuhren unter der Bahn hindurch den grünen Bergen des Sollings entgegen. Der Omnibus rumpelte und stampfte auf seinen Vollgummireifen. Die alte Eisengießerei blieb rechts liegen, und schließlich passierten sie, unterhalb des Landschulheims, die alte Zichorienfabrik, in der bald Seife produziert werden würde. Die Zeit des Ersatzkaffees war vorbei und die Produktion unrentabel geworden. Dabei war der Zichorienkaffee von einem Holzmindener erfunden worden, Major Christian von Heine, der sich angeblich aus reiner Langeweile, und weil der Proviant ausblieb, während eines Manövers mit der Gemeinen Wegwarte beschäftigt hatte. Die Gemeine Wegwarte ist nicht gerade ein schönes Gewächs, spindeldürr und blattlos, mit knallblauen Blüten, die sich allerdings bereits mittags wieder für den Rest des Tages schließen. Dem Major fiel auf, dass die bitter schmeckende Wurzel, geröstet und gemahlen, so ähnlich wie Kaffee schmeckte. In Holzminden hatte sich die zunächst aufwendige Verarbeitung per Hand in eine arbeitsteilige Großproduktion gewandelt. Auf Gestellen wurden die zerkleinerten Wurzeln getrocknet, um schließlich in eisernen Trommeln geröstet und in einer von Pferden angetriebenen Mühle zu feinem Pulver gemahlen zu werden.

Elise blickte zu der Halle hinüber, die inmitten hohen Unkrauts auf dem ehemaligen Trockenplatz lag. Vergeblich versuchte sie sich vorzustellen, wie Rüdiger ausgerechnet hier eine moderne Fabrik aufbauen würde. Aber sie bezweifelte nicht, dass es ihm gelingen würde. Und ihre Heimatstadt bewies mal wieder, dass sie nicht zu träge war, um sich der Moderne zu stellen.

Die Straße führte an Ullrichs Holzhalle entlang, in der Liegestühle hergestellt wurden, und folgte dann dem kurvigen Lauf der Holzminde, die zehn Kilometer weiter oben aus einem Hochmoor ins Tal ablief, als ob jemand einen nassen Schwamm ausdrückte.

Die junge Mutter legte sich das Kind an die Brust und fühlte mit den Fingerspitzen, ob das Kleine trank. Eine seltsame Entrücktheit lag auf ihrem Gesicht, so, als gebe es die übrige Welt nicht. Und wenn sie hin und wieder aufblickte, sah Elise einen selbstbewussten Stolz in ihren Augen, und bedingungslose Liebe, wenn sie sich wieder ihrem Kind zuwandte.

„Wo sind Ihre Kinder?“, fragte die Frau, als sei es das Selbstverständlichste von der Welt, dass jedes weibliche Wesen über zwanzig Mutter und vor allem anderen für ihre Kinder da war.

Elise überlegte, ob sie flunkern sollte, um kein Mitleid in den Augen der Frau aufkommen zu sehen. Dann aber schüttelte sie störrisch den Kopf und sagte: „Ich habe noch keine.“ Als sie die fragende Miene der Frau sah, fügte sie hinzu: „Es hat sich nicht ergeben.“

Die Frau lachte. „Es ist ja noch nicht zu spät. Die Männer sind eben so."

Die Männer sind eben so. Ganz einfach. Vorausgesetzt aber, man hatte einen Mann, noch dazu einen, der einem gefiel.

Das Baby schrie und spuckte auf die Bluse seiner Mutter.

„Ich kann den Kleinen nehmen, wenn Sie sich sauber machen wollen", hörte sich Elise sagen.

Die junge Frau blickte sie dankbar an, nickte und reichte ihr das Kind. Für einen Moment hatte Elise Angst, etwas falsch zu machen, dann aber fasste sie das schreiende Bündel und zog es zu sich herüber. Ein süßlicher, warmer Duft nach Zucker und Milch umgab es. Elise legte den Jungen an ihre Schulter und spürte, wie sich seine winzigen Hände im Stoff ihres Kleides verkrampften.

„Ist ja gut", murmelte sie zärtlich, „ist ja gut."

Fast augenblicklich verebbte das Geschrei des Kindes und ging in ein glucksendes zufriedenes Schmatzen über. Ein paar tiefe Atemzüge, dann lösten sich die kleinen Fäuste und legten sich feucht an Elises Hals.

Lieber Gott, wie schön das ist.

Ein seltsames Gefühl von Frieden erfüllte sie. Und plötzlich war sie sich sicher, dies war ein positives Zeichen, sie war auf dem richtigen Weg.

Elise ließ den Bus hinter der Sollingquelle halten. Sie reichte der Frau das nun schlafende Baby zurück, nahm ihre Tasche und stieg aus. Der Fahrer winkte ihr unwirsch zu, wie ein Kapitän, der Meuterer von Bord lässt. Die beiden Studenten beugten sich von oben über das Geländer und boten an, auszusteigen und ihr die Tasche zu tragen.

Sie schüttelte lachend den Kopf und spürte, wie kühler Waldwind ihre Frisur zerzauste. „Danke", rief sie, „ist nicht weit, und mein Vater wäre sicherlich nicht einverstanden." Für einen Augenblick hatte sie ein schlechtes Gewissen, dass sie ihren Vater ins Spiel gebracht hatte, aber dann musste sie grinsen. Irgendwie beschützte sie ihr Vater noch immer, und sei es auch nur mithilfe einer kleinen Flunkerei. Sie blickte in den Himmel und schnippte mit den Fingern.

Die Hütte lag jenseits der Quelle, am Waldrand. Menschen sah sie auf dem Weg dorthin nicht. Aber viele Tiere, einen Bussard, blökende Schafe, Kühe, die kauend zu ihr herübersahen, eine Gabelweihe. Sogar einen Storch, der einen Frosch aus dem Sumpfgras stocherte. Wie war das mit dem Storch und den Babys? Sie schüttelte sich, ein bisschen viel Kinderkram heute.

Zwischen wuchernden Haselnusssträuchern tauchte es schließlich auf. Ein Hexenhaus, rotes, spitzes Dach, langer Schornstein, Fensterläden, von denen die Farbe abplatzte. Der Weg zum Eingang war gepflastert, aber kaum mehr zu erkennen. Kraut überwucherte die Steine, und Büsche breiteten ihre Zweige aus, als wollten sie Elise den Zutritt verweigern.

Rote Holztür, grün angelaufene Messingbeschläge, Moos zwischen den Brettern. Die Schlüssel lagen unter der Vogeltränke, die Elise vor Hunderten von Jahren getöpfert hatte. Sie waren rostig, und ein Regenwurm ringelte sich panisch in Sicherheit, als sie sie aufnahm.

Sie ekelte sich vor dem kalten Glibber, mit dem der Rost überzogen war. Elise nahm ihr Taschentuch und wischte die Schlüssel trocken.

Sie hatte erwartet, dass die Tür quietschen würde. Sie öffnete sich zwar schwerfällig, blieb aber stumm. Die Luft, die Elise entgegenströmte, war staubig, warm und stickig. Dämmriges Licht.

Elise stieß die Fensterläden auf. Asseln flüchteten und fielen von den Fensterbänken. Die Tür zur Terrasse klemmte. Elise warf sich dagegen. Mit protestierendem Kreischen sprang die Tür auf.

Der Garten war grün, grün, grün. Betupft mit dem Rot wild wuchernder Pfingstrosen und der Rasen besprenkelt mit dem Gelb der Himmelsschlüsselchen.

Wiesenschaumkraut, Sauerampfer, eine Birke, ein Apfelbaum. Und im Tal ein Teich, auf dem Enten schwammen. Endlich einmal etwas ohne Ordnung, dachte sie, und trotzdem harmonisch. Es wächst eben auch gut, wenn der Mensch sich nicht kümmert. Nur der Mensch kam scheinbar nicht ohne Ordnung aus. Menschen waren so. Auch sie war so.

Sie fand einen alten Liegestuhl mit dem Stempel von Ullrichs Holzhandlung, wischte die Spinnweben und Milbennester ab und stellte ihn am Ufer des Teiches in das hohe Gras. Sie setzte sich vorsichtig hinein, das alte Holzgestell knarzte, und für einen Moment glaubte sie, dass der Stoff unter ihrem Gewicht reißen würde, aber er hielt, und sie lehnte sich aufatmend zurück.

Ich bin angekommen, dachte sie, hier werde ich Ruhe finden. Hoffentlich.

Stille.

Die Sonne schien warm auf Elises Gesicht.

Sie schloss die Augen.

Roter Nebel mit grünen diffusen Objekten, die sich langsam auflösten. Das Rot verblasste, wurde violett, verfärbte sich blau, dunkelblau. Dann, plötzlich, war alles schwarz. Es war, als sei die Welt verschluckt worden von einem schwarzen Sack. Was wäre, wenn sich die Welt tatsächlich aufgelöst hatte? Wenn nur die Sonne und sie geblieben waren. Wäre das gut?

Das wäre nicht gut. Erschrocken öffnete Elise die Augen.

Noch alles da.

Gott sei Dank.

Sie lächelte gequält. Gerade noch ist einem die Welt zu viel, und wenn man nur daran denkt, dass sie nicht mehr da sein könnte, gerät man in Panik.

Irgendwo krächzte ein Vogel, ein anderer antwortete ärgerlich. Da können sich zwei nicht leiden, dachte sie. Willkommen zurück im wirklichen Leben. Eine Wespe summte heran und verharrte vor Elises Nase, gerade so, als wollte sie sich jede Einzelheit ihres Gesichtes einprägen. Elise verscheuchte sie mit der Hand. Die Wespe sirrte empört, dann verlor sich ihr Summen über dem Teich.

Elise hörte, dass die Luft voller Laute war. Eine Hummel brummte in einer Blüte, ein Frosch sprang aus dem Wasser, schnappte nach einer Mücke und fiel klatschend zurück. Irgendwo klopfte ein Specht. Wind rauschte durch die Gräser. Er brachte den kaum wahrnehmbaren Duft von brennendem Holz mit sich, was eine Sinnestäuschung sein musste, denn bis zum Ort gab es nur noch Wald und Wiesen und Kühe und Pferde. Sie war allein mit sich und der Natur.

Sie war allein, und sie wollte allein sein.

Was werde ich also hier tun, fragte sie sich. Einfach nichts? Das würde nicht gehen, wenn sie in der Hütte bleiben wollte. So heruntergekommen, wie die war. Und der Garten, beziehungsweise das, was von ihm noch da war. Hausarbeit also. Arbeit würde ihr guttun, sie auf andere Gedanken bringen. Und essen musste sie natürlich auch. Sie würde einkaufen müssen im Ort, zwei Kilometer hin, zwei Kilometer zurück. Würde sie kochen? Was würde sie kochen?

Sie stand auf und ging ins Haus zurück. Die Küche lag neben dem Eingang, ziemlich klein, gerade genug Platz für den Herd und einen schmalen Schrank für Geschirr, Besteck und allerlei Utensilien. Sogar Gewürze waren noch da, wenn man davon absah, dass sich das Salz gelblich verkrustet hatte und der Pfeffer aufgequollen war und modrig roch. Zucker fehlte.

Die Holzkiste war leer. Im Garten fand sie ein paar vermoderte Scheite hinter wilden Brombeerranken an der Hauswand. Unter einem Vordach an der anderen Hausseite lag gesägtes Holz. Neben dem Stapel hing eine Axt an zwei Nägeln, ziemlich angerostet, aber immerhin.

Alles in allem nicht schlecht. Sie hatte zwar erwartet, dass die Hütte in einem besseren Zustand war, aber wenn man es recht betrachtete, war es doch ein kleines, wenn auch ziemlich vernachlässigtes Paradies, ein Paradies mit Arbeitspflicht. Nun denn, Zeit würde sie genug haben.

Im Laufe der folgenden Woche wechselte ihr Zustand zwischen wuseliger Nervosität, innerer Zurückgezogenheit und großer, fast inhaltsloser Ruhe, schwankte hin und her, her und wieder hin.

Sie ging einkaufen. Der Weg ins Dorf war nicht so lang, wie sie ihn in Erinnerung hatte. Als Kind, wenn sie und Hildegard ihren Eltern auf ihren kurzen Beinchen folgen mussten, war er ihr endlos erschienen, sodass sie sich das eine oder andere Mal bockig auf den Boden geworfen hatte. Nicht, dass es etwas genützt hatte, aber Elise konnte sich plötzlich an die Befriedigung erinnern, die sie gespürt hatte, wenn ihr Vater hilflos über ihr stand und sie am liebsten geohrfeigt hätte, aber nicht die Hartherzigkeit aufbrachte, seiner kleinen Tochter wehzutun. Eigenartig, wie nach seinem Tod solche längst vergessenen Dinge neue Bedeutung gewannen.

Sie lief am Waldrand entlang. Die Sonne stand in Elises Rücken und tauchte die Wiesen in goldenes Smaragdgrün. Rechts, im Tal, folgte ihr der mäandernde Bach. Auf dem gegenüberliegenden Hang grasten Pferde, diesseits lagen Kühe im Gras und glotzten ihr wiederkäuend nach.

Neuhaus lag an der Straße, die den Bach kreuzte, unterhalb des Hochmoores. Auch wenn es nicht offensichtlich war, bestand die Siedlung aus zwei Dörfern, dem braunschweigischen Neuhaus mit dreihundert Einwohnern links des Baches und dem hannoverschen Neuhaus mit einhundertsiebzig Einwohnern an seinem rechten Ufer. Die Geschäfte lagen bis auf die Schlachterei im Braunschweigischen. Dort hatte auch der wilde Jäger Hackelberg gelebt, ein Raubein erster Güte, der vor einer großen Jagd davon geträumt hatte, dass ein schwerer Keiler ihn tödlich verletzen würde. Allen Warnungen zum Trotz nahm Hackelberg an der Jagd teil und traf tatsächlich auf ein mächtiges Tier, das sich auf ihn stürzte. Mit letzter Kraft gelang es ihm, das Tier zu erlegen. Beim abendlichen Jagdfest in Anwesenheit des Herzogs verspottete Hackelberg die tote Kreatur, hielt den Kopf des Ebers in seinen Händen vor sich und rief: „Nun hast du mir doch nichts anhaben können." Im selben Moment glitt ihm der Kopf aus den Händen und die spitzen Hauer durchbohrten seinen Fuß. Die Wunde entzündete sich. Hackelberg starb. Seitdem, so wusste Elise von Gustav, jagte sein Geist bei Wind und Sturm, begleitet von seinen Hunden, ruhelos umher, vorzugsweise dort, wo der Unfall geschehen war.

Das war in der Nähe von Elises Hütte gewesen. Sagte Gustav. Erstaunlicherweise hatte sie als Kind nie Angst vor dem wilden Jäger gehabt. Nicht, dass sie die Geschichte nicht geglaubt hätte, aber sie hatte sich stärker gefühlt als ein Geist. Was sollte jemand, den man noch nicht einmal anfassen konnte, ihr anhaben? Nicht selten saß sie nachts, wenn es stürmte, aufrecht im Bett und wartete auf den großmäuligen Unhold, um ihm ordentlich die Meinung zu sagen. Wie er darauf kam, unschuldige Menschen in Furcht zu versetzen, bloß weil er, Hackelberg, den Kopf eines Wildschweines nicht hatte festhalten können? Aber der wilde Jäger war nie erschienen. Siehst du, hatte sie der zitternden Hildegard gesagt, man darf keine Angst haben. Man wird nur klein und mutlos, und irgendwann weiß man nicht mehr weiter.

Große Worte von einem kleinen Mädchen, das sich nicht einschüchtern lassen wollte. Das fest daran glaubte, dass man mit Mut alles erreichen konnte. Heute wusste Elise, dass die Welt so einfach nicht war. Und dass einem nicht nur der Kopf eines Ebers, sondern auch noch so manches andere auf die Füße fallen konnte. Sollte sie daraus ableiten, von jetzt an immer klein beizugeben und sich den Dingen zu fügen, so ungerecht sie auch waren? Ich wünschte, dachte sie missmutig, dass ich die Kraft hätte, diese Frage zu verneinen.

Im Braunschweigischen Neuhaus kaufte Elise einen halben Laib Brot, ein Viertel Pfund gesalzene Butter direkt aus dem Fass, Kartoffeln, ein Bund Suppengrün, drei dicke Zwiebeln, ein Bund Schnittlauch, Salz, Pfeffer und Zucker. Sie würde *Himmel und Erde* kochen. So konnte sie gleich noch die verschrumpelten Äpfel nutzen, die sie im Kellerregal gefunden hatte.

Dazu Tellerfleisch nach Höxteraner Art. Sie ging zum Schlachter auf der anderen Seite des Baches. Die Brücke spannte sich unbewacht zwischen zwei einsamen Schilderhäuschen über das Wasser, so schmal und verloren, als lehnte sie es demonstrativ ab, ihrer staatstragenden Bedeutung gerecht zu werden. Ein braunschweigischer und ein hannoverscher Wimpel hingen gleichberechtigt über dem Schaufenster. Hunger nimmt keine Rücksicht auf Ländergrenzen.

Die Glöckchen über der Tür bimmelten, als Elise eintrat. Eine weißhaarige Frau wurde bedient. Mit einer Stange, an deren Spitze ein Haken saß, holte die Fleischersfrau eine Wurst herunter und schnitt sie in zwei Hälften. Elise fiel auf, dass die Frau leicht hinkte. Und dass sie ein schwarzes Kleid unter der gestreiften Schürze trug. Sie schlug eine Wursthälfte in eine Zeitungsseite ein und reichte sie über die Theke.

„Zweifünfzig, bitte."

„Früher konnte ich mir eine ganze leisten", brummelte die Frau vor sich hin und zählte mit spitzen Fingern ihr Geld auf die geriffelte Marmorplatte neben der Kasse. Lauter und freundlicher fügte sie dann hinzu: „Ihr Hund, der Benno, ist gestorben, habe ich gehört."

Die Fleischersfrau nickte. „Vorgestern Nacht, ganz plötzlich. Er war uns sehr ans Herz gewachsen, wissen Sie ..."

„War er schon alt, Ihr Benno?"

„Acht Jahre."

„Eigentlich kein Alter."

Die Fleischersfrau wischte sich mit dem Handrücken eine Träne aus dem Augenwinkel. „Man sagt ja, dass ein Hundejahr sieben Menschenjahre ausmacht. Aber bei so großen Hunden muss man wohl doch eher zwölf rechnen ... das wären sechsundneunzig Jahre ..."

„Na, dann kann er sich ja nicht beklagen. Aber für Sie ist es natürlich ein Schlag, das verstehe ich." Die Weißhaarige stopfte die Wurst in ihre Tasche und ging, mitleidsvoll den Kopf schüttelnd.

Durch das Fenster sah Elise sie ratlos draußen auf der Treppe stehen bleiben.

„Das Leben ist nicht einfach", sagte die Fleischersfrau, „gerade für die Alten. Der Krieg ist vorbei, und ihre Leute sind tot, und da fragen sie sich, warum sie noch leben, wo sich doch niemand um sie kümmert."

„Vielleicht bräuchte sie auch einen Hund", antwortete Elise. Die Frau nickte. Für ein paar Sekunden standen sie sich nachdenklich gegenüber.

„Zwei Pfund Rinderbrust", sagte Elise schließlich, „oder Querrippe, und zwei Suppenknochen, bitte."

„Sind Sie nicht eine von den Rennefelds, die die Hütte am Teich da oben haben?"

„Dass Sie mich noch erkennen! Es ist lange her, seit ich das letzte Mal hier war, und da hat mich Ihre Mutter bedient, wenn ich mich richtig erinnere. Wie geht's ihr denn?"

Die Hand, die das Messer über dem Fleisch hielt, verharrte. „Sie ist auch gestorben. Vorgestern Nacht. Erst der Hund, dann die Mutter."

„Aber nach ihr fragt keiner."

Die Frau lächelte durch ihre Tränen hindurch. „So ist das Leben."

Oder der Tod, dachte Elise. Tod war nicht gleich Tod. Manchmal war sogar ein Hund wichtiger als ein Mensch.

Als Elise zur Hütte zurückkam und die Tür zum Garten öffnete, fiel ihr Blick auf eine Taube, die halb verdeckt unter dem Brombeerstrauch hockte. Elise sah gleich, dass etwas nicht stimmte. Ein Flügel stand seltsam gekrümmt zur Seite und stieß mit der Spitze auf den Boden, wo sich die Enden der Federn krümmten.

Als Elise nähertrat, gurrte die Taube ängstlich und hüpfte

tiefer unter den Busch, wobei sie den Flügel mitschleifte, als wäre es ein fremder Gegenstand. Elise legte sich vorsichtig auf den Boden und blickte die bemoosten Platten entlang. Sie sah die Taube nur schemenhaft im Halbdunkel sitzen. Sie rührte sich nicht. Elise streckte den Arm aus, um sie zu greifen, aber ihr Ärmel verhedderte und verhakte sich in den Dornen. Ich will doch nur dein Bestes, dachte sie, aber wie sollte die Taube das wissen.

Dann nicht.

Sie ging in die Küche zurück, zerbröselte Brot und legte die Bröckchen quer über die Terrasse bis zur Küchentür. Sie füllte einen Suppenteller mit Wasser und stellte ihn an das Ende der Brotspur. Sie wartete einen Moment, aber es tat sich nichts.

Elise nahm einen Eimer und ging zur Quelle hinüber, die oberhalb des Teiches lag. Zwei, drei Rinnsale liefen aus dem roten Boden zwischen Grasbüscheln entlang und sammelten sich in einer Mulde, die Gustav vor undenklichen Zeiten mit Zement und Kies ausgekleidet hatte. Beglückt sah Elise, dass alles noch tadellos intakt, kein einziger der Steine aus dem Zementbett herausgebrochen war. Alle glänzten im kristallklaren Wasser. Das Wasser war kühl, fast kalt, und glitt glitzernd über ihre Haut, als ob Kristalle in ihm schwammen.

Wie damals, dachte sie. Als Kind hatte sie stundenlang vor dem aus der Erde perlenden Wasser gehockt, nachdem ihre Mutter ihr das Märchen von der Fee erzählt hatte, die tief im Berg wohnte und Edelsteine wusch, von denen immer mal einer ins Wasser fiel und sich auf die lange Reise an die Erdoberfläche machte, wo kleine Mädchen sie auffangen konnten. Wenn sie denn brav gewesen waren ...

Eigentlich bin ich immer brav gewesen, überlegte Elise. Viel zu brav vielleicht. Dann dachte sie an das Versprechen, das sie ihrem Vater gegeben und gebrochen hatte, und zog ihre Hand zurück. Die Zeit der Märchen war vorbei.

Sie schöpfte Wasser in den Eimer, ging zur Hütte zurück

und packte die Sachen aus, die sie gekauft hatte.

Sie klemmte das Rezept ihrer Urgroßmutter in die Tür des Vertikos. Vergilbt und zerknittert wie es war, hatte sie Mühe, es zu entziffern, aber sie spürte ein warmes Gefühl, als sie sich an die Arbeit begab und die Wörter ihren Einkauf nach und nach zu dem machten, was vor über einem halben Jahrhundert an dieser Stelle schon einmal gekocht worden war:

Tellerfleisch

nach Art der Anna-Luise Pockels

1 Bund Suppengrün, 1 Zwiebel, 2 Nelken,
20 g gute Butter, 1 Lorbeerblatt, 2 Zweige Majoran
5 schwarze Pfefferkörner, Salz
1 Kilogramm Rinderbrust oder Querrippe
2 Suppenknochen
1 Bund Schnittlauch

Das Suppengrün waschen, trockenschütteln und grob hacken. Die Zwiebel abziehen, über Kreuz einschneiden und mit den Nelken spicken. Die Butter in einem großen Suppentopf zerlassen, Suppengrün kurz andünsten. Zwei Liter heißes Wasser angießen. Mit der gespickten Zwiebel, dem Lorbeerblatt, Majoran, 1 TL Salz und den Pfefferkörnern zum Kochen bringen. Das Rindfleisch und die Suppenknochen abspülen. In das kochende Wasser legen. Bei kleiner Hitze zugedeckt 2 Stunden köcheln lassen. Den Schnittlauch waschen, trockenschütteln und in feine Röllchen schneiden. Das Fleisch aus der Brühe heben. Die Brühe abseihen. Das Fleisch in ca. 1 cm dicke Scheiben schneiden. Je 2 Scheiben auf einen Holzteller legen, etwas Schnittlauch und Brühe darübergeben.

Anmerkung: Ich serviere gern Himmel und Erde dazu,
aber das macht sonst niemand.

Elise stellte sich vor, wie ihre Urgroßmutter neben ihr stand, wie diese die Brühe abschmeckte und sich die aus dem Topf aufsteigenden Gerüche zuwedelte. Elise kannte Anna-Luise Pockels von einem Porträt, das über dem roten Sofa im Damenzimmer hing. Eine kleine dralle Frau, die fast in einem Berg von Tüll verschwand.

Bei all dem Tüll sah es nicht so aus, als habe Anna-Luise sich Sorgen um die Zukunft gemacht. Damals hatten die Deutschen ihre Kriege noch gewonnen, das Deutsche Reich wurde gegründet, Bismarck, der treue Paladin, krönte den neuen Kaiser. Und jetzt, fünfzig Jahre später, war dessen Enkel ein Exkaiser und sägte in Holland morgens Holz, damit er etwas zu tun hatte.

Hätte sie gern zur Zeit Anna-Luises gelebt? Sorgen-, aber auch unfrei? Als Frau von vielen Dingen des Lebens ausgeschlossen? Mit einem standesgemäßen Mann verheiratet? Zucht und Ordnung, Erstarrung und Frieden um jeden Preis? Ein Leben der kleinen Dinge, ohne Bewegung, ohne Spannung, so, wie ein See an einem windstillen Herbstmorgen daliegt, glatt und platt und ohne Regung? Ein Leben, das man, wie das Kochrezept es vorschlug, *bei kleiner Hitze köcheln lassen musste?*

Elise seufzte. War es das, was sie wollte?

Nein, eigentlich nicht.

Was wollte sie dann?

Elise wusch den Schnittlauch, schüttelte ihn trocken und schnitt ihn in feine Röllchen. Während ihre Hände die ihnen anvertraute Arbeit machten, verfiel ihr Kopf wieder ins Grübeln. War es gottgegeben, dass mehr Verantwortung und mehr Freiheit auch mehr Sorgen, mehr Unsicherheit brachten? Zumindest so viele Sorgen, dass sie, Elise, jetzt hier in einer verlassenen Hütte stand, nach dem Rezept ihrer Urgroßmutter ihr Essen kochte und froh war, dass sie nichts und niemanden sah, der sie stören konnte? War Flucht eine Option? Unwillkürlich schüttelte sie den Kopf, es musste einen anderen Weg geben, der die Dinge des Lebens miteinander verband.

Heirat.

Kinder.

War das die Lösung?

Aber dann, bitte schön, mit wem?

Sie fühlte, wie sich Traurigkeit in ihr breitmachte. Sie würde nichts erzwingen können. Entweder die Dinge ergaben sich, oder sie ergaben sich nicht. Aber sie würden sich auf jeden Fall nur ergeben, wenn sie, Elise, sich den Dingen, die kamen, öffnete. *Falls* sie kamen. Dafür brauchte sie Kraft. Und Zuversicht. Und ein gutes Gewissen ...

Ein kühler Windzug wehte herein, und Elise ging zur Tür, um sie zu schließen. Da saß die Taube, den kranken Flügel abgespreizt, vor dem Teller, stupste ihren Schnabel in die Schale, warf den Kopf nach hinten und schluckte das Wasser hinunter. Die Brotbrösel waren verschwunden.

Elise hockte sich behutsam vor das Tier und begann, mit ihm zu sprechen. Die Taube drehte den Kopf, als hörte sie zu. Ich benehme mich wie dieser Franz von Assisi, schalt Elise sich, aber ich bin keine Heilige. Will auch keine sein.

28

Morgens stand manchmal noch ein Nebelstreifen über dem Bach, und an den Spinnweben unter der Traufe hingen Wassertropfen, die wie Brillanten in der Sonne blitzten und schimmerten.

Die Tage selbst waren warm und sommerlich. Die Sonne erschien um halb sieben über der Pferdekoppel auf der anderen Seite des Tales, stieg mittags über die Berge und fiel abends hinter die Spitzen der dunklen Tannen, dass man Angst haben musste, sie könnte sich verletzen.

Die Wochen vergingen, und wie wie die zurückliegenden würde Elise auch die folgenden Tage in der Sonne im Liegestuhl verbringen und einfach nichts tun. Ruhe bewahren und sich an Alltägliches halten in einem grünen Ozean aus Stillstand. Ein Tag wie der andere, keine Stunde von der vorigen zu unterscheiden. Ein Meer aus Zeit lag vor ihr. Und da es keine Prinzen gab in ihrem Leben, würde leider auch keiner kommen, um sie wachzuküssen ...

Insgeheim hatte Elise befürchtet, dass die Einsamkeit dieses neuen Lebens sie erschlagen würde. Aber sie hatte bald festgestellt, dass sie nicht allein war. In der roten Buche am Waldrand wohnte eine Eule. Nachts, wenn Elise dem wispernden Geräusch der Rhododendronzweige, die über die Fensterbank strichen, lauschte, hörte sie den Vogel, wie er am Fenster vorbeirauschte. Es war tröstlich zu wissen, dass jemand, und sei es auch nur eine Eule, in der Dunkelheit über sie wachte.

Morgens um neun kam regelmäßig ein Waschbär vorbei und machte sich am Abfalleimer zu schaffen, der ebenso regelmäßig scheppernd umfiel und den ungebetenen Gast verjagte.

Gegen Mittag, wenn sie für gewöhnlich im Liegestuhl lag, erschien ein Fuchs. Er hatte nur einmal, gleich nach Elises

Einzug, gestutzt. Damals war sein Blick auf die einladend offen stehende Terrassentür gefallen. Er hatte den Apfelbaum umkurvt, kurz bei den Pfingstrosen verharrt, noch einmal zum Liegestuhl geblickt und war dann im Haus verschwunden. Elise hatte von alldem nichts bemerkt. Sie erschrak eines Tages, als sie sich eine Flasche Apfelmost aus der Abstellkammer holen wollte und ihr der Fuchs plötzlich entgegensprang, eine Scheibe Brot zwischen den Zähnen.

Daraufhin hatten die beiden stillschweigend Frieden miteinander geschlossen. Der Fuchs beachtete Elise nicht mehr, hielt schnurstracks auf das Haus zu und schnappte sich die Scheibe Brot, die Elise in einem Suppenteller mit verdünnter Milch auf die Terrasse gestellt hatte. Da saß Herr Reineke Fuchs dann, streckte die Hinterläufe von sich, kaute müßig und blinzelte in die Sonne.

Elise ihrerseits blickte in den Himmel. Waren irgendwo dort oben tatsächlich die Verstorbenen? Schwer vorzustellen. Aber irgendwo mussten sie ja sein, all die toten Seelen. Und wenn ihr Vater dort war, egal wie weit draußen im Universum der Sterne, das Achenbach ihr gezeigt hatte, dann ... dann würde ihr Vater sie trotzdem ... auch hier ... finden.

Ich breite meine Decke auf dem Gras aus, dachte Elise, wende mein Gesicht den unsichtbaren Sternen zu und rühre mich nicht vom Fleck. Wenn Papa dort oben ist, dann wird er nicht umhin können, mich zu sehen. Und sein Urteil über mich zu fällen. Und wenn sich dann kein Unwetter über mich ergießt, dann ist er vielleicht gar nicht ... so furchtbar ... böse ...

Dann wäre alles wieder gut, und sie würde nicht ihr ganzes Leben die Schuld eines gebrochenen Eides mit sich herumschleppen. Sie würde sich auch nicht mehr verstecken müssen. Was für ein schöner Gedanke. So schön, dass Elise darüber einschlief und ihre dunklen Gedanken wie auf Flügeln hinfortschwebten.

Sie wachte auf, als dicke schwarzbraune Ameisen an ihrem Arm entlangkrabbelten. In einer endlosen Reihe überquerten sie ihren Bauch, liefen zur Hüfte hinüber, hinunter zum Po, von dort auf einen abgeknickten Grashalm, den sie entlangstaksten, bis sie wieder im Rasen verschwanden.

In einem ersten Impuls spürte Elise Ekel in sich aufsteigen. Sie hatte die Hand schon erhoben, um die ungebetenen Gäste wegzufegen, als die strenge Ordnung des Aufmarsches ihre Neugier erregte.

Die Tiere waren groß, fast einen Zentimeter lang, mit dickem, dunkel gestreiftem Hinterteil, einer Wespentaille, schmalem Oberkörper und einem mächtigen dreieckigen Kopf mit zwei langen Fühlern.

Es dauerte eine Weile, bis Elise auffiel, dass die Tiere beladen waren. Jedes einzelne von ihnen schleppte etwas mit sich herum, die Spitze eines Grashalms, einen Krümel Erde, eine Tannennadel oder ganze Blätter, die sie aufrecht gestellt wie Banner vor sich hertrugen.

Elise fand neben sich einen Brotkrumen, zerkrümelte ihn und streute die Brösel auf ihren Bauch. Die Marschordnung brach zusammen. In die Luft geworfene Fühler, lautlose Diskussionen, ein erstes mutiges Tier, das ein Stück Brot schulterte und hastig weiterlief, um den Anschluss nicht zu verpassen. Die Nachfolgenden verharrten für einen Moment unentschlossen, warfen dann ebenfalls den alten Ballast ab, griffen sich Brot und reihten sich wieder ein.

Elise fragte sich, wo ihr Brot wohl landen würde. Als alle Brotkrümel abtransportiert waren, schob sie vorsichtig die nachfolgenden Ameisen von ihrem Körper, erhob sich und bog mit der Hand das Gras auseinander. Ein winziger schmaler Pfad führte auf dem Boden entlang. Von oben kaum erkennbar, schlängelte er sich zwischen Grasbüscheln hindurch auf die Hütte zu. Ameise an Ameise. Zielstrebig zogen sie ihres Weges. Elise verfolgte sie bis zur Terrasse. Die Brötchenkrumen waren hier noch nicht eingetroffen.

Elise spürte so etwas wie Rührung.

Die Ameisenstraße bog am Haus ab, traf auf das Regenrohr, führte an ihm empor, immer an der Schweißnaht entlang, und verschwand schließlich neben dem Schornstein zwischen den Dachpfannen.

Nun wollte Elise es genau wissen.

Der Dachboden.

Sie zog die Bodentreppe herunter und stieg hinauf. Dort, wo der Schornstein saß, war der Raum niedrig, schräg, flach und dunkel. Nur spärlich schimmerte Licht zwischen den Ziegeln hindurch. Elise kroch auf allen vieren hinter den Kamin. Spinnweben zogen sich über ihr Gesicht. Mit geschlossenen Augen tastete sie sich vorwärts. So bemerkte sie die Kiste erst, als sie dagegen stieß.

Es war eine solide Holzkiste, dick mit mattgrauem Staub überzogen. Tote Fliegen lagen darauf auf dem Rücken und hielten ihre Beinchen staksig in die Höhe.

Elise pustete in den Staub. Er wallte auf. Sie nieste und brauchte Sekunden, bis sie wieder sehen konnte. Die Kiste war sorgfältig gezimmert, mit Messingbeschlägen gesichert und mit farblosem Lack gestrichen. Ein Liebhaberstück, sicher nicht dafür gemacht, auf dem Boden in der finstersten Ecke zu vergammeln und Insektenkadavern als Festung zu dienen.

Die Kiste war nicht schwer. Elise schleppte sie hinunter in die Küche, stellte sie auf den Tisch und betrachtete sie von allen Seiten. Wie lange mochte sie auf dem Boden gestanden haben? Fünf Jahre? Zehn? Oder zwanzig? Und vor allem, wer hatte sie dahingestellt?

Elise wollte den Deckel öffnen, aber irgendetwas in ihr fürchtete sich. Sie nahm erst einmal einen nassen Lappen und entfernte den restlichen Dreck von den Beschlägen. Ein Wappen wurde sichtbar. Ein goldenes Wappen, nicht größer als eine Münze. Sie kannte das Wappen. Ein Löwe mit einem Hammer über der Schulter. Das Wappen der Rennefelds. Das beruhigte Elise.

Der Deckel wurde durch Scharniere gehalten. Vorn saß ein Schloss. Es ließ sich leicht öffnen. Sie schob einen Daumennagel unter den Deckel und hob ihn an.

Kein Gold.

Kein Schatz.

Kein verwestes Tier.

Sondern ausgeschnittene Papier- und Pappteile. Auf die glatten Oberflächen waren Zeichnungen von Gebäudeteilen geklebt. Rot schraffiertes Mauerwerk, Fenster, Türen, Dächer und Erker. Auf den Rückseiten waren die Pappstücke zum Stabilisieren mit Holzstiften beklebt. Die Teile waren sorgfältig aufeinandergeschichtet, insgesamt etwa zwanzig, dreißig Zentimeter hoch, sauber und ordentlich, als sei alles gerade erst eingepackt worden. Elise zog Schicht um Schicht heraus und legte die Teile nebeneinander auf die Tischplatte, die gezeichneten Flächen nach oben. Dann ordnete sie sie nach Art der Gebäudeteile.

Bald erkannte Elise an den Nischen für die Statuen und an den charakteristischen Bögen über den Eingangstüren, dass die Pappteile ein Modell der Baugewerkschule ergaben. Ein Modell der Baugewerkschule! Womöglich von ihrem Vater?

Dann stutzte sie. Ihr war vorher schon aufgefallen, dass es eine ganze Menge Teile gab, die grau waren und keine Zeichnungen aufwiesen. Die Kanten dieser Stücke waren laienhaft zugeschnitten. Sie waren auch nicht mit Holz beklebt. Seltsam. Zur Baugewerkschule gehörten sie nicht. Elise legte sie zur Seite.

Auf dem Boden der Kiste lag ein Papier. Sie faltete den Bogen auseinander. Es war ein Grundriss. Ein mit schwarzer Tusche gezeichneter Plan der Schule, unverkennbar.

Und an einer Seite war mit Lineal und Bleistift ein Anbau eingezeichnet. Fast so groß wie das alte Gebäude, in der Form schlanker, nicht so verwinkelt, ohne nutzlose Erker, moderner. Sachlich, wie die neue Zeit.

Ein Anbau, den es nicht gab.

Erst langsam begriff Elise. Der Bleistiftplan und die grauen Teile gehörten zusammen. Vor ihr lagen die unfertigen Teile eines Neubaus, den es nur in der Vorstellung des Planers gab. Unschwer zu erraten, dass Elises Vater der Urheber des Puzzles war. Was hatte ihr Vater auf dem Schiff gesagt? *Ich habe schon Pläne gezeichnet. Ich werde sie dir zeigen, wenn es so weit ist ... Wir müssen anbauen, natürlich müssen wir anbauen ... Es wird gut sein für alle, auch für die Stadt ...*

Er hatte ihr das Modell, das nun auseinandergebaut vor ihr lag, nicht mehr zeigen können. Und nun hatte sie den Weg zu ihm doch noch gefunden. Mithilfe von Ameisen. War es möglich, dass das Schicksal sich solch absurder kleiner Hilfen bediente?

Sie stützte den Kopf auf die Hände und dachte nach. Die Pläne ihres Vaters waren nicht dadurch unrichtig geworden, dass er gestorben war. Er hatte unbedingt an der Spitze der Schule bleiben und seinen Anbau verwirklichen wollen.

Und nun?

War es jetzt an ihr, seine Pläne in die Tat umzusetzen?

Sie mochte die Frage nicht beantworten, aber sie fühlte eine große Erleichterung. Nun hatte sie die Chance, etwas gutzumachen!

Dafür musste sie allerdings verstehen, was ihr Vater sich gedacht hatte. Sie musste diese grauen Pappstücke zusammensetzen. Aber wie?

Bisher hatte sie die Probleme, die das Leben vor ihr aufbaute, der Reihe nach angepackt, unmittelbar, ohne lange nachzudenken. Doch nun fragte sie sich immer häufiger, ob ein irgendwie gearteter Plan hinter allem stand. Wenn ja, würde sie ihn irgendwann erkennen? Oder sah man erst am Ende des Lebens, was dessen Sinn gewesen war?

Egal. Sie hatte jetzt eine neue Aufgabe, die sie angehen konnte. Sie würde das Modell aufbauen. Und dann konnte sie immer noch entscheiden, ob es ihr möglich war, den Traum ihres Vaters zu verwirklichen.

Es stellte sich heraus, dass der Aufbau des Modells schwierig war, und für sie, der der nötige Sachverstand fehlte, scheinbar unmöglich. Vielleicht sollte sie erst einmal das alte Gebäude zusammensetzen. Also legte sie alle farbigen Teile mit dem Gesicht nach oben auf die Dielenbretter. Streben, Pfeiler, Fenster, Wandflächen, Portiken, Treppen, Schornsteine, Giebel. Wie passte das alles zusammen? Sie konzentrierte sich auf das breite Hauptportal und arbeitete sich von ihm aus zu den Seiten vor.

Es war sehr mühsam.

Deprimiert flüchtete sie zum Einkaufen ins Dorf. Wieder einmal Kartoffeln. Und wieder einmal Eier. Wieder einmal Brot und Butter. Und zur Stärkung heute einmal Harzkäse und Senf. Und Leim in einer kleinen Flasche für das Modell. Als sie in die Hütte zurückkam, war ihr Frust verraucht und ihr Ehrgeiz neu angefacht. Sie sah nicht ein, warum sie zu dumm sein sollte, ein Pappgebäude zusammenzusetzen.

Ich muss in kleinen Schritten vorangehen, sagte sie sich. Nicht zu hochgestochen denken. Eine überschaubare Sache zu Ende führen. Mut fassen. Und das Selbstbewusstsein wieder aufbauen.

Je mehr sie sich darauf einließ, desto mehr empfand Elise ihre kleinteilige Klebearbeit als Befreiung. Und als Befriedigung. Ihre Gedanken waren auf der Spur ihres Vaters. Nur sie war da, um an seiner Stelle weiterzumachen. Ein schönes Gefühl.

Am nächsten Abend stand die alte Baugewerkschule tatsächlich fix und fertig vor ihr. Das neue Gebäude würde weit schwieriger sein, weil seine Teile nicht bezeichnet waren.

Pause.

Sie kochte Teewasser auf. Als sie sich gerade eine Scheibe des Vierpfundbrotes abschnitt, klopfte es laut an der Tür.

29

Elise schreckte zusammen. Es klopfte erneut. Wer wollte hier etwas von ihr? Jetzt noch? Sie war allein. Kein Haus in der Nähe. Der Weg war eine Sackgasse, niemand konnte sich verirrt haben. Wer immer dort draußen stand, führte womöglich Böses im Schilde.

In ihrer Not griff sich Elise den Schürhaken. „Gehen Sie weg", rief sie und wünschte sich, dass ihre Stimme fester klingen würde, „wer immer Sie sind. Ich habe ein Gewehr! Ich will niemanden sehen."

„Ich habe Post für Sie", sagte eine ruhige, dunkle Stimme lachend.

Sie kannte die Stimme.

Harnack.

Elise wusste nicht, ob sie erleichtert, enttäuscht oder beides zugleich sein sollte.

Was wollte der Bankier hier? Ihr Post bringen? Um diese Zeit? War etwas schiefgelaufen? Sie hatte keinen Bedarf mehr an Schwierigkeiten. Sie hatte auch keine Lust auf Holzminden.

„Nun machen Sie schon auf!", sagte Harnacks Stimme. „Ich tue Ihnen nichts. Versprochen." Als ob der Vater mit seinem unartigen Kind sprach.

Widerwillig schob sie den Riegel zurück und stieß die Tür auf.

Harnack sah nicht so adrett aus, wie sie ihn als Geschäftsmann kannte. Legere Hose und kariertes Freizeithemd. Das rechte Hosenbein war bis zum Knie aufgerissen und gab den Blick auf den verdreckten Unterschenkel frei, in dem eine Wunde klaffte. Blut lief die Dreckkruste entlang und staute sich über dem Socken.

„Du lieber Gott", stieß Elise hervor, „was haben Sie denn gemacht?"

„Motorrad“, sagte er lapidar und zeigte hinter sich. Ein schwarzes Motorrad mit grünem eckigen Tank unter dem Rahmen stand auf dem Weg. Das Schutzblech über dem vorderen Speichenrad war ebenso verbogen wie das Nummernschild, das daraufsaß. „Meine schöne Wanderer“, sagte Harnack, als er ihrem Blick folgte. „Modell V. Ganz neu. Aus Augsburg. Eine Schönheit. Ich Tollpatsch bin in einer Kurve auf einem Kuhfladen weggerutscht, stellen Sie sich das vor, nicht zu fassen!“

„Und dann sind Sie ...“

„... ins Schleudern gekommen, über den Weg geschrammt und im Graben gelandet.“

„Gebrochen ist es nicht, Ihr Bein, meine ich“, sagte Elise spitz.

Harnack blickte sie argwöhnisch an. Er hatte Mitleid erwartet. „Hätten Sie gern, dass es gebrochen wäre?“

„Ich hätte gern, dass Sie sich nicht in meine Privatdinge drängen, ob Sie dabei auf Kuhfladen ausrutschen, ist mir egal“, stieß sie ungnädig hervor. Aber sie fragte sich, ob Harnack ihr nicht doch auch ein wenig leid tat.

Er klopfte sich den Schmutz aus den Kleidern. „Es wäre schön, wenn Sie mich hereinlassen würden.“

„Sie machen den Boden blutig.“

„Sind Lazarettschwestern nicht verpflichtet, Verwundeten zu helfen?“

„Diese paar Schrammen. Machen Sie sich nicht lächerlich! Im Krieg hätte man Sie eingesperrt. Oder kurzerhand erschossen. Als Simulant.“

„Sie dürfen nicht lächeln, wenn Sie so herzlos tun. Das verdirbt den Eindruck, gibt Ihnen sogar etwas Charmantes.“

„Ich will nicht nett sein“, fauchte sie. Sie kniete sich hin und fuhr tastend mit den Fingern über die Wunde. Sie spürte, wie Harnack sich verspannte. „Nun gut“, sagte sie widerstrebend, „dann kommen Sie herein. In Gottes Namen. Kann ja nicht schaden, wenn ich mir Ihr Bein mal ansehe."

Er nahm ihr den Schürhaken aus der Hand. „Schönes Gewehr, sehr gefährlich", sagte er.

„Setzen Sie sich auf das Sofa. Schuh aus, Socken weg, hier auf die alte Zeitung, ich habe keine Lust, hinter Ihnen herzuputzen."

Warum bist du so grantig, fragte sie sich, er hat dir doch nichts getan. Eigentlich meint er es doch gut mit dir.

Weil ich nie weiß, was er wirklich von mir will. Und dann dieses überhebliche Grinsen. Als ob ich noch ein Schulmädchen wäre.

Wenn du nicht aufpasst, warnte sie sich, wirst du eine alte Zicke, und irgendwann gibt es niemanden mehr, der mit dir reden will. Sie schüttelte unwillig den Kopf und zog eine Grimasse, als Harnack sie fragend ansah.

Sie holte Wasser, befeuchtete ein sauberes Tuch, hockte sich vor ihn hin und zog sein Bein auf ihre Knie. Sie sah nicht auf, denn sie wusste, dass er grinste. Vorsichtig tupfte sie an den Wundrändern entlang. „Viel Dreck", sagte sie beiläufig, „das sieht schlimmer aus, als es ist."

„Haben Sie Angst vor Männern?", fragte Harnack. „Oder vor einem bestimmten Mann?"

„Wie kommen Sie darauf?"

„Weil Sie so ein Theater machten, als ich geklopft habe."

Elise antwortete nicht.

„Natürlich", fuhr er fort, „will ich mich nicht in Ihre Männergeschichten einmischen ..."

„Ich habe keine Männergeschichten, jedenfalls nicht solche, die Sie meinen ..." Sie bemerkte die Falle erst, als sie hineingetappt war.

„Mann ist Mann."

Sie drückte mit dem Daumen auf die Wunde. Harnack sog die Luft ein. Mann ist Mann, dachte sie. „Tut mir leid", sagte sie übertrieben mitleidig und drückte noch einmal. Sie sah mit Genugtuung, wie er die Fäuste ballte und die Knöchel weiß wurden.

Du hast auch noch viel zu lernen, mein Lieber. Wir Frauen sitzen letztlich doch am längeren Hebel, auch wenn wir es euch nicht zeigen.

Eine halbe Stunde später war die Wunde verbunden, und Harnack lag auf dem Sofa. Er schlief. Oder er tat so, als ob er schliefe. Sie hatte ihm eine Hose ihres Vaters gebracht, die sie oben in einer Kommode gefunden hatte. Sie war ihm einiges zu weit und ließ sich deshalb bis über die Hüfte hochziehen, während unten die nackten Knöchel herausragten.

„Sie sind nicht gerade eine Schönheit", hatte sie gestichelt und an ihm herumgezupft.

„Sie schon", hatte er gesagt, und sie war rot geworden.

Das war das Letzte gewesen, was er gesagt hatte. Fünf Minuten später war er eingeschlafen. Sieh an, dachte sie, der Held zeigt Wirkung.

Elise setzte Wasser auf und bemühte sich, nicht mit dem Geschirr zu klappern. Es war ein eigenartiges Gefühl, einen Mann im Haus zu haben, der schlief, als ob es das Selbstverständlichste von der Welt war. Sie nahm eine Decke und legte sie über ihn. Er stöhnte leise im Schlaf. Sie blickte auf ihn hinunter. Die Farbe kehrte in sein Gesicht zurück, nur unter den Augen lagen dunkle Schatten. Er hat Sorgen, überlegte sie. Und er liegt da wie ein kleines Kind, so unschuldig, als ob er kein Wässerchen trüben konnte.

Mann ist Mann. Die Männer sind eben so.

Was für ein Unsinn!

Der Teekessel pfiff. Harnack fuhr auf und sah sich um.

„Bald wird es dunkel", sagte er. „Ich habe kein Licht am Motorrad, ich werde nicht fahren können. Ich werde gehen müssen."

„Das lasse ich nicht zu", fuhr sie auf. „Nicht mit diesem Bein, es braucht Ruhe. Sie sollten es hochlegen."

Er zog sich hoch und legte die Decke zusammen. „Sie wissen selbst, dass das nicht geht. Nicht ohne Gouvernante. Ihr

Ruf ... würde leiden. Und außerdem, Sie mögen mich nicht besonders, ich wäre eine Last für Sie."

Achtung, Falle. Eine ziemlich primitive Falle, und sie hatte diesmal nicht die Absicht, hineinzutapsen.

Sie goss Wasser in die Teekanne. „Ich bin Krankenschwester, Sie haben es selbst gesagt, da kommt es nicht darauf an, ob man jemanden mag oder nicht. Und im Übrigen, ich kenne ... das Leben ... Machen Sie sich darüber keine Sorgen."

„Dieser Rüdiger Siekmann ..."

Elise fuhr herum. Wasser schwappte auf die Ofenplatte. Es zischte. „Woher wissen Sie ..."

„Alle wissen es."

Sie schwiegen, während der Tee zog.

Elise bildete sich ein, dass ihre Hand zitterte, als sie ihm schließlich eine Tasse einschenkte. Sie schob ihm die Zuckerdose zu. „Wenn es jemals begonnen hat ... es ist jedenfalls vorbei." Sie hätte gern gewollt, dass ihre Stimme unbeteiligt klang.

„Das tut mir leid", sagte er. Sie blickte ihn überrascht an. Meinte er das ernst? Wahrscheinlich war es ihm egal. Sie spürte, dass ihr auch das nicht recht war. Was will ich eigentlich, fragte sie sich ärgerlich. Mitgefühl? Spott? Verachtung? Verständnis?

„Rüdiger ... ist ein toller Mann, aber ..." Sie knallte den Brotkorb auf den Tisch und holte Messer und Gabeln. „Ich will nicht mehr darüber reden."

Harnack beobachtete argwöhnisch das Messer, das sie in der Hand hielt und dessen Schneide auf ihn zeigte. Er nickte und nahm mit spitzen Fingern eine Scheibe Brot.

Sie aßen stumm. Zufrieden sah Elise, dass es ihm schmeckte.

„Ich bin nicht häuslich", sagte er schließlich mit vollem Mund. „Meine Eltern haben es mir ausgetrieben."

Oh mein Gott, dachte sie empört, jetzt soll er mir aber nicht sein ganzes Leben erzählen! Sie hätte es laut sagen sollen, aber das tat sie nicht, und so redete er tatsächlich weiter.

„Meine Mutter kam aus großbürgerlichen Verhältnissen. Die Männer waren Bankiers, solange man denken konnte ..."

Elise hätte sich am liebsten die Ohren zugehalten, aber auch das tat sie nicht. Und während er erzählte, wuchs gegen ihren Willen ihre Neugier, was sie noch ärgerlicher machte. Aber auch davon bemerkte er scheinbar nichts.

„Mein Vater kam aus einer Bauernfamilie. Kleine Leute, wie man so sagt. Aber er war erfolgreich, wurde auch Bankier, eher auf die bäuerliche Art, deftig und heftig. Als sie sich kennenlernten, fand sie das herrlich romantisch. Endlich ein Mann, der sagte, was er dachte und der kein wandelnder Kleiderbügel für Nadelstreifenanzüge war. Er lud sie ein zum Schützenfest in sein Dorf, „auf dem Zelt" hat er sie richtig rumgeschwenkt auf der Tanzfläche und anschließend zur Theke getragen, wo er sie oben abstellte, damit jeder seine künftige Frau sehen konnte. Er hatte ihr zwar noch keinen Antrag gemacht, aber was kümmerten ihn solche Kleinigkeiten."

„Dann kann sich Ihre künftige Frau ja auch bei Ihnen auf einiges gefasst machen", warf Elise ein.

Diesen Einwand wischte er beiseite. „I wo, ich bin viel ruhiger, fast sanft, da hat meine Mutter schon aufgepasst."

So siehst du aus, dachte Elise. „Und dann?"

„Dann haben sie geheiratet, aber beide haben sich nicht geändert. Meine Mutter kehrte immer mehr die höhere Tochter hervor. Ich weiß nicht, ob ihn ihr Gehabe gestört hat, aber jedenfalls hat er darauf reagiert, auf seine Weise, hat ihr einfach den Geldhahn zugedreht. Wegen jeder Mark musste sie bei ihm betteln."

„Nicht gerade charmant".

„Keine Sorge, sie wusste sich zu wehren." Er strich Senf auf den Harzkäse. „Meine Mutter, müssen Sie wissen, war nicht ohne, ließ sich nie unterkriegen, war irgendwie wie Sie, konnte einfach nicht aufgeben, wenn sie glaubte, im Recht zu sein. Das, was ihr dazu einfiel, hätte auch von Ihnen kommen können."

Es ist ein plumper Trick, dachte sie, er will mein Interesse wecken und schmiert mir Honig um den Mund wie so ein halbseidener Vertreter, der den Frauen diese neumodischen Waschmaschinen mit gelochter Trommel an der Haustür verkaufen wollen. Und trotzdem spürte sie widerwillig, dass Neugier sich in ihr ausbreitete, wie ein Zuckerstück, das sich in heißem Tee auflöst. Sie hörte sich fragen: „Und was tat sie, was ich auch getan hätte?"

Harnack, der Waschmaschinenvertreter, grinste, als ob sie gerade den Kaufvertrag über die Luxusversion unterzeichnet hätte und nun ein Schnäpschen aus dem Vertiko holte, um die Sache erfolgreich zu begießen. „Sie hat endlose Listen geschrieben, in denen sie jede einzelne Ausgabe festhielt, und er konnte nicht anders, er musste bezahlen."

„Das ist ja nur fair", sagte sie enttäuscht.

Er hob beschwichtigend die Hand. „Das war ja nicht alles. Sie manipulierte ihre Ausgabenliste, erweiterte sie um Geschenke, die sie anlässlich eines Geburtstags der nicht vorhandenen Tochter der Putzfrau oder zur frei erfundenen Hochzeit der Schwägerin des Chauffeurs hatte kaufen müssen, oder um Kosten für Haushaltsgegenstände, die angeblich kaputtgegangen waren und ersetzt werden mussten – ein Phantomeinkauf hier, eine Fantasieausgabe da, er erstattete ihr alles."

„Und Ihr Herr Vater ist ihr nicht auf die Schliche gekommen? Als Bankier?"

„Er war ein Mann", antwortete er, „welcher Mann weiß schon, wie viele Töchter die Putzfrau hat."

Geschieht ihm recht ...

„Genial", sagte sie, „jemanden mit seinen eigenen Waffen zu schlagen."

Er nahm die dritte Scheibe Brot. „Dachte ich mir, dass Ihnen das gefällt. Das gefällt allen Frauen, denen ich es erzähle. Die geschröpften Männer ..."

„Ihr Armen! Wenn ihr uns nicht so behandeln würdet, hätten wir diese Tricks nicht nötig."

Er wedelte mit der Serviette, als wolle er ihre Worte beiseitewischen. „Wenn das alles gewesen wäre! Es kommt ja noch schlimmer! Irgendwann bekam sie heraus, dass mein Vater ihre so sorgfältig verfassten Listen überhaupt nicht las, sie waren ihm viel zu lang, viel zu lästig. Er überflog nur – typisch Bankier, würden Sie sagen – die Addition als solche. Ob sie alle Positionen ordentlich zusammengerechnet hatte." Er lehnte sich zufrieden zurück und blickte sie erwartungsvoll an.

„Da hat sie sich geschämt, Ihre Frau Mutter?", fragte Elise, die nicht wusste, was sie sonst sagen sollte.

„Nicht, dass ich wüsste. Im Gegenteil. Von da ab war alles noch einfacher. Sie hat sich auf Standardangaben beschränkt, alles mit größter Sorgfalt zusammengezählt, und er hat zähneknirschend bezahlt."

„Das ist nicht wahr!"

„Das ist doch wahr!"

„Das ist nicht fair."

Harnack blickte sie provozierend an. „Was ist schon fair zwischen Mann und Frau?"

„Möchten Sie so leben?"

Er faltete unsanft seine Serviette zusammen.

Er sagte nichts.

„Nun?", setzte sie nach.

„Was nun?"

„Ob Sie so leben möchten?"

„Ich denke ...", stotterte er, „ich denke ... es kommt darauf an, ob man ... sich liebt."

Diese Antwort kam so unvermutet und klang so scheu, und gleichzeitig so wahr, dass Elise merkwürdig beeindruckt war und nicht auf die Idee kam, nachzuhaken.

Harnack schien nicht zu bemerken, welche Wirkung seine Worte gehabt hatten. „Darf ich noch einen Tee?“, fragte er. „Das viele Erzählen macht einen trockenen Hals.“

„Es ist Wein da. Wenn er noch trinkbar ist. Bestes Niersteiner Domtal. Direkt vom Rhein.“

Harnack blickte mitleidheischend auf sein verbundenes Bein. „Vielleicht nicht schlecht. Als Medizin, gewissermaßen. Geben Sie her, ich übernehme das Öffnen, darin habe ich eine gewisse Übung.“

Elise holte die Flasche, die sie erst vor wenigen Tagen hinter einigen Einmachgläsern im Schrank gefunden hatte, und reichte sie ihm zusammen mit dem Öffner.

Nun mochte sie sich plötzlich mit diesem seichten Abgang ihres Gespräches doch nicht zufriedengeben und kam noch einmal darauf zurück. „Aber wenn eine Ehe so auf Lug und Trug aufgebaut ist, was soll daraus werden?“

Er goss sich ein, ließ das Glas kreisen, nahm einen Schluck, spitzte die Lippen und wälzte den Wein im Mund hin und her, während sich sein Blick nach innen kehrte. „Nicht schlecht“, sagte er schließlich und schenkte auch ihr ein, „vielleicht ein wenig zu warm. Was hatten Sie gesagt? Ach ja, die Ehe ... Lug und Trug und das Leben an sich.“ Er trank ihr zu, sie blickten sich über die Gläser hinweg an, er leerte sein Glas und füllte es erneut. „Das Eigenartige war, dass sie glücklich waren, meine Eltern. Denke ich jedenfalls. Auf ihre Weise waren sie glücklich. Vielleicht hat mein Vater seine Frau sogar durchschaut und seinen Spaß an der Sache gehabt. Wer weiß das alles?“

Ja, dachte sie, wer weiß das alles.

„Wie alt sind Sie eigentlich? Ich meine ...“, stotterte sie, „dass Sie solche Sachen sagen ...“

„Diese Frage ist unhöflich, ich bin ein alter Mann, ausgebrannt vom Leben ...“

„... und zerschrammt vom Vom-Motorrad-Fallen.“

Er seufzte. „Im Dezember werde ich vierzig. Wie gesagt,

ich bin ein alter Mann. Im Verhältnis zu Ihnen jedenfalls. Obwohl ich glücklicherweise bisher nicht viel davon merke."

Das wird schon noch kommen.

„Aber das wird schon noch kommen", fuhr er mit bekümmerter Miene fort. „Na, jedenfalls, für mich war all das eine Lehre. Ich wollte nicht so werden wie mein Vater, nur Zahlen addieren und an nichts anderes denken. Ich wollte auch nicht so werden wie meine Mutter, herumtricksen und mich daran erfreuen. Und ich wollte nicht so leben wie meine Familie, eingemauert in der Bank, jeden Abend die Geldsäcke zählen, während die Wirklichkeit draußen stattfindet."

„Was wollten Sie dann?"

„Leben. Ich wollte leben. Ich will leben. Ich will spüren, dass ich lebe. Entscheidungen aus dem Bauch heraus treffen. Vielleicht auch Fehler machen."

„Und die Frauen?" Sie wollte sich auf die Lippen beißen, um die Frage zurückzuholen, aber dafür war es zu spät.

Harnack blieb unbeeindruckt. „Wie meinen Sie das?" Er nahm einen Schluck.

„Ich meine ... na ja, Ihre Mutter war eine starke Frau ..."

„Man muss sich wehren."

„Was meinen Sie damit?"

„Ich meine, dass man aufpassen muss, wenn man es mit Frauen zu tun hat. Auf der Hut sein. Sie sind nie zufrieden, wollen einen immer verändern, und wenn sie einen verändert haben, stellen sie fest, dass man uninteressant geworden ist."

„Blödsinn."

„Kein Blödsinn."

Sie starrten sich an.

„Es ist schlimm, wenn man sich nicht vertraut. Ich könnte so nicht leben. Das heißt doch, dass man nie richtig zusammenkommt ... und das will man doch ... oder meinen Sie, dass man das nicht ... wollen soll?" Harnack sah auf sein fast leeres Glas und blickte sie dann fragend an.

Elise antwortete nicht.

Harnack trank den letzten Tropfen aus seinem Glas, wobei er den Kopf weit zurücklegte, als wolle er Zeit gewinnen, um nachzudenken.

„Sie sind nicht ehrlich zu sich", sagte sie schließlich. „Und Sie sind nicht ehrlich zu den Frauen." Sie fuhr hastig mit den Fingern durch ihre Haare und starrte ihn durch die Fransen hindurch an. „Wenn Sie mich fragen ..."

„Ich frage Sie aber nicht."

„... haben Sie Angst vor Frauen. Sie mokieren sich über sie, aber das ist nur ein Teil Ihrer Verteidigung. Sie lassen niemanden an sich heran. So etwas nennt man in Südamerika ... einen ..."

„... Macho?"

„Genau. Einen Macho."

Wenn sie geglaubt hatte, dass ihr Angriff Wirkung zeigen würde, hatte sie sich geirrt. „Und?", setzte sie deshalb nach, „was sagen Sie dazu?"

„Dass Sie süß sind, Fräulein Elise, so ernsthaft und doch süß. Aber man muss auf der Hut sein vor Ihnen", er fächelte sich theatralisch Luft zu, „puh ... das muss man wirklich."

Wenn etwas Handliches in Reichweite gewesen wäre, hätte sie es ihm an den Kopf geworfen, so wütend war sie. Sie war im Recht, natürlich war sie im Recht, und er machte sich lustig über sie!

Er sah ihren Zorn. „Kommen Sie", sagte er beschwichtigend. „Wir sind doch Freunde, und so wie es aussieht, werden wir die Nacht unter einem Dach verbringen ..."

Elise schnaubte.

„... und deshalb", fuhr er fort, „deshalb wollen wir uns doch nicht streiten."

Er hat ja recht, dachte sie. Was geht es mich eigentlich an, dass er ein gefühlloser Fatzke ist, soll er doch sehen, wie er zurechtkommt, er wird schon merken, was er davon hat, wahrscheinlich wird er, wenn überhaupt, ein Flintenweib heiraten, und die wird ihm Beine machen, verdient hätte er es.

„Und wenn *Sie* Fehler machen?“ Diese letzte Frage konnte sie sich trotzdem nicht verkneifen.

„Dann mache ich eben Fehler.“ Harnack schenkte sich noch einmal ein und hob das Glas. „Zum Wohl, schönes Fräulein. Auch wenn es ein Fehler sein sollte, es tut gut, ein lädiertes Bein mit Alkohol zu kurieren.“

Nun unterdrückte sie ein Lächeln. Irgendwie war sie doch auch beeindruckt von seiner Arroganz. Gut für ihn, dass er es nicht mit ihr zu tun hatte. Sie würde ihm seine Überheblichkeit schon austreiben ...

Ende der Diskussion!

Sie nahm die Essensreste vom Tisch, stülpte das Fliegengitter darüber und stellte alles in den Aufsatz des Küchenschrankes. Die Butter würde in der Sommerschwüle bald ranzig werden. Mit einer Person mehr im Haus wäre das kein Problem ... Aber ihr Besucher würde morgen wieder fahren, oder gehen, wie auch immer ... Gott sei Dank.

„Frieden“, sagte er und hob die Hand wie Winnetou, der Apachenhäuptling in den dicken Romanen von Karl May, diesem Mann aus Radebeul, der so tat, als hätte er die ganze Welt bereist, dabei war er kaum aus Sachsen herausgekommen. Typisch.

„Frieden?“, wiederholte er.

„Frieden. Ihnen ist ja sowieso nicht zu helfen.“

Elise schloss gerade die Türen für die Nacht ab, als Harnack das Modell der Schule, das in der Ecke stand, entdeckte. Er begriff sofort, um was es sich handelte.

„Ich habe es per Zufall gefunden“, sagte sie, „Ameisen haben es mir gezeigt.“

Die Geschichte der Ameisenverfolgung amüsierte ihn sehr. „Das gefällt mir“, sagte er mit tatsächlich so etwas wie Respekt in der Stimme, „Sie bleiben an den Dingen dran, egal, wie groß – oder klein – sie sind.“

Für einen Moment glaubte sie, dass er sich über sie lustig machte, was sie merkwürdigerweise gestört hätte. Aber dann spürte sie seine gutwillige Anteilnahme, fast so etwas wie Respekt darüber, dass sie auch bei kleinen Dingen ihrem Wesen treu blieb.

Es war also ein Lob.

Und doch war Elise sich nicht sicher, ob es auch Tadel war. Weil sie sich nicht mehr um die Baugewerkschule und deren Zukunft gekümmert hatte, weil sie entgegen den Wunsch ihres Vaters eben nicht „dran geblieben“ war. Schlimmer, sie war nicht nur nicht dran geblieben – sie war auf der Flucht.

Elise blickte Harnack aufmerksam an. Deutete etwas darauf hin, dass er sie insgeheim verspottete? Oder ihr sogar Vorwürfe machte, dass sie davongerannt war? Ein undurchschaubarer Mann. Wie oft sie das jetzt schon gedacht hatte!

Er beugte sich über das Modell.

„Es ist von meinem Vater“, sagte sie überflüssigerweise, „er hatte es schon einmal aufgebaut. Und er hat wohl einen Anbau geplant, sehen Sie? Man kann nur erahnen, wie er aussieht. Und ich bin zu dumm, um das Modell zusammenzusetzen.“

„Spannend“, sagte er, „sehr spannend. Fragt sich, was er damit vorhatte.“

Sie erzählte ihm von der Dampferfahrt und von dem Plan ihres Vaters, die Schule um eine Abteilung für Immobilienwirte zu erweitern.

Harnack begriff sofort. „Alles in einer Hand, sozusagen, Kaufmann und Architekt, eigentlich genial.“

Es tat ihr gut, dass er so lobend von ihrem Vater sprach.

„Nun ist es aber Zeit. Die Waschschüssel steht auf dem Küchenschrank“, sagte sie. „Das Handtuch liegt dort auch. Ist alles nicht gerade komfortabel. Meinen Sie, dass Sie einigermaßen schlafen werden? Es ist das ... erste Mal, dass jemand ... über Nacht bleibt.“ Sie fühlte sich unsicher, und das klang in ihren Worten mit.

Er trat einen Schritt zurück. „Ich bin zufrieden, sehr zufrieden, Fräulein Elise.“ Er sah sie mit einem jungenhaften

Lächeln an. Sie fragte sich, ob sie rot wurde. „Aber wissen Sie“, fuhr er fort, „Sie müssen sich keine Gedanken machen, ich bin ganz brav, ich bin ... eigentlich ... immer ganz brav.“

Eigentlich. Wer's glaubt, wird selig, dachte sie.

Wie auch immer, es war Zeit, schlafen zu gehen.

Er stand unten an der Treppe, und sie musste an ihm vorbei. Nicht, dass kein Platz dagewesen wäre, aber es war eben eine Engstelle. Jedenfalls, wenn man davon ausging, dass er nicht zur Seite treten würde. Was er nicht tat. Was er auch nicht musste. Weil ja genug Platz da war.

Als Elise neben ihn trat, kam sie sich klein vor.

Von Nahem gesehen ist er größer, als man denkt.

Er sagte nichts.

Sie stellte sich auf die Zehenspitzen, gab ihm einen Kuss auf die Wange und ging nach oben.

Als sie im Bett lag, lauschte sie, ob sich unten etwas tat, aber es blieb still. Elise wunderte sich, dass sie so ruhig, geradezu sorglos war. Sie wusste doch, dass dieser Harnack kein Kind von Traurigkeit war. Er hatte es selbst gesagt. Hatte sie ihn provoziert? Wohl kaum. Hatte sie ihn provozieren wollen? Sie kuschelte sich unter die dünne Decke. Ein Bild von seinem Lächeln flatterte durch ihren Kopf. Du bist ein Kindskopf, schalt sie sich, aber dann war sie schon eingeschlafen.

Um sechs hörte sie die Enten, die unten gegen das Fenster pickten. Sie warf sich ihren Morgenmantel über die Schulter und schlich, um Harnack nicht zu stören, auf Zehenspitzen die Treppe hinunter. Sie sah sofort, dass ihr Gast nicht schlief. Er lag auch nicht auf dem Sofa. Er saß gebeugt am Tisch, in Hemd und Hose, und kehrte ihr den Rücken zu. Als er das Knarren der Stufen hörte, blickte er sich um.

„Haben Sie gar nicht geschlafen?“, fragte sie.

Harnack lächelte. „Keine Zeit, keine Zeit.“ Seine Hand lag auf dem Dach des Modells. „Schauen Sie mal, es ist alles fertig. Der Aufbau des neuen Teils war komplizierter, als ich dachte, verdammt vertrackt. Ihr Herr Vater hat sich richtig etwas dabei gedacht, als er ihn geplant hat. Alle Achtung. Jetzt wissen wir, was er wirklich gewollt hat. Es ist mehr als nur eine Idee, es ist eine Vision."

Das Modell war groß, so groß, dass es an einigen Stellen über die Tischplatte hinausragte. Der alte Teil hatte sich wenig verändert, Harnack hatte nur noch die große Freitreppe angebracht und das Dach über dem zentralen Lichthof geschlossen.

Der Anbau, den Harnack zusammengesetzt hatte, nahm die gesamte rechte Seite ein. Ein Haupttrakt, von dem drei Seitenflügel abgingen: ein großes **E,** das sich mit dem Rücken an das alte Gebäude anlehnte. Einfache, gerade Linien. Dreistöckig mit Flachdach. Das Besondere war, dass die Fassaden vollständig verglast waren, riesige Fensterflächen vom Boden bis zur Decke, sogar um die Ecken herum. Sie stellte sich vor, wie das Licht von allen Seiten in die Räume fiel. Dies war kein Musentempel, dies war die Konzentration auf das Wesentliche. Der Mensch und das Licht. Purismus. Imposant in seiner Schlichtheit.

„Deshalb war es so schwierig, das Modell zusammenzubauen, da die Wände aus so ungewöhnlichen Teilen bestehen. Zum einen die Träger, an denen die Glasflächen aufgehängt sind. Und sehen Sie hier, das tragende Gerüst verjüngt sich nach oben hin, wegen der abnehmenden Lasten, und um dem Bau eine gewisse Leichtigkeit zu geben. Dazwischen befinden sich die Glasschürzen."

Nun verstand Elise. „Als ob man erst ein Stahlskelett baut, dann die Decken einzieht und schließlich ..."

„... die Glasfassade anhängt. Darauf muss man erst mal kommen, kein Wunder, dass Sie nicht weiter gediehen sind mit dem Modell."

„Aber wie haben Sie die Lösung gefunden? Oder sind Sie auch Architekt?", fragte sie.

„Als ich nicht weiterwusste und alles schon in die Ecke werfen wollte, erinnerte ich mich plötzlich, dass so etwas schon mal gebaut worden ist, gar nicht weit von hier, in Alfeld. Da gibt es eine Schuhleistenfabrik, FAGUS. Der Eigentümer heißt Benscheidt, interessanter Mann, sehr der Moderne aufgeschlossen, ich kenne ihn von der Handelskammer. Er wollte etwas Besonderes bauen und hat extra einen Architekten aus Berlin kommen lassen. Wie hieß er noch? Groppe? Nein. Gropius. Gropius heißt der Mann. Habe neulich erst wieder von ihm gelesen. Er ist Direktor der Bauschule Weimar, die er Bauhaus genannt hat. Es geht darum, Handwerk und Kunst zu verbinden, neue Wege zu finden in der Gestaltung, raus aus der Konvention ..."

„Dann lag Papa ja gar nicht so falsch mit seinen Plänen!"

„Was heißt hier *gar nicht so falsch?* Er lag mitten drin in der neuen Strömung. Erstaunlich, gerade er ... Und wie tragisch, dass er nicht mehr dabei sein kann."

„Aber er ist doch noch dabei", sagte sie trotzig und zeigte auf das Modell. „Seine Gedanken leben, das ist doch toll ... trotz allem ..."

Sie spürte, dass ihr die Tränen kamen, und drehte sich zur Seite. „Wie ein Kloster", sagte sie schließlich ehrfürchtig. „Ist es nicht wie ein modernes Kloster? Wie kann etwas so Einfaches so gewaltig wirken?"

Harnack zuckte die Schultern. Er sah müde aus. Müde, aber sehr zufrieden. Und stolz. „Ihr Herr Vater war ein Visionär, das ist sicher."

Sie lächelte scheu. Der Gedanke, dass ihr Vater schon vor Jahren so viel von der Zukunft gesehen hatte, verwirrte sie. „Warum hat er es nicht durchgezogen?", fragte sie, „er hatte doch alle Möglichkeiten."

„Angst vor der eigenen Courage?"

„Ich denke, es machte ihm zu schaffen, dass die Dinge, die er für unverrückbar hielt, allesamt ins Wanken gerieten. In den letzten Jahren hatte sich eine Art ... Erstarrung über ihn gelegt. Vielleicht hat er deshalb alles im hintersten Winkel des Bodens versteckt, so, als wollte er sich selbst davon abhalten, weiterzumachen."

„Oder weil er sich geschämt hat? Wegen seiner Mutlosigkeit?“

Elise blickte Harnack böse an. Sie hatte denselben Gedanken gehabt, aber dass ein Fremder ihn aussprach, ging ihr gegen den Strich. Albern. „Wie auch immer“, fügte sie, nun freundlicher, hinzu, „in den letzten Wochen seines Lebens hat er die Erstarrung abgeworfen, wollte seine Pläne doch verwirklichen. Mit mir zusammen. Das tröstet mich. Und belastet mich gleichzeitig.“

„Weshalb Sie geflohen sind.“

Elise griff sich ein Sofakissen und hielt es an die Brust. „Flucht ... das hört sich so negativ an. Ich hatte keine Kraft mehr. Es schien alles so nutzlos. Der Tod meines Vaters, und dann hatte ich ihm etwas versprochen, was ich nicht halten konnte ... Ich musste erst einmal mit mir ins Reine kommen.“

Er zeigte auf das Modell. „Sie haben ihm einen Wunsch erfüllt, indem Sie seine Ideen wieder zum Leben erweckt haben, das sollte Sie trösten.“

Warum sagt er immer das, was ich gerade denke?

„Das habe ich nur mit Ihrer Hilfe geschafft“, sagte sie abwehrend und legte das Kissen zurück. Es war die Wahrheit, aber es war auch eine Höflichkeitsfloskel, und sie war froh dass er ihre Bemerkung ohne Kommentar hinnahm. „Ich werde uns einen heißen Kaffee machen. Das wird Ihnen gut tun, nachdem Sie die ganze Nacht auf waren.“

„Ich wollte Ihnen eine Freude bereiten“, sagte er und lehnte sich zurück, „ich wollte fertig sein, wenn Sie aufwachen.“

Sie lächelte, ohne es zu wollen. „Sie können tatsächlich nette Sachen sagen.“

Der Wasserkessel pfiff und stieß Dampfwolken aus. Elise füllte Kaffeebohnen in das Mahlwerk der Handmühle und reichte sie Harnack. Er klemmte die Mühle zwischen seine Knie und mahlte geduldig. Damit hatte sie nicht gerechnet.

„Wir könnten draußen frühstücken“, sagte sie. „es ist wunderschön in der Sonne.“

Er blickte in das Mahlwerk, zog die untere Schublade der Mühle heraus, sah zufrieden, dass sie mit fein gemahlenem Kaffee gefüllt war, reichte sie ihr und sagte mit einer gewissen ernsten Fröhlichkeit: „Die Welt ist gar nicht so schlecht, wie sie immer gemacht wird, finden Sie nicht auch?" Eine Antwort wartete er nicht ab, sondern ging ins Bad.

Wieder so ein Satz, dachte sie, wohl auch ein Kompliment, aber nicht so ein direktes wie gerade eben, ein Kompliment auf seine typisch beiläufige Art. Immer auf der Hut, keine Schwäche zu zeigen, die andere ausnutzen konnten. Was musste das für ein Leben sein? Nun, sie würde es wohl niemals erfahren. Und trotzdem überlegte sie, ob es wohl machbar wäre, die Harnacksche Festung zu knacken und zu sehen, was für ein Mensch dahinter kauerte. Sie legte einen Papierfilter in den Melitta-Trichter, schüttete den gemahlenen Kaffee hinein und füllte alles mit Wasser auf. Während sie zusah, wie der Sud langsam absackte und einen braunen Rand hinterließ, hörte sie Harnack im Bad singen: „*... wir wandern ohne Sorgen, singend in den Morgen, noch ehe im Tale die Hähne krähn ...*"

Der Tag hätte schlechter beginnen können, fand sie. Und vielleicht war Harnack doch kein so gefühlsarmer Stiesel, wie sie gedacht hatte.

Die Woche nach Harnacks Besuch war anders als die Wochen vorher. Und das lag nicht daran, dass der Fuchs nicht mehr kam und sie sich Sorgen machte, dass jemand ihren kleinen Kumpan abgeschossen haben könnte. Elise spürte eine generelle Veränderung, aber sie wusste nicht, was es war und was sie verursacht hatte. Eigentlich, so überlegte sie, war alles besser geworden, als sie das fertige Modell der Schule gesehen hatte. Sie fühlte sich wie befreit, die Gedanken, ob sie sich ihrem Vater gegenüber schuldig gemacht hatte, lösten sich langsam auf.

Sie ging nach Neuhaus zum Einkaufen. Neben dem Regal mit den Zeitungen war ein Ständer mit Kopftüchern, allesamt bunt bedruckt. Ein rotes mit grünen und blauen Tupfen gefiel ihr besonders. Sie würde ein Tuch brauchen, denn Harnack hatte, während er sein Motorrad richtete, angekündigt, dass er am Ende der Woche noch einmal vorbeischauen würde. Um nachzusehen, ob auch alles seine Ordnung habe. „Und dann", hatte er wie beiläufig hinzugefügt, „kann ich Sie ja mal mitnehmen in meine Jagd. Ich habe da einen Hochsitz. Man kann das ganze Tal übersehen. Und in der Dämmerung kommen die Rehe. Was für ein schöner Anblick, Sie werden staunen. Es ist wie in Gottes eigenem Garten."

„In dem Sie herumschießen, um wehrlose Tiere zu töten", fuhr Elise ihn an und fügte nach einer kurzen Pause hinzu: „Nicht mit mir." Aber er hatte schon nicht mehr zugehört, hatte sich in den Sattel geschwungen und den Starthebel getreten, sodass der Motor losknatterte. Er hatte sich die Motorradbrille über die Augen gezogen, noch einmal gewinkt, Gas gegeben, zufrieden gelacht und war von dannen gefahren.

Wütend war Elise zur Hütte zurückgestürmt. Dachte dieser Kerl wirklich, dass sie bei seinen Mordbrennereien mitmachen würde? Was bildete er sich ein? Vor ihren Augen war sein Gesicht aufgetaucht. Und ein Auge hatte ihr zugeblinzelt.

Dämlicher Kerl!

Und nun stand sie vor dem roten Tuch und überlegte tatsächlich, ob es nicht sinnvoll sei, so etwas zu tragen, wenn man hinten auf dem Motorrad saß und der Fahrtwind an einem zerrte. Außerdem, so redete sie sich ein, würde das rote Tuch dafür sorgen, dass die Rehe sofort flüchteten, wenn sie es nur auffällig genug um ihren Kopf band. Und schreien würde sie. Dieser Harnack sollte sich wundern!

30

Sie fuhren durch ein enges Tal zur Weser hinunter. Turmhohe Tannen säumten die Straße. Jedes Mal, wenn der Weg nach Westen führte, zwängte sich die tief stehende Abendsonne zwischen die Bäume und überschüttete sie mit Licht. Harnack hielt sich schützend die Hand vor die Augen, und Elise hatte Angst, dass sie ins Schleudern gerieten. Ängstlich hielt sie sich an Harnack geklammert, obwohl sie gerade dies nicht wollte.

Er fühlte sich fest an, kompakt. Sie schloss die Hände vor seinem Bauch. Sie hätte gern gewusst, ob er grinste. Der Fahrtwind pfiff über Harnacks Schultern in ihr Gesicht. Sie legte eine Wange an seinen Rücken. Der Stoff der Jacke kratzte, aber sie musste zugeben, dass sie sich jetzt sicherer fühlte. Sie spürte, wie die Wärme seines Körpers durch den Stoff sickerte, zusammen mit einem herben Duft. Rüdiger hätte gewusst, welches Parfüm er benutzte. Eichenmoos wahrscheinlich.

Rüdiger. Fast wünschte sie, dass er sie jetzt sehen könnte.

Bevor sie Holzminden erreichten, bog Harnack in Höhe der Brauerei zur Weser ab, der er dann eine Weile folgte. Die Poller Burg kam in Sicht, ein brauner Stumpf aus Sandsteinen auf einem Bergkegel zwischen Gebüsch und Bäumen. Es war einmal eine Raubritterburg gewesen. Die Grafen von Everstein hatten hier ein Seil durch den Fluss gezogen und Maut für die Überquerung verlangt. Und Köpfe abgeschlagen, wenn sich jemand weigerte, zu zahlen.

Jetzt war dort ein Fährboot, das sie auf die andere Seite brachte. Harnack bog in die Straße Richtung Schwalenberg ab. Elise erinnerte sich daran, dass sie schon einmal hier entlanggefahren war. Mit dem Fahrrad. Mit Rüdiger. Schon wieder Rüdiger. Auch damals war sie voller Zweifel gewesen, aber auch voller unerklärlicher Zufriedenheit. Das Leben war seltsam.

Eine Kreuzung. Richtung Hummersen. Ein schmales, gewundenes Tal. Wald. Haarnadelkurven. Wiesen. An einem Bach hielten sie an.

„Hier ist es", sagte er.

Erst jetzt sah sie, dass er in einem Futteral ein Gewehr an das Motorrad geschnallt hatte. Er zog es heraus.

„Das ist unfair", schnauzte sie ihn an, „von einem Gewehr haben Sie nichts gesagt. Meinen Sie, ich wäre sonst mitgekommen?"

„Ein Jäger ist ein Jäger und bleibt ein Jäger", grinste er, „was würden die Tiere denken, wenn ich ohne Flinte kommen würde. Und ich selbst würde mich nackt fühlen." Aber dann blickte er in ihr Gesicht und sah, wie ernst es ihr war. Ihre finstere Miene rührte ihn. „Ich schieße nicht", fügte er hastig hinzu, „natürlich schieße ich nicht ... nur, wenn es wirklich nötig ist."

„Versprochen?"

„Versprochen. Es sei denn ..."

„Es sei denn was?"

„Es ist nötig."

„Es ist nicht nötig!"

„Sagen Sie."

„Sage ich."

Der Weg zum Hochsitz führte am Waldrand entlang bis zu einer Buschreihe, die sich in eine Wiese hineinschob. Am Ende der Buschreihe, etwa hundertfünfzig Meter entfernt, stand das hölzerne Gestell. Sie war noch nie auf einem Hochsitz gewesen. Warum auch? Eigentum von Leuten, die Tiere erschossen.

Harnack leckte am Zeigefinger und hielt ihn in die Luft. „Der Wind", sagte er verschwörerisch, „ist wichtig. Im Wind wittern die Tiere den Menschen sofort."

Erst recht, wenn man sich über und über mit Eichenmoos besprüht. Elise freute sich, dass Harnack zwar ihr Lächeln sah, ihre Gedanken aber nicht erraten konnte.

„Das Wild tritt da drüben aus dem Wald“, fuhr er, leicht irritiert, fort. „Da ist der Wildwechsel, wir dürfen nicht über die Spur laufen, denn unser Geruch bleibt noch für Stunden in der Luft.“

„Im Gras auch?“

„Im Gras auch.“

„Kompliziert“, sagte Elise, und sie hoffte, dass es nicht zu ironisch klang.

Aber Harnack nickte ernst. Er war jetzt in seinem Element. „Hier entlang. Achtung, geben Sie mir Ihre Hand. Jetzt bücken! Achtung, Äste ...“

Elise hatte es schon von ihrem Vater gehört. Jäger haben es nicht so mit Zweideutigkeiten, erst recht nicht mit Ironie.

Die bemooste Leiter schwankte, als Elise hinaufkletterte, aber sie hatte nicht wirklich Angst. Wenn Harnack hinaufsteigen konnte, dann konnte sie es schon lange. Der Hochsitz selbst war von einer grob gezimmerten Balustrade umgeben. An der rückwärtigen Seite hatte man eine Bank eingepasst, gerade breit genug für zwei Personen.

Zu ihren Füßen lag das Lipper Land. Von der Abendsonne vergoldete Wälder zogen sich von Hügel zu Hügel.

„Irgendwo da hinten muss das Hermannsdenkmal sein“, sagte Harnack mit Stolz in der Stimme, als gehörte ihm dies alles.

„Was für ein schöner Anblick“, sagte Elise überrascht.

„Da unten, wo die Haselnussbüsche stehen, treten die Rehe aus dem Wald und wechseln dann hinunter zum Bach. Man fühlt sich wie der Herrgott persönlich, Sie werden sehen.“

„Der Herrgott sitzt nicht im Hinterhalt, um zu töten“, sagte sie spitz.

„Aber er lässt es zu“, sagte er betont gleichmütig, „was ist der Unterschied?“

Die Welt ist zu schön, um zu streiten, dachte sie resigniert. Und schwieg. Er schwieg auch. Ihr Schweigen legte sich über sie wie ein friedvolles Netz. Elise fühlte, wie sich ihre Aufregung langsam legte. Harnack saß entspannt da und blickte zum Bach hinüber. Konnte es sein, fragte sie sich, dass er sich in wenigen Minuten in einen anderen Menschen verwandelt hatte? Er saß neben ihr, als habe er schon immer dort gesessen, als sei dies alles für ihn geschaffen worden. Elise wollte es nicht wahrhaben, aber sie fühlte sich geborgen an seiner Seite. Wie viele Menschen können in einem Menschen stecken? Und welcher Mensch ist der richtige? Und was war, wenn der richtige Mensch nur hierher passte, wo kein Platz war für andere?

„Was macht Jagen so schön für die Jäger?", hörte sie sich fragen.

Er war nicht überrascht über ihre Frage. „Die Verantwortung", antwortete er, ohne lange zu überlegen. „Die Natur. Mit Verantwortung in die Natur einzugreifen. Was kann ich tun, damit die Natur sich entfalten kann. Schutz geben." Er blickte sie an und sah ihr zweifelndes Gesicht. „Die Jagd ist so natürlich wie die Ernte auf dem Feld", fügte er hinzu.

„Sie sagen Ernte und meinen Töten."

„Und als Nächstes werden Sie fragen, ob es sinnvolles Töten überhaupt geben kann."

„Das hört sich an, als führten Sie Gespräche dieser Art jeden Tag."

Er schüttelte den Kopf. „Man hat nicht jeden Tag eine Elise Rennefeld bei sich auf dem Hochsitz, die immer alles genau wissen will ..."

„Ich will es nicht genau wissen, ich möchte sicher sein, dass das, was Recht ist, auch richtig ist. Und dass Unrecht auch so genannt wird. Ist das zu viel verlangt?"

„Vielleicht ist es das", sagte er leise. „Aber", er hob die Augenbrauen, „es ist gut, wenn überhaupt jemand fragt. Es zwingt mich, nachzudenken."

Nicht schlecht, wie er antwortet, dachte sie. Aber meinte er es auch ernst? Sie blickte ihn direkt an. Ja, er meinte es ernst. Er nahm sie ernst. Aber wenn er es ernst meinte, warum änderte er dann sein Verhalten nicht?

Ein grasgrüner Schmetterling landete vor ihnen auf dem Geländer. Er war nicht groß, zwei Zentimeter lang vielleicht. Mit gelblichem Kopf. An den eckigen Flügelenden saß ein weißer Saum.

„Niedlich", sagte Elise. „Er sieht uns an."

„Ein Eichenwickler. Er ist nicht niedlich, er ist ein Schädling. Die Raupen fressen ganze Wälder kahl. Das ist wohl das Problem, manche Übeltäter sehen nett aus ..."

„Und manche Nette sehen wie Übeltäter aus."

„Genau."

„Und nun?"

„Irgendwer frisst immer irgendwen oder irgendwas." Er zuckte die Schultern. „Und der Mensch ist keine Ausnahme. Waren Sie schon mal in einem Schlachthaus?"

Elise schüttelte den Kopf.

„Müssen Sie mal hin", sagte er ruhig, „das müssen Sie sich wirklich mal ansehen."

Jetzt versucht er tatsächlich, *mir* ein schlechtes Gewissen einzupflanzen, dachte Elise säuerlich.

„Ich werde Ihnen etwas zeigen", sagte Harnack. Er spitzte die Lippen und presste ein Piepsen hervor. Einmal, zweimal, Pause, noch einmal. „Man nennt es mäuseln", erklärte er leise. „Weil Mäuse so piepsen. Und wenn Mäuse piepsen, werden die Fressfeinde hungrig."

„Fressfeinde?"

Harnack hielt den Finger vor den Mund. Psst! Eine Minute später zeigte er nach unten.

Ein Fuchs.

Aufmerksam witternd trabte er über die Wiese, lief suchend im Kreis und verschwand schließlich unter den Eichen.

„Sehen Sie? So ist das Leben. Ein paar Piepser genügen, und schon schleicht jemand heran und will dir nehmen, was du hast, am liebsten das Leben."

Sie biss sich auf die Lippen. Ein Eichhörnchen kletterte den Stamm einer Kiefer empor, es sprang dabei von Ast zu Ast. Sie fragte sich, ob das Tier wohl ängstlicher wurde, je höher es kam. Und ob es dann noch springen würde. War ein Mensch, der das Risiko sah, weniger handlungsfähig als ein naiver Dummkopf? Sie fragte sich, wie hoch sie als Eichhörnchen kommen würde. Gerade mal bis zur ersten Astgabel? Oder doch etwas höher?

Die Sonne war gerade untergegangen, als die Rehe aus dem Wald traten. Vier Tiere. Ruhig, vorsichtig und selbstsicher. Es sah nicht so aus, als machten sie sich Sorgen. Hin und wieder Gras zupfend, bewegten sie sich gemächlich hinunter zum Bach. Elise hielt den Atem an. Sie fühlte sich unwohl. Als ob sie unbefugterweise in ein Paradies eingedrungen war. Sie blickte zu Harnack hinüber. Sein Gesicht hatte sich verändert, war weicher, verwundbarer geworden. Plötzlich fühlte sie sich wie jemand, der aus Versehen einen fremden vertraulichen Brief geöffnet hat.

Harnack hielt seine Büchse, die quer auf seinen Beinen lag, fest in der Hand. Wartete er darauf, doch schießen zu können? Wie passte das zu seinen Worten? Sie legte ihre Hand auf den Lauf. Er fühlte sich kalt an. Ihre Finger glitten an dem Rohr entlang, bis sie die Mündung fanden. Sie steckte einen Finger hinein und fühlte ein leises Gruseln. Was wäre, wenn er jetzt abdrückte? Sie sah, dass Harnack die Stirn runzelte. Sie lächelte, er hatte die Botschaft verstanden.

Die Rehe hatten den Bach erreicht, tupften mit den Hufen behutsam auf das Wasser, traten hinein und tranken bedächtig. Es war ein Idyll. Ein trügerisches Idyll. Die Tiere konnten nicht ahnen, dass sie sich in Gefahr befanden, dass sie sich in Gefahr befunden hätten, wenn nicht zufällig Elise neben dem Jäger gesessen und ihren Finger in sein Gewehr gesteckt hätte.

„Glauben Sie an das Schicksal?“, flüsterte sie.

Harnack seufzte. Er griff in die Hosentasche und zog umständlich ein Taschentuch hervor. „Wie kommen Sie darauf?“

„Wegen der Rehe. Sie stehen so unschuldig da und wittern nichts Böses. Und doch sitzen Sie hier mit einem Gewehr. Und ich sitze neben Ihnen und halte einen Finger auf die Mündung."

Er schnäuzte sich lautlos. „Na, und?"

„Nun ja, in diesem Moment ist alles möglich. Idylle oder Tod. Wasser oder Blut. Ich frage mich, ob es jemanden gibt, der schon im Voraus plant, dass heute keines dieser Rehe sterben wird, dass ich da sein werde, um es zu verhindern."

Harnack lachte abschätzig. „Dann müsste dieser Jemand weit voraus geplant haben, zum Beispiel auch, dass ich Sie fragen würde, ob Sie mich heute begleiten würden."

„Und dass wir uns schon vorher kannten, damit Sie mich fragen konnten."

„Seit wann kennen wir uns?"

Sie überlegte. „Seit dem Sturm aufs Rathaus."

„Und auch da haben wir uns nur getroffen, weil ich nach Holzminden gekommen bin ..."

„... und ich schon dort war. Und warum war ich da? Weil meine Mutter meinen Vater getroffen hat ... puuhhh ... Und so weiter und so weiter, bis zu Adam und Eva." Sie lachte.

Harnack beugte sich vor und legte seine Hand auf ihren Finger. „Ein bisschen viel Schicksal, meinen Sie nicht?"

„Aber es ist schön zu denken, dass wir hier sitzen, weil das Schicksal ..." Sie fühlte, dass sie rot wurde. Sie wollte ihre Hand zurückziehen, doch dann hätte sie die Mündung freigeben müssen, und das wollte sie nicht.

So saßen sie und beobachteten die Rehe und spürten, dass der Friede, der von den Tieren ausging, auch von ihnen Besitz ergriff.

Es ist schön!

Harnack sprach als Erster wieder. „Wenn es ein Schicksal gibt ... gäbe, dann stellte sich als Nächstes die Frage, ob man eine Wahl hat ..."

„Ich hätte nein sagen können, als Sie mich einluden", scherzte sie. „Dann könnte ich jetzt gemütlich im Häuschen sitzen ..."

„... und auf den wilden Jäger Hackelberg warten. Dann bin ich doch die bessere Wahl." Unbewusst hob er die Stimme vor Freude über seine Pointe. Die Rehe hoben die Köpfe, verharrten, dann sprang das Leittier an und, immer schneller werdend, jagte das Rudel über die Wiese davon.

Elise nahm den Finger aus der Mündung. Dann fragte sie: „Und wenn Sie die Wahl hätten, wofür würden Sie sich entscheiden? Würden Sie den Spatz in der Hand oder die Taube auf dem Dach nehmen? Oder nach den Sternen greifen ...?"

Seine Hand schloss sich wieder um ihre Finger. „Ich würde nach einem ganz bestimmten Stern greifen", sagte er.

Da wusste sie, dass es um sie geschehen war.

Was soll ich tun, was soll ich bloß tun, fragte sie sich, während sie versuchte, seinem Blick auszuweichen. Sie hatte das Gefühl, dass sich der Boden unter ihr auftat. Sie fühlte sich geschmeichelt. Welche Frau wurde schon mit einem Stern verglichen, mit *dem* Stern noch dazu? Aber im selben Moment kamen die Zweifel. So ein gewaltiges Kompliment konnte doch nicht echt sein. Schoss er nicht mit Kanonen, wo ein bisschen charmante Aufmerksamkeit genügt hätte? Sie war doch nicht die Dorfschönheit, die mit Hauruck für einen Abend rumgekriegt werden konnte. Das war sie ganz bestimmt nicht. Trotzdem blieb die Möglichkeit, dass er es tatsächlich so meinte, wie er es sagte. Dann täte sie ihm Unrecht. Er war ein gestandener Mann – und nicht dafür bekannt, den Damen gegenüber zu sensibel zu sein. Und nun raspelte er, ein Mann von fast vierzig, Süßholz wie ein Pennäler? Wandelte er sich gerade vom Saulus zum Paulus?

Fragen über Fragen, es überforderte und es nervte sie kolossal, dass ihre Gedanken hin- und herschwankten, ohne dass sie eine Antwort fand, die allen Bedenken standhielt.

Also beschloss sie, das Kompliment einfach zu übergehen.

Sie zog ihre Finger unter seiner Hand hervor. Harnack gab sie zögernd frei.

„Die Rehe sind weg", sagte sie hilflos, „schade eigentlich."

„Heute kommen sie nicht wieder. Diese Tiere sind sensibel."

Sensibler als ich, überlegte sie, wollte er das damit sagen? „Dann können wir ja gehen", erwiderte sie, „ehe es zu kühl wird."

Er nickte, aber er rührte sich nicht.

Das Eichhörnchen erschien wieder. Diesmal lief es kopfüber den Stamm hinunter. Keine Sprünge. Sicher ist sicher. Elise lächelte. Sie war nicht allein mit ihrer Vorsicht.

Das Eichhörnchen erreichte den Boden. Und erschrak. Dicht vor ihm schlich der Fuchs auf die Lichtung und stellte sofort die Rute auf. Das Eichhörnchen zeterte, hüpfte hinter den Baum, fand einen Ast, sprang hinauf und lief auf ihm entlang, bis es im Dickicht verschwand. Der Fuchs, zum zweiten Mal düpiert an diesem Abend, nahm die Rute wieder herunter und schlich durch das hohe Gras davon.

Elise dachte an La Fontaines Fabel, in der der schlaue Fuchs den eitlen Raben durch Schmeicheleien überlistet, um an den Käse zu kommen, den der Vogel im Schnabel hielt.

Maître Corbeau, sur un arbre perché,
tenait dans son bec un fromage ...

Schmeicheleien als Kriegslist. War Harnack der Fuchs? War sie der einfältige Rabe?

Genug. Es war ein schöner Abend gewesen. Sie wollte nicht darüber nachdenken, ob sie eine Gelegenheit verpasst hatte, die vielleicht nie wieder kommen würde. Und jetzt war es Zeit zu gehen. Wenn es so etwas wie einen Zauber gegeben hatte, der über allem lag, dann war er jetzt verflogen. Sie stand schon mit einem Fuß auf der obersten Sprosse der Leiter, als Harnack noch etwas sagte.

„Ich glaube, Sie missverstehen mich, Fräulein Elise. Wie so oft. Wahrscheinlich denken Sie, dass ich so etwas bin wie ein menschlicher Panzer, der nur in eine Richtung fährt. Dass ich mache, was ich will, ohne auf andere Rücksicht zu nehmen, insbesondere auf Frauen." Er hielt ihren Arm fest. „Es wäre schön, wenn Sie sagen würden, dass ich mich irre. Oder dass Sie es zumindest für möglich halten, dass Sie sich irren."

Elise versuchte zu lächeln, aber ihr Gesicht hatte plötzlich einen gequälten Ausdruck. Sie suchte nach Worten und fand keine.

„Bitte!"

„Ich schätze Sie", sagte sie langsam. „Um ehrlich zu sein, manchmal schätze ich Sie mehr, als ich denke, dass ich Sie schätzen sollte ..."

Was rede ich da?

„Könnten Sie mir vertrauen? Ich möchte Ihnen vertrauen können."

„Warum fragen Sie das?" Elise setzte den Fuß auf die nächste Sprosse, wollte feststellen, ob er sie zurückhalten würde. Er hielt sie nicht zurück. Aber er sprach weiter.

„Ich würde gern über private Dinge mit Ihnen reden, aber vielleicht ist es besser, wir reden über geschäftliche Dinge. Meine Bank zum Beispiel, sie läuft nicht so, wie ich es möchte. Da gibt es jemanden, der mich bestiehlt, mich und meine Kunden, und ich komme nicht dahinter, wer es ist und was da eigentlich passiert hinter meinem Rücken. Es muss jemand von meinen Angestellten sein, das ist das Schlimme, sie sind letztlich alle verdächtig. Deshalb stehe ich allein da, und, ehrlich gesagt, ich weiß nicht weiter." Harnack hockte sich auf den Boden des Hochsitzes, sodass ihre Gesichter jetzt auf gleicher Höhe waren. Und so nah, dass sie in seinen Augen sehen konnte, wie ernst es ihm war. „Ich brauche jemanden", fuhr fort, „dem ich vorbehaltlos vertrauen kann. Und dieser Jemand muss Mut haben. Und die Wahrheit lieben. Auch mal Dinge tun, die unbequem sind. Und loyal sein ... und ..."

„... und?“, echote sie, schon fast gerührt über seine zögerliche Art, sich zum Kern seiner Frage zu vorzuschleichen.

„Und das sind nur Sie“, sagte er ernst.

„Geschäftlich gesehen?“

Er lächelte erleichtert. „Geschäftlich gesehen, natürlich, strikt geschäftlich gesehen.“

Auch sie war erleichtert. Der große peinliche Moment, den sie gefürchtet hatte, war ausgeblieben. War sie auch etwas enttäuscht? Deshalb dieser ganze Aufriss? Fahrt auf dem Motorrad, sentimentales Gespräch auf dem Hochsitz, die goldene Sonne, die Rehe, das Eichhörnchen ... Alles nur, weil er sie etwas Geschäftliches fragen wollte? Sie spürte seine Nähe, roch das Eichenmoos, und plötzlich hätte sie nichts dagegen gehabt, wenn er seinen Arm um sie gelegt hätte.

Seine Stimme, die nun sachlich und geschäftig klang, riss sie aus ihren Gedanken. „Ich dachte mir“, fuhr er fort, „dass die Dinge eigentlich gut zusammenpassen. Ich brauche Hilfe, und Sie sollten wieder herauskommen aus ihrer Einsiedelei. Und etwas Sinnvolles machen. Da liegt es doch nahe, dass wir uns zusammentun.“

Sie sagte nichts. Sie ließ ihn zappeln. Sie wollte sich nicht über ihn lustig machen, dafür waren seine Worte zu ernsthaft und vernünftig, aber er sollte nicht denken, dass er nur einmal nett sein musste, damit er bekam, was er wollte.

„Ich brauche Sie, Fräulein Elise“, setzte er nach, „ich brauche Sie wirklich. Als meine Sekretärin, als meine Assistentin. Natürlich werden Sie bezahlt. Wie es sich gehört. Als volle Kraft, die in alles eingeweiht ist.“ Er zupfte an ihrem Ärmel, lächelte bittend. „Na, wäre das nichts?“

Sie musste zugeben, dass es etwas sein könnte. Sie hätte eine Aufgabe und würde dafür ganz normal entlohnt werden. Endlich wäre sie nicht mehr nur die höhere Tochter, die sich guten Werken hingab, weil das von ihr erwartet wurde.

„Wäre das nichts?“, wiederholte er.

Genau besehen, wäre es das erste Mal, dass jemand sie bezahlte, weil sie Leistung erbrachte. Schon deshalb würde sie ja sagen. Wie er wohl war als Chef? Ein ganz anderer Mensch? Ein Ekel? Nein, das wollte sie sich nicht vorstellen. Und wenn er es war, dann würde sie wieder gehen. Diese Möglichkeit hatte sie immer.

Und quasi nebenbei einen Verbrecher jagen. Sie spürte ein Kribbeln. Sie machte sich nichts vor, die Sache mit den geheimnisvollen Diebstählen war etwas, das sie neugierig machte.

Statt einer Antwort fragte sie: „Wie viele Angestellte haben Sie?"

„Drei Festangestellte, zwei Lehrlinge, einen Laufburschen."

„Klingt nicht nach viel."

„Ist auch nicht viel, es ist ja auch nur eine kleine Bank", antwortete er entschuldigend. „Trotzdem", fuhr er fort, „unsere Kunden sind solide. Solides Mittelmaß. Einige aus der obersten Schublade, wenn Sie mir den Ausdruck verzeihen, zumal Ihre Familie ja auch dazu gehört, seitdem Ihr Herr Vater mir sein Vertrauen geschenkt hat. Aber auch die neuen Aufsteiger sind dabei, Ihr Rüdiger Siekmann zum Beispiel. Ich habe ihm das neue Firmengelände finanziert."

Rüdiger, immer wieder Rüdiger. Was würde sie tun, wenn sie ihm als Sekretärin den Mantel abnehmen musste? Vor Scham im Boden versinken? Sie musste lächeln. Das war bestimmt das Letzte, was er von ihr erwartete.

„Und worum geht es bei dem Diebstahl? Verschwindet Geld aus der Kasse, und Sie merken es erst am Abend?"

Er grinste. „Wenn es so einfach wäre. Es geht auch nicht um Geld."

„Ich denke, bei Banken geht es immer um Geld?"

„Und um Aktien, Wertpapiere, Wertsachen. Alles, was man in Schließfächern verwahren kann. Was man uns anvertraut. Und was bei uns sicher ist, normalerweise wenigstens."

„Und diese Schließfächer verschwinden?"

„Die Schließfächer natürlich nicht. Aber es gibt Kunden, die behaupten, dass etwas daraus entwendet wurde."

„Diamanten? Gold?"

„Schmuck. Fertiger Schmuck. Aber immer nur Einzelstücke, als ob der Täter es auf besondere Dinge abgesehen hätte. Aber welche? Und warum?"

„Aber es gibt doch bestimmt Schlösser", sagte sie.

„Natürlich, zwei sogar. Zwei Schlösser, zwei unterschiedliche Schlüssel. Einen haben wir, den anderen hat der Kunde."

„Und man muss beide ..."

„... zusammen benutzen, um das Schließfach zu öffnen, ja."

„Und diese Schließfächer, sie sind wo?"

„Im Keller. Drei Türen, dann eine Tresortür. Zu allen hat die Bank die Schlüssel. Dann der Raum mit den Schließfächern."

„Kurz gesagt, es ist unmöglich, dass jemand seine langen Finger mal eben in ein Schließfach steckt."

Er nickte. „Völlig unmöglich." Er krauste die Stirn. „Eigentlich."

„Und ausgerechnet ich soll herausfinden, dass es uneigentlich doch möglich ist, und auch gleich den Täter überführen, am besten ohne Aufsehen, damit der Ruf Ihrer Bank nicht leidet."

Er lachte. „Genau, und alles gleich gestern, nein, besser vorgestern. Und auf einem Silbertablett, vornehm serviert ..." Er schaltete sein Lachen ab. „Nun mal im Ernst, ich kann ja kein Wunder verlangen. Aber es muss einen Weg geben, und dafür sind Sie genau die Richtige."

„Sie wissen nicht viel, genau genommen wissen Sie gar nichts."

„Doch. Wir kennen die vier Kunden, die betroffen sind."

„Hmmm ..."

„Und diese Leute können uns genau sagen, was verschwunden ist."

„Verschwunden sein soll."

„Verschwunden sein soll“, echote er. „Mein Gott, machen Sie es mir nicht so schwer. Ich versuche, mein Unternehmen zu retten!“

Elise strich sich mit dem Zeigefinger über ihre Nasenwurzel und dachte nach. „Eine Frage habe ich noch. Die Schlüssel für die Türen, die die Bank verwaltet, kommt da jeder heran?“

Harnack zuckte hilflos die Schultern. „Alle Angestellten. Natürlich. Dafür sind sie ja da.“

„Und das sind drei Leute ...“

„Ja, zwei Männer und eine Frau. Da ist zunächst einmal Herwig Droste. In der Bank, seit sie existiert, war Lehrling bei meinem Vater. Er führt die Kasse. Kriegsheimkehrer. Ein schwieriger Mann. Aber ehrlich, ja, ich denke schon, dass er ehrlich ist. Er war jahrelang an vorderster Front, ist körperlich und seelisch kaputt zurückgekommen. Sie kennen ja diese Männer. Die Realität auf den Schlachtfeldern hat ihnen die Illusionen geraubt. Erst jetzt realisieren sie, dass man sie zu willfährigen Mördern gemacht hat, die gegen ihre eigene Überzeugung, quasi ferngesteuert, getötet haben. Das Schlimme ist, dass sie nicht darüber reden können, und sie leben in der Angst, dass ihr Hirn das Hirn eines Verbrechers geworden ist.“

„Haben Sie versucht, mit ihm zu reden?“

„Ich habe es versucht, habe ihm gezeigt, dass ich ihn verstehe, aber er öffnet sich nicht.“

„Und wenn Sie ihm jetzt sagen würden, dass Sie ihn eines Verbrechens verdächtigen ...“

„... würde ihn das schwer treffen“, ergänzte er ihren Satz.

Elise sah Harnack fragend an, doch er verzog keine Miene. „Ich beginne zu verstehen“, sagte sie mit dünner Stimme, „warum Sie sich solche Mühe geben, mich zu überzeugen, die Stelle anzunehmen.“

„Das Leben ist, wie es ist, und ich weiß, dass Sie schon schwierigere Situationen gemeistert haben. Ich habe da von gedemütigten Kriegsgefangenen gehört, die Sie gegenüber dem befehlshabenden Hauptmann in Schutz genommen haben. Glauben Sie, so etwas spricht sich nicht herum?"

„Man ist so, wie man ist", sagte sie, und es hörte sich bockiger an, als ihr zumute war.

„Eben."

„Und deshalb sitzen wir hier?"

Er seufzte. „Und deshalb sitzen wir hier. Unter anderem."

Bei den letzten Worten blickte sie auf, und er zuckte die Schultern. Sie entschied, nicht nachzufragen, und er fuhr fort, um einen sachlichen Ton bemüht: „Dann ist da unser junger Kundenberater, Piccard, ein fixer Junge, auch wenn er nicht so aussieht."

„Vielleicht zu fix?"

Er schüttelte energisch den Kopf. „Nein. Ich denke, ich kann meine Hand für ihn ins Feuer legen."

„Bleibt der Dritte."

„*Die* Dritte. Josefine Heinrichs. Unsere pfiffige Josefine. Das Nesthäkchen sozusagen. Ein verrücktes Huhn, wäre am liebsten Tänzerin, wie diese Josefine Baker, die mit ihrem Tanz im Bananenrock ganz Berlin verrückt macht."

„Hört sich nicht so an, als ob man wegen ihr sofort die Polizei holen sollte ..."

„Um Gottes Willen, nein. Sie ist eine Seele von Mensch, sie könnte keinem Regenwurm was zuleide tun ... Aber sie ist schon eine Type, unsere Josefine, so wie viele Mädchen heute sind, die noch zu jung waren, um viel vom Krieg mitzubekommen. Sie wollen den Ernst des Lebens und die Erwartungen der Eltern hinter sich lassen und das Leben in vollen Zügen genießen. Haare kurz, frivol, auch mal spärlich angezogen, soziale Schmetterlingstypen, könnte man sagen ... Sie ist ein wenig ordinär. Aber wie ein Blatt grün ist, ist es ihre Natur, und deshalb kann man kaum etwas dagegen sagen."

„Wenn man Sie so hört, kommen mir doch Zweifel. Das alles hört sich nicht gerade nach der Standardbesetzung einer Bank an."

„Warten Sie ab, sprechen Sie mit ihr", sagte er beschwörend. „Josefine ist ungewöhnlich, wohl wahr, aber gerade so jemanden muss man an Bord haben, wenn man nicht an seinem eigenem Staub ersticken will."

Er hat ja recht, dachte sie, er hat ja recht, und ärgerte sich über ihre oberflächlichen Worte. „Und die Lehrlinge?"

„Scheiden aus. Mangels Möglichkeiten. Kommen nicht ran an den Hauptschlüssel."

Sie wollte es sich nicht eingestehen, aber sie war beeindruckt. Beeindruckt von der Art, mit welcher Menschlichkeit er seine Mitarbeiter beschrieben hatte, und sie konnte verstehen, dass er nicht in der Lage war, über einen von ihnen den Stab zu brechen.

Elise schob sich ihre widerspenstige Haarlocke wieder hinter das Ohr. „Dann bleibt nur noch einer, der infrage käme."

Er blickte sie erstaunt an.

„Na, wenn keiner Ihrer Leute infrage kommt, dann bleiben nur Sie übrig", sagte sie und bemühte sich, nicht zu lächeln.

Er brauchte tatsächlich ein, zwei Sekunden, um zu verstehen, dass sie einen Witz gemacht hatte. Dann zog er spielerisch ihren Kopf zu sich heran und küsste sie auf den Mund. Zu ihrem Entsetzen merkte Elise, dass sie sich entspannte. Der Kuss war zunächst zart, sehr zart und sehr vorsichtig, dann intensiv und forschend.

Als er sie schließlich losließ, sagte er ernst: „Jetzt hast du gegen die Regel Nummer eins aus dem Handbuch der Detektive verstoßen."

„Und die wäre?", fragte sie atemlos.

„Küsse niemals einen Verdächtigen."

31

Die Bank hatte sich nicht verändert, seit Elise vor fast sechs Jahren das letzte Mal hier gewesen war. Der rechteckige Raum mit der Fensterfront auf der einen und den Schreibtischen mit ihren Messinglampen und grünen Glasschirmen auf der anderen Seite, die Kasse mit den zwei Kandelabern. Und hinten die gepolsterte Tür.

Harnack führte Elise herum und machte sie mit ihren künftigen Kollegen bekannt. Oder sollte sie besser sagen, mit ihren zukünftigen Verdächtigten? Sie fragte sich, ob man ihr die besondere Neugier, die sie erfüllte, ansehen konnte. Sie bemühte sich, einfach nur freundlich zu sein. Dass die neuen Kollegen ihr mit Misstrauen begegneten, war das Letzte, was sie gebrauchen konnte.

Alle drei Angestellten waren anwesend und hatten sich neben ihren Arbeitsplätzen aufgebaut. Harnack stand in der Mitte des Raumes, Elise neben ihm. Sie fragte sich, ob er wollte, dass sie ein paar Worte sagte. Lust dazu hatte sie nicht. Wenn es nach ihr ginge, würde sie sich so lange wie möglich zurückhalten. Die drei, die mit unverhohlener Neugier zu ihr hinübersahen, fragten sich vermutlich ohnehin, warum Harnack noch jemanden einstellte, obwohl die Zeiten doch schon schwer genug waren und jeder bereits jetzt um seinen Arbeitsplatz bangte.

In seiner kurzen Ansprache, die Harnack nach einem Seitenblick auf Elise begann, wies ihr neuer Cehf dann auch darauf hin, dass Fräulein Rennefeld sich um neue, andere Dinge kümmern solle, für die man bisher keine Zeit gehabt habe. Die Werbung zum Beispiel und die Betreuung neuer Kunden. Elise sah, dass die drei Kollegen insgeheim aufatmeten. Sie war keine Konkurrentin, die es auf ihren Schreibtisch abgesehen hatte. Elise lächelte, und die kesse junge Frau, von der Elise wusste, dass sie Josefine hieß, lächelte zurück. Die beiden

Männer blieben äußerlich unbeteiligt. Typisch Mann, dachte Elise, erst einmal sehen, wie sich die Dinge entwickeln, damit man nicht unversehens auf der falschen Seite landet. Nun, mit der Skepsis der beiden Männer würde sie fertigwerden, ein bisschen Lob, ein wenig Aufmerksamkeit, vielleicht auch ein kleines, fast privates Lächeln würden Wunder wirken. Jeder Mensch will wichtiggenommen werden, das hatte sie in ihrem jungen Leben schon gelernt, da machte auch dieses kleine abgeschlossene menschliche Biotop keine Ausnahme.

Nach seiner allgemeinen Rede machte sich Harnack mit Elise auf eine persönliche Vorstellungsrunde, um die Hände zu schütteln und das erste Eis zu brechen.

Neben der Kasse stand ein etwa fünfzigjähriger Mann. Er hatte eine Hand auf den massiven Fuß eines der Kandelaber gelegt, als brauchte er Halt. Elise sah, dass seine Hand zitterte.

„Das ist Herr Droste, Herwig Droste", sagte Harnack, „schon in der Bank, so lange sie existiert. Bis auf die vier Jahre, die er dem Vaterland treu gedient hat. An vorderster Front. Das hat seine Spuren hinterlassen, ehrenvolle Spuren, das wollen wir nicht vergessen, aber das kann er Ihnen ja selbst einmal erzählen. Er ist mein Stellvertreter. Und das mit Recht. Kurz gesagt, auf ihn können Sie sich immer verlassen."

Droste lächelte geschmeichelt und doch ein wenig säuerlich. Gut, dass Wolf – Harnack – ihn so ausführlich beschrieben hatte, dachte Elise. Sonst hätte sie ihn womöglich vorschnell beurteilt und ihm gleich am ersten Tag Unrecht getan.

Droste mochte früher ein attraktiver Mann gewesen sein, doch sein Übergewicht, das unregelmäßig verteilte Grau im schwarzen Haar und die schlaffe Haltung verrieten, dass er sich mit dem körperlichen Verfall abgefunden hatte. Hinter seinem mühsamen Lächeln verbarg sich Leid. Es waren schwache Signale, für andere kaum wahrnehmbar. Aber Elise erkannte sie. Dieser stumme Schmerz war ihr oft genug begegnet.

Sie sagte ein paar freundliche Worte, Droste antworte einsilbig. „Nun ja", schloss sie, „wir werden uns ja jetzt öfter begegnen. Ich würde mich freuen, wenn Sie mir mit Ihrem Rat zur Seite stehen."

Harnack lächelte aufmunternd. Droste nickte, nahm die Hand vom Fuß des Kandelabers und hielt sie ihr hin. Elise schüttelte sie. Sie fühlte sich fester und trockener an, als sie erwartet hatte.

Anschließend machte Harnack sie mit dem Kundenberater bekannt. Heinrich Piccard, ein scheuer Mann in den Dreißigern, dessen rote Haare sich schon lichteten. Sie erinnerte sich, dass Harnack ihn einen „fixen Kerl" genannt hatte, ein Eindruck, der sich ihr nicht gerade aufdrängte.

„Piccard?", fragte sie. „Haben Sie etwas mit der Glaserei in der Uferstraße zu tun?"

„Mein Vater. Ich helfe ihm, wenn ich kann." Er lächelte schüchtern, während seine Sommersprossen auf seiner Nase glänzten. Er trug einen schweren Tweed und schwitzte.

Elise konnte sich nicht vorstellen, auf seinen Rat etwas zu geben, und sie fragte sich, was Harnack – Wolf – sich bei seiner Einstellung gedacht hatte. Mitleid? Sie bekam ein schlechtes Gewissen bei diesen Gedanken und gab Piccard etwas zu freundlich ihre Hand. Röte flutete sein Gesicht.

Harnack zog Elise weiter zu Josefine Heinrichs. Er hatte sie als ein Kind der neuen Zeit beschrieben, das Josefine Baker und ihr Bananenröckchen vergötterte. Sie war jünger als Elise, eine schmale Gestalt mit einem weichen, offenen Gesicht, schwarz umrandeten Augen, Bubikopf und großem grellrot geschminkten Mund, der sich beim Lächeln breit auseinanderzog.

Sympathisch. Nicht ganz mein Stil, aber sympathisch.

Elise kamen Wolfs Worte in den Sinn: *Sie ist ein wenig ordinär. Aber wie ein Blatt grün ist, ist es ihre Natur, deshalb kann man kaum etwas dagegen sagen.*

Elise schmunzelte unmerklich. Bis vor Kurzem hätte sie nicht gedacht, dass Wolf eine lyrische Ader hatte ...

In Josefines Gesicht fehlt noch etwas, überlegte sie dann und fragte sich, ob das an dem weißlichen Puder lag, das die junge Frau aufgetragen hatte. Es war, als ob ein Maler ihr Porträt unvollendet gelassen hatte, und man musste sich fragen, ob man auf dem fertigen Bild erkennen würde, was dieses Mädchen ausgerechnet hier, in dieser geschäftlich drögen Atmosphäre, suchen mochte. Auf den zweiten Blick sah Elise allerdings die Verletzlichkeit und Sehnsucht, die sich hinter der Schminke verbarg.

Sah so eine Diebin aus?

Elise bekam einen neuen Schreibtisch ganz hinten vor dem letzten Fenster. Von hier aus hatte sie alles im Blick. Auch die Treppe, die in den Keller zu den Tresoren führte. Nicht, dass es etwas nutzen würde, aber allein der Blick gab ihr das Gefühl, die ihr gestellte Aufgabe ernst zu nehmen.

Harnack hatte ihr einen Stapel Akten auf den Tisch legen lassen. „Alles Kunden, die zu anderen Banken gewechselt sind", hatte er so laut gesagt, dass alle ihn hören konnten. „Sie sind neu, Fräulein Rennefeld, Sie sind unvoreingenommen. Sie müssen sich fragen: Haben sich diese Leute geärgert über uns? Warum haben sie sich geärgert? Immer über dasselbe Problem? Immer über denselben Berater? Finden Sie es heraus! Das wird uns helfen, neue Kunden zu gewinnen. Immer am Puls der Zeit bleiben, nicht wahr?" Er blickte alle seine Angestellten aufmunternd an, nickte ihnen zu und drehte sich auf dem Absatz um, um im Allerheiligsten zu verschwinden.

Als die gepolsterte Tür sanft hinter ihm ins Schloss fiel, wusste Elise, dass ihr neuer Alltag begonnen hatte. Nein, kein Alltag, eher ein Abenteuer. Vielleicht sogar ein gefährliches. Mit einem Übeltäter, der sich gut zu tarnen verstand und von dem sie nicht wusste, ob er nicht auch gewalttätig werden konnte. Sie wusste nur, dass niemand einem ihrer neuen Kollegen ein Verbrechen zutrauen würde, dazu sahen sie allesamt viel zu anständig aus. Von diesem Widerspruch fühlte Elise sich herausgefordert. Ein cleverer Schachzug von ihrem neuen Chef. Er hatte die Katze zu den Mäusen gesetzt.

Es war ein eigenartiges Gefühl, wenn Wolf sie mal duzte und mal nicht. Überhaupt war es ein eigenartiges Gefühl, mit einem Kuss rekrutiert worden zu sein.

Elise nahm sich die oberste Akte vom Stapel und schlug sie auf. Sie bemühte sich, alles betont sachlich zu sehen, aber ihre Gefühle fuhren Achterbahn. Der Ausflug und der zärtliche Abschluss waren schön gewesen, da konnte sie sich nichts mehr vormachen. Und es würde auch das nächste Mal schön sein. Sie war jung und sie spürte es. Die Frage war, wie lange er sich mit Küssen begnügen würde. Sie würde sich entscheiden müssen.

Morgen Abend würde ihre Mutter zurückkommen. Ob sie sie um Rat fragen sollte? Warum nicht. Wozu sind Mütter da? Ob Sophie Rennefeld das aber auch so sah? Und was würde sie dazu sagen, dass ihre Tochter eine einfache Angestellte geworden war?

Wahrscheinlich nichts, denn dann könnte sie sich nicht mehr wie bisher aus den Dingen heraushalten, musste ihre Meinung begründen und später, wenn es nicht so lief wie gedacht, musste sie zu dem Gesagten stehen. Es sah eigentlich nicht so aus, als würde ihre Mama ihr helfen können. Aber es schadete wohl auch nichts, sie zu fragen.

Als Gustav den alten GRÄF in der Abenddämmerung in die Einfahrt lenkte, um Sophie Rennefeld nach Hause zu bringen, sprang Elise die Freitreppe hinunter, und Mutter und Tochter fielen sich in die Arme. Elise hatte sich danach gesehnt: nach dem Tod von Ludwig Rennefeld endlich wieder mit ihrer Mutter vereint, in dem Bewusstsein, dass man das veränderte Leben nun zusammen angehen und sich gegenseitig helfen würde, so gut es nur möglich war.

Aber so herzlich ihre Umarmung war, das zärtliche, sie warm durchströmende Gefühl von unbedingter gegenseitiger Geborgenheit stellte sich nicht ein. Elise war enttäuscht. Ob ihre Mutter es auch war, konnte sie nicht sagen, Sophie hatte ihr Gesicht wie immer gut unter Kontrolle.

Sophie Rennefeld war dünner, irgendwie zarter, ja durchsichtiger geworden. Die Wangenknochen zeichneten sich unter der glänzenden Gesichtshaut ab, und es schien Elise, als seien ihre Augen etwas eingesunken und von einem matten Film überzogen. Das babyzarte Haar war noch feiner geworden und ließ die rosafarbene Kopfhaut durchscheinen. Obgleich nach wie vor attraktiv und anmutig, war Sophie doch vor allem eine fast fünfzigjährige Frau, die ihren Mann verloren hatte.

„Schön, dass du da bist, mein Kind", sagte sie und fächelte sich Luft in das müde Gesicht, „schön, dass wenigstens du da bist."

Ein leichter Limettenduft umhüllte sie wie eh und je.

Hermine hatte eine kräftige Suppe gekocht, als Stärkung, aber Sophie war müde und zog sich gleich nach dem Essen zurück. Elise war traurig und ein wenig ratlos, sie hatte sich auf ein gemütliches Gespräch mit ihrer Mutter gefreut. So viel war passiert, ihre Zeit in der Hütte, das Modell der Schule, Harnacks Besuch, der Ausflug, der Kuss, ihre Anstellung in der Bank. Sie hatte am Tisch begonnen zu erzählen, aber ihre Mutter war nicht interessiert gewesen. Sie sei leer im Kopf, hatte sie gestöhnt, nach der langen Fahrt sowieso. Ja, es war schön gewesen bei ihrer Familie, und jetzt mache ihr die Vorstellung des tristen Alltags in Holzminden Sorge.

Elise hoffte, dass ihre Mutter am nächsten Morgen entspannter und gesprächiger wäre, wurde aber erneut enttäuscht. Sie musste rechtzeitig um acht in der Bank erscheinen, und da war Doris noch nicht einmal zu ihrer Mutter gerufen worden, um ihr bei der Morgentoilette zu helfen.

Blieb der Mittag. Hermine hatte zur Feier des Tages Rouladen mit Rotkohl, viel Soße und Salzkartoffeln gekocht.

„Ich habe viel zu erzählen, Mama", sagte Elise ohne Umschweife. „Und eigentlich ... auch eine Frage."

Sophies Reaktion war kurz: „Jetzt nicht, bitte." Dann widmete sie sich schweigend der Roulade, die ihr zu faserig geraten war, und stocherte lustlos ihm Rotkohl umher, von dem sie meinte, dass er angebrannt sei, was Hermine, die gerade eine Karaffe Wasser hereinbrachte, die Zornesröte ins Gesicht trieb.

Das kann ja lustig werden, dachte Elise. Anscheinend hatte der Schicksalsschlag ihre Mutter innerlich stumpf werden lassen, noch gleichgültiger, apathisch. Sie murrte und sinnierte vor sich hin und gönnte ihrer Tochter kein Wort. Sie aßen schweigend.

Elise war wütend. Aber dann erinnerte sie sich an ihre eigene Verfassung nach der Beerdigung, an ihre Flucht, und dass sie niemanden hatte sehen wollen. Dass sie letztlich neuen Mut gefasst hatte, war ein großes Glück, und sie fragte sich, wie sie auch ihre Mutter zurück in ein aktives Leben holen konnte. Sie war mitten in diesen Gedanken, als Sophie unvermittelt anfing zu reden. Über ein Thema, das nichts, aber auch gar nichts mit ihnen zu tun hatte.

„Kennst du diese Camille Claudel?", fragte sie wie beiläufig. Sie zog ein Holzstäbchen aus der Roulade und hielt die mit Soße beschmierten Finger steif von sich, während ihre andere Hand nach der Serviette auf ihrem Schoß tastete.

„Warum?"

„Ich habe über sie in der *Vossischen* gelesen. Sie ist in ein Sanatorium eingewiesen worden, irgendwo bei Avignon."

„Sie ist Bildhauerin, nicht wahr? Ich habe auch von ihr gelesen, der *Tägliche Anzeiger* hat neuerdings einen Kulturteil. Ist sie nicht mit diesem anderen Bildhauer liiert, wie heißt er noch ...?"

„Rodin. Auguste Rodin." Ihre Mutter legte das Holzstäbchen auf den Salatteller.

„Wieso fragst du?"

„Kann ein Mann eine Frau so weit bringen, dass sie verrückt wird?"

„Ich weiß nicht, ich ..."

Aber ihre Mutter ließ Elise nicht ausreden. „Sie sind seit Jahren getrennt. Wie kann ein Mann, den sie nicht einmal mehr sieht, eine Frau dazu bringen, verrückt zu werden?"

„Vielleicht wollte er das gar nicht."

„Natürlich wollte er es nicht!", fuhr Sophie auf. „Was hätte er auch schon davon gehabt. Was ich meine, ist, dass diese Camille doch eine junge ,energische Frau war. Schön und von allen begehrt. Talentiert und erfolgreich. Hat sogar eine Affäre mit Debussy gehabt, das Romantische muss dann wohl auch Teil ihres Wesens gewesen sein."

„Debussy, Rodin. Alles große Männer."

„Was willst du damit sagen?", fragte Sophie spitz.

Elise überlegte. „Vielleicht war sie einfach zu klein für diesen Rodin. Und je näher sie ihm kam, desto kleiner wurde sie und verbrannte schließlich wie eine Mücke, die zu dicht an eine Kerze gerät. Dabei soll er Plagiate gemacht haben von ihren Werken."

„Sagt sie."

„Man sollte meinen, dass sie das hätte wütend machen müssen. Kämpferisch, das lässt man doch nicht einfach mit sich geschehen."

Sophie seufzte. „Ja. Wenn man ein Mann wäre, dann würde man kämpfen, dann hätte man auch Aussicht auf Erfolg. Aber als Frau? Woher sollte sie das Selbstvertrauen gehabt haben?"

Die beiden Frauen schwiegen ratlos.

Elise kam ein Gedanke. „Eigentlich seltsam, dass ihre Krankheit erst begann, nachdem sie sich getrennt hatten."

Sophie faltete ihre Serviette, rollte sie zusammen und schob sie in den silbernen Ring mit ihrem Monogramm. Sie drehte die Serviette in der Hand und besah sie gedankenverloren, als ob sie in ihren Falten eine Antwort finden könnte. „Das ist ja, was ich sagen will", sagte sie langsam. „Kann es sein, dass man verrückt wird, wenn man von einem Mann getrennt wird?"

Nun begriff Elise, und sie erschrak. Ihre Mutter redete nicht von Camille Claudel und Rodin, sie redete von sich selbst und ihrem Mann, von dem der Tod sie getrennt hatte. Aber was meinte sie damit, ob man durch so etwas verrückt werden konnte? Und warum sagte sie es?

Während Elise noch überlegte, drückte Sophie bereits auf die Klingel neben der Blumenschale, als fürchtete sie sich vor der Antwort.

Hermine erschien und begann abzuräumen. „Morgen ist Donnerstag, gnädige Frau, haben Sie besondere Wünsche wegen des Essens?"

„Dicke Bohnen natürlich, und Speck, wie immer am ersten Donnerstag, was fragst du?"

„Ich meinte ja nur", stammelte Hermine, „es war doch der Herr Direktor, der auf die Bohnen bestand. Und wo Sie sich doch immer geekelt haben, wegen all dem Fett, meine ich ... und wo der Herr Direktor nicht mehr ist, da könnten wir doch ... da könnten Sie doch ... endlich ... meine ich ..."

„Sie meinen es gut, Hermine, aber Sie meinen zu viel. Natürlich bleibt es bei den Bohnen." Sie erhob sich, schob den Stuhl an den Tisch und fügte in bestimmtem Ton hinzu: „Und es bleibt bei dem Speck. Natürlich."

32

Das Schützenfest in Holzminden hatte seine besonderen, jahrhundertealten Rituale. Das Wichtigste davon war die Erstürmung der Barrikade. Diese wurde dort aufgebaut, wo die Straße, die der Festzug entlangkommen würde, endete und der Festplatz begann. Sie trennte den Festplatz sozusagen von der Stadt.

Seinen Anfang nahm der Festzug am Rennefeldplatz, führte – nach einem Abstecher zum Soldatenfriedhof – am Rathaus vorbei, bog am Amtsgericht ab zum örtlichen Bordell, wandte sich dort nach rechts und zog an der ehemaligen Stadtmauer entlang bis hinunter zur Weser, wo er schließlich an der engen Stelle zwischen Holzfabrik und Großmanns Notariat auf den Festplatz traf. Hier war der neuralgische Punkt, an dem sich alles entscheiden würde, denn von hier aus ging es nirgendwo hin, nur eben auf den Festplatz. Oder unverrichteter Dinge zurück in die Stadt.

Betraut mit dem Bau der Barrikade waren die Jungschützen. Die Erstürmung war Aufgabe der Sappeure.

Die Jungschützen trafen sich in der Nacht zum Sonntag im Schutz der Dunkelheit in der Holzfabrik, wo bereits die dicken Buchenstämme bereitlagen. Die geplante Konstruktion der Barrikade unterlag striktester Geheimhaltung. Mal wurde sie eher lustlos errichtet, mal – etwa wenn die Jungschützen noch ein Hühnchen mit den Sappeuren zu rupfen hatten – war sie voller listig eingebauter Hindernisse und heimtückischer Fallen. Einmal, als ein Sappeur sich an die Freundin des Jungschützenkönigs herangemacht hatte, waren neben Drahtverhauen sogar einbetonierte Pfosten und mit Mist gefüllte Fallgruben zum Einsatz gekommen. Und da es in letzter Zeit auf der Tanzfläche von Schoppes Saalbau ebenfalls das eine oder andere Mal zu Rangeleien wegen der Tänzerinnen gekommen war, musste auch in diesem Jahr mit allem gerechnet werden. Die Stimmung war entsprechend angespannt und aufgeheizt.

Die Sappeure eröffneten den Festzug und marschierten voraus, um im rechten Moment den Durchgang zum Festplatz freimachen zu können.

Der übrige Festzug formierte sich auf dem Rennefeldplatz unter dem Denkmal des Gründers der Baugewerkschule. Fahnen wurden geschwenkt. Die berittenen Kommandeure, aufgeputzt mit gelb-blauen Schärpen und mit weißen Federbüschen auf den dreispitzigen Hüten, riefen Kommandos, die Tambourmajore der Marschkapellen stießen ihre Taktstäbe in die Luft, und ab ging es, im Gleichschritt, mit stolz geschwellter Brust, einmal hinaus zum alten Soldatenfriedhof, Ehrenbezeugung, dann fahnenschwenkend zurück zum Denkmal, weiter zum Rathaus, zum Amtsgericht, zum Bordell, aus dessen Fenstern einige Damen freundlich winkten, und hinein in die schmale und lange Wallstraße, an dessen Ende die Barrikade wartete. Würden die Sappeure trotz des genossenen Alkohols noch genug Kraft haben, die dicken Buchenstämme zur Seite zu rollen und anderen Misslichkeiten zu trotzen?

Gelang es ihnen nicht, die Barrikade zu beseitigen, würde der kilometerlange Zug auf der Stelle umdrehen und, von Schmährufen begleitet, den Canossagang zurück in die Stadt antreten müssen. Was natürlich niemand wollte, nicht die Kommandeure und nicht die Tambourmajore, nicht die Festgäste und nicht die Festwirte – und erst recht nicht Wolf Harnack.

Denn Harnack war dieses Jahr von der Schützengesellschaft als Hauptmann der Sappeure bestellt worden. An sich eine ehrenvolle Aufgabe, waren doch die Sappeure eine Institution mit historischer Tragweite. Einst krank oder verwundet von Napoleon in der Stadt zurückgelassen, waren diese französischen Soldaten vom Rat Holzmindens als billige Arbeitskräfte eingesetzt worden, um die Straßen instand zu setzen. Sie blieben, heirateten, zeugten Kinder – und ihre

Nachkommen und deren trinkfeste Freunde hielten über all die Jahre die Tradition aufrecht, dem Festzug den Weg in die Festzelte freizumachen. Inklusive Risiko, sich bis auf die Haut zu blamieren. Bis auf die Haut blamieren könnte sich deshalb auch Harnack. Elise hoffte inständig, dass alles gut ausgehen würde.

Sie stand direkt an der Barrikade. Mit ihr drängten sich hier Hunderte von Schaulustigen, unter ihnen, kichernd, die jungen Damen aus Schoppes Saalbau – die sich vielleicht das Gegenteil von Elises Wunsch erhofften. Die Menschen saßen auf den Zäunen oder lehnten aus den Fenstern, dicke Biergläser in der Hand und schon jetzt zu lockeren Sprüchen bereit. Was würde erst passieren, wenn der Zug umkehren musste?

Oberinspektor Mühe, der die Baugewerkschule mittlerweile kommissarisch leitete, war extra übers Wochenende in Holzminden geblieben. Der Barrikadensturm war ein einmaliges Schauspiel, das er, der Großstädter, auf keinen Fall verpassen wollte. In der Schule fuhr er einen harten Kurs und hatte sich damit nicht viele Freunde in Holzminden gemacht. Deshalb fand er es zudem sinnvoll, auf diesem Wege seine Verbundenheit mit der Stadt deutlich zu machen. Als er Elise auf der anderen Seite der Straße erblickte, verzog er das Gesicht. Es hatte wieder Ärger gegeben, und immer wenn es Ärger gab, war diese junge Frau nicht weit.

Elise sah ihn ebenfalls und lächelte ihm höchst freundlich zu. Sie hingegen war nämlich guter Dinge. Sie hatte die erneute Verhandlung mit Mühe zufriedenstellend hinter sich gebracht. Natürlich war der Oberinspektor nicht erfreut gewesen, als sie mit dem Modell in seinem Büro aufgetaucht war, die Visionen ihres Vaters vorgetragen und eine Diskussion über den künftigen Kurs der Schule gefordert hatte. Gewiss, rein juristisch gesehen hatten die Rennefelds nicht mehr das Recht, in den Schulbetrieb einzugreifen. Aber sie waren nun einmal die Gründer der Schule und hatten sich seit fast hundert Jahren ununterbrochen mit Leib und Seele für sie eingesetzt. Das konnte auch Mühe nicht ignorieren, von dem Rückhalt, den Elise vonseiten der Stadt genoss, einmal ganz abgesehen.

Zudem hatte Elise schnell herausgefunden, dass hinter dem neuen Direktor nicht viel Substanz zu finden war. „Ein schrecklicher Kerl", hatte sie nach der langen Sitzung gestöhnt, „große Reden, nichts dahinter. Der Mann erinnert mich an eine leere Tonne, auf die man mit dem Hammer schlägt. Es dröhnt, aber sonst tut sich nichts. Alles muss man ihm vorkauen, ihm die geringsten Kleinigkeiten erklären. Und später tut er dann so, als wäre alles seine Idee gewesen."

Mühselig. Und doch auch einfach. Denn so konnte sie den Takt vorgeben. Nett sein, lächeln, ihn für wichtig nehmen, loben. Sie hatte den Eindruck, dass die Ideen ihres Vaters durchaus Chancen hatten, akzeptiert zu werden. Zumal das Benennungsrecht der Familie für den Direktorenposten quasi durch die Hintertür wieder aktuell geworden war, da sich weit und breit kein Anwärter für die schwierige Stelle finden ließ.

„Da müssen Sie sich aber anstrengen, Fräuleinchen, dass Sie bald einen kleinen Direktor ... zuwege bringen, hahaha", hatte Mühe getönt und sich totlachen wollen über seinen Witz.

Aber über solche platten Anspielungen und Mühes Gehabe regte Elise sich nicht mehr auf. Schlimmer waren seine dummdreisten Sprüche über das angeblich von Juden und Kapitalisten verratene Vaterland. Leeres Gefasel, natürlich, aber Elise fragte sich doch, wie solche Leute in so wichtige Ämter kamen.

Sie wurde aus ihren Gedanken gerissen, als Marschmusik aus der Stadt herüberwehte. Gleich würde es so weit sein. Sie sah Harnack schon vor sich, wie er an der Spitze des Zuges ritt, hinter sich in Dreierreihen die in weißen Hemden und schwarzen Zimmermannshosen gekleideten Sappeure. Die Musik wurde lauter, offensichtlich bog der Zug in die Wallstraße ein. Um sich Mut zu holen, würden die Sappeure noch einmal den Mädchen des Etablissements zujubeln, dann, plötzlich, würde die Musik der Kapellen aussetzen und in die abrupte Stille hinein würde Harnack brüllen: „Marsch! Marsch, lauft um euer Leben, Leute!"

Und dann würden die Sappeure laufen, die ganze Wallstraße entlang, bis sie schließlich vor der Barrikade, diesem hoch aufgetürmten hölzernen Ungeheuer, stehen würden, während hinten in der Straße die Kapellen wieder aufspielten, um den Festzug näher und näher zu treiben.

Die Musik setzte aus. Die Hälse reckten sich.

Stille.

Und dann kamen die Sappeure. Japsend und mit roten Gesichtern stürmten sie heran, orientierten sich kurz und stürzten sich auf die Barrikade, erklommen die Baumstämme und rollten sogleich die obersten hinunter. Die Stämme rumpelten auf die Straße hinab, die Bodenmannschaft schlug Taue um sie und zerrte sie – *„Zuuugleich! Zuuuugleich!"* – auf die Seite. Die Zuschauer klatschten und johlten, selbst Mühes Augen schienen hinter den dicken Gläsern seiner viereckigen Brille begeistert aufzuleuchten.

Die Männer hatten die oberen Lagen der Barrikade beseitigt, als ihre Arbeit plötzlich stockte. Die Anfeuerungsrufe der Zuschauer verstummten, der Obersappeur schrie Befehle, aber seine Kumpane zuckten hilflos die Schultern. Jemand hatte die unteren Stämme mit Stahldraht zusammengebunden. Die Sappeure standen keuchend vor Wut, aber mit hängenden Armen auf den Stämmen. Sie hatten keine Chance. In wenigen Sekunden würden sie die Deppen der Stadt sein.

Der Zug rückte unaufhaltsam heran. Die Marschmusik dröhnte durch die Straße. Und dann erschien Harnack, hoch zu Pferd, der Federbusch auf seiner Kappe leuchtete herüber. Dicht hinter ihm presste und drückte der Zug, schien ihn förmlich die Straße entlangzuschieben, der Niederlage entgegen.

Harnacks Pferd tänzelte und schnaubte, denn der Reiter hielt es zurück, um Zeit zu schinden. Noch gut achtzig Meter. Jetzt sah Harnack die Barrikade. Für einen Moment stutzte er. Elise hielt den Atem an. Wenn sie doch nur helfen könnte! Nicht auszudenken, wenn Wolf vor der Barrikade kapitulieren musste.

Da hob er den Arm.

Fast zeitgleich dröhnte in der Einfahrt zum Sägewerk ein Motor auf. Jemand schrie, dass alle zurücktreten sollten, und dann rollte, bläuliche Auspuffgase ausstoßend, ein riesiger LANZ-Traktor auf die Straße, wendete und fuhr rückwärts an die Barrikade heran. Ein Mann mit schütterem rotem Haar sprang mit einem Stahlseil herab, führte es hinter den Drähten hindurch und verhakte das Ende des Seils wieder am LANZ. Für einen Augenblick blieb er stehen und blickte sich um. Elise erkannte ihn. Es war ihr Kollege aus Harnacks Bank, Heinrich Piccard.

Die Zuschauer brüllten. Piccard sprang wieder auf den Traktor.

Harnack riss sein Pferd zurück und schrie Befehle. Die Kapelle spielte sich die Seele aus dem Leib, die Häuser brachen den Schall und warfen ihn hundertfach zurück.

„Mein Gott!“, rief Elise. „Nun mach schon!“

In diesem Moment fuhr Piccard an. Die Reifen drehten durch, das Vorderteil des Traktors stieg in die Höhe, das Seil spannte sich und riss die Stämme, gebündelt wie sie waren, mit sich, zwischen den jubelnden Zuschauern hindurch, über den Bürgersteig in die Einfahrt der Holzfabrik hinein.

Die Straße war frei. Der LANZ stand unschuldig tuckernd hinter der Fabrikmauer.

Die verblüfften Sappeure konnten gerade noch die Hände zum Gruß an die Mützen reißen, als sich der Zug auch schon an ihnen vorbeiwälzte.

Harnack vorweg. Stolz und selbstsicher auf seinem Pferd.

Elise traute ihren Augen nicht. Der Kerl lachte aus tiefster Kehle! Sein Blick ging hinüber zum Sägewerk. Dort stand Piccard auf der Mauer und grüßte seinen Direktor militärisch. Auftrag ausführt!

Nicht zu fassen.

Er, Wolf Harnack, war also selbst der Urheber dieser nicht gerade regelgerechten Rettungsaktion gewesen.

Und, dachte Elise, was lerne ich daraus? Dass Wolf Harnack kein Mensch ist, der Risiken eingeht, dass er im Gegenteil Sorge trägt, immer noch einen Trumpf im Ärmel zu haben. Auch wenn er dafür die Statuten ein bisschen großzügiger auslegen muss.

Gut zu wissen.

Sie blickte in Mühes Gesicht. Der blinzelte irritiert. Offensichtlich hatte er nicht wirklich kapiert, was gerade vorgefallen war. Er war eben nicht der Hellste. Auch das war gut zu wissen.

Die nachfolgenden Reiter schoben sich ins Bild, der General und sein Stab. Sie lächelten huldvoll und ahnungslos in die Menge. Dahinter, zu Fuß, in Frack und Zylinder, der Bürgermeister, neben ihm Albert Katzenstein, Kommerzienrat im preußischen Landtag und Ehrenbürger Holzmindens, und als Abschluss der versammelte Rat der Stadt.

Elise atmete auf.

Das Festzelt war bis auf den letzten Platz besetzt, und immer noch drängten Menschen herein. Die Schützenkompanien waren mit Musik eingerückt und standen nun im Viereck und ordentlich ausgerichtet auf der Tanzfläche zum Abschlussappell.

Der General hielt eine kurze Ansprache, würdigte den tapferen Einsatz der Sappeure, versprach ihnen ein großes Fass Bier und erneuerte ihr jahrhundertealtes Recht, verdiente Bürger auf die Schultern nehmen, zur Theke tragen und dort oben abstellen zu dürfen, während sie sich unten aufbauten und so lange sangen, bis der Geehrte sich bemüßigt fühlte, zu seiner Befreiung eine oder auch zwei oder drei Runden Bier auszugeben. Die Sappeure johlten.

Dann bellte der General Befehle.

„Stillgestanden!"

„Wegtreten!"

Die Kapelle spielte das Weserlied. Die Bedienungen trugen tablettweise Bierkrüge an die Tische.

Der Tisch der Honoratioren stand an der Kopfseite der Tanzfläche. Er war bereits gut besetzt.

Elise sah Harnack bei Kommerzienrat Katzenstein stehen. Dieser war ein alter, schmaler Herr im dunklen Anzug, Seidenkrawatte mit Perle um den Hals, einen mächtigen Schützenorden auf der Brust. Sein Kopf war kahl, sein weißer Backenbart sperrte sich mächtig zur Seite, sein rosiger Mund verbarg sich seltsam unschuldig unter dem martialisch zur Seite gezwirbelten Schnurrbart.

Katzenstein hatte sich um seine Heimatstadt verdient gemacht, denn er, ein Freund des Kaisers, war es gewesen, der Holzminden zur Garnisonsstadt hatte werden lassen. Voller Dankbarkeit hatte die Stadt ihn auf Vorschlag von Direktor Rennefeld zum Ehrenbürger gemacht.

Und so hoben ihn nun die Sappeure als Ersten auf ihre Schultern und trugen ihn zur Theke hinüber. Vorsichtig, als ob sie Angst hatten, seine schmalen Knochen mit ihren breiten Händen zu zerbrechen.

Katzenstein lächelte sein bescheidenes Lächeln. Die Männer stellten ihn auf den Tresen, und da stand er dann, etwas verloren, und doch voll kindlicher Freude. Die Menschen im Zelt erhoben sich und applaudierten. Der alte Herr verbeugte sich, vorsichtig, um nicht die Balance zu verlieren. Er hob die Hand. Die Hochrufe verstummten. Der Kommerzienrat ließ eine Runde Bier verteilen.

Doch die Sappeure tranken noch nicht, durften noch nicht trinken, bevor sie nicht das Dankeslied gesungen hatten. Sie gingen in die Knie, legten sich einander die Arme auf die Schultern und sangen:

Schööööön rund um die Brust,
Schööööööööön rund um die Brust,
dazu ein schlankes Bein,
daaaas muss mein Mädel sein,
daaaas muss mein Mädel sein.

Ein Tusch, ein Aufschrei: „Auf Ihr Wohl, Herr Kommerzienrat!“, dann tranken die Männer auf ex und leckten sich die Lippen nach mehr.

Das Schützenfest hatte begonnen.

Nach einer weiteren Runde und einem zusätzlichen Lied trugen die Sappeure den Kommerzienrat zurück an den Tisch, wo sie ihn sorgsam absetzten. Er nahm neben dem Bürgermeister und Schützengeneral Platz und brachte aufatmend und sichtlich zufrieden seinen Anzug, die Seidenkrawatte und die Perle wieder in Fasson.

Elise kämpfte sich zu Harnack durch, um ihm zur erfolgreichen Barrikadenstürmung zu gratulieren. Sie traf zeitgleich mit Mühe bei dem Sappeurhauptmann ein. Der Oberinspektor hatte offenbar dasselbe vor wie sie. Elise hatte eigentlich eine Bemerkung über die segensreiche Arbeit von Traktoren machen wollen, aber nach einem Blick in Mühes mürrisches Gesicht schwieg sie. Warum sollte sie ihren Chef vor diesem schrecklichen Kerl bloßstellen? So lächelte sie Harnack nur an, er lächelte zurück und kniff ein Auge zusammen. Sie verstanden sich auch so, ohne Worte.

Nachdem Mühe seinen Glückwunsch vorgebracht hatte, führte Harnack sie beide zum Ehrentisch hinüber und stellte sie dem Kommerzienrat vor.

„Das, sehr geehrter, lieber Herr Kommerzienrat, ist Oberinspektor Mühe. Aus Braunschweig. Einstweilen der neue Direktor der Baugewerkschule. Ich glaube, Sie sind im Bilde.

Der Stadt ist sehr daran gelegen, dass die Schule erhalten bleibt, und wir diskutieren hart, um einen guten Weg in die Zukunft zu finden."

Katzenstein nickte ernst. Er war aufgestanden und streckte Mühe die Hand entgegen.

Der Oberinspektor stand stocksteif vor ihm, wie festgefroren, die Arme eng angelegt, das Kinn auf den Kragen heruntergezogen, sein Gesicht schwoll dunkelrot an.

„Katzenstein, angenehm...", sagte der Kommerzienrat und blickte auf seine Hand, die einsam in der Luft hing.

Mühe trat einen Schritt zurück und wandte sich brüsk an Harnack: „Das hätte man mir sagen müssen, dass ich mit einem Juden ... dass ich mit einem dieser ... Arschkriecher Konversation machen soll. Und ich soll ihm auch noch die Hand geben ... jemandem die Hand geben, der unser Vaterland verraten hat, zusammen mit seiner Brut, die ganz Deutschland aufkauft ... mit unserem guten Geld!" Er wischte sich demonstrativ die Hände an seinem Anzug ab, als müsse er sich säubern, voller Abscheu. „Sie entschuldigen mich bitte", schnaubte er dann, „ich werde jetzt gehen, die Luft da draußen ist wenigstens sauber!"

Entsetzte Stille. Elise trat neben Katzenstein und stützte ihn. Sie spürte, dass der alte Mann zitterte. Sie spürte auch, dass er sich um Contenance bemühte. Der Bürgermeister sah sich um, ob der Ordnungsdienst in der Nähe war.

Mühe drehte sich um und prallte auf Harnack, der sich ihm in den Weg stellte.

„Was wollen Sie", zischte Mühe, „lassen Sie mich. Jedem sein Pläsierchen mit diesem jüdischen Gesocks, aber Sie werden schon sehen ... diese permissive Gesellschaft, die alles schönredet. Irgendwann werden Sie alle zur Rechenschaft gezogen, das verspreche ich Ihnen!" Er fuhr den Ellbogen aus, um Harnack zur Seite zu schieben.

Der Bankier ergriff Mühes Arm, seine Faust schraubte sich förmlich an ihm fest. „Sie werden sich jetzt umdrehen, eine Verbeugung machen und den alten Herrn um Verzeihung bitten. Und denken Sie sich einen Grund aus, einen verflucht guten Grund, sonst ..."

Mühe lachte höhnisch. „Sonst was?"

Für einen Augenblick wirkte Harnack unentschlossen, rang nach Worten. Ein Augenblick, den Mühe nutzte. „Da sehen Sie, wie es um unsere Gesellschaft steht. Hohle Worte. Wohin man hört, hohle Worte, nichts dahinter. Alle Speichellecker vornehm rausgeputzt, aber keinen Arsch in der Hose!" Er blickte sich um, verzog das Gesicht. „Wohin man sieht, Arschkriecher, nichts als Arschkriecher. Dieser alte Mann sieht unschuldig aus, aber versteht denn niemand, dass das gerade ihre Masche ist, mit der sie uns alle aufs Kreuz legen? Dabei sind sie nichts weiter als feiges Gewürm, nicht würdig, zu leben ..."

In diesem Moment schlug Harnack zu.

Der Oberinspektor krümmte sich und fiel zu Boden. Außer sich vor Wut trat Harnack weiter auf ihn ein, bis der Bürgermeister ihn zurückriss.

Mühe lag auf dem Rücken. Er rührte sich nicht. Blut quoll aus seiner Nase und aus einer Wunde am Hinterkopf. Sein Gesicht war kalkweiß. Die Umstehenden blickten stumm auf ihn hinab und warteten darauf, dass er zu sich kam. Als sie begriffen, dass sie wohl vergeblich warten würden, schauten sie auf Harnack. Der stand zu Mühes Füßen und starrte auf den reglosen Körper.

Dann hob er den Kopf und sah Elise fassungslos an. Sie trat neben ihn und ergriff vor allen Augen seine Hand.

DANKSAGUNG

Es ist nicht leicht, mit jemandem zu leben, der eineinhalb Jahre lang jeden Tag mindestens drei Seiten an seinem opus magnum schreiben will und der aus irgendeinem Grund glaubt, dass es für die Familie tagein, tagaus kein interessanteres Thema gibt als DAS BUCH. Natürlich sind meine Frau und meine Töchter meine wirklichen Mutmacher gewesen. Sie haben mir stets mit Liebe, Rat, Tat und Ideen geholfen (was will man mehr?), und ich danke ihnen sehr dafür.
Das Leben hat sich seit 1913 gewaltig verändert, und ich hatte mir keine Vorstellung davon gemacht, wie viele Themen durch eine ausgiebige Zeitreise berührt werden. Wussten Sie, dass das Kracherl eine Klappe am Auspuff war, mit der man 1913 die Leistung des Autos bei Überlandfahrten nochmals komprimieren konnte? Oder haben Sie sich schon einmal mit dem Heisenbergschen Unschärfetheorem befasst?
Eine Zeit zeigt sich in vielen vermeintlichen Kleinigkeiten, und es ist gut, wenn man dazu jemanden befragen kann. Fragen durfte ich: Hartmut Singer zu seinem Observatorium und zum Blick ins Weltall, Dr. Klaus Warnecke zu Wundbrand und Chirurgie im ersten Weltkrieg, meinen alten Studienfreund Heiko Fuest zur Jägerei, Hans-Werner Koch zur Erfindung des Vanillins, Dr. Wolfram Grohs zur Genealogie der Familie Haarmann. Ihnen allen danke ich sehr für ihre Mühe. Außerdem Roswitha Lehmann und Dr. Wolfgang Mitgau für ihre fast detektivische Suche nach Ehrbegriffen in der Literatur, Volker Hennig für seine transatlantischen Bemühungen, Axel Triestram für seine Fotos sowie Karin Vernin, der deutschen Französin, und Rüdiger Siekmann als Namensgeber für einen begnadeten Unternehmer.
Außerdem bedanke ich mich bei meiner Lektorin, Nina Schiefelbein, die sich richtig reingekniet hat in die Geschichte. Manchmal hatte ich den Eindruck, dass sie sie besser kennt als ich selbst.
Und natürlich bei Jörg Mitzkat: ein Verleger, wie ein Verleger sein sollte, der das Projekt von Anfang an positiv begleitet hat. Der menschlich denkt. Der seine Stadt liebt. Und sich auskennt. Soll man Holzminden beim Namen nennen, wo doch so vieles Fiktion ist? Er sagt ja. Weiß doch jeder, dass es ein Roman ist.
Und welcher Titel trifft es am besten? Wir haben unter Freunden und Bekannten eine Umfrage gemacht. Herzlichen Dank für die Antworten. Der Titel, den Sie auf dem Umschlag sehen, hat tatsächlich gewonnen.
Und besonderer Dank gilt natürlich Hilde und Dirk Rennefeld, die sich – abgesehen davon, dass sie der Protagonistin ihren Namen zur Verfügung stellten, ohne zu wissen, was daraus werden würde – Seite für Seite durch die Manuskriptbündel gekämpft haben. Wobei sie zu dem vermeintlich versöhnlichen Fazit kamen, „dass du von Buch zu Buch, von Kapitel zu Kapitel immer besser schreibst."
Was immer das heißt ...

Holzminden, den 1. Februar 2016
Wolfgang Bellmer

LESEN SIE WEITER IM ZWEITEN BAND ...

Im zweiten Band der Elise-Trilogie kulminiert Elises Leben in einem dramatischen Kampf um Leben und Tod.
Band II (ISBN 978-3-95954-010-0) erscheint im Oktober 2016

Hier eine
Leseprobe:

1934. Obersturmbannführer Wangenheim hat Elises Ehemann wegen angeblichen Landesverrats verhaften lassen. Mit einem „ganz freiwilligen" Besuch in seiner Privatvilla soll Elise um das Leben ihres Mannes kämpfen. Elise weiß, worauf sie sich einlässt, aber ihre Loyalität lässt ihr keine andere Wahl. Verzweifelt glaubt sie, dass hinter der brutalen Machtgier Wangenheims irgendwo etwas Menschliches stecken muss. Zu diesem vorzudringen und auf diese Weise ihren Mann dem Strafgericht zu entreißen, ist Elises einzige Hoffnung.

Elise zog an der Kordel der Nachttischlampe, machte Licht und sah auf die Uhr. Mitternacht, zwei Minuten vor Mitternacht. Das Zimmer, in dem sie lag, war ein Schlafzimmer, das typische Elternschlafzimmer: Doppelbett, Kleiderschrank, Schminktisch, Schuhschrank, Kommode. Weite, geblümte Vorhänge. Weißer Teppich. Gemütlich. Wenn man es so mochte.

Als sie Wangenheim auf dem Flur Gute Nacht gesagt hatte, vor etwa einer Stunde, hatte sie nicht erwartet, so luxuriös schlafen zu können. Ihr Gastgeber – wenn man ihn so nennen wollte – war guter Dinge gewesen, ganz ruhig, ganz gesammelt, ganz freundlich, und langsam hatte sich eine vage Hoffnung eingeschlichen, dass schließlich und endlich doch alles gut ausgehen könnte, dass ihre offenen Gespräche nicht nutzlos gewesen waren, dass sie es irgendwie geschafft hatte, das Böse im Zaum zu halten und das Gute hervorzulocken.

Sie zog die Kordel an der Lampe noch einmal und beobachtete, wie der Glühfaden der elektrischen Birne rötlich verglimmte. Sie legte sich ins Kissen zurück und versuchte zu schlafen.

Sie hatten zwei Stunden im Salon gesessen und über belanglose Dinge gesprochen. Zu Elises Überraschung hatte Wangenheim Klavier gespielt. Eine Sonate von Chopin. „Das war doch ein Jude", hatte sie gesagt, um ihn zu reizen.

„Chopin war kein Jude!", hatte er gegiftet, als ob er für einen Moment glaubte, in etwas fürchterlich Schlimmes geraten zu sein.

„War er doch", hatte sie geantwortet. Aber da hatte Wangenheim schon gemerkt, dass sie ihn nur provozieren wollte, und hatte, nun ganz ruhig, angefügt: „Glauben Sie mir, wenn wir eines wissen, dann ob jemand arisch ist oder nicht. Und Chopin ist bestenfalls slawisch. Auch schon schlimm genug, aber seine Musik ist voller tiefer Gefühle, wie nur wir Deutschen sie haben können, und deshalb lasse ich nichts auf ihn kommen."

Sie fragte ihn, wo er so gut spielen gelernt hatte.

„Zu Hause natürlich", antwortete er. „Sie kennen das erzkonservative Pfarrhaus nicht. Pfarrerskinder können geprügelt und gedemütigt werden, aber geistige Erhebung und Säuberung sind ein Muss. Und die kommen zwar am besten durch das Gebet, aber eben auch durch die Musik." Dann fügte er nach einer kurzen Pause hinzu: „Mit der Zeit habe ich erkannt, dass die Musik mir viel nützte. Sie war eine Art Zuflucht vor meinen Peinigern. Mit der Musik ist jeder Mensch allein. Es kommt darauf an, was er mit ihr macht, in seinem Gehirn, was er sie mit sich machen lässt, in seinen Gefühlen. Die Musik war wie eine Insel für mich. Und ist es noch heute."

Das Stück, das er spielte, war ihr bekannt: das Regentropfen-Prélude. Traurig und melancholisch.

„Chopin hat es auf Mallorca komponiert", fuhr Wangenheim fort. „Er war mit George Sand dort, einer Pariserin, einer Schriftstellerin, seiner neuen Liebe, und es hat die ganze Zeit geregnet. Er soll das Stück geschrieben haben, als ein Unwetter aufzog und er Angst bekam. Die Leute damals waren ziemlich empfindsam, müssen Sie wissen, nicht so zupackend wie heute. Und er war ja schließlich nur ein Slawe."

Wieso, fragte sie sich, wieso gelingt es diesem Mann immer wieder, jeden guten Gedanken sofort im Keim zu ersticken? Ein SS-Standartenführer, der Menschen abschlachten lässt, spielt Chopin, ausgerechnet, an diesem wunderschönen, schwarz glänzenden Flügel (Bechstein, jüdisch) und geht darin auf. Und noch mit den Händen auf den Tasten betont er, dass der Komponist eigentlich ein Slawe sei, ein Untermensch.

„Hören Sie", sagte Wangenheim und spielte mit der linken Hand die hellen Töne in leichter Folge, bis langsam die rechte Hand ein dunkles Grollen dazubrachte. „Ein Gewitter zieht auf, noch ahnt man nur, wie viel Unheil es bringen wird. Aber es nähert sich, und hören Sie jetzt die Klangfarben, die atmosphärischen Schwankungen ... Des-Dur ... Cis-Moll ... herrlich nicht wahr? Und wieder Des-Dur ... diese Ostinati, die das Werk durchziehen, wirklich wie Regentropfen ..."

Er spielte und redete. Ein musikalisches Gewitter, das vor fast hundert Jahren auf Mallorca getobt hatte, zog über Elise hinweg. Sie war tief bewegt, so bewegt, wie schon Generationen vor ihr bei dieser Musik. Nur dass jetzt ein Verbrecher das Konzert gab.

Nachdem Wangenheim den letzten Akkord angeschlagen hatte, saßen sie eine Weile stumm da. Eine Kerze flackerte. Elise pustete sie aus.

„Das war sehr schön", sagte sie schließlich, „Sie hätten Pianist werden sollen."

Das hätte uns manches erspart.

Er schüttelte den Kopf. „Danke für die Blumen. Aber ich bin nicht der Typ für Gefühlsduselei. Wobei auch diese Musik nicht ohne Blut und Gewalt ist. Hören Sie ..." Er spielte ein Thema. „Zum Beispiel der Takt zweiundsechzig, ein Zitat aus dem Bachchoral O Haupt voll Blut und Wunden. Matthäus-Passion ... Erinnern Sie sich? Chopin übernimmt Melodie und Harmonien der zweiten Textzeile – Voll Schmerz und voller Hohn -, diese endet aber nicht auf der Moll-Tonika Cis-Moll, sondern auf dem Gegenklang ... Das Böse ... Achtung! ... A-Dur, nur leicht verschleiert durch das ‚Tropfen' auf der großen Septime Gis über A-Dur ..."

Elise verstand kein Wort.

Er ist ein völlig anderer Mensch, dachte sie, so ganz mit der Musik verwoben. Wieso? Wo sind all seine Gedanken über Folter und Arbeitslager geblieben? Weggeschlossen? Irgendwo ganz hinten im Stammhirn, aber jederzeit greifbar? Und haben seine Gedanken sich verändert durch die Macht dieser schönen Musik?

Unnütze Fragen.

„O Haupt voll Blut und Wunden. Voll Schmerz und voller Hohn", hörte sie Wangenheim sagen. „Verpackt in wunderschöne Musik: Da haben Sie es. Die Welt ist grausam, auch wenn sie schön ist. Es liegt an uns, ob wir Erlösung erlangen oder ..." er hob die Stimme, „... Erlösung erteilen können."

Erlösung erteilen. Was meinte er damit? Fühlte er sich wie ein Gott, der Erlösung erteilte? Das ganze Spiel – ein solches war es ja wohl für ihn – war so ... entwürdigend. Als sei alles bereits entschieden, und man befragte trotzdem die Gänseblümchen draußen auf der Wiese, wie es weitergehen würde. Es ist vorbei, ich werde nichts mehr ändern können.

Alles war umsonst gewesen. Er hatte sie wie ein dressiertes Äffchen tanzen lassen.

Es gab nichts mehr zu sagen, das wussten sie beide. So hatte der Abend in einer seltsam aufgelösten melancholischen Stimmung geendet.

Einfach so, ohne Entscheidung.

Vor Stunden hatte Elise noch damit gerechnet, dass es eine Art Ergebnis geben würde, ein schreckliches Ergebnis, von Wangenheim verkündet, etwa so, wie ein Lehrer die Noten seiner Schüler bekanntgibt. Betragen: aufmüpfig, stört den Unterricht, mit Bedenken versetzt nach Klasse ...

Ohne Bedenken vergewaltigt und erniedrigt ...

Nichts von alledem.

Am Ende Musik. Des-Dur, Cis-Moll, ein Haupt voll Blut und Wunden. Meinte er Wolf damit?

Schließlich ein unpersönlicher Händedruck an der Schlafzimmertür. „Schlafen Sie gut. Es wird schon alles gut werden."

Es wird schon alles gut werden.

Sollte sie ihm trauen?

Sie schloss die Augen.

Schlaf jetzt!

Erschöpft driftete Elise auf gläsernen Gedanken dem Schlaf entgegen, als sie das Knacken hörte. Es kam von der Tür. Sie sah, dass nun Licht unter ihr hindurchfiel. Ein schmaler waagerechter Spalt.

Der Spalt vergrößerte sich, gab das helle Viereck der offenen Tür frei.

Eine schwarze, drohende Silhouette.

Eine schwarze Silhouette, die verschwand, als sie langsam in den Raum trat und die Tür sich wieder schloss.

Elise hatte Unrecht gehabt. Die Zeugnisverteilung hatte gerade erst begonnen.